Wellensiek • Handbuch Integrales Coaching

Für Atréus,
der mir in allen Dingen des Lebens zur Seite steht.

Sylvia Kéré Wellensiek

Handbuch
Integrales Coaching

Praxis und Theorie für fundierte Einzelbegleitung:
Hintergrundwissen, Tools und Übungen

Coaching nach dem H.B.T.
Human Balance Training

Sylvia K. Wellensiek
Dipl.-Ing. Innenarchitektur, Trainerin, Therapeutin (Physio- und
Psychotherapie nach HPG), Coach, Autorin, leitet ein Trainings- und
Ausbildungsinstitut am Starnberger See. Mit Freude und Leidenschaft
unterstützt sie Unternehmen, Teams und Führungspersönlichkeiten aus
Wirtschaft und Spitzensport in den Themenbereichen Unternehmens-
kultur und Unternehmensresilienz, Führung, Kommunikation,
Life-Balance und persönliche Exzellenz. Ihre Arbeit versteht sie als
Bewusstseinstraining. Im Fokus steht die konsequente Wahrnehmung
und Verbindung von Körper, Gefühl, Verstand und Seele.

**Gastbeiträge von: Wilfried Belschner
Gerald Hüther**

Lektorat: Ingeborg Sachsenmeier

© 2010 Beltz Verlag · Weinheim und Basel
www.beltz.de
Herstellung: Uta Euler
Satz: Druckhaus »Thomas Müntzer«, Bad Langensalza
Druck: Beltz Druckpartner, Hemsbach
Umschlaggestaltung: glas ag, Seeheim-Jugenheim
Umschlagabbildung: Florian Mitgutsch, München
Printed in Germany

ISBN 978-3-407-36491-3

Inhaltsverzeichnis

Teil I

Die Grundlagen des integralen Coachings

Teil II

Gezieltes Bewusstseinstraining

Teil III

Der Kernprozess – Klärung, Entlastung, Ausrichtung, Umsetzung

Teil IV

Vertiefende Themen

Teil V

Transformation

Einleitung

Integrales Coaching für die Herausforderungen der heutigen Zeit

Liebe Leserin, lieber Leser,

das vorliegende Handbuch möchte Sie dazu einladen, auf eine Erkundungsreise zu gehen. Zu Anfang eines Coachings oder Seminars rege ich meine Klienten dazu an, in ein inneres Forschungslabor einzutreten. Auch Sie möchte ich dafür begeistern, einen integralen Coachingansatz aus forschender Perspektive zu entdecken. Das H.B.T. Human Balance Training ist eine dynamisch wachsende Methode, die sich überwiegend aus der Praxiserfahrung entwickelt: Durch genaues Beobachten – differenzierte Auswertungen der Erfahrungen – offenes Fragen – sorgfältiges Hinterfragen – und durch die Freude an dem wunderbaren Geschenk, das uns Menschen mitgegeben wurde: die Fähigkeit, stetig zu wachsen und uns in alle Richtungen zu entfalten.

Genau darin möchte das integrale Coaching Menschen unterstützen: sich selbst in all ihren Facetten und Möglichkeiten wahrzunehmen und umfassend weiterzuentwickeln. Diese vielschichtige innere Reifung gewinnt in unserer heutigen Zeit immer mehr an Bedeutung. In den letzten 25 Jahren als Therapeutin, Coach und Bewusstseinstrainerin arbeitend konnte ich durch unzählige Gespräche und Begegnungen hautnah die Folgen unserer gesellschaftlichen Entwicklung erleben: Unser Leben ist schnell geworden, aufregend, komplex, verwirrend, chaotisch und chancenreich zugleich. Und vor allem - es ist in ständiger Bewegung und Veränderung. Jeder Mensch, ob jung oder alt, muss sich mit dieser Realität anfreunden und lernen, sich in einer rasch weiterdrehenden Welt zurechtzufinden.

Mit dem Übertritt ins Wissens- und Informationszeitalter haben wir Erdenbürger uns in einen rasenden Strudel begeben. Wir sind umgeben von vielschichtigen Konstellationen, die eine immer feinere Differenziertheit von unserem Geist verlangen. Die heutige Zeit ruft uns regelrecht zu einem Bewusstseinssprung auf. Um all den vielschichtigen Aufgabenstellungen angemessen begegnen zu können, braucht es die Begabungen und Fähigkeiten des ganzen Menschen, in seinen Dimensionen von Körper, Gefühl, Verstand, Seele und Bewusstsein.

Dieser Gedanke ist wahrlich nicht neu! Seit Jahrtausenden wiederholen die Weisen dieser Welt das Gleiche. In allen großen Philosophien und Religionen werden die universellen Dimensionen unseres Daseins beschrieben: die physische, die mentale, die emotionale und die geistige/spirituelle Dimension. Auch wenn die Begrifflichkeiten zum Teil unterschiedlich gewählt sind, reflektieren sie doch die grundlegenden Bedürfnisse und Anlagen aller Menschen. Um eine Person in ihrer ganzen Kraft und

Befähigung freizusetzen, gilt es, sie auf allen Ebenen wahrzunehmen und gleichwertig anzusprechen. Wir wissen es, doch fällt es uns nicht leicht, diese Erkenntnis konsequent in unserem Alltag umzusetzen. Dabei ruhen wir auf einem gewaltigen Erfahrungsschatz, den wir kreativ interpretieren und ausnutzen sollten!

Klare, verständliche Sprache für die Vermittlung ganzheitlicher Methodik

All die Herausforderungen und dringlichen Fragen, in die wir Menschen uns selbst manövriert haben, können Ausgleich finden durch das immense Wissen und die vielfältige Methodik an Entwicklungs- und Lernprozessen, die wir gesammelt haben. Noch nie zuvor verfügte die Menschheit über einen so ausgereiften Erkenntnisschatz. Zum einen profitieren wir von den modernen wissenschaftlichen Kenntnissen des letzten Jahrhunderts, die in den unterschiedlichsten Bereichen der Soziologie, Medizin, Psychologie, Pädagogik, Neurobiologie, Kommunikationswissenschaft und anderen Wissensbereichen einen immensen Entwicklungsschub ausgelöst haben. Zum anderen haben wir Einblick in die Einsichten traditioneller Weisheitslehren gewonnen, die über Jahrtausende ein hochdifferenziertes Wissen über die Fähigkeiten menschlichen Bewusstseins gesammelt haben.

Ein ganzheitlicher Ansatz bewegt sich immer in dem Spannungsfeld zwischen der phänomenologisch beobachteten Wirkungsweise und der wissenschaftlichen Beweisbarkeit. Da sich viele der beobachteten Wirkungen bisher nicht belegen lassen, erscheint es mir umso wichtiger, ein integrales Arbeitskonzept so plausibel zu beleuchten, dass es mit gesundem Menschenverstand leicht nachvollziehbar erscheint. Die drängenden Probleme unserer heutigen Welt fordern dazu heraus, Zeit und Energie nicht in theoretisierenden Streitgesprächen zu verlieren, sondern die Brauchbarkeit einer ganzheitlichen Methodik rasch spürbar werden zu lassen. Es liegt an uns, Erfahrung und Wissen in einfache, praktikable Arbeitsmethoden umzusetzen, die den Menschen direkt in seinem Alltag erreichen. Methoden, die ihm helfen, sein Berufs- und Privatleben in eine gesunde Balance zu bringen. Die ihm die Chance geben, präventiv mit Stress und Belastung umzugehen. Die ihm Unterstützung bieten, als Mitarbeiter, Führungskraft oder Geschäftsführer seinen Aufgaben menschlich und fachlich gerecht zu werden und dabei seinem persönlichen Werteverständnis treu zu bleiben. Methoden, die helfen, Bewusstsein zu kultivieren, klar zu sehen und diese Klarheit auch zu leben. Methoden, die den Menschen als Ganzes tangieren.

Mein Anliegen ist es, das von mir entwickelte ganzheitliche Arbeitskonzept in einfachen, verständlichen Bildern zu vermitteln. Denn in Unternehmen oder kleineren Betrieben, in Schulen, an Universitäten oder in Krankenhäusern, in der Politik und im Sport, in denen ein integrales Menschenverständnis dringend gebraucht wird, habe ich es häufig mit Gesprächspartnern zu tun, die mit tiefer gehenden Inhalten der Menschenkunde nicht vertraut sind. Gerade in Unternehmen habe ich mit der Anwendung dieser Arbeitsweise in den letzten Jahren so viele gute Erfahrungen machen können, dass ich mein bisher gesammeltes Wissen im Rahmen dieses Buches gerne weitergeben möchte. Es ist erfreulich zu sehen, wie viele Menschen sich mittlerweile einer ganzheitlichen Perspektive öffnen und diese ganz konkret in ihren Arbeitsalltag einfließen lassen.

Darüber hinaus möchte Sie dieses Buch, liebe Leserin und Leser, dazu anregen, eine eigene, persönliche, klare Sprache für integrales, ganzheitliches Denken und Arbeiten zu entwickeln. Das H.B.T. Human Balance Training ist eine Möglichkeit, ein Versuch, ein sich weiterentwickelndes Konzept, den Menschen in seinen vielschichtigen Dimensionen wahrzunehmen und zu begleiten. Dieses Arbeitsmodell entstand durch meine persönliche Lebensgeschichte, durch meinen eigenen Entwicklungsweg im Abgleich zu anderen Arbeitsmethoden und Erfahrungen. Wie schaut Ihre Geschichte aus? Was können Sie daraus für Ihr privates und berufliches Leben ableiten?

Das H.B.T. Human Balance Training versteht sich als offenes Erkenntnisfeld, das jeden Menschen dazu einlädt, sich selbst zu ergründen, seine ursprünglichen Potenziale zu konkretisieren und dadurch das eigene »Selbst« in alle Richtungen zu entfalten. Vielleicht entsteht in Ihnen durch das Lesen dieses Buches eine Idee als Ausdruck Ihres eigenen individuellen ganzheitlichen Verständnisses. Das würde mich sehr freuen!

Die Entwicklung der Methode und Dank an meine Lehrer

All die Gedanken, Methoden, Schaubilder und Übungen, die in dem vorliegenden Buch aufgelistet werden, sind durch die praktische Arbeit herangereift. Ich habe Einzelbegleitungen und Seminare detailliert ausgewertet, Inhalte geordnet, gestrafft und in ihrer Bearbeitung verdichtet (mehr dazu S. 27 f.). Das H.B.T. Human Balance Training versteht sich als praxisnahes Bewusstseinstraining, das folgende Grundsätze miteinander verbindet:

- Das Begreifen der eigenen Person in den vielfältigen Dimensionen von Körper, Gefühl, Verstand und Seele.
- Das Verständnis seiner selbst als Ganzes und Teil eines größeren Ganzen.
- Die Wahrnehmung seines Bewusstseins als ruhiger, reflektierender Spiegel.
- Die Verankerung in der ureigenen Wesensmitte als Quelle immanenter Kraft und Ganzheit.

Das Training vereint Erkenntnisse und Methoden west-östlicher Weisheitslehren, der humanistischen und transpersonalen Psychotherapie, der Körpertherapie und Körperarbeit, des Coachings, der Neurobiologie und Stressforschung. Es folgt dem Leitbild einer klaren, einfach verständlichen Vermittlung, die jeden Menschen, gleich, wo er steht, aufmerksam und wertschätzend abholt und begleitet.

Die vorgestellten Übungen sind durch vielfältige Erkenntnisse und Inspirationen geprägt worden, die ich in folgenden Arbeitstechniken aufgenommen habe: Coaching, gewaltfreie Kommunikation, Gestaltarbeit, Hypnotherapie, systemische Arbeit, Focusing, somatische Traumaarbeit, Hakomi (eine erfahrungsorientierte Körperpsychotherapie), transpersonale Psychotherapie, MBSR (Stressreduktion durch Achtsamkeit), Feldenkrais, Yoga, Tai Chi, Achtsamkeitspraxis und spirituelle Arbeit (verschiedene Schulen). Diese Liste könnte ich noch weiterführen, da ich auch durch zahlreiche Autoren immense Anregungen erfahren habe. Das H.B.T. Human Balance Training betrachte ich als eine Zusammenstellung bekannter Inhalte in einer besonderen Form der Ausrichtung, Auswahl und Abfolge. Gerade diese spezielle Auswahl und Ordnung bedingen die fruchtbaren Resultate der Methode. Die H.B.T. Übungsaufbauten entstanden während der praktischen Arbeit. Ich bin mir sicher, dass ähnliche Übungen schon existieren und das Training vielfältige gedankliche Überschneidungen zu anderen Techniken hat.

All die Erfahrungen, die ich mit der Arbeitsweise

- im Coaching mit Klienten,
- in der Ausbildung von Coaches und Trainern sowie
- in der direkten Zusammenarbeit mit Unternehmen

sammeln kann, sind positiv. Die Arbeitsweise wirkt fundiert und zügig zugleich. Die intensive Achtsamkeitsschulung befähigt die Klienten dazu, die bearbeiteten Inhalte in ihrem Alltag dauerhaft umzusetzen. All diese Erlebnisse machen deutlich, dass ein integrales Coachingmodell in der Komplexität unserer Zeit dringend gebraucht wird.

An dieser Stelle möchte ich mich ganz besonders bei folgenden Menschen bedanken, die mich in meiner Entwicklung maßgeblich geprägt haben. Als Erstes möchte ich meinen Eltern danken für all ihre Unterstützung und inneren Werte, die ich von ihnen erfahre. Reich beschenkt fühle ich mich von meinem Mann Georg Atréus Heimgärtner, von dem ich jeden Tag facettenreiche Aspekte meiner eigenen Person gespiegelt bekomme. Dieser lebendige, wache, ehrliche und zugleich liebevolle Austausch innerhalb unserer Partnerschaft hat mir schon zu unendlich vielen Erkenntnissen verholfen und schenkt mir täglich großes Lebensglück. Auch beim Schreiben dieses Buches unterstützte er mich beständig mit Rat und Tat. Hilfreiche Begleitung beim Schreiben erfuhr ich außerdem durch Gaby Hoffmann, Dorothea Galuska, Matthias Becker und vor allem durch meine Lektorin Ingeborg Sachsenmeier. Ursula Corleis, eine wunderbare Künstlerin aus der Toskana, stellte mir Bilder ihrer Skulpturen zur Verfügung – auch ihr ein großes Dankeschön! Für ihre Gastbeiträge möchte ich mich auch herzlich bei Professor Wilfried Belschner und Professor Gerald Hüther bedanken.

Im Weiteren möchte ich mich bei folgenden Lehrern bedanken: Robert Koch, Frédérick Leboyer, Jon Kabat-Zinn, Hunter Beaumont, Paul Linden, Dr. Joachim Galuska und Richard Rummler. Jeder von ihnen zeigte mir eine andere Facette eines ganzheitlichen Menschenbildes auf. Die alles verbindende Komponente ihrer Arbeit ist die Achtsamkeit, die Entfaltung des eigenen Bewusstseins durch beharrliche Präsenz, Aufmerksamkeit und offene Erforschung der eigenen Struktur. Und vor allem – ihre Liebe zum Leben. Das Leben ist für jeden Menschen sicher der größte Lehrmeister an sich, und so kann ich mich immer nur lebenszugewandten Lehrern anvertrauen.

Zum Gebrauch des Buches

An wen wendet sich das Buch?

Das Buch wendet sich an jeden, der an einer ganzheitlichen Wahrnehmung und Begleitung von Menschen interessiert ist. Es kann zum einen zum Selbstcoaching verwandt werden, zum anderen als inspirierendes Methoden- und Übungsbuch, um das persönliche Coachingspektrum zu erweitern. Die Inhalte richten sich an Coaches, Trainer, Berater, Personaler, Führungskräfte, Psychotherapeuten, Ärzte, Pädagogen, Sporttrainer … In meinen Ausbildungen versammeln sich unterschiedliche Menschen mit höchst individuellen Anliegen, sich in einem integralen Coachingansatz fortzubilden.

Zum Aufbau der Buchteile und ihrer Inhalte

Im ersten Buchteil präsentiere ich die Grundlagen der Methodik, schlüssle ihre einzelnen Grundsätze auf und erkläre den jeweiligen Nutzen der Vorgehensweise. Eine besondere Bedeutung nimmt für mich dabei die Haltung des Coachs ein. Denn ein Werkzeug ist immer nur so gut wie die Person, die es führt. Da das integrale Coaching Gedanken und Methoden der Psychotherapie, der Körperarbeit und der spirituellen Arbeit aufgreift, sind das Rollenverständnis, die innere Reife und das Verantwortungsbewusstsein des Coachs besonders gefragt.

So widme ich dieser inneren Haltung im zweiten Buchteil große Aufmerksamkeit. Das gezielte Bewusstseinstraining wendet sich zunächst an den Coach selbst. Es zeigt zwölf verschiedene Übungen beziehungsweise Blickpunkte auf, um das eigene Bewusstsein Schritt für Schritt kennenzulernen und in seinem Facettenreichtum nutzen zu können. Erst wenn ein Mensch diesen Zugang zu seiner inneren Dimension selbst erlernt hat und im Alltag regelmäßig anwendet, ist er in der Lage, diese innere Haltung authentisch an seinen Klienten weiterzugeben. Der Klient profitiert dabei von dem lebendigen Erfahrungsschatz des Coachs, der sich durch die tägliche Anwendung der Bewusstseinsschulung kontinuierlich ausweitet.

Der dritte Buchteil veranschaulicht einen Kernprozess, den ich mit den meisten meiner Klienten durchwandere. Die Art der Übungen und die Abfolge der einzelnen Schritte habe ich im Laufe der Jahre zusammengestellt. Aus meiner Perspektive ähneln wir Menschen uns in der Grundstruktur frappant. Es gibt Themen, deren Bearbeitung für eine fundierte Persönlichkeitsentfaltung unerlässlich erscheinen. Für diese Inhalte habe ich transparente Übungen und klar zu vermittelnde Bilder entwickelt, die ich im Einzelcoaching wie auch in der Gruppenarbeit anwende. Den Kernprozess verbinde ich im fließenden Übergang mit den Übungen des Bewusstseinstrainings. Dieses »Gesamtpaket« ist für mich eine solide Basis, von der aus ich mit dem Klienten spezifische Fragestellungen bearbeiten kann. Dieser Handlungsstrang ist ein Extrakt, das sich durch vielfältige Erfahrungen herauskristallisiert hat und mit dem ich die besten Erfahrungen verbinde.

Im vierten Buchteil wende ich mich den vertiefenden Themen zu. Am Anfang dokumentiere ich grundsätzliche Möglichkeiten der Übungsaufbauten oder Arbeitsweisen, die ich im Folgenden mit exemplarischen Beispielen hinterlege. Die Vorgehensweise verläuft nach ganz bestimmten Prinzipien, die stets neu zusammengestellt werden können. Ihnen werden verschiedene Möglichkeiten vorgestellt, die Sie dazu anregen sollen, selbst spielerisch ans Werk zu gehen.

Im zweiten und vierten Buchteil werden die einzelnen Übungen mit Fallbeispielen untermauert. Da der Kernprozess mit jedem Klienten realisiert werden kann, werden grundsätzliche Beispiele aufgeführt. Bei einzelnen Inhalten, die an anderer Stelle noch weiterführend dargelegt werden, ist ein Verweis auf die jeweilige Seitenzahl angefügt.

Der letzte Buchteil – Transformation – dient als Ausblick in Richtung kontinuierliche innere Arbeit. Der Weg zu sich selbst kann mit einem Coachingprozess beginnen, nur wird er einem Menschen viele weitere Schritte abverlangen. Die Ankunft in der eigenen Wesensmitte antizipiert die Integration der vielen verschiedenen Anteile, Erfahrungen, Muster, Prägungen, Verletzungen, Spaltungen, Potenziale etc. von uns selbst. Dieser Weg ist eine Entscheidung, sich täglich zu vertiefen, zu klären, präsenter zu sein, aufmerksamer, achtsamer … Es ist zunehmend eine Ankunft im Hier und Jetzt. Bei diesem Weg kann das H.B.T. Human Balance Training weiterhin unterstützend wirken. Die einzelnen Übungen und Arbeitsweisen können immer verfeinerter angewendet und in ihrer Intensität moduliert werden. Das Training ist für mich Ausdruck einer modernen Mystik, die jeden Menschen mitten in seinem Leben begleiten kann und sich entfalten lässt. Eine Mystik ohne Mystifizierung, die keine unnötigen Schwellenängste aufbaut, sondern dem Menschen einfach und »auf Augenhöhe« begegnet.

»*Offene Weite – nichts von heilig*« – dieser Ausspruch des indischen Mönchs Bodhidharma vor vielen Hunderten von Jahren drückt klar und direkt mein Verständnis von Ganzheit aus. Dieser tiefen Wahrheit möchte ich folgen.

Ich wünsche Ihnen viel Freude beim Lesen und hoffe, dass meine Ausführungen Sie inspirieren und unterstützen.

Sylvia Kéré Wellensiek

Teil I
Die Grundlagen des integralen Coachings

Ursula Corleis: Moon Dance, 2008

Das Wort »integral« stammt von der lateinischen Vokabel »integrare« ab und bedeutet dort »wiederherstellen, ergänzen«. In der Ableitung »integer« ist die Konnotation »ganz oder zu einem Ganzen gehörend« enthalten. Ein integraler Ansatz geht davon aus, dass ein Teil jeweils ein für sich bestehendes Ganzes und zugleich ein Teil eines größeren Ganzen ist. Aus einer perspektivischen »Entweder-oder-Betrachtung« kristallisiert sich so ein »Sowohl-als-auch-Ansatz« heraus, der sich durch komplementäres, ganzheitliches Denken auszeichnet.

Chancen und Herausforderungen der heutigen Zeit

»In einigen Jahrhunderten, wenn die Geschichte unserer Zeit aus einer langfristigen Perspektive heraus geschrieben wird, werden die Historiker wahrscheinlich weder die Technologie noch das Internet oder den E-Commerce als wichtigstes Erlebnis betrachten, sondern die großen Veränderungen der Lebenssituation. Zum ersten Mal hat eine erhebliche, schnell wachsende Zahl von Menschen die Freiheit zu wählen. Zum ersten Mal müssen sie sich selbst managen. Und darauf ist unsere Gesellschaft in keiner Weise vorbereitet.«

Peter Drucker

Unser Leben verlangt einen Bewusstseinssprung

Jeder Mensch, ob jung oder alt, muss sich mit der Realität anfreunden, dass sich unsere Welt in rasender Veränderung befindet. Wir sind umzingelt von vielschichtigen Konstellationen, die eine immer feinere Differenziertheit von unserem Geist verlangen. Die Globalisierung, die neuen Kommunikationstechnologien, der weltumspannende Nachrichtenaustausch, Computer, Internet, Handy, der zunehmende Innovations- und Wachstumsdruck, die ständige Erreichbarkeit, die verlangte Mobilität – all diese Faktoren verändern unaufhaltsam die Bedingungen unseres Lebens.

Ob in Unternehmen und Handwerksbetrieben, in Schulen und an den Universitäten, in Krankenhäusern, in der Politik, im Sportverein oder zu Hause in den Familien – überall zeigt sich ein ähnliches Bild. Im Grunde sitzen wir alle im gleichen Boot: Sowohl auf wirtschaftlichem, gesellschaftlichem als auch auf privatem Gebiet sehen wir Menschen uns vor komplexen Herausforderungen, die wir oft aus uns selbst heraus meistern müssen. Immer mehr Informationen wollen in immer kürzerer Zeit verarbeitet werden. Und häufig muss immer mehr Arbeit von immer weniger Personen bewältigt werden.

Die heutige Zeit ruft uns regelrecht zu einem Bewusstseinssprung auf. Um all den vielschichtigen Aufgabenstellungen angemessen begegnen zu können, braucht es die Begabungen und Fähigkeiten des »ganzen Menschen«, in seinen Dimensionen von Körper, Verstand, Herz, Seele und Bewusstsein. Um eine Person in ihrer ganzen Kraft und Befähigung freizusetzen, gilt es, sie auf allen Ebenen anzusprechen. Und so ist es wichtig, dass wir gesellschaftlich einen Paradigmenwechsel vornehmen: Der Mensch besteht nicht aus Einzelfunktionen, die getrennt voneinander behandelt werden können. Er agiert als Ganzes, und all seine Fähigkeiten sowie Eigenschaften wollen beachtet und gefördert werden.

Coaching sollte neue Antwort geben können

Auch im Coaching sind neue Methoden und Kompetenzen zu generieren, die dem Menschen helfen, sich in seiner Ganzheit wahrzunehmen und kompetent steuern zu können. Praxisnahe Techniken, die ihn darin unterstützen, der zunehmenden Geschwindigkeit ein Gegenwicht von Ruhe und Klarheit zu setzen.

Diese Ruhe kann von innen kommen. Denn jeder Mensch trägt in seiner Mitte einen Bewusstseinsraum der Stille und Kraft, in dem er sich selbst verankern kann. Diese innere Mitte kann durch gezielte Übungen erfahrbar gemacht werden. Entspannung und Wohlbefinden stellen sich ein, meistens verlangsamt sich auch der Gedankenstrom. Durch vertiefende Techniken lassen sich noch weitere Bewusstseinsqualitäten erlebbar machen: Weite, Vertrauen, Klarheit, Großzügigkeit, Unverletzlichkeit, Liebe bis hin zu umfassender Verbundenheit zu allen Wesen dieser Erde und zu der uns umgebenden Schöpferkraft. Das Verständnis und Gespür für diesen inneren Raum gilt es zu erschließen – denn hier an diesem Platz liegt das größte Drehmoment, um persönliche Wege in eine neue Lebensqualität zu entdecken und kollektiv eine neue Art des Zusammenlebens zu gestalten.

Nun wirft dies gleich eine spannende Frage auf: Kann ein Mensch, der für sich selbst diese Erfahrung der inneren Ruhe und Klarheit noch nicht erschlossen hat, diese an andere weitergeben? Aus meiner Sicht kann er es nicht. Er kann zwar über diese Zustände theoretisch reden, aber durch seine Körperhaltung, seine Mimik, durch die Art seines Sprechens, durch seine Gedanken und Gefühle gelangt seine tatsächliche innere Verfassung sofort zum Ausdruck.

Wir Menschen brauchen Vorbilder, die es uns ermöglichen, authentisch voneinander zu lernen. Möchte ich zum Beispiel dauerhaft mein Körpergewicht reduzieren, wird es mich wenig ermutigen, zu einem übergewichtigen Coach zu gehen, der selbst mit diesem Thema täglich zu kämpfen hat. Je schwieriger die Aufgabenstellung ist, die ich zu meistern habe, umso leichter fällt mir der Lernprozess, wenn ich einen Lehrer finde, der mir aus augenscheinlichem Selbsterleben einen realistischen Entwicklungsweg aufzeigen kann.

Wer einem anderen Menschen eine innere Haltung von wacher Präsenz und Ausgeglichenheit vermitteln möchte, sollte sie selbst verkörpern. So sollte der integrale Coach sich fundiert mit der eigenen Lebensgeschichte, seiner Lebensführung und Selbststeuerung beschäftigen. Erst wenn er selbst durch eigenes Erleben von der Tragfähigkeit seiner Methodik überzeugt ist, kann er sie authentisch an andere weitergeben.

Ein in sich ruhender Mensch strahlt auch ohne Worte Gelassenheit sowie Lebensbalance aus und drückt durch sein Dasein diese innere Geisteshaltung aus.

Persönliche Integrität ist ein lebenslanger Lernweg – und von daher geht es nicht um einen Zustand der Perfektion, der sowieso nicht zu erreichen ist. Eher um einen Zustand der Bescheidenheit und der realistischen Selbsteinschätzung. Der Klient spürt sofort, ob wir ihm eine theoretische, angelesene Wahrheit vortragen oder von einer Erfahrung berichten, die wir selbst am eigenen Leib »durchgeschwitzt« haben. Beide Inhalte können für den Arbeitsprozess unterstützend und hilfreich wirken. Nachhaltig tragend ist aus meiner Erfahrung die tatsächliche Lebenserfahrung.

Komplexe Umstände brauchen ein komplexes Verständnis

Gerade die Unternehmenswelt, in der Coaching sich immer mehr etabliert, zeigt auf, wie dringend unsere Gesellschaft ein neues Bewusstsein benötigt. Die Wirtschaftskrise hat die ohnehin schon angespannte Arbeitssituation verschärft. Kompetenzen, die vor Jahren noch als weiche Faktoren galten, entscheiden heute über die Wettbewerbsfähigkeit und den Erfolg von einzelnen Personen sowie ganzen Unternehmen. Mehr und mehr rücken Charaktereigenschaften wie Integrität, Selbstreflexionsfähigkeit und Verantwortungsbereitschaft in den Fokus der Wahrnehmung.

Die Entwicklung der letzten Monate unterstreicht: Geschäftsführer und Führungskräfte müssen sich vor allem im menschlichen, sozialen und kommunikativen Bereich weiterentwickeln. Gefragt sind Verantwortungsträger mit reifer Persönlichkeit und differenzierter Selbstkenntnis. Neben hohen kognitiven Fähigkeiten sollten sie vor allem emotionale und geistig-ethische Intelligenz besitzen. Nur aus einer gefestigten inneren Haltung heraus können sie sich und andere balanciert durch stürmische Zeiten führen.

Menschen, die sich selbst gut kennen und um ihre persönlichen Stärken, Schwächen und Ängste wissen, sind unabhängiger in Entscheidungsprozessen. Sie nehmen sich Zeit für genaue Ursachenforschung, analysieren Zusammenhänge mit großer Umsicht und agieren weitblickend und verantwortungsvoll. Sie verstehen es, komplexe Umstände aus einem systemischen Verständnis heraus zu betrachten, um dauerhaft tragende Entwicklungswege zu initiieren.

Diese Fähigkeiten werden natürlich nicht nur in der Wirtschaft gebraucht. In allen Gesellschaftsfeldern verzahnen sich derweil die Probleme zu undurchsichtigen Konstellationen und bedürfen einer großen Weitsicht, um sie zu verstehen, zu entwirren und sinnhaft zu ordnen.

Immer mehr Menschen bewegen sich am Rande ihrer Kräfte

Solche schier ausweglosen Situationen können nicht allein mit dem Verstand gelöst werden – eher durch Weisheit und Lebensklugheit. Um diese innere Reife zu erlangen, muss man sich Zeit nehmen, durchlebte Erfahrungen genau zu reflektieren und sorgfältig auszuwerten. Doch Zeit ist ein kostbares Gut geworden. Mir begegnen viele Personen, die sich schmerzlich darüber bewusst sind, dass sie zu Getriebenen geworden und keine Gestalter ihrer Tage mehr sind. Die Alltagsdynamik hält sie fest im Griff. Ihre Berichte ähneln sich:

»Eigentlich liebe ich meine Arbeit. Sie fasziniert mich und fordert mich heraus. Gleichzeitig hängt mir die ganze berufliche Situation wie ein Mühlstein um den Hals. Schon seit Langem fällt mir auf, dass ich hauptsächlich am Reagieren bin. Viel zu oft hetze ich durch den Tag und bemühe mich, das drängende Alltagsgeschäft abzuarbeiten. Nur selten habe ich die Zeit, um mit Überblick und Ruhe Themen tiefer gehend zu durchdringen und angemessen zu bearbeiten. Auch ein intensiver Austausch mit Kollegen und Mitarbeitern bleibt in vielen Fällen auf der Strecke. Alle jagen ihrer Arbeit hinterher. Hinzu gesellt sich die Angst um den Arbeitsplatz – die ständige Unsicherheit. Im Privaten geht dieser Zeitdruck leider meist weiter. In der Partnerschaft fehlt die Zeit zum Reden, zum ruhigen Austausch. Selbst meine Kinder stehen schon unter großem Druck – und ich kann ihnen leider nicht beibringen, mit diesem Stress angemessen umzugehen. Ich weiß es selbst nicht und bin ihnen an dieser Stelle kein gutes Vorbild. Das alles bedrückt mich zutiefst. Eigentlich fühle ich mich am Rande meiner Kräfte angekommen.«

Der Organismus zieht die Notbremse

Bei solch einer Erzählung klingeln bei mir alle Alarmglocken. Denn dieser Mensch ist leider auf dem besten Weg in eine Erschöpfungserkrankung. Sein Verstand will es vielleicht noch nicht wahrhaben, aber Körper, Geist und Seele rufen dringend nach einer Erholungspause. Wenn er nicht selbst aktiv für diese Ruhezeit sorgt, wird sein Organismus irgendwann die Notbremse ziehen und ein Ventil für die innere Entkräftung suchen. Ist das Körpersystem erst einmal über die Grenze einer Erkrankung getreten, kann es sehr lange dauern, bis ein Mensch wieder in seine Ausgeglichenheit und Gesundheit zurückfindet. Viel einfacher und sinnvoller ist es, sich präventiv mit den Symptomen der Überbelastung zu befassen.

Der einzelne Mensch sollte unbedingt lernen, mit sich selbst sorgsam und achtungsvoll umzugehen. Und er sollte an seinem Arbeitsplatz Bedingungen vorfinden, die ihm eine Lebensbalance ermöglichen. Die körperliche Gesundheit, genauso wie die emotionale, mentale und geistig-seelische Ausgeglichenheit, ist und bleibt die Basis von jedweder Leistungsfähigkeit. Eine Gesellschaft, die diese Wahrheit übergeht und negiert, wird an den Konsequenzen schwer zu tragen haben. Weitaus klüger und auch günstiger wird es für sie sein, so schnell wie möglich Wege zu schaffen, um mit vielfältigen Belastungen und anhaltendem Druck angemessen umzugehen. Es gilt, Denken und Handeln radikal auf Präventivmaßnahmen zu richten. Denn allein auf das Gesundheitswesen rollt jetzt schon eine Kostenlawine zu. Die durch vielfältige Studien dokumentierte steigende Zahl psychosomatischer Erkrankungen fällt monetär immer stärker ins Gewicht. Doch es dreht sich nicht nur um die Kosten. Primär taucht die Frage auf, wie wir es inhaltlich und strukturell schaffen, eine wachsende Zahl psychosomatisch erkrankter Menschen adäquat zu begleiten und zu betreuen.

| Info | Die Weltgesundheitsorganisation (WHO) hat Stress als eine der größten Gesundheitsgefahren des 21. Jahrhunderts eingestuft. Seine medizinischen Folgen betreffen Leib und Seele gleichermaßen: Stress mündet nicht nur in Burnout, Depression oder Angststörungen, er kann auch Arterienverkalkung – mit den Folgeerkrankungen Herzinfarkt und Schlaganfall – sowie Asthma, Fettsucht und Diabetes begünstigen. Zwischen 50 und 60 Prozent aller Arbeitsausfälle seien auf stressbedingte Erkrankungen zurückzuführen – in vielen Ländern der EU fungieren diese Leiden inzwischen als Hauptursachen für Fehlzeiten. Das dokumentiert der Spiegel in seiner Ausgabe vom 24.11.2008. |

Diese Entwicklung kann ich aus meiner praktischen Erfahrung nur bestätigen. Ein Drittel aller Teilnehmer meiner Seminare sind am Anschlag ihrer Kapazität und spüren die ersten Anzeichen einer psychosomatischen Erkrankung. Ein weiteres Drittel fühlt sich zwar in der Lage, aktiv zu agieren, lebt aber unter dauerhafter Überbelastung und großer Anspannung. Nur ein Drittel der Teilnehmer genießt den Vollbesitz seiner physischen und psychischen Kräfte und befindet sich in der glücklichen Lage, den Alltag in einem gesunden Wechselspiel zwischen Be- und Entlastung einteilen zu können.

Es muss uns allen klar sein: Die Situation, in die wir uns gesellschaftlich hineinmanövriert haben, verlangt von uns größte Genauigkeit, Mut und auch Abenteuergeist, komplett neue Lösungswege auszuprobieren. Wir müssen innehalten und hinschauen – nicht wegschauen. Durch den Mut zur Klarheit können wir den Kern von Problemen identifizieren, Zusammenhänge transparent gestalten und innovative Entwicklungswege kreieren.

Warum integrales Coaching?

Noch nie verfügten wir Menschen über ein so immenses Wissen und Erfahrung

Mit unserem heutigen Bildungsstand besitzen wir vielfältige Möglichkeiten, um mit den benannten Herausforderungen kreativ umzugehen. Zum einen profitieren wir von den modernen wissenschaftlichen Kenntnissen des letzten Jahrhunderts, die in den unterschiedlichsten Bereichen der Soziologie, Medizin, Psychologie, Pädagogik, Neurobiologie, Kommunikationswissenschaft und anderen Bereichen einen immensen Entwicklungsschub ausgelöst haben. Zum anderen verfügen wir über Einblick in die Einsichten traditioneller Weisheitslehren, die jahrtausendelang ein hoch differenziertes Wissen über die Fähigkeiten menschlichen Bewusstseins gesammelt haben. Integrale Denker wie Jean Gebser, Ken Wilber und Ervin Laszlo plädieren schon seit Jahrzehnten dafür, die Erfahrungen der westlichen und östlichen Geisteswissenschaften zu einer offenen, umfassenden Weltsicht zusammenzufügen.

Info   **Die integrale Theorie verbindet verschiedene Wissensgebiete**

Die integrale Theorie dient im Wesentlichen als systematisches Modell für eine holistische Welterklärung. Sie ist unter anderem auf der Annahme aufgebaut, der Mensch verfüge neben dem personalen Tagesbewusstsein auch über weitere natürliche Bewusstseinszustände. Der wichtigste gegenwärtige Verfechter der integralen Theorie, der US-Amerikaner Ken Wilber, vertritt die Auffassung, dass auch mystische und spirituelle Erfahrungen Wissen über die Natur vermitteln können und deshalb in einem umfassenden Weltmodell ebenso wie wissenschaftliche Erkenntnisse berücksichtigt werden müssen. Mittels geeigneter Übungsmethoden wie der Meditation sei es sogar denkbar, diese intersubjektiv zu überprüfen. Dies wird auch mit der Ähnlichkeit dieser spirituellen Erfahrungen quer durch alle Kulturen und Epochen sowie ihrer prinzipiellen Zugänglichkeit durch meditative Praxis begründet.

Ein weiterer wichtiger Aspekt integraler Theorie besteht darin, zwischen den verschiedenen Ansätzen zur menschlichen Subjektivität zu vermitteln. So wird auf der einen Seite davon ausgegangen, dass das individuelle Ich oder Ego nicht die höchste Qualität menschlicher Handlungsfähigkeit widerspiegelt, sondern in einem komplexeren transpersonalen Selbst aufgehen kann, das auch die anderen Wesen im eigenen Denken, Fühlen und Handeln berücksichtigt. Auf der anderen Seite wird jedoch die Bedeutung des Ichs als zentrale Instanz individueller Handlungsfähigkeit betont und sich damit von spirituellen Ansätzen abgegrenzt, welche das Ich in universeller Einheit auflösen möchten.

Kritiker bemängeln an der integralen Theorie die Betonung nichtrationaler Elemente und eine Diktion, die größere Exaktheit suggeriere als tatsächlich vorhanden sei. Weiterhin ent-

ziehe sich der integrale Ansatz teilweise einer schrittweisen, logischen Analyse. Zudem erhebe dieser Ansatz einen zu umfassenden Anspruch, was Merkmale der Esoterik seien. Esoteriker wiederum kritisieren an dem Ansatz, Rationalität und Empirie nehme einen zu hohen Stellenwert ein. Integrale Theoretiker weisen darauf hin, dass sie die Zersplitterung der verschiedenen Wissensdisziplinen überwinden wollen und insoweit Philosophie in einem umfassenden Sinne betreiben.
(vgl. www.wikipedia.de [Stand: März 2010])

Positionierung von H.B.T. im integralen Kontext

In seiner »Integralen Theorie« entwickelt Ken Wilber verschiedene Grundthesen. Er spricht von Entwicklungsebenen und Entwicklungslinien, mithilfe derer er die Entwicklungsstufe eines Menschen oder auch einer Gruppe detailliert klassifizieren kann. Er hat ein Quadrantenmodell konstruiert, in dem er verschiedene Erfahrungsperspektiven zusammenfügt. Nach seiner Definition können Ereignisse individuell und kollektiv erlebt werden, genauso können Phänomene auch innerlich (subjektiv) und äußerlich (objektiv) wahrgenommen werden. Aus diesen Definitionen gestaltete er eine Zuordnung seiner Quadranten in innerlich-individuell, äußerlich-individuell, innerlich-kollektiv und äußerlich-kollektiv. Auch dieses Modell dient dazu, Zusammenhänge differenziert aufschlüsseln zu können und einzelnen Aspekten eine genaue Zuordnung zu geben.

Des Weiteren definiert er verschiedene Bewusstseinszustände. All diese Zustände können auf jeder der Entwicklungsebenen auftreten und werden dementsprechend interpretiert. Weitere Grundthesen sind: Typen, Holons und Holarchien. Wilber geht davon aus, dass sich die gesamte Realität aus Holons – ein Ganzes, das gleichzeitig Teil eines weiteren Ganzen ist – zusammensetzt, egal, ob es sich dabei um Materie, Energien, Ideen oder Prozesse handelt. Holons bilden Systeme, die Holarchien. Allein in dieser kurzen Zusammenfassung dürfte klar werden, wie komplex und umfassend das Gedankengebäude Wilbers zusammengebaut ist. Seine Ausführungen faszinieren mich. Doch für die praktische Realisierung erwies sich sein komplexes Gedankengebäude für mich als unbrauchbar. So ist das H.B.T. Human Balance Training in grundlegenden Themen der Wilber'schen Theorie verwandt, in der praktischen Umsetzung verwendet es aber andere Arbeitsmodelle.

Klare verständliche Sprache für die Vermittlung ganzheitlicher Methodik

Wie ich eingangs schon betont habe, erscheint es mir besonders wichtig, ein integrales Arbeitskonzept so plausibel und bodenständig wie möglich zu veranschaulichen. Denn in Unternehmen oder kleineren Betrieben, in Schulen oder in Krankenhäusern, in denen ein integrales Menschenverständnis dringend gebraucht wird, trifft man als

Coach häufig auf Gesprächspartner, die mit tiefer gehenden Inhalten der Menschenkunde nicht vertraut sind.

Geschäftsführer, gerade im Mittelstand, sind meistens sehr dynamische Persönlichkeiten. Sie haben gelernt, Problemstellungen rasch zu analysieren, und suchen reflexartig nach schnellen Lösungswegen. Da sie wirtschaftlich und personell große Verantwortung tragen, fragen Entscheider sehr genau nach Zahlen, Daten, Fakten. Bei dem Thema eines integralen Coachingprozesses, der einen Mitarbeiter in vielfältigen Themen schult, geht es auch nicht um Sozialromantik, sondern um eindeutig messbare Kennzahlen. Gerade an dieser Stelle ist Klarheit gefragt, vor allen Dingen in Kommunikation und Präsentation. Zusammenhänge von Kostensenkung, Gewinn und Nutzen gehören genau aufgezeigt, um dann auch das Interesse für umfassendere Gesichtspunkte zu wecken.

Aus meiner Erfahrung haben sich gerade in den letzten Jahren viele Blickpunkte verschoben beziehungsweise erweitert, so als würden die zunehmenden Belastungen uns Menschen zu einer ganzheitlicheren Wahrnehmung leiten. Als könnte langsam, Schritt für Schritt die rigide Trennung von Verstandes- und Gefühlswelt aufgelöst werden. »Cogito ergo sum« – diese Priorisierung des Mentalen hat uns über Jahrhunderte geleitet. Nun deutet sich an, dass wir in ein neues Bewusstseinsfeld eintreten. Jahrhundertelang wurde dem Verstand die absolute Vormachtstellung zugesprochen, er war der Steuermann. Der Körper, die Gefühle und die Seele bekamen ihren Platz auf der Rückbank zugewiesen. Diese Spaltung unserer natürlichen Gesamtheit wird nun langsam aufgehoben. Um diesen Paradigmenwechsel tatsächlich bewältigen zu können, ist es unerlässlich, dass wir uns gezielt mit den tief verankerten Mustern und Prägungen beschäftigen, die bisher kollektiv unser Bild der Welt geprägt haben. Unbewusst steuern sie permanent das Verhältnis zu uns selbst sowie zu anderen und drücken sich in eingefahrenen, automatisierten Denk-, Gefühls- und Handlungsweisen aus.

Einschränkende Prägungen und Muster bewusst erkennen

Um einschränkende Prägungen und Muster bewusst erkennen zu können, helfen die neusten Erkenntnisse der Neurobiologie ungemein. Sie machen deutlich: Unser Handlungsspektrum wird hauptsächlich von den Verhaltensweisen bestimmt, die wir in frühester Baby-, Kleinkind-, Kinder- und Jugendzeit aufgenommen, abgeschaut oder gelernt haben. In ihrem Artikel »Das starke Ich« (Spiegel Nr. 15/06.04.2009) schreibt die Journalistin Katja Thimm: »Alles Verhalten gründet [...] auf feingliedrige[n] Verschaltungen von Nervenzellen im Gehirn. Während ein Kind heranwächst, formen seine Erfahrungen das Gehirn. Alles, was es erlernt, wird in neuronalen Netzen festgeschrieben – je öfter es eine ähnliche Situation erlebt, desto nachhaltiger wird dieser Eindruck verankert.« In diesem Artikel zitiert sie den Neuropsychiater Boris Cyrulnik: »Die Beziehungen zu anderen Menschen, die Gesten und Rituale, die den Säugling umhüllen, strukturieren einen Teil seines Gehirns ... Keine andere Spezies kommt mit einem derart formbaren Gehirn zur Welt wie wir. Und bei keiner anderen sind die Nachkommen beim Erlernen dessen, was sie für ihr Überleben brauchen, so sehr und so lange auf die Unterstützung und die Steuerung durch die erwachsene Generation angewiesen.«

Es ist wichtig, sich zu vergegenwärtigen, dass viele unserer derzeitigen Bewältigungsstrategien auf den Handlungsweisen unserer Eltern, Lehrer oder anderer direkter Bezugspersonen basieren. Ihnen haben wir intuitiv abgeschaut, wie man vielschichtige Fähigkeiten ausbildet: zum Beispiel mit sich selbst und anderen in Beziehung zu treten, Gestaltung von Kommunikation, Problem- beziehungsweise Konfliktbewältigung, Prozesse der Entscheidungsfindung, Zielorientierung, Anpassung oder Individualität, Fleiß und Disziplin. Während dieses unbewussten Lernprozesses haben wir Befähigungen aufgenommen, die uns damals wie heute konstruktiv unterstützen, unser Leben zu meistern und uns positiv Halt und Ausrichtung geben. Gleichzeitig haben wir aber auch Denk- und Verhaltensformen adaptiert, die zu den damaligen Gegebenheiten einen Sinn und Wert ergaben, aber in unserer heutigen Zeit das glatte Gegenteil bewirken. Bei genauerem Hinschauen bemerken wir, dass sie uns destruktiv einschränken.

Wir sollten uns immer wieder klarmachen: Unsere Großeltern und Eltern sind durch Krieg, Nachkriegszeit und Industriegesellschaft geprägt worden. Sie hatten komplett andere Aufgabenstellungen zu erledigen als unsere Generation in der globalisierten Wissens- und Informationsgesellschaft. Unsere Vorfahren haben gelernt, mit unvorstellbaren körperlichen und psychischen Belastungen zurechtzukommen. Um überleben zu können, mussten sie zum Selbstschutz ihr Herz und ihre Seele verschließen und damit ihre Offenheit und Kommunikationsfähigkeit stark einschränken. Sie fanden Wege, um tiefe Traumatisierungen ohne professionelle Hilfe in sich selbst erträglich zu machen und in ein relativ normales Leben zu überführen.

Betrachten wir nur mal unsere Prägungen zum Thema »Leistung und Disziplin«. Die Ideale und Grundsätze unserer Eltern erzählen von ungeheurem Fleiß, von Durchhalten und Zähne zusammenbeißen. Davon zeugen Sätze wie zum Beispiel:

> »Genug ist nicht genug!«
> »Erst die Arbeit, dann das Vergnügen!«
> »Nicht geschimpft ist genug gelobt!«

Diese Sätze sind nur ein kleiner Ausschnitt des Repertoires, das ich von meinen Klienten immer wieder zu hören bekomme. Nur sind diese Glaubenssätze nicht die vergangenen Aussagen der Eltern, sondern derweilen ihre eigenen inneren Kommentare, mit denen sie sich selbst gnadenlos auf Spur bringen. Die Einstellung der Eltern wurde als Kind aufgesogen und wird ständig neu reproduziert.

> »Bloß nicht zugeben, dass der Druck oft zu groß ist und schon an der Grundsubstanz des persönlichen Energiehaushaltes zehrt. Man könnte ja als Weichei gelten und aussortiert werden.«

Diese und ähnliche Appellsätze schwirren vielen durch den Kopf und steuern machtvoll die eigene Selbstbewertung. Diese Denkschlaufen verhindern das Erforschen neuer, kreativer Handlungsstrategien. Stattdessen manifestieren sie das tägliche Hamsterrad, das sich für viele Beschäftigte leider immer schneller dreht.

Sobald Sie Ihrem eigenen Selbstgespräch Aufmerksamkeit schenken, werden Sie feststellen: Sie selbst sind in vielen Fällen der schlimmste Antreiber! Kaum ein anderer wird Sie so massiv in die Zange nehmen wie Sie selbst. Mit diesen inneren Reden erhöhen Sie – neben den gesetzten äußeren Anforderungen – die Last der Gewichte, die an Ihnen hängen.

Selbst wenn Sie die Zwanghaftigkeit und Unangemessenheit Ihrer Denkmuster erkennen, können Sie diese in der Kindheit tief eingebrannten Gedankenschienen mithilfe Ihres Verstandes nicht auslöschen. Denn die Prägungen erfolgten nicht nur auf der mentalen, sondern vielmehr auf der physischen, emotionalen und seelischen Ebene. Um dieses umfassende Geschehen zu begreifen, sinnhaft zu durchdringen und nachhaltig weiterzuentwickeln, braucht es offenes Gewahrsein und Präsenz auf allen Ebenen des Organismus.

Sich seiner selbst bewusst zu werden, ist eine besondere Fähigkeit, die uns Menschen von Natur aus verliehen wurde. Es ist eine Gabe, die es uns erlaubt, unsere Gefühle und Empfindungen, unsere Denk- und Verhaltensweisen zu beobachten, auf ihre Wirkung hin zu überprüfen und gegebenenfalls zu verändern. Dass dieser Prozess kein leichter ist, wissen wir alle nur zu gut. Doch steht uns heute ein umfassendes Verständnis von Entwicklungs- und Lernprozessen zur Verfügung.

Konsequent die Erkenntnisse der Neurobiologie nutzen

Gerade die Neurobiologie hat in den letzten Jahren bahnbrechende Erkenntnisse über den Aufbau und die Fähigkeiten des menschlichen Gehirns sammeln können. So berichtet der Neurobiologe Gerald Hüther in seinem spannenden Buch »Bedienungsanleitung für ein menschliches Gehirn« (2009, S. 23):

> »Jahrzehntelang war man davon ausgegangen, dass die während der Hirnentwicklung ausgebildeten neuronalen Verschaltungen und synaptischen Verbindungen unveränderlich sind. Heute weiß man, dass das Gehirn zeitlebens zu adaptiven Modifikationen und Reorganisationen seiner einmal angelegten Verschaltung befähigt ist. Ein menschliches Gehirn ist in der Lage, einmal entstandene Programme wieder aufzulösen oder zu überschreiben, sobald sie die weitere Entfaltung der geistigen und emotionalen Potenzen zu behindern beginnen. Um derartige Programmierungen wieder aufzulösen, müssen sie als bereits erfolgte Installationen bewusst gemacht und erkannt werden.«

Die Voraussetzung dafür, eingeschliffene Verhaltensweisen nachhaltig zu verändern, ist also das bewusste Verstehen, wie die darunterliegende »Programmierung« ausgebildet ist. Um diese tiefen Strukturen erkennen zu können, müssen wir unsere Wahrnehmung verfeinern und uns im Alltag oft und genau auf die Finger schauen. Statt uns automatisch anzutreiben, können wir lernen, sorgsam mit uns selbst umzugehen.

Da unsere Arbeitswelt durch die offenen Märkte und internationalen Vernetzungen weder Tag noch Nacht kennt, ist es wichtig, dass wir üben, uns selbst Grenzen zu setzen. Statt einem unerreichbaren Perfektionismus nachzueilen, gilt es, für uns Geben und Nehmen ins Gleichgewicht zu bringen. Dabei helfen uns Sätze wie:

> »Sei gut zu dir selbst!«
> »Schätze deine Arbeitsleistung!«
> »Respektiere deine Bedürfnisse und erfülle sie!«
> »Sage nein, wenn du nicht mehr kannst!«

Diese Art des inneren Gesprächs erzeugt letztendlich die Voraussetzung dafür, physische und psychische Gesundheit sowie Leistungsfähigkeit dauerhaft erhalten und weiterentwickeln zu können.

Vorsprung durch Bewusstsein

Der Schlüssel zu dieser persönlichen Entwicklung liegt im gezielten Training unseres Bewusstseins. Denn in unserem Bewusstsein befinden sich unendliche Kräfte verborgen, die nur darauf warten, dass wir sie wahrnehmen und in unserem Alltag einsetzen. Bei genauer Betrachtung haben wir Menschen gar keine andere Wahl mehr, als unseren Geist kraftvoll zu schulen. Wir selbst haben uns in so komplexe Problemstellungen hineinmanövriert, dass wir zu ihrer Lösung geistig einen höheren Gang einlegen müssen.

H.B.T. Human Balance Training möchte einen aktiven Beitrag dazu leisten, dass die ganzheitliche Wahrnehmung des Menschen und ein gezieltes Bewusstseinstraining sich praxisnah und realitätsbezogen in vielen Gesellschaftsfeldern umsetzen lassen.

Die Eckpfeiler des H.B.T. Human Balance Trainings

»Die Dogmen der ruhigen Vergangenheit
eignen sich für die stürmische Gegenwart nicht mehr.«

Abraham Lincoln

Die Methode entwickelte sich über viele Jahre hinweg

Gleichgewicht in sich selbst und in der gesamten Lebensführung zu finden – mit dieser Thematik ringt die Mehrzahl meiner Klienten. Gleichgewicht in der Selbst- und Mitarbeiterführung, in der Strategie und Unternehmensleitung – diese Themen rücken auch in vielen Firmenseminaren in den direkten Fokus. Profit oder Werte, Kunden- oder Mitarbeiterorientierung, berufliche oder private Erfüllung, harte Linie oder Kooperation, Kopf oder Bauch, Tun oder Lassen …

Die äußere Welt subsumiert sich aus Gegensätzen und Widersprüchen, die eine klare Entscheidung oft erschweren. Durch ihre Geschwindigkeit verstärkt unsere heutige Zeit die ewige Menschheitsfrage: Wie komme ich mit der Dualität zurecht? Wie schon gesagt: Durch die komplexen Aufgabenstellungen der globalisierten Welt braucht es mehr denn je statt des Entweder-oder-Denkens ein Sowohl-als-auch-Verständnis.

Der Wunsch nach umfassender Begleitung und balancierter Weiterentwicklung von einzelnen Personen, Teams und Organisationen liegt der Entwicklung des H.B.T. Human Balance Trainings zugrunde. Es ist eine Methode, die im Laufe der letzten 15 Jahre gewachsen ist und die ich bisher an unzähligen Klienten erproben und weiterentwickeln konnte. Sie speist sich zum einen aus vielfachen Impulsen, die ich von meiner Familie, meinem Mann, meinen Lehrern, meinen Klienten, Bekannten, Freunden, aus Büchern, Artikeln und vor allem im Leben selbst erfahren durfte. Zum anderen aus den Beobachtungen und daraus resultierenden Erkenntnissen, die ich in meiner eigenen Person entdeckte.

H.B.T. Human Balance Training vereint Erkenntnisse und Methoden west-östlicher Weisheitslehren, der humanistischen und transpersonalen Psychotherapie, der Körpertherapie, des Coachings, der Neurobiologie und Stressforschung. Die konsequente Verbindung von Körper, Gefühl, Verstand und Seele steht im Mittelpunkt der Arbeit, die ich als Bewusstseinstraining verstehe. Die innere Haltung und das klare Rollenverständnis des Coachs, die Verankerung in einer offenen Bewusstseinsweite, die achtsame Prozesssteuerung und die mehrperspektivischen Übungen bedingen die Qualität des integralen Coachings.

Die Methode zeichnet sich durch sechs Grundsätze aus, die sich in den Aspekten der Analyse (Diagnose), der Selbststeuerung des Coachs, der Beziehung zwischen Coach und Klienten, des Prozessablaufs und der persönlichen Entwicklung und Selbstwirksamkeit des Klienten widerspiegeln. Die Grundsätze lauten folgendermaßen:

- Das Begreifen eines Menschen erfolgt in seinen vielfältigen Dimensionen von Körper, Gefühl, Verstand und Seele. Alle Ebenen werden gleichzeitig bearbeitet.
- Der Mensch erfasst sich als einzelnes Wesen und zugleich als Teil eines größeren Ganzen.
- Das Bewusstsein wird als ruhiger, reflektierender Spiegel wahrgenommen.
- Die Verankerung in der Wesensmitte dient als Quelle immanenter Kraft und Ganzheit.
- Die authentische Prozesssteuerung erfolgt durch Achtsamkeit, offene Wahrnehmung und Präsenz.
- Im mehrperspektivischen Übungsaufbau wird auf Klarheit und Transparenz geachtet.

In diese sechs Grundthemen wird der Klient Schritt für Schritt eingeführt und seinen Vorkenntnissen und seiner inneren Tragfähigkeit entsprechend vertraut gemacht. Mithilfe der Human-Balance-Kompasse können komplexe Zusammenhänge übersichtlich abgebildet werden. Diese Abbildungen dienen der Orientierung und Zuordnung verschiedener Themenbereiche. Wobei jedes Schaubild nur eine Annäherung darstellen kann, einen Versuch, die ungeheure Komplexität der menschlichen Wirklichkeit einzufangen.

Im Folgenden werden die einzelnen Grundaussagen erörtert. In den Buchteilen III und IV wird ihre praktische Anwendung detailliert aufgeschlüsselt.

Die Ganzheit des Menschen

Die gleichzeitige Wahrnehmung von Körper, Gefühl, Verstand, Seele und Bewusstsein

Der folgende Human-Balance-Kompass, der die verschiedenen Dimensionen des Menschen darstellt, bildet die Grundlage der Einzelbegleitung.

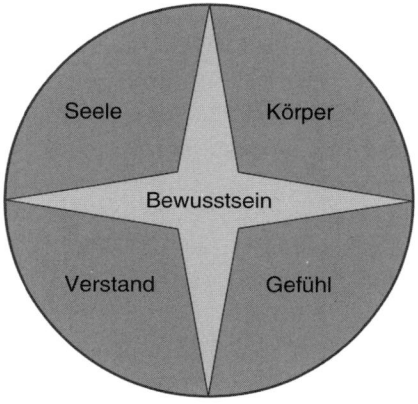

Wir Menschen sind komplexe Wunderwerke. Wir sind mit größter Individualität ausgestattet, gleichzeitig ähneln wir uns doch frappierend. Wir alle sehnen uns nach Liebe, Anerkennung und Wertschätzung, nach Gesundheit und Bewegungsfreiheit, nach respektvollen Begegnungen, die Raum zur Entfaltung offerieren, und nach sinnhafter Tätigkeit.

Neben diesen elementaren Lebensthemen gibt es darüber hinaus eine Vielzahl von Aspekten, die in der individuellen Struktur des Einzelnen wurzeln.

In den vielen Jahren der Begleitung von Personen war es mir ein großes Anliegen, einen umfassenden Überblick über die Vielschichtigkeit der vorgetragenen Inhalte und ihrer Bearbeitung zu erzielen. Besonders interessierte mich dabei die Brauchbarkeit der jeweiligen Arbeitsweise und die Möglichkeit ihrer komplementären Ergänzung. Durch meine unterschiedlichen Ausbildungen konnte ich auf ein reiches Repertoire von Methoden und Ansätzen zurückgreifen und so einer tief gehenden Erforschung nachgehen. Ich gewöhnte mir an, all meine Sitzungen detailliert aufzuschlüsseln und auf ihre Wirksamkeit hin genau zu überprüfen.

Trotz aller Unterschiede stellte sich bald heraus, dass sich bestimmte Motive stets wiederholten. Egal wie unterschiedlich sich die Biografie und die Lebensumstände meiner Klienten darstellten, waren sie in ihren Grundbedürfnissen und tieferen Anliegen schier deckungsgleich. Diese sich ähnelnden, wiederkehrenden Inhalte versuchte ich, sinnhaft zusammenzustellen. Dabei benutzte ich verschiedene Ordnungsmodelle. Von dieser Gliederung leitete ich dann mehr-modulige Seminarformate ab, dem Anliegen folgend, den Menschen in seiner Ganzheit ansprechen zu können. Mit der Zeit schälte sich immer deutlicher ein tragfähiges Zuordnungssystem heraus: Der H.B.T.-Kompass.

Der Human-Balance-Kompass gilt als Sinnbild einer Orientierungshilfe in der großen Landkarte der Menschenkunde. Er gibt zum einen die Möglichkeit, die unterschiedlichen Lebensthemen, die einen Menschen bewegen, übersichtlich zu visualisieren. Zum anderen weist er auf die zentrale Bedeutung des Bewusstseins hin, das als ruhiger, reflektierender Spiegel in der Mitte all dieser Lebensbewegungen liegt. Die folgende Abbildung zeigt die Grundstruktur des Kompasses und in seinen Seitenfeldern die Zuordnung verschiedener Lebensaspekte.

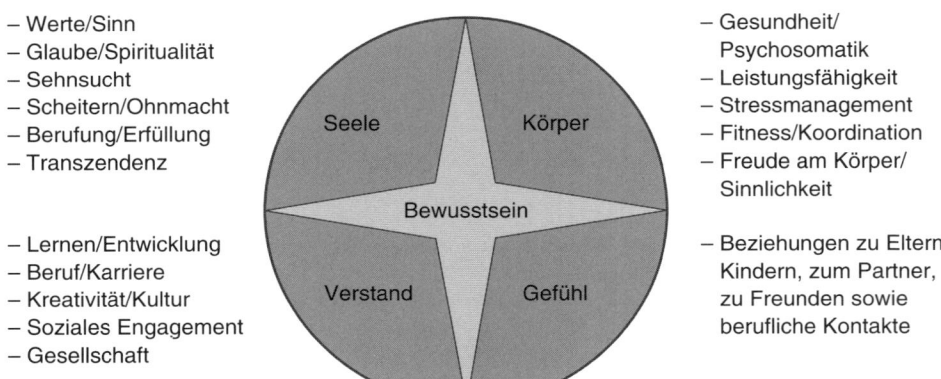

Neben den Grundthemen, die die meisten Menschenleben ausmachen, können mit der Struktur des Kompasses auch spezifische Herausforderungen aufgeschlüsselt werden. Im Kontext eines Führungskräftecoachings lassen sich beispielsweise die folgenden signifikanten Themen herausfiltern.

Auf Basis der Inhalte des Kompasses kann der Coachingprozess ganzheitlich angelegt werden. Zudem kann im Kontext einer Unternehmensberatung zum Beispiel die Personalabteilung direkt von dieser Struktur profitieren und eine schlüssige Personalentwicklung ableiten. Die Kreation eines genauen, umfassenden Kompetenzprofils kann Grundlage sein von Stellenanzeigen und Assessment-Centern, Einstellungsverträgen und Einarbeitung, Weiterbildung, Beurteilung und vielem anderem mehr. Diese integrale Führungskultur sollte natürlich in Abstimmung mit der allgemeinen Unternehmenskultur konzipiert werden.

**Klarheit in den
Werten**

– Persönlicher Wertekatalog
– Identifikation mit
  Unternehmenskultur
– Authentisches Fühlen,
  Denken, Reden und
  Handeln
– Fairness und
  Gleichberechtigung
– Präsenz und
  Glaubwürdigkeit

**Kommunikation/
Prozesse**

– Klare Aufgabenverteilung
– Realistische Zielsetzung
– Optimierte Prozesse
– Zeitmanagement
– Effiziente Interaktion
– Strukturierte Information
– Bewusste Schnittstellen
– Meetingkultur

Selbstführung

– Persönlicher Kräfte-
  haushalt
– Geben und Nehmen in
  Balance
– Gesundheit und Fitness
– Essen, Trinken, Schlafen,
  Bewegung, Drogen
– Regeneration
– Stressbewältigung

Soziale Kompetenz

– Respekt und Achtung
– Offene Kommunikation
– Augenhöhe in Begeg-
  nungen
– Regelmäßige Einzel-
  gespräche
– Faire Bewertungen
– Klarheit in Absprachen,
  Regeln, Feedback,
  Kontrolle, Kritik
– Souveränität im Konflikt

Sein   Körper

Bewusstsein

Verstand   Gefühl

Die Grundmatrix des Kompasses lässt sich jederzeit auf die Herausforderungen anderer Berufsbilder übertragen, wie zum Beispiel die individuelle Situation eines Lehrers oder eines Arztes, eines Handwerkers, eines Anwalts.

Vom Symptom zur Wurzel

Die übersichtliche Darstellung hilft zum einen, den Klienten von Anfang an mit den Grundzügen ganzheitlichen, systemischen Denkens vertraut zu machen (»systemisch« kommt aus dem Griechischen und nimmt Bezug auf »das Gebilde, Zusammengestellte, Verbundene«). Durch das Sichtbarmachen der Bezüge fällt es leicht, einzelne Probleme und Themenfelder in einem größeren Kontext wahrzunehmen und genau zu untersuchen. Es liegt auf der Hand, dass viele der abgebildeten Inhalte in einer direkten Abhängigkeit zueinander stehen.

> Einstein formulierte den wunderbaren Satz:
> »Die signifikanten Probleme, vor denen wir stehen, lassen sich nicht auf derselben
> Ebene lösen, auf der wir sie geschaffen haben.«

Seine Aussage beinhaltet zwei aufregende Aspekte:

- *Erstens:* Dass Probleme in ihrer Darstellung und Auswirkung auf verschiedenen Ebenen wahrnehmbar sind. Das heißt, dass wir Ebenen definieren müssen, auf denen wir die Effekte eines Themas untersuchen können.
- *Zweitens:* Dass die bestehenden Probleme von uns selbst erschaffen worden sind. Diese Annahme gibt uns die gewaltige Freiheit, auf genaue Spurensuche zu gehen: Mit welcher meiner Denk-, Fühl- oder Verhaltensweisen erschaffe ich mir eine Realität, die mir zum Problem wird? Und welche Handlungsspielräume besitze ich, um zu einem tragenden Lösungsweg zu gelangen?

Um diese umfassende, präzise Forschungsarbeit durchführen zu können, erscheint es äußerst hilfreich, die natürlichen Fähigkeiten unseres Bewusstseins zu studieren, zu erkennen und umfassend zu nutzen.

Bei der Arbeit mit den Klienten setze ich den reflektierenden Bewusstseinsraum als Ausgangspunkt ein, um aufmerksam die Körperebene, den Verstand, die Gefühle und die Bewegung der Seele zu studieren und in den Coachingprozess gleichzeitig mit einbeziehen zu können. All diese Ebenen sind eng miteinander verbunden und agieren beziehungsweise reagieren immer im Verbund. Eine unangenehme Emotion färbt unmittelbar die Gedankenwelt. Auch drückt sie sich direkt im Körper aus – durch Veränderung der Haltung, Spannung und des Atems. Die Seele – dieser hochsensibel und fein gestimmte Kern unserer Person – ist mit ein wenig Übung deutlich wahrzunehmen. Bei Wohlbefinden zeigt sich unser innerster Kern wach und lebendig. Diese intensive Präsenz können wir wunderbar beobachten, sobald wir flirten. Steht uns ein Mensch gegenüber, den wir besonders schätzen und in dessen Umgebung wir uns aufgeregt wohlfühlen, blüht unser Innerstes auf, und wir können vor Eloquenz und Heiterkeit sprühen. Unsere Augen – die direkten Spiegel unserer Seele – leuchten von innen. Genauso können sie sich in Zeiten des Kummers und der Enttäuschung mit einem traurigen Schleier verhüllen. Dann hängen auch die Schultern herab und die Stimme klingt belegt.

Alle Ebenen und Sinneskanäle unseres gesamten Organismus sind miteinander verknüpft und reagieren in einer Sprache. Die Einbeziehung all dieser unmittelbaren, authentischen Regungen und Äußerungen sehe ich für einen tiefgehenden Coachingprozess als unerlässlich an.

Um einen Lernprozess nachhaltig verankern zu können, braucht es die Beteiligung von Emotionen, das beweist die Neurobiologie derweilen eindrucksvoll. Ich möchte diese Aussage noch differenzierter betrachten. Aus meiner Sicht erscheint es unentbehrlich, neben der Verstandesebene ganz bewusst die Körperwahrnehmung, die Gefühlsebene und noch tiefer liegende Empfindungen, Ahnungen und Sehnsüchte der Seelenebene anzusprechen und mit einzubeziehen.

Vorteile und Möglichkeiten der Methode

Die bewusste, gemeinsame Aktivierung aller Ebenen schafft immense Vorteile und Möglichkeiten.

- *Für die Analyse:* Der Coach erhält eine Vielzahl von Informationen, die den bewussten und unbewussten Ebenen des Klienten entspringen.
- *Für die Selbststeuerung des Coachs:* Der Coach kann sich selbst und seine Stimmungen auf allen Ebenen beobachten – dadurch erhält er frühzeitig Hinweise, wenn er sich zum Beispiel in einer Übertragungssituation befindet.
- *Für die Beziehung zwischen Coach und Klient:* Der Coach kann dem Klienten auf verschiedenen Sinneskanälen Inhalte vermitteln, durch bewusst eingesetzte Körpersprache, Mimik, Wortwahl, Sprachmodulation, Ausdruck der Gefühle, körperlichen und seelischen Empfindungen – und auf den gleichen Kanälen empfangen.
- *Für den Prozessablauf:* Der Coach kann die Arbeitsebene wählen, die für die Struktur des Klienten und den jeweiligen Prozessverlauf angemessen ist. Er kann wechseln zum Beispiel zwischen Gespräch, Übungen mit Körperwahrnehmung, Übungen mit nach innen oder nach außen gerichtetem Bewusstsein, feinenergetischen Prozessen und anderem mehr.
- *Für die persönliche Entwicklung und Selbstwirksamkeit des Klienten:* Der Klient kann die dominante Vormachtstellung des Verstandes wahrnehmen und sich Schritt für Schritt mit den Regungen seiner anderen Dimensionen vertraut machen. Er lernt, auf vielen Ebenen gleichzeitig bewusst zu kommunizieren. Die Einbeziehung vieler Sinneskanäle schafft die Möglichkeit, neuronale Verschaltungen schnell und dauerhaft umzubauen.

Ich erinnere an dieser Stelle nochmals an die Aussage von Gerald Hüther: »Ein menschliches Gehirn ist in der Lage, einmal entstandene Programme wieder aufzulösen oder zu überschreiben, sobald sie die weitere Entfaltung der geistigen und emotionalen Potenzen zu behindern beginnen. Um derartige Programmierungen wieder aufzulösen, müssen sie als bereits erfolgte Installationen bewusst gemacht und erkannt werden.«

Tragfähige Entwicklung durch Veränderung neuronaler Verschaltungen

Die organische Struktur des Gehirns kann durch Therapie und Coaching – ich nenne es im Kontext von H.B.T. auch Bewusstseinsarbeit – definitiv verändert werden (s. S. 110 ff.). Die Aktivierung möglichst aller sensomotorischen und affektiven Elemente des neuronalen Geschehens begünstigt nicht nur den Abruf von Erinnerungen, sondern gestattet ein umfassendes Erleben und Verstehen von Mustern und Prägungen. Ziel dieser Wahrnehmung ist die Erweiterung des installierten Programms, das wiederum durch wiederholte, intensive affektiv-sensomotorische, neue Erfahrungen am ehesten umgeschrieben werden kann.

Zur Verdeutlichung ein Erfahrungsbericht von Dr. med. Christian Gottwald, Begründer der bewusstseinszentrierten Körperpsychotherapie, veröffentlicht in dem Artikel »Neurobiologische Aspekte einer bewusstseinszentrierten Psychotherapie« (im Internet, S. 1):

> »Der Körper oder – besser gesagt – der Leib bietet einen leichten Zugang zu allen Phänomenen und Ebenen des Erlebens und Verhaltens, also den Sinneswahrnehmungen, den Affekten, den motorischen Impulsen, den Gefühlen, aber auch zu Erinnerungen aus allen Altersstufen einschließlich der begleitenden historischen Gefühle und der zugehörigen historischen Objekterfahrungen. […] Patienten erfahren, dass sie ihre innere Wahrheit erspüren, ertasten und begreifen können. Sie merken, wie ihnen diese Qualitäten zu Einsichten verhelfen, die ihr gesamtes Menschsein umfassen. Sogar basale Grunderfahrungen, die Menschen häufig unbewusst seit ihrer Säuglingszeit ein Leben lang gesucht haben, können auch im späteren Leben noch bis zu einem gewissen Grad erfahren werden. […] Sie spüren nicht nur im übertragenen Sinn, sondern verkörpern, dass sie ein Rückgrat haben, und beginnen, sich und den eigenen Standort zu vertreten. Sie können erfahren, wie ihr Umgang mit Balance auch im übertragenen Sinne ihr inneres Gleichgewicht beeinflusst. Mit mehr Rückgrat in der Balance wagen sie es dann leichter, auch einmal Distanz zu anderen zu halten und ein getrenntes Gegenüber zu werden. Solche grundlegenden Selbst- und Beziehungserfahrungen sind über bloßes Reden nicht in der gleichen Qualität vermittelbar.«

Bloßes Reden vermittelt eine andere Qualität als direkte Körpererfahrung – dieses Erlebnis werden Sie selbst, liebe Leser, sicher schon häufiger gemacht haben. Nur hat man es als Coach, besonders im wirtschaftlichen Kontext, in vielen Fällen mit Klienten zu tun, die ihr Leben lang darauf getrimmt wurden, die Botschaften von Körper, Gefühl und Seele zu verdrängen oder zu negieren. Gerade in diesen Situationen braucht es das natürliche Selbstverständnis und die überzeugende Ausstrahlung des Coachs, um ein umfassendes, integriertes Menschenbild praktisch vorzuleben sowie verständlich und ausdrucksstark erklären zu können. Dabei spielt die Klarheit und Verständlichkeit der Worte, Bilder und praktischen Beispiele eine große Rolle. Ob die Einladung zu einer ganzheitlichen Wahrnehmung erschreckt oder neugierig macht – das liegt zu großen Teilen an der Art der Vermittlung. Es lohnt sich an dieser Stelle, kreativ zu sein, denn der Bedarf an integraler Arbeit ist ungemein groß.

Der Mensch als Ganzes – und Teil eines großen Ganzen

Im Netzwerk des Lebens

Der folgende Human-Balance-Kompass bildet die einzelne Person in den vielfältigen Verflechtungen zu ihren Mitmenschen und ihrer Umwelt ab.

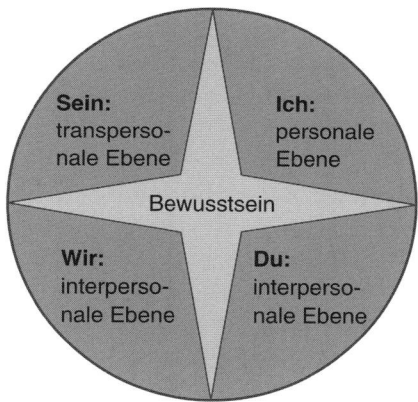

Jeder Mensch an sich ist schon ein kleines Universum. Zugleich ist er Teil eines großen Ganzen, mit dem er in vielfältigen Systemen verknüpft ist. Am Anfang seiner Biografie erlebt er sich im System seiner Herkunftsfamilie. Abhängig davon, ob er als Erstgeborener zur Welt kommt, als Einzelkind aufwächst oder Teil einer Geschwisterschar ist, übernimmt er von Lebensbeginn an eine bestimmte Rolle. Diese Rolle prägt ihn – wie auch alle anderen Konstellationen, durch die er sich im Laufe seines Lebens bewegt.

Neben der Familie befindet sich ein Mensch in unterschiedlichen sozialen Netzwerken. Das kann der Kindergarten sein, die erste Spielbande auf der Straße, die Klasse in der Grundschule, das weiterführende Schulsystem, der Ausbildungsbetrieb, die Universität, der Arbeitsplatz, soziale Verbände, Sportvereine, politische Gremien, die Kirchengemeinde, der private Freundeskreis. In all diesen Gruppierungen nimmt der Mensch einen bestimmten Platz ein. Er positioniert sich bewusst oder unbewusst in einer bestimmten Rolle oder Funktion. In dieser Konstellation wirkt er auf andere ein – und andere wirken auf ihn.

Dieses äußerst komplexe Geschehen möchte ich mithilfe der nächsten Kompasse abbilden. Sie symbolisieren die einzelnen Facetten der menschlichen Bezogenheit:

- Der Quadrant »Ich« signalisiert die Bezogenheit zu mir selbst, die Ausdruck findet in der Entfaltung meiner eigenen Individualität.
- Das »Du« repräsentiert die Bezogenheit in der direkten Beziehung, im Austausch mit einem einzelnen Gegenüber.
- Der Quadrant »Wir« spiegelt die Bezogenheit innerhalb einer Gruppe oder eines größeren Netzwerkes wider.
- Das »Sein« deklariert die Verbindung zu einer höheren Schöpferkraft, die Ausdruck findet in dem Sinnverständnis und den Werten eines Menschen.

Entwicklungsstufen in allen Lebensfeldern

All diese Aspekte begleiten uns Menschen unser Leben lang. Abhängig vom Lebensalter und persönlichen Reifegrad rücken verschiedene Inhalte in den Vordergrund, damit wir uns durch sie entwickeln können. Betrachten wir zum Beispiel die Beziehungsebene: Am Anfang steht der Bezug zu unserer Mutter und unserem Vater ganz im Vordergrund – denn sie sind unsere Welt. Danach treten die Geschwister und Großeltern mit in den Fokus. In späteren Jahren ist es die Beziehung zum Partner oder zu den eigenen Kindern, die in den Mittelpunkt des Lebens rückt.

Die Bezogenheit zu mir selbst befindet sich in direktem Zusammenhang zu der Bezogenheit zum Du. Wer sich selbst nuanciert wahrnehmen und steuern kann, ist gleichermaßen in der Lage, sein Gegenüber differenziert zu verstehen und dadurch in einen lebendigen, einfühlsamen Dialog zu treten. Dies ist auch die Voraussetzung für eine gelungene Partizipation an einem Wir, einer Gruppe. Wer sich selbst in seinen Bedürfnissen und Eigenschaften kennt, kann diese zum Wohle des Ganzen in eine Gemeinschaft einbringen. Die reife Beziehung zu sich selbst dient als Grundlage für eine reife Partnerschaft und ebenso für eine engagierte Verantwortung innerhalb eines größeren Verbundes, ob auf familiärer, beruflicher oder gesellschaftlicher Ebene. Diese innere Reife findet Ausdruck in der Verantwortung und Fürsorge für sich selbst, seinen Mitmenschen und der Schöpfung gegenüber.

Verbundenheit mit der Schöpferkraft

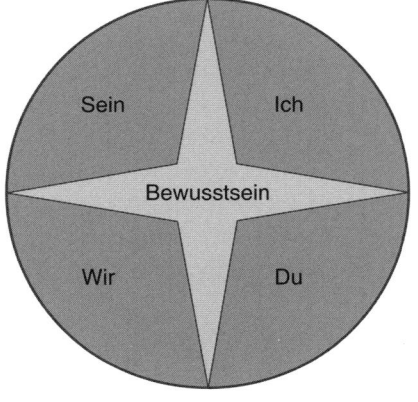

Beziehung zu mir selbst

Zusammenspiel in der Gruppe

Direkte Beziehungen zu anderen

Mithilfe der Kompassstruktur lassen sich vielfältige Lebensthemen im Überblick betrachten. Diese Struktur bietet die Möglichkeit, mehrperspektivische Erfahrungsräume und Übungen abzuleiten. Themen lassen sich nicht nur in ihrem gegenwärtigen Zusammenhang betrachten. Auch ihre unterschiedliche Entwicklungsgeschichte lässt sich sichtbar und somit bearbeitbar gestalten.

Übertragung auf unterschiedliche Konstellationen

Wie bereits im vorhergehenden Kapitel erklärt, wende ich die Grundmatrix dieses Kompasses in verschiedenen Kontexten an.

In der Begleitung und Beratung eines Unternehmens interpretiere ich die einzelnen Felder wie folgt: Unternehmenskultur und Spirit, Gesundheit und Life-Balance, Beziehung und Führung, Kommunikation und Prozesse.

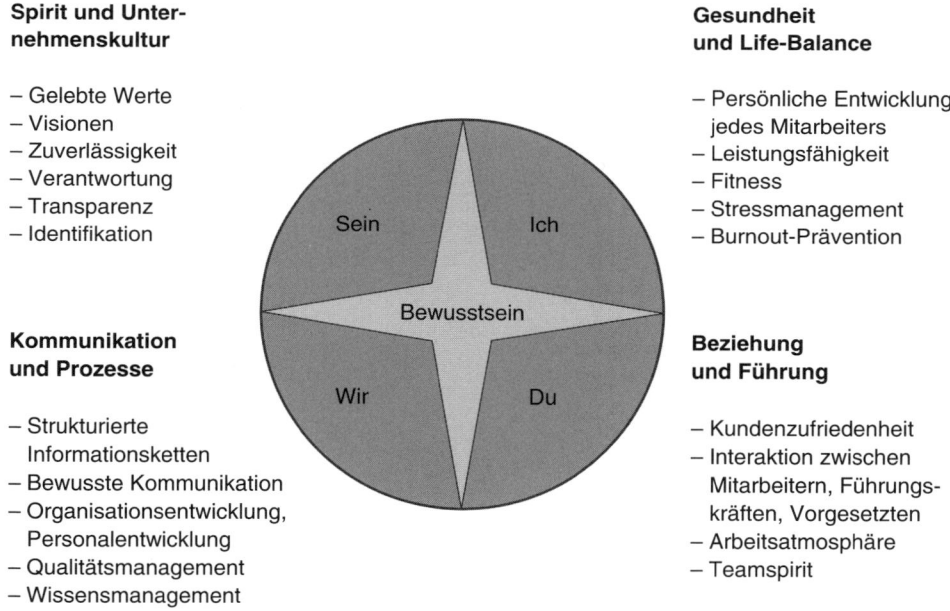

Spirit und Unternehmenskultur

– Gelebte Werte
– Visionen
– Zuverlässigkeit
– Verantwortung
– Transparenz
– Identifikation

Gesundheit und Life-Balance

– Persönliche Entwicklung jedes Mitarbeiters
– Leistungsfähigkeit
– Fitness
– Stressmanagement
– Burnout-Prävention

Kommunikation und Prozesse

– Strukturierte Informationsketten
– Bewusste Kommunikation
– Organisationsentwicklung, Personalentwicklung
– Qualitätsmanagement
– Wissensmanagement

Beziehung und Führung

– Kundenzufriedenheit
– Interaktion zwischen Mitarbeitern, Führungskräften, Vorgesetzten
– Arbeitsatmosphäre
– Teamspirit

Möchte sich ein Unternehmen in einem dieser vier Bereiche nachhaltig weiterentwickeln, zeigt die Erfahrung, dass es äußerst hilfreich ist, die Vernetzung zu anderen Prozessfeldern von Anfang an zu beachten. Nehmen wir das Beispiel Gesundheitsmanagement.

Das physische und psychische Wohlbefinden und die persönliche Leistungsfähigkeit der einzelnen Mitarbeiter hängen von vielen verschiedenen Faktoren ab.

Ein wesentlicher Aspekt davon ist, mit wie viel Druck und Belastung der Einzelne umzugehen hat. Stress kennt viele Gesichter: Neben der hohen Arbeitsverdichtung schlagen vor allem Schwachstellen in der Führung, unklare Kommunikation, unrealistische Zielsetzungen, schwelende Konflikte, belastete Beziehungen und mangelnde Wertschätzung ins Gewicht.

Von daher definiere ich betriebliche Gesundheitsvorsorge als einen ganzheitlichen Prozess, der den Mitarbeiter von seinem ersten Tag im Unternehmen begleitet und vielfältige Ebenen miteinbezieht: Maßnahmen der Gesundheitssicherung, der Fitness und Life-Balance genauso wie eine kompetente, sorgfältige Führung, eine transparente Kommunikation und eine zuverlässige, integre Unternehmenskultur, in der ein Mitarbeiter sich – wie in einer fürsorglichen Schale – getragen und aufgehoben weiß.

– Klare Werte, die zuverlässig gelebt werden
– Faire Vergütung
– Transparente Informationspolitik
– Arbeitsgleitzeit und Home-Office
– CSR (Corporate Social Responsibility)
– Motivation durch Identifikation

– Realistische Zielsetzungen
– Klare Rollen- und Aufgabenverteilung
– Aufmerksame Kommunikation und Information
– Gezielte Life-Balance-Schulung

Spirit und Unternehmenskultur
Gesundheit und Life-Balance
Bewusstsein
Kommunikation und Prozesse
Beziehung und Führung

– Vorsorge und Check-up
– Erkrankungen und Notfälle
– Fitness und Ernährung
– Ergonomie, Physiotherapie, Massage
– Drogenberatung
– Reise und Impfungen

– Gezieltes Führungskräftetraining für soziale Kompetenz
– Teamschmiede zur Mobbingprophylaxe
– Direkte Konfliktklärungen
– Fehlerkultur
– Soziale Unterstützung
– Familienberatung

Wenn sich ein Unternehmen entschließt, fundiert und nachhaltig solch ein Thema weiterzuentwickeln, muss es die nötige Geduld und Tiefenschärfe aufbringen, um Zusammenhänge aufzudecken und Themen im Verbund zu bearbeiten. Zeitlich bedeutet es zu Anfang mehr Einsatz, um diese vielschichtigen Inhalte zu durchdringen und zu begreifen. In der Umsetzung zeigt sich aber ein hoher Synergieeffekt, der vielerlei Probleme auf einmal aus dem Weg räumen kann.

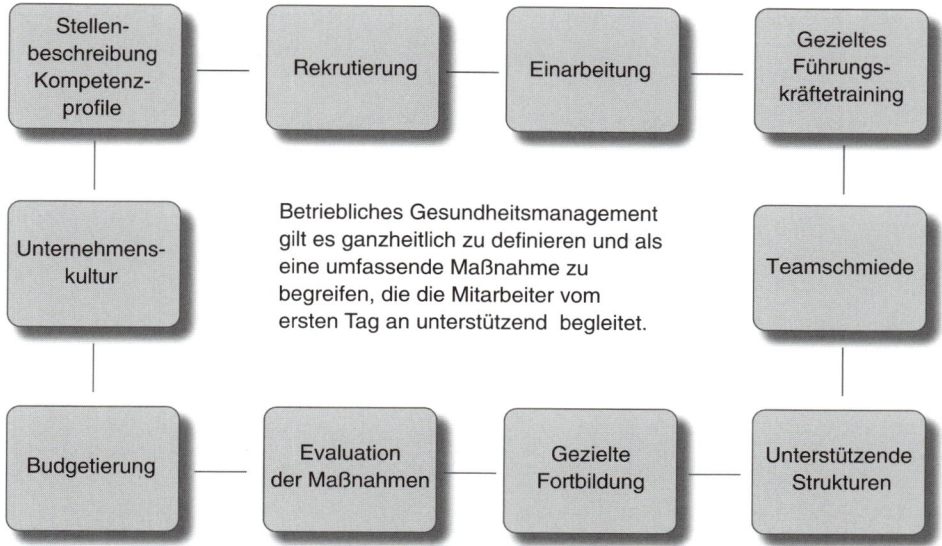

Systeme als Mobile begreifen

Ein System, ob klein oder groß, ist immer wie ein Mobile. Wechselt einer der Teilnehmer seine Position, bringt er Bewegung in das Gesamtgefüge. Seine »Gewichtsverlagerung« zieht die anderen Personen unweigerlich mit. Dieses Phänomen ist für den Coachingprozess ungemein wichtig. Es macht klar, wie viel Macht und Verantwortung jeder einzelne Akteur innerhalb eines Netzwerkes besitzt.

Einen anderen Menschen können wir nicht verändern – nur uns selbst. Diese Erkenntnis mag zwar einerseits schmerzhaft sein, da sie den Weg versperrt, Verantwortung auf andere abzuschieben. Andererseits schenkt sie die ungeheure Freiheit, durch eigenes Engagement auf größere Zusammenhänge einwirken zu können. Es gilt, die eigene innere Haltung zu verändern, die eigene Resonanz, die eigene Position. Denn so wie ich in den Wald hineinrufe, so schallt es auch wieder zurück.

Die folgende Zeichnung von der Künstlerin Ursula Corleis verdeutlicht, wie engmaschig und verzweigt ein Netzwerk angelegt sein kann: Verändern wir nur eine Linie, wandelt sich der ganze Aufbau des Bildes.

Ursula Corleis, Extensions, 1966

Vorteile und Möglichkeiten der Methode

Dieser systemische, mehrperspektivische, integrale Blick auf Zusammenhänge schafft folgende Vorteile und Perspektiven:

- *Für die Analyse:* Vielschichtige Themenfelder können im Zusammenhang und in ihrer gegenseitigen Abhängigkeit betrachtet und gleichzeitig bearbeitet werden.
- *Für die Selbststeuerung des Coachs:* Der Coach hat eine stabile Grundmatrix, vergleichbar mit einer Landkarte, die ihm hilft, sich in der biografischen Komplexität seines Klienten zurechtzufinden. Durch die klare Struktur kann er sich überlappende psychische Entwicklungslinien systematisch verfolgen.
- *Für die Beziehung zwischen Coach und Klient:* Der Klient erlebt, dass jedes Thema seines Lebens im Coachingprozess willkommen ist und eine sinnhafte Zuordnung findet. Diese Weite der Betrachtung schafft eine Atmosphäre von geistiger Freiheit, Kreativität und großer Offenheit.

- *Für den Prozessablauf:* Die Kompasse schaffen eine hervorragende Grundlage für einen mehrperspektivischen Übungsaufbau. Durch die einfache, schnell verständliche Struktur kann sich der Klient gut orientieren. Komplexe Themen werden sichtbar und damit auch greifbar gemacht. Bestimmte Themen erfahren durch die weitsichtige Inspektion eine wohltuende Relativierung.
- *Für die persönliche Entwicklung und Selbstwirksamkeit des Klienten:* Der Klient kann seine Schwierigkeiten aus einem erweiterten Blickwinkel wahrnehmen. Oft löst sich ein Problem, sobald ein anderes Thema konsequent bearbeitet wird. Statt an einer Stelle Verhaltensweisen zu vermindern, gilt es, an einer anderen Stelle Verhalten zu verstärken. Diese ganzheitliche Betrachtung erzeugt mehr Spielräume zum Handeln. Der Klient kann dort ansetzen, wo er sich stabil und sicher fühlt.

Der systemische Blick ist im Rahmen eines Einzelcoachings unerlässlich. Besondere Bedeutung gewinnt er in der Arbeit mit Teams und ganzen Organisationen. Die klare Grundmatrix hilft, verzweigte Themen abzubilden und zu gliedern.

Bewusstsein als reflektierender Spiegel

»Wer ist wach, ganz allein, auf dieser schlafenden Erde, in der Luft, die zwischen den regungslosen Blättern schlummert?
Wer ist wach in den stillen Nestern der Vögel, in den verschwiegenen Kelchgemächern der Blumenknospen?
Wer ist wach in den zitternden Sternen der Nacht, in dem pochenden Schmerz tief in meinem Inneren?«

Rabindranath Tagore

Die Potenziale unseres Bewusstseins entdecken

Wir Menschen, rund um den Erdball, sind durch unsere Gene und sozial-kulturellen Einflüsse in vielen Denk-, Fühl- und Handlungsweisen unterschiedlich ausgeprägt.

Trotz aller Verschiedenheiten verbindet uns eine Fähigkeit, die jedem Erdenbürger innewohnt: Wir sind mit einem reflektierenden Bewusstsein ausgestattet, das uns die Möglichkeit schenkt, uns unser selbst gewahr zu werden. Wir alle besitzen die Kraft der Selbstreflexion, die es uns ermöglicht, uns in unseren vielschichtigen Regungen wahrzunehmen, zu hinterfragen und gezielt weiterzuentwickeln.

Diese Begabung muss allerdings trainiert werden, damit sie Schritt für Schritt ihre volle Wirkung entfalten kann.

Die Fähigkeit, unser selbst gewahr zu sein, unser Bewusstsein zu erweitern und dadurch in neue Qualitäten des Seins vorzustoßen, wurde in vielen Kulturepochen der Menschheitsentwicklung hervorgehoben und zumeist im religiösen Kontext gepflegt. Sie wurde und wird mit dem Begriff »Meditation« oder »Kontemplation« beschrieben.

Das Wort »Meditation« kommt aus dem Lateinischen und bedeutet »Ausrichtung zur Mitte«, auch in der Konnotation »das Nachdenken über«. Durch Achtsamkeits- und Konzentrationsübungen soll sich der Geist beruhigen und sammeln. In östlichen Kulturen gilt sie als eine grundlegende und zentrale Übung der Bewusstseinserweiterung. Die angestrebten Bewusstseinszustände werden, je nach Tradition, mit Begriffen wie Stille, Leere, Panorama-Bewusstsein, Eins-Sein, Im-Hier-und-Jetzt-Sein oder Freisein von Gedanken beschrieben. Gerade im Osten wird der Erforschung des Geistes größte Aufmerksamkeit gewidmet. Das Bewusstsein des Menschen gilt als ein wissenschaftliches Labor. Mithilfe von Meditation und Kontemplation führten Mönche subjektive Experimente durch. Durch akribische Aufzeichnungen wird klar, dass sich bestimmte Wahrnehmungen nicht nur bei einer Person, sondern bei vielen anderen wiederholen, sodass man von einem kollektiven Erfahren sprechen kann.

Matthieu Riccard, ein früher Molekularbiologe, der buddhistischer Mönch wurde, berichtet:

> »Man könnte den Buddhismus als eine Wissenschaft des Geistes bezeichnen. [...] Er erforscht den Geist empirisch und das schon seit über 2500 Jahren. [...] Im Laufe der Jahrhunderte haben unzählige Menschen ihr ganzes Leben dieser kontemplativen Wissenschaft gewidmet [...] Es genügt nicht, angestrengt darüber nachzudenken, wie der Geist funktionieren könnte, und dann komplexe Theorien aufzustellen, wie es Freud beispielsweise getan hat. Solche intellektuellen Abenteuer können die direkte Erforschung der Arbeitsweise des Geistes anhand ergründender Introspektion nicht ersetzen, durchgeführt von erfahrenen Praktikern, die bereits zu Stabilität und Klarheit gelangt sind. Selbst die ausgefeilteste Theorie eines brillanten Denkers kann, wenn sie nicht auf empirischer Evidenz beruht, nicht mit der gesammelten Erfahrung von Hunderten von Personen verglichen werden.«
> (Singer/Ricard 2008, S. 10)

Perspektivwechsel

Nicht glauben, sondern eigene Erfahrungen sammeln – das ist eine Grundhaltung des H.B.T. Human Balance Trainings. Da jeder Klient mit einer anderen Vorgeschichte, einem anderen Glauben oder Weltverständnis ausgestattet ist, liegt es mir besonders am Herzen, Bewusstseinstraining losgelöst von jeder religiösen oder spirituellen Zuordnung zu vermitteln.

Um meinen Klienten und Seminarteilnehmern diese Grundbefähigung der Selbstreflexion möglichst schnell erfahrbar zu machen, stelle ich ihnen Fragen, deren Beantwortung eine differenzierte Wahrnehmung verlangen:

> »Was erleben Sie in einem Moment tiefen Glücks?«
> »Wie fühlt sich in diesem Moment Ihr Körper an, welche Gefühle und Gedanken durchstreifen Sie, was spricht Ihre Seele?«

Die meisten Teilnehmer sind in der Lage, ihre Erinnerungen mithilfe der Anleitung genau zu schildern. Sie berichten von ihren Eindrücken auf den verschiedenen Ebenen und bemerken, dass sie im Alltagsgeschehen diese meistens als Gesamteindruck erfahren. Die Aufschlüsselung fällt ihnen aber nicht schwer. Mit ein wenig Abstand können sie sehr klar die Verflechtung von Körperempfindungen, Emotionen, seelischer Stimmung und Verstandestätigkeit wahrnehmen. Auch auf die nächste Frage können sie ihre diversen Empfindungen vielschichtig beschreiben:

> »Was erleben Sie im Moment eines tiefen Unwohlseins?«

Nun kommt die dritte Fragerunde, auf die sie in den meisten Fällen nicht so schnell eine Antwort finden:

> »Wer beobachtet den Körper, die Gefühle, den Verstand und die Seele?«
> »Wer beschreibt die einzelnen Regungen?«
> »Wer ist wach – wenn ich glücklich bin und vor Freude die Welt umarmen möchte?«
> »Wer ist wach – wenn ich traurig bin und pochenden Schmerz in meinem Inneren erfahre?«

Sobald diese offenen Fragen im Raum stehen, stellt sich bei den Teilnehmern eine intensive Aufmerksamkeitssteigerung ein. Eine Stimmung des »In-Sich-Lauschens« breitet sich aus, es wird »hineingespürt« und »hingetastet«. Die meisten bemerken, dass sie tatsächlich aus verschiedenen Dimensionen zusammengesetzt sind, die sie alle als Ausdruck ihres persönlichen Seins erleben. Eine Ebene davon ist die reine Beobachterperspektive, die Geschehnisse und Empfindungen wie ein ruhiger Spiegel neutral wiedergeben kann. Die nächstfolgenden Fragen lauten:

> »Wer sind Sie?«
> »Wie sind Ihr Gefühl, Ihre Gedanken, Ihr Körper, Ihre Seele oder das Bewusstsein darüber?«

Hierzu gibt es keine ausschließlichen Antworten, sondern eher eine Antwort, die mehreres mit einschließt. Sie lautet ungefähr so: »Ich bin nicht nur ein Teil meiner selbst, vielmehr bin ich alles zugleich und kann gleichzeitig aus allem heraustreten. In diesem Zustand der Betrachtung bin ich mit mir selbst verbunden, aber nicht zwangsläufig identifiziere ich mich mit jeder meiner Regungen. Mithilfe dieser De-Identifikation kann ich meine übliche Art der Interpretationen, meiner Wirklichkeitskonstrukte und Konzepte genau untersuchen und hinterfragen.«

Diese Möglichkeit des Perspektivwechsels vom Erleben des Inhalts zum Beobachten des Inhalts ist für viele Menschen ein ungeheures Aha-Erlebnis.

Offenes Gewahrsein im Coachingprozess

Die gleichzeitige Präsenz in der personalen und transpersonalen Struktur (»trans« bedeutet »jenseits«) bildet eine breite, weitgespannte Basis, um jeden noch so komplexen Entwicklungsprozess umfassend begleiten zu können. Der Zugang zu dieser umfassenden Präsenz kann durch eine gezielte Bewusstseinsschulung jedem Klienten – auch ohne Vorkenntnis – schrittweise vermittelt werden (s. S. 88 f.). Ich betone an dieser Stelle noch einmal: Ich bezeichne diese Schulung extra als Bewusstseinstraining, um damit die Abkoppelung von religiösen und spirituellen Inhalten klar zu verdeutlichen.

Der integrale Coach sollte damit vertraut sein, im Bewusstseinsraum des offenen Gewahrseins verankert zu sein. Von hier aus kann er Schritt für Schritt den Klienten mit der Erfahrung der Bewusstseinsweite vertraut machen. Durch vertiefende Übungen kann der Coach eine stete Verbindung zu dieser Ebene aufbauen.

Vorteile und Möglichkeiten der Methode

- *Für die Analyse:* Da dieser offene Bewusstseinsraum nicht mit einer einzelnen Perspektive identifiziert ist, kann er Zusammenhänge mehrperspektivisch untersuchen und komplexe Umstände wie in einem Forschungslabor untersuchen.
- *Für die Selbststeuerung des Coachs:* Die Verankerung im offenen Bewusstseinsraum schafft eine Verbindung zu einer tieferen Seinsebene der Ganzheit und Einheit. Schicksalhafte Umstände in der Biografie des Klienten können in einem anderen, existenzielleren Licht gesehen und bezeugt werden.
- *Für die Beziehung zwischen Coach und Klient:* Aus dieser Seins-Haltung entsteht ein Feld, das inneres Wissen und Heilkraft freisetzt. Durch die Einbettung in einem höheren Sein können schmerzhafte Geschehnisse eine Verortung in einer größeren Ordnung erfahren. Die Beziehung zwischen Coach und Klient ist in einen größeren existenziellen Kontext eingebettet.
- *Für den Prozessablauf:* Aus dieser offenen Schau lässt sich die Abfolge eines Prozesses fließend gestalten. Kein Blickwinkel bleibt dabei ausgeschlossen, alles ist willkommen, die Gewichtung der Inhalte folgt achtsam dem Erleben des Klienten. Durch das Heraustreten aus dem emotionalen, körperlichen, mentalen und seelischen Geschehen können sich verstrickte Situationen entwirren und in ihrer Verflechtung transparent werden.
- *Für die persönliche Entwicklung und Selbstwirksamkeit des Klienten:* Muster und Prägungen können von außen betrachtet, lassen so das Reaktive und Zwanghafte deutlich und neue, freiere Handlungspfade erkennbar werden. Durch die Verankerung im »neutralen Raum« können emotional aufgeheizte, dynamische Situationen heruntergekühlt und entschleunigt werden. Achtsamkeit bedeutet auf neurobiologischer Ebene eine Vorerregung der involvierten Hirnareale und lässt so den Coachingprozess in tieferer Art wirken. Achtsamkeit und Meditation verändern Funktion und Struktur des Gehirns. Das bedeutet: Die im Coaching erarbeiteten Inhalte verankern sich nachhaltig im Alltag des Klienten.

Neben dieser Vielzahl der möglichen Wirkungen möchte ich noch einen anderen, grundsätzlichen Effekt beschreiben. Bin ich als Coach im offenen Gewahrsein verankert, trete ich meinem Klienten immer mit Respekt und großer Aufmerksamkeit entgegen. Ich begrüße ihn durch meine innere Haltung von Seinsgrund zu Seinsgrund. Dieses offene, achtsame Geschehen kommt bei meinem Gegenüber immer an – selbst wenn ich es in einer Gruppe mit einer Vielzahl von Teilnehmern zu tun habe. Persönlichkeitsmerkmale wie Alter, Geschlecht, Status verschwinden in den Hintergrund, und es öffnet sich spontan ein Raum der Neugierde, des Interesses, der natürlichen Erforschung.

Dieses Wunder der intuitiven Öffnung habe ich so oft schon erleben dürfen. Jedes Mal aufs Neue bin ich erstaunt und berührt, in welch kurzer Zeit Vertrauen wachsen kann. Heute weiß ich: Vertrauen ist kein Zufallsprodukt – es entsteht durch Resonanz. Die Gedanken, die Gefühle, die Schwingungen, die sich in mir bewegen und die ich ausstrahle, kommen direkt beim anderen an – und lösen bei ihm in Bruchteilen von Sekunden eine Reaktion aus. Fühlt sich mein Klient oder der Teilnehmer eines Seminars in seiner ureigenen Wesensart gesehen und geachtet, hat er höchste Motivation, mit mir in einen ehrlichen Austausch zu treten. Diese Art des Zusammenseins bildet die beste Ausgangsposition für einen fundierten, zügigen, effektiven Prozess. Sie ist Ausdruck einer neuen Kultur des Bewusstseins, die nicht nur im Coaching, sondern in so vielen anderen Gesellschaftsfeldern dringend gebraucht wird.

Bewusstseinsforschung im Kontext Stress

In unserer Gesellschaft nimmt das Bewusstsein an sich leider keinen großen Stellenwert ein. Seiner Erforschung ist von der Seite der Wissenschaft her bisher wenig Beachtung geschenkt worden. Zwar definierte im Jahr 1892 William James die Psychologie als »*Die Beschreibung und Erklärung des Bewusstseins als solches*«. Doch wurde diese Fokussierung leider nicht weiter verfolgt.

> »In den letzten 100 Jahren ist diese klare Aufgabenstellung der Psychologie weitgehend verlorengegangen. Sowohl in den Grundlagenforschungen wie auch in den Anwendungsbereichen wurden Theorien und Modelle entwickelt, die ein gemeinsames Merkmal aufweisen: Die Kategorie des Bewusstseins ist darin ›vergessen‹. In der psychologischen Forschung finden sich bislang keine Studien, in denen Bewusstsein als eine unabhängige Variable im Studiendesign berücksichtigt wird. In den Ausbildungen zum anwendungsorientierten professionellen Handeln ist die gezielte und kompetente Modulation des Bewusstseins bislang nicht im Curriculum enthalten.«

So schreibt Professor Dr. Wilfried Belschner, Herausgeber der Buchreihe »Psychologie des Bewusstseins« in seinem Buch »Der Sprung in die Transzendenz« (2007, S. 4).

Am ehesten bemühen sich im Moment die Neurowissenschaften darum, Bewusstseinsphänomene zu beschreiben und zuzuordnen. Ein zentrales Element dabei ist die Suche nach neuronalen Korrelaten von Bewusstsein. Man versucht, bestimmten mentalen Zuständen ein neuronales »Substrat« gegenüberzustellen. Dieser Recherche nach Korrelaten kommt die Tatsache entgegen, dass das Gehirn teilweise funktional gegliedert ist. So kann im Idealfall aufzeigt werden, welche verschiedenen Hirnareale durch Lerntätigkeiten vergrößert oder verkleinert werden.

Das Thema »Stress« erfährt dabei besondere Aufmerksamkeit. Neurowissenschaftler haben derweilen detailliert entschlüsseln können, wie Dauerbelastungen das menschliche Gehirn regelrecht verwüsten können. Ständiger Druck mindert die Plastizität des Gehirns – und führt dadurch zu Depression, Angststörung, Vergesslichkeit und Schlafstörungen. Gleichzeitig wurde eindeutig bewiesen, dass das Gehirn, bei richtigem Gebrauch, diesen Stressauslösern gar nicht so hilflos ausgeliefert ist, wie es lange vermutet wurde. In unserem Kopf schlummern ungeheure Potenziale der Regeneration und Weiterentwicklung.

Unser Gehirn lässt sich substanziell verändern

Physiologische Auswirkungen von dauerhaftem Stress auf Körper und Gehirn lassen sich rückgängig machen. Eine besondere Rolle spielt dabei die Gehirnstruktur Hippocampus, die dafür sorgt, dass ein Mensch gerade kleine Veränderungen in seiner Umgebung wahrnimmt. Es scheint so, dass anhaltende Belastungen die Entstehung neuer Nervenzellen gerade im Hippocampus verhindern und dabei ein feines Gleichgewicht stören. Denn dieses Hirnareal bildet normalerweise ein Gegengewicht zu den Schaltkreisen der Amygdala, die die Angst und das Gefühl der Bedrohung steuert.

Neurobiologen sind in den letzten Jahren auf genaue Spurensuche gegangen, inwieweit sich die Auswirkungen der von Stress ausgelösten Krankheiten an der Wurzel behandeln lassen. Ihre erste Erkenntnis war: Körperliche Aktivität ist ein starkes Mittel, um die Folgen von Stress zu vermeiden. Doch wie sich nun zeigt, ist die körperliche Bewegung nicht die einzige Maßnahme gegen die Konsequenzen der Dauerbelastung. Auch Meditation – bei den Wissenschaftlern oft als Gymnastik des Geistes bezeichnet – kann nachhaltig die Architektur des angegriffenen Gehirns verändern. Meditierende mögen davon schon lange überzeugt sein, viele Ärzte und Naturwissenschaftler dagegen haben diese Möglichkeit lange kategorisch abgelehnt. Wenn das Gehirn lernt, so die klassische Lehrbuchweisheit, ändere es zwar seine Arbeitsweise, niemals aber die Struktur seiner Zellen und Gewebe. Diese Annahme ist derweilen wiederlegt, da zunehmend Beweise dafür sprechen, dass Meditation Funktion und Struktur des Gehirns verändert.

> »Früher riskierten Psychologen ihre Karriere, wenn sie sich zu sehr mit Meditation beschäftigten. Die Methode wurde der Esoterik verdächtigt, unsaubere Studien verstärkten die Zweifel. Es war erst die sonderbare Kombination von Dalai Lama und neuzeitlichen bildgebenden Verfahren, die der modernen Meditationsforschung in den USA und Europa zumindest an einigen wenigen universitären Zentren zur Existenz verhalf. (Nachzulesen im Focus vom 10.05.2008)

Der Dalai Lama nämlich vermittelte die gut trainierten Geistesathleten aus tibetischen Klöstern, die mit zum Teil mehr als 50.000 Stunden Meditationserfahrung zuverlässig die gewünschten Gehirnzustände in ausreichender Stärke erzeugen konnten. Mit Hirnscannern ließ sich nachweisen, dass dabei tatsächlich außergewöhnliche Geisteszustände entstehen.

Aufsehen erregte der Psychiater Richard Davidson von der Universität von Wisconsin, als er bei einem tibetischen Mönch eine überdurchschnittliche, starke relative Aktivität der linken Hirnhälfte messen konnte, die stärker war als jemals zuvor beobachtet. Aus der Depressionsforschung weiß man, dass dies auf einen außergewöhnlich »positiven, affektiven Stil« hinweist.

Als Durchbruch erwies sich dann im Jahr 2003 eine kontrollierte EEG-Studie an acht tibetischen Mönchen. Sie zeigten eine sehr viel höhere Aktivität der Gammawellen, rhythmischer Hirnströme mit Frequenzen um 40 Hertz. Zudem gelang es den Mönchen, ihre Hirnzellen so zu steuern, dass sie synchron feuerten. Einige Forscher interpretierten diesen Zustand so, dass die Mönche eine Einheit von Ich und Umwelt erleben, das Zeitgefühl erloschen ist – als das also, was man normalerweise als mystische Erfahrung bezeichnet (vgl. Artikel »Die Heilkraft der Mönche« von Jörg Blech, Spiegel Nr. 48/24.11.2008).

Bei Langzeitmeditierenden wies die Psychologin Sara Lazar eine verdickte Hirnrinde in den Regionen nach, die für die Aufmerksamkeit, Reizverarbeitung und die Wahrnehmung des Körperinneren zuständig sind. Verkümmerte Nervenzellen im Hippocampus beginnen wieder zu sprießen. Auch lassen sich durch Meditation Hirnregionen im limbischen System aktivieren, die für Güte und Mitgefühl zuständig sind. All diese Beobachtungen lassen die Forscher zu dem Schluss gelangen, dass sich Eigenschaften wie Empathie, Rücksichtnahme oder Gewaltfreiheit trainieren lassen, wie man ein Musikinstrument oder eine Sportart erlernt – am besten schon in der Kindheit.

Grenzen der Wissenschaft

Bei all diesen Forschungserfolgen ist die Wissenschaft allerdings keineswegs in der Lage, eine klare Antwort darauf zu geben, wo Bewusstsein seinen Ursprung hat.

Eine wachsende Bewegung, die aus verschiedenen wissenschaftlichen Disziplinen hervorgegangen ist, hat es sich zum Ziel gesetzt, der reduktionistischen Tendenz in der Biologie im Allgemeinen und in der Gehirnforschung im Besonderen entgegenzutreten. Der Außenseiterbiologe Rupert Sheldrake ist davon überzeugt, dass die eigentliche Schwierigkeit hinsichtlich der Erforschung des Bewusstseins gerade in der üblichen Weise der wissenschaftlichen Herangehensweise liegt. Keinem der Neurobiologen war es bisher möglich zu erklären, geschweige denn zu beweisen, wie das Gehirn den Geist erschafft.

Nach Sheldrake bleibt eine Erforschung des Bewusstseins eher eine Frage der Physik als die der Biologie oder Neurowissenschaft. Er versteht die Kraft des Geistes als ein Informationsfeld, das im Gehirn verankert ist, aber weit darüber hinausgeht. Es kann sich so weit ausdehnen, wie die Aufmerksamkeit reicht, genauso wie ein Magnetfeld nicht auf das Innere des Magneten begrenzt ist, sondern weit über die Oberfläche hinausstrahlt. All das sind Erklärungsversuche, um das wunderbare »Organ Bewusstsein« in unserem Körpersystem verorten zu können und lesbar zu machen. Bei dem heutigen Stand der Fortschrittsrate können wir davon ausgehen, dass es noch länger dauern wird, um dieses Geheimnis des Lebens wissenschaftlich genau zu durchdringen. Das sollte uns allerdings nicht daran hindern, die phänomenologisch gesammelten Erkenntnisse kraftvoll umzusetzen. Wenden wir uns also wieder der ungeheuren Vielfalt unseres Bewusstseins zu, das für den Coach und für den Klienten eine wahre Schatztruhe sein kann.

Bewusstes Sein als Quelle immanenter Kraft und Ganzheit

»Wohin auch meine Seele
Segelt, wandert oder fliegt, alles, alles
Gehört ihr. Welche Stille
Allenthalben, immer;
Jetzt auf dem hohen Bug,
der das dunkle Blau in zwei Silberhälften teilt,
in die Tiefe sinkend oder in den Himmel steigend!
Oh, wie gelassen die Seele, wenn sie – gleich einer reinen
Und einsamen Königin –
Ihr unendliches Reich in Besitz nimmt!«

Juan Ramón Jiménez

Gleichzeitigkeit von Bewegung und Ruhe erfahrbar machen

Neben der Erfahrung des offenen Gewahrseins birgt der Bewusstseinsraum noch eine ganz andere Kostbarkeit – das Erleben von Ruhe und Stille in der eigenen Wesensmitte. Stille liegt im Wesensgrund eines jeden Menschen verborgen. Mithilfe einfacher Übungen lässt sich diese immanente Ruhe für jeden Menschen erfahrbar machen.

Beobachten Sie sich selbst: Der Körper pendelt unablässig zwischen Wohl- und Unwohlsein. Mal ist es ihm warm oder kalt, er fühlt sich wach oder müde, verspürt Hunger oder Durst. Er kann angespannt sein und sich überfordert fühlen – dann wieder brummt er selig und entspannt.

Eng verknüpft mit den Körperempfindungen, wandern auch die Gefühle und Gedanken unentwegt zwischen den Polen des Wohlergehens und der Missstimmung hin und her. Ein bedrückender Gedanke der Sorge oder Angst trägt stets ein beengendes Gefühl im Schlepptau, das sich blitzschnell auf den Körper niederschlägt. Genauso verbinden Glück und Freude diese Ebenen in ihrer Befindlichkeit. In der weiteren Betrachtung bezeichne ich dieses unablässige Schwingen zwischen Hell und Dunkel als Dualität.

Sobald Sie Ihre Aufmerksamkeit nach innen wenden, wie zum Beispiel während einer Meditation, können Sie Ihre sich schnell verändernden Gedanken, Gefühle und Körperempfindungen sorgfältig beobachten. Sie werden feststellen, dass diese spontan kommen und gehen, ohne dass Sie darauf Einfluss nehmen können. Betrachten Sie diese Informations- und Empfindungsketten genauer, entdecken Sie Zwischenräume. Gedanken und Gefühle haben einen Anfang und ein Ende. Dazwischen liegt eine Pause, ein schmaler Spalt, in dem Stille aufblitzt.

Bei genauer Beobachtung entdecken Sie neben der unablässigen Bewegung der dualen Ebenen auch eine beständige Ruhe in sich. In diesen Raum können Sie sich regelrecht hineinsinken lassen. Während Sie sich auf physischer, mentaler und emotionaler Ebene in relativ gut greifbaren Bildern, Definitionen und Konzepten wahrnehmen und beschreiben können, betreten Sie nun einen anderen Bereich Ihrer selbst.

Dualität und Einheit:
Die Ebenen der ständigen Veränderung und der Raum der Stille

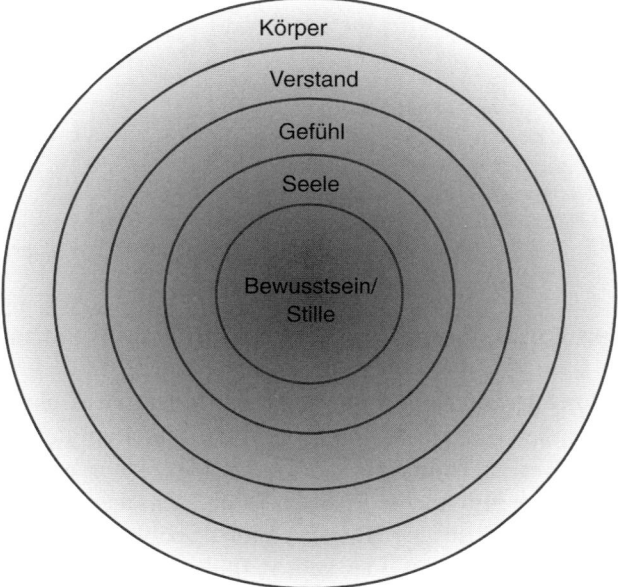

Dieser Raum der Stille schwingt in einem ruhigen Strom, der alle Polaritäten und Gegensätze vereint. Ihr persönliches Empfinden definiert sich nun nicht mehr über Eigenschaften wie: Ich bin eine Frau, ich bin ein Mann, ich bin Deutsche(r), ich bin verheiratet, berufstätig, habe Kinder …

In diesem Bewusstseinsraum entfallen all diese Attribute. Sie erleben sich in Ihrem Sein.

Diese Wahrnehmung mag ungewohnt sein, aber sie ist nicht mehr als ein Blickpunktwechsel: Vom Tun zum Sein. Während sich die dualen Ebenen – Körper, Gedanken und Gefühle – wie eine Sinuswelle beständig heben und senken, herrscht in unserem Wesenskern tiefe Stille.

Unsere Wesensmitte ist wie das Auge des Zyklons – sie ist der einzig ruhende Pol im Trubel des stetig vorandrängenden Lebens.

Dualität und Einheit:
Die Ebenen der ständigen Veränderung und der Raum der Stille

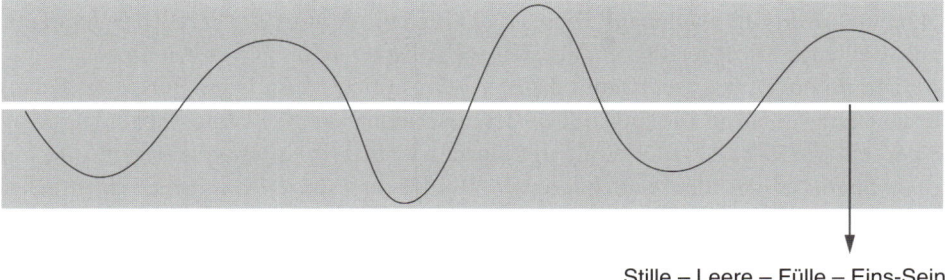

Stille – Leere – Fülle – Eins-Sein

Ein erweitertes Verstehen der Welt

Vielleicht kennen Sie den niederländischen Künstler M. C. Escher. Er hatte sich ganz und gar darauf spezialisiert, die Wahrnehmung des Bildbetrachters aus ihrer normalen Bahn zu werfen. Ich entsinne mich einer Zeichnung, die mich schon als Kind faszinierte. Die kleine Grafik zeigt einen Schwarm Fische, der sich von der einen Seite des Bildrandes zur anderen bewegt. Doch das ist nur die eine Wahrheit dieses Bildes – denn plötzlich traut man seinen Augen nicht mehr. Dort, wo man gerade eben einen Fisch zu sehen glaubte, entdeckt man nun einen Vogel, der sich in die andere Richtung bewegt. Aber nicht nur einen! Tritt man einen Schritt zurück, sieht man einen ganzen Schwarm Vögel, der über die Leinwand zieht. Die Fische sind verschwunden, und man registriert nichts als Flügelschlagen.

Je mehr sich das Auge an den Bildaufbau gewöhnt, kann es die zwei Erlebnisebenen gleichzeitig identifizieren, die nahtlos ineinandergreifen.

Letztendlich entscheidet der Blickpunkt darüber, welche der verschiedenen Wirklichkeiten in den Vordergrund tritt. Ich kann mich dem Himmel, der Welt der Vögel, zuwenden oder dem Wasser – es ist immer das gleiche Bild, das vor mir liegt. Ich kann aber auch beide Welten gemeinsam betrachten, und es entsteht in mir ein gänzlich neues Begreifen. Füge ich diese zwei Dimensionen, die diametral auseinanderzustreben scheinen, in eine einzige Wirklichkeit, schenkt sich mir ein erweitertes Verstehen der Welt.

Und genau das Gleiche passiert im Coachingprozess, sobald ich einem Klienten den Zugang zu seinem innersten Raum der Stille erfahrbar mache. Für manche ist es das erste Mal, dass sie in sich selbst tiefen Frieden und Geborgenheit spüren können. Da sein können, ohne etwas zu tun – einfach nur da sein, in sich selbst hineinlauschen, die eigene Präsenz erforschen und sich selbst genug sein. Diese Erfahrung ist neu – und für viele so wichtig.

Denn im Alltagsgeschehen gründet unser Selbstbild auf unserer Leistungsfähigkeit, auf das, was wir darstellen und was wir haben. Unser Erfolg und Ansehen spielen dabei eine Rolle, genauso wie familiäre und gesellschaftliche Zugehörigkeit. Im Alltag müssen wir handeln und uns darstellen, Position beziehen, kämpfen, gewinnen und verlieren. Wir verletzen und werden verletzt, berühren, erschaffen, gehen unter und tauchen unverhofft wieder auf. Diese Dualität ist unser normal vertrauter Schauplatz, zum Teil auch Kampfplatz, auf dem wir uns selbst erleben und wahrnehmen.

Der innere Bewusstseinsraum dagegen ruht in sich selbst. Diese Ebene des Formlosen versammelt all die unzähligen Erscheinungen der Welt und verbindet sie zu einer einzigen Kraft – der Einheit. Konzentrieren wir unsere Wahrnehmung auf diese Ebene, gibt es für uns nichts zu tun. Wir können spüren, dass unser eigentliches Wesen ganz aus sich selbst heraus existiert. Tauchen wir ein in den Strom des Sein-Lassens, entdecken wir, dass unser Leben in einer gewaltigen Dimension verwurzelt liegt.

> »Das transpersonale Bewusstsein ist losgelöst und frei von den einzelnen Eigenschaften, Bildern und Konzepten, die wir mit uns selbst und anderen verbinden. Damit überschreitet es unser Ich-Bewusstsein, unser personales Erleben, und ist somit trans-ichhaft, transpersonal … Neben seiner Leere wird es weit, unendlich weit, unbegrenzt weit und raumhaft erlebt, sodass es auch als Bewusstseinsraum beschrieben werden kann. Dieser Bewusstseinsraum ruht in sich selbst, er trägt in sich selbst Frieden und Stille. So wirkt er zentriert, wie eine Art Mittelpunkt oder Nullpunkt für die Inhalte unseres Erlebens. Gleichzeitig wird das transpersonale Bewusstsein transparent und durchlässig für energetische Empfindungen, Jenseitiges, Höheres und Transzendentes. In seiner Offenheit erfährt es Verbundenheit mit anderen Menschen und der Welt. In ihm haben wir das Gefühl, unserem Wesen nahe zu sein und mit unserem Wesen verbunden zu sein. Der Grund unserer Wahrnehmung und unseres Erlebens kann erfahren werden und erscheint dann als Seinsgrund, als transzendenter Urgrund.«

So schreibt Dr. Joachim Galuska, Gründer und Leiter der Klinikgruppe Heiligenfeld, die in ihrem Behandlungskonzept psychisch Kranker konsequent die transpersonale Psychotherapie verankert haben. Der Text ist ein Zitat aus seinem Artikel »Grundprinzipien der transpersonal orientierten Psychotherapie« (S. 3).

Die Seele – Resonanzboden unserer Potenziale und Berufung

Wie Sie an meinen Kompassen und Schaubildern sehen, unterscheide ich bei der Betrachtung der einzelnen Wahrnehmungslevels zwischen Seele und Bewusstsein. Diese Differenzierung ist in meiner praktischen Arbeit über viele Jahre gewachsen, und ich möchte sie an dieser Stelle genauer erklären.

Das Wort »Seele« wird heutzutage in verschiedenen Kontexten verwandt. Abhängig davon, ob es im religiösen, philosophischen, psychologischen oder neurowissenschaftlichen Zusammenhang gebraucht wird, verwandelt sich die Deutung seines Inhalts. Im normalen Sprachgebrauch wird die Seele als etwas Immaterielles und Unsterbliches verstanden, das aus dem Ewigen kommend den Körper belebt und nach dem Tod wieder ins Ewige geht. Somit bezieht sich der Seelenbegriff auf eine Art unsterbliche Identität.

In der deutschen Dichtung wird die Seele metaphorisch interpretiert, als Bild der Sehnsucht nach dem Unendlichen und Ewigen. Die Seele kann wandern, segeln, fliegen – sie ist frei, um sich in die Lüfte zu schwingen und sich dorthin zu begeben, wo sie sich beheimatet fühlt. Sie dient als ein Resonanzboden für feinste Schwingungen und Ausdruck eines höheren Selbst.

Dies alles klingt ätherisch, ungreifbar, geheimnisvoll, abstrakt. In meiner Begleitung von Menschen rückte mir diese Ebene allerdings sehr nah. Ich kann zwar nicht behaupten, dass die Seelenebene so sichtbar und greifbar ist wie Körper, Gefühle und Gedanken. Doch mit ein wenig Empfindungsfähigkeit ist sie deutlich spürbar und beschreibbar. Und das geht nicht nur mir so, sondern auch meinen Klienten.

In vielen Gesprächen wiederholte sich ein Phänomen: Mein Gegenüber beschreibt zunächst sich und seine Lebenssituation in klaren Bildern, Konzepten und Zuordnungen. Im Laufe der Erforschung verändert sich die Beschreibung seiner selbst. In seine Darstellung, wie er sich bisher im Leben aufgestellt hat, schwingt mehr und mehr die Ebene seiner eigentlichen Möglichkeiten, seiner Potenziale, seiner Berufung, seiner Sehnsucht hinein.

Seine Seele beginnt zu sprechen. Und wenn sie bemerkt, dass ihr Raum und Aufmerksamkeit geschenkt wird, beginnt sie sich immer weiter zu öffnen und sich zu entfalten. Oft kommt es mir vor, als hätte die Seele des Menschen viele Jahre, gar Jahrzehnte darauf gewartet, sich endlich zeigen zu können. Endlich einen offenen, wertfreien Spiegel zu finden, in dem sie sich selbst betrachten kann.

Sobald ein Mensch seiner Seele Raum gibt, weiß er um so vieles. Er weiß, mit welchen Befähigungen er von der Existenz ausgerüstet wurde und was seine authentische Art ist, sich in die Welt einzubringen. Er weiß um seine Werte und um seine Kraft, diese auch umzusetzen. Aus meiner Wahrnehmung ist ein Mensch stark, leistungsfähig, kreativ, belastbar, gesund, erfüllt und auch glücklich, sobald er sich in »Deckungsgleichheit« mit diesem ursprünglichen, ureigenen Wesenskern befindet. An dieser Stelle liegt seine dauerhafteste Stärke verborgen, auch seine höchste Motivation. Möchte ein einzelner Mensch, ein Team oder ein Unternehmen diese schlummernden Potenziale erwecken, muss es sich seiner Seele zuwenden, individuell oder auch kollektiv.

Diesen Zusammenhang verstehen viele meiner Klienten sehr schnell, selbst wenn sie eher vernunftgesteuerte Menschen sind. Die Wahrnehmung der eigenen Seelenkraft ist nichts Abgehobenes, ganz im Gegenteil. Sie wirkt im Moment der Erfahrung als selbstverständlich und vertraut – sie schließt sich eher dem gesunden Menschenverstand an als einer übernatürlichen Erfahrung. Wir alle besitzen die Erfahrung, was ein beseelter Mensch alles in Bewegung setzen kann – berühmte Beispiele hierfür sind Martin Luther King, Nelson Mandela oder Muhammad Yunus (ein bangladeschischer Wissenschaftler, der mit der Umsetzung seiner Idee Mikrokredite bewirkt hat und somit Menschen hilft, aus ihrer Not zu kommen). Aber auch in unserem direkten Umfeld gibt es viele Beispiele für beseeltes Handeln. Besonders oft finden sich solche Leute in Ehrenämtern. Warum wohl gerade da?!

Hat ein Klient erst einmal in sein »wahres Selbst« hineingeschnuppert, bekommt er Appetit auf mehr. Nun gehe ich mit ihm auf Spurensuche, an welchen Ecken und Enden er sich im Leben verbogen hat. Wann genau und warum er sich aus seiner eigenen Wesensmitte, aus seiner ureigenen Seelenschwingung herausbegeben hat. Diesen Prozess der eigenen Entfremdung durchlaufen wahrscheinlich fast alle Menschen. Es gehört zum Lebensprozess dazu, dass wir diese Enteignung unser selbst erkennen und den Weg zu uns selbst wieder zurückfinden.

An dieser Stelle ereignet sich das nächste Phänomen. Der Klient selbst weiß am besten, wie der Weg seiner Potenzialentfaltung am schnellsten vonstatten gehen kann. Besser gesagt: Nicht er weiß – seine Seele kennt den Weg. Und so ist die Seele meines Klienten für mich als Coach ein wichtiger Sparringspartner. Auf ihre Empfindungen, Bewegungen und Regungen achte ich ganz besonders, denn hier offenbart sich mein Klient direkt und natürlich.

Die Seele – Schwingtür zwischen Dualität und Einheit

In der Seele schlummern unendliche Weisheit, Heilkraft und auch die nötige Geduld, um den Weg einer fundierten Persönlichkeitsentwicklung zu beschreiten. Aus meiner Sicht fungiert sie wie eine Schwingtür zwischen der Dualität und der Einheit. Damit sich die Seele erfüllen und entspannen kann, braucht sie den ihr angemessenen Ausdruck in der Welt der Formen und Gegensätze. Gleichzeitig wird sie gespeist von einer größeren Wahrheit und Weisheit, die alle Gegensätze vereint und das Leben aus anderer Perspektive erleben lässt.

Lesen wir dazu noch einmal Aussagen von Dr. Galuska, der in seinem Artikel »Die erwachte Seele und ihre transpersonale Struktur« (S. 8) für einen neuen Seelenbegriff plädiert. Er versteht diesen Begriff als kein abbildendes, sondern verweisendes Konzept, das etwas anstoßen, eine Anmutung wecken, etwas erspürbar machen soll.

> »Diese Struktur, die man auch als Wesen, als Essenz, als offenes Selbst, wahres Selbst oder höheres Selbst bezeichnen könnte, ist transparent sowohl für das Persönliche als auch das Überpersönliche. […] Da sie in ihrer Tiefe offen für das Absolute und Universelle ist, könnte man sie auch betrachten als die individuelle und persönliche Art und Weise, wie das Absolute sich eben in diesem Menschen manifestiert. Nach Wilber ist die Seele der bedeutende Vermittler und Bote zwischen reinem Geist und individuellem Sein.«

Vielleicht werden Sie sich an dieser Stelle fragen: Was hat diese tiefe Dimension des Menschseins eigentlich mit Coaching zu tun? Aus meiner Sicht sehr viel. Vor mir sitzt immer ein ganzer Mensch, der auf allen Ebenen wahrgenommen sein möchte, ob er das selbst schon weiß oder nicht. Gleich, ob es sich um ein Gespräch über eine Karriereentwicklung handelt oder um die Verarbeitung einer beruflichen oder privaten

Trennungssituation, ob es um bessere Kommunikation geht oder überzeugendes Führungsverhalten – der Schlüssel zu einer nachhaltigen Veränderung und einem wahrhaften Reifeprozess ruht oft in der Seele des Menschen verborgen.

In welcher Form ich die Seelenebene ganz praktisch in den Coachingprozess integriere, dokumentiere ich in den Buchteilen III–V aus verschiedenen Perspektiven. Mit dem folgenden Schaubild möchte ich noch einmal verdeutlichen, welche Abstufungen ich in den verschiedenen Bewusstseinslevels meiner Klienten wahrnehme. Die beschriebenen Ebenen gehen nahtlos ineinander über, das heißt, der Klient kann sehr schnell von einer zur nächsten gleiten. Mein Anliegen ist, dass er diese Bewegung wahrnimmt und lernt, sie bewusst zu steuern.

| Alltagsbewusstsein ◄───────► Seele ◄───────► Offenes Gewahrsein |

Alltagsbewusstsein	Seele	Offenes Gewahrsein
• Dualität • Prägungen • Verletzungen • Spaltung • hell – dunkel • Polarisierung • Das ganze intensive Spektrum aller Farben	• Dualität ◄──► Einheit • Verletzung • Erschütterung • Risse im »Seelentuch« • Wissen der Heilung • Heilungskraft • Versöhnung • Transformation • Pastellfarben	• Einheit • Unversehrtheit • De-Identifikation • Leere, Stille, Nichts • Verbundenheit • Eins-Sein • Versammlung aller Farben im Diamantweiß

Kann die Seele verletzt werden?

Viele der Klienten tragen psychische Wunden in sich. Verletzungen, die sie im Laufe ihrer Baby-, Kleinkind-, Jugend- oder Erwachsenenzeit aufgenommen haben. Diese Verletzungen entstehen, wenn sich der Mensch nicht angenommen fühlt. Wenn ihm keine entsprechende Aufmerksamkeit zuteil wird. Wenn er sich nicht mitteilen kann. Wenn er keine Liebe und Zärtlichkeit erfährt. Wenn ihm kein Vertrauen entgegengebracht und keine Fairness geschenkt wird. Wenn er sich an Umstände anpassen muss, die nicht tatsächlich seiner Wesensart entsprechen. Wenn er körperliche oder psychische Gewalt erfährt. Wenn er missbraucht wird. Wenn er gekränkt und gedemütigt wird. Wenn er sich in unsicheren, instabilen Verhältnissen bewegt …

Wir alle kennen diese Verletzungen aus unserer eigenen Lebensgeschichte und wissen nur zu gut, welche Wirkungen sie auf unser Selbstvertrauen und unsere Selbstwirksamkeit haben. Trotz dieser Wunden und Einschränkungen, die wir als Mensch in uns tragen, besitzen wir Anteile, die niemals verletzt wurden und in sich ganz und gar heil sind. Diese Anteile sind unsere größten Kraftspeicher, unsere Ressource, um aus uns selbst heraus zu heilen. Sie sind wie eine grüne Sommerwiese, in die wir uns hineinlegen können, wie warmes Wasser, das uns trägt und hält, wie ein starker Fels, an den gelehnt wir ausruhen können.

Alle Menschen, denen ich begegnet bin, haben diese ureigene Kraft der Heilung, des Heil-Seins unbewusst in sich angezapft – sonst hätten sie viele ihrer Lebenseindrücke nicht verkraften können. Gerade traumatisierte Menschen können, neben dem Mechanismus der Verdrängung und Abspaltung, einen unglaublichen Lebenswillen generieren. Oft sind sie durchdrungen von einer tiefen Sehnsucht, in ein gutes, erfülltes Leben zu finden (s. S. 226 ff.). Obwohl ihr Selbstvertrauen unzählige Male erschüttert wurde, haben sie dennoch das Vertrauen ins Leben nicht verloren. Ganz im Gegenteil. In vielen Menschen schwingt trotz ihres Schmerzes eine bemerkenswerte Kraft der Versöhnung, die sie Schritt für Schritt wieder heil werden lässt.

Auch in diesem Kontext erscheint mir die Seele als Vermittler zwischen den geprägten, von der Dualität gezeichneten, verletzten Anteilen einer Person und seinem unverletzten reinen Bewusstsein, das Geschehnisse bezeugt, aber von ihnen unberührt bleibt. So birgt die Seele gleichzeitig die Erschütterung der Verletzung in sich wie auch das Wissen um ihre Heilung sowie ebenfalls das Heil-Sein an sich. Welch eine wunderbare Ebene unseres Selbst! Nichts ist der Seele fremd. Weder das menschliche noch das göttliche Prinzip. Eine Seele, die sich von Kummer und Anspannung befreit, leuchtet aus sich selbst und verschenkt Liebe, Großzügigkeit, Verstehen. Dieses Wunder habe ich in unendlich vielen kleinen und großen Momenten erleben dürfen. In diesen Augenblicken entfaltet das integrale Coaching eine besondere Tiefe und Tragfähigkeit.

Verankerung im heilen, heilenden Raum

In der Coachingsitzung möchte ich meinen Klienten auf eine natürliche, ihm angenehme Art und Weise mit dem stillen Innenraum des Bewusstseins vertraut machen. Und so habe ich über die Jahre zu einer Übung gefunden, die für viele Personen sehr schnell zugänglich und nachvollziehbar ist. Zum einen schenkt sie die Erfahrung des ruhigen Beobachters. Zum anderen verknüpft sie dieses Ereignis mit einem intensiven, einprägsamen Erleben auf körperlicher und feinstofflicher Ebene (s. S. 114 und 119 f.). Der Klient lernt, sich diesen Innenraum selbstständig zu erschließen. Durch regelmäßige Übungen, die ihm pro Tag 10 bis 20 Minuten abverlangen, wird ihm die Möglichkeit des inneren Ausruhens immer vertrauter. Nach und nach kann er die gleichzeitige Wahrnehmung von Bewegung und Stille vertiefen.

Vorteile und Möglichkeiten der Methode

Daraus ergeben sich folgende Potenziale und Vorteile:

- *Für die Analyse:* Während der genauen Standortbestimmung können »anstrengende Themen« angerührt werden – die Verankerung im Raum der Stille schenkt dem Klienten einen Moment des Ausruhens und Innehaltens.
- *Für die Selbststeuerung des Coachs:* Auch der Coach, der oft in Berührung steht mit schwerwiegenden Lebensthemen, kann sich in diesem übergeordneten Raum der Einheit ausruhen. Dadurch vermeidet er unbewusstes Schutzverhalten und Abstumpfen – er kann dem Schicksalsweg des Klienten gegenüber geöffnet bleiben, ohne dass er sich selbst überlastet.
- *Für die Beziehung zwischen Coach und Klient:* Das gemeinsame Erleben des stillen Raums schenkt der Beziehung eine andere Dimension.
- Für den Prozessablauf: Durch die Verankerung in dem inneren Raum der Ruhe steht dem Klienten eine beständige Ressource zur Verfügung. Gerät er in eine emotionale Übererregung, kann ihn der Coach direkt an diese Ressource anschließen. Daraus bildet sich eine sichere Prozesssteuerung, die selbst intensive, emotional aufgeladene Arbeitsschritte stabilisiert.
- *Für die persönliche Entwicklung und Selbstwirksamkeit des Klienten:* Mit dem Zugang zu seiner inneren Mitte besitzt der Klient ein machtvolles Handwerkszeug der Selbstheilung, Selbststeuerung und Selbstwirksamkeit.

Authentische Prozesssteuerung durch offene Wahrnehmung und Präsenz

»Das transpersonale Bewusstsein ist der Ort bewusster Intuition oder: die erwachte Seele lebt bewusst intuitiv.«

Dr. Joachim Galuska

Die Seele kennt den Weg ihrer Entfaltung

Das H.B.T. Human Balance Training zeichnet sich aus durch eine klare Struktur in der Analyse, aufeinander aufbauende Handlungsstränge und einen geordneten, transparenten Übungsaufbau aus. Diese stabile Struktur schenkt einen zuverlässigen Rahmen, in der sich der Coachingprozess intuitiv und authentisch entfalten kann.

Wie ich im vorangegangenen Kapitel ausführte, hat mir die Erfahrung der letzten Jahrzehnte demonstriert, dass Klienten den Weg ihrer Entwicklung, Entfaltung und Heilung in sich bergen.

All meine Sinne, mein offenes Gewahrsein, mein Fachwissen und meine eigenen Lebenserfahrungen fungieren als Resonanzboden, auf den die vielfältigen Informationen der Klienten fallen können. Meine Methodik entspringt einem klaren Aufbau und beruft sich auf diesen während des gesamten Prozessverlaufs. Gleichzeitig bin ich in meiner inneren Haltung den Klienten gegenüber offen, fließend, strömend, der intuitiven Wahrnehmung anvertraut. Obwohl ich ein vielschichtiges Konzept besitze, bleibe ich konzeptfrei.

Mich leiten die folgenden Sätze:

- Ich folge der Bewegung der Seele meines Klienten.
- Ich wähle die Tür, die sich leicht und gerne öffnet.
- Ich öffne mich der Wahrheit des Augenblicks und folge ihr mit all meiner Wachheit, Präsenz und fachlichen Fundiertheit.

Wahrnehmung verfeinern

Um diese intuitive Offenheit nicht zu verwechseln mit meinen eigenen Gefühlen, Wünschen, Verletzungen, Erwartungen, die ich auf Klienten leicht projizieren könnte, wende ich an dieser Stelle ebenfalls den Human-Balance-Kompass an.

Wir Menschen sind ausgestattet mit einem hochsensiblen Instrumentarium, mit dem wir feinste Schwingungen und Stimmungen in uns selbst und anderen aufnehmen können. Die Neurowissenschaft kann dieses Phänomen ansatzweise erklären und spricht an dieser Stelle von Spiegelneuronen (Giacomo Rizzolatti, 1995). Sie ermöglichen es uns, ganz und gar in die Haut des anderen hineinzuschlüpfen und uns einfühlsam auf ihn einzustellen.

Diese Informationskanäle, die wir neben unserem rationalen Alltagsbewusstsein besitzen, versuche ich, im nächsten Kompass abzubilden. Ich bleibe dabei in der Quadrantenstruktur von Körper, Gefühl, Verstand und Seele und verfeinere ihre Inhalte.

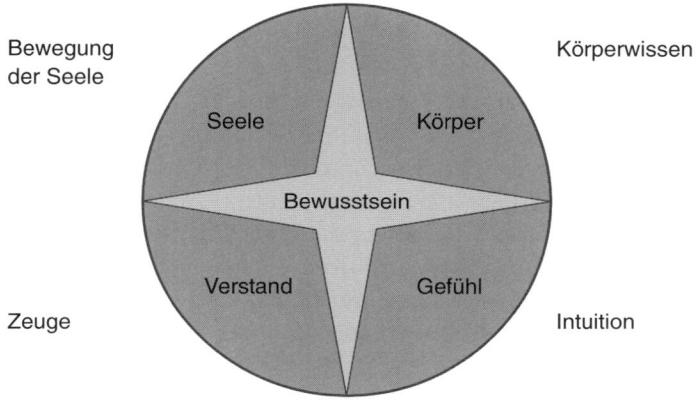

Im normalen Alltagsbewusstsein sendet mir mein Körper Botschaften darüber, ob ihm warm oder kalt ist, ob er sich hungrig, durstig, satt, unruhig, entspannt oder gestresst fühlt. Nehme ich meinen Körper auf einer verfeinerten Ebene wahr, entdecke ich, dass er eine Schatztruhe voller authentischer, nicht manipulierbarer Wahrnehmungen ist. Mein Körper spricht in jeder Situation eine tiefere Wahrheit aus. Er signalisiert mir, ob er sich in der jeweiligen Situation mit dem jeweiligen Gegenüber wohlfühlt oder ob es ihm »die Nackenhaare aufstellt«. Meinem Körper »dreht es den Magen um« oder ihm »verschlägt es die Sprache«. Der Volksmund beschreibt viele dieser spontanen Regungen der Physis, die sich unvermittelt einstellen und einer psychischen Erregung direkten Ausdruck schenken.

Leider gehört es zum Paradigma unserer Gesellschaft, Körperwissen vielfach zu verdrängen oder zu negieren. Dieser starke Verdrängungsmechanismus, oft von Kindertagen an eingeübt, ist eine der Ursachen dafür, dass im Moment so viele Menschen in ein Krankheitsbild wie Burnout hineinrutschen. Der Körper sendet Hunderte von Signalen, bis er zu radikaleren Methoden greift, um »seinen Besitzer« anzuhalten und zum Zuhören zu zwingen.

Genauso wie das Körperwissen oft übergangen wird, erfährt auch die Intuition häufig eine stiefmütterliche Aufmerksamkeit. Sie ist ein Spürsinn, der leiseste Ahnungen und Anmutungen auffängt und in unser Bewusstsein transportiert. Dabei scheint sie mit einem weiten Feld des Wissens um Zusammenhänge verknüpft zu sein. Fragt man erfolgreiche Menschen, gleich auf welchem Feld, in welcher Form sie ihre wichtigsten Entscheidungen getroffen haben, fällt die Antwort einhellig aus: intuitiv, aus dem Bauch heraus. Sie können es sich nicht erklären, woher die Eingebung kam, aber sie wussten es einfach, welche Entscheidung die richtige ist. Sie vertrauten sich selbst, handelten aus ihrer ureigenen Kraft heraus – und erfuhren positive Verstärkung.

Neben diesem feinfühligen Spürsinn tragen wir auch einen neutralen Beobachter in uns, den ich im weiteren Verlauf »den Zeugen« nenne. Dieser wundervolle Ratgeber, der unbeteiligt und nüchtern, aus einer übergeordneten Perspektive, Zusammenhänge betrachten und sortieren kann. Der Zeuge bewahrt im größten Trubel unerschütterliche Klarheit und Gleichmut. Er ist ein fester Anker, sobald die Emotionen hochschwappen, und ist somit eine wesentliche Instanz, die mich als Coach vor Übertragung und Gegenübertragung schützen kann (s. S. 71 f.).

Auch die Seele sendet mir authentisch ihre Nachrichten. Sie ist eng mit dem Körper verknüpft, und so werde ich hellwach, sobald ich in meinem Muskelapparat Anspannung wahrnehme. Bin ich wach genug, wende ich mein Ohr sofort nach innen und lausche genau auf die Nachrichten, die mein Innerstes zu berichten hat. Die Seele ist der Sensor für Stimmigkeit, für Fairness, für Gerechtigkeit, für Sinnhaftigkeit und Werte. Überraschenderweise haben unendlich viele Menschen ein übereinstimmendes Gefühl für Anstand und Aufrichtigkeit – dementsprechend öffnet sich ihre Seele dem Gegenüber und ist zu einem lebendigen Austausch bereit – oder sie verschließt sich und zieht sich zurück.

Im Mittelpunkt dieser Ebenen verorte ich das alles umfassende offene Gewahrsein.

Dieses vielfältige, feingestimmte Sensorium in uns birgt große Kostbarkeiten, auf die ich im Laufe des Buches näher eingehen werde. Für die offene, authentische Prozesssteuerung offerieren diese verschiedenen Ebenen einen starken Rahmen, in dem ich meine Wahrnehmungen und Empfindungen überprüfen und auch gegenprüfen kann.

Für den Klienten bedeutet die Schulung in dieser Feinsensorik einen bedeutenden Gewinn für ein differenziertes Selbsterleben und eine stabile Selbststeuerung.

Wirkliche Veränderung anstoßen

Oft berichten Klienten und Seminarteilnehmer von der Vielzahl der Seminare und Coachings, die sie im Laufe ihres Berufslebens schon besucht haben. Leider hatten nur wenige der von ihnen besuchten Kurse und Einzelbegleitungen die nachhaltige Wirkung, die sich die Klienten oder Teilnehmer erwünscht hatten. Wobei es nicht an den vorgetragenen Inhalten oder den einzelnen Reflexionen und Übungen lag, die sie innerhalb der Trainings erfuhren. Das große Problem besteht in der konsequenten Umsetzung der gewonnenen Erkenntnisse.

Viele der Klienten hatten während der Schulungsmaßnahme oder im Coaching eine klare Vorstellung davon, welche Veränderungen sie in ihrem Alltag einleiten möchten. Doch kaum waren sie zu Hause, zerbröckelten die guten Vorsätze, und ihren alten eingefahrenen Denk- und Handlungsmustern fiel wieder die Vorherrschaft zu. Diese Erfahrung hat viele der Teilnehmer schon so enttäuscht und verbittert, dass sie zu Anfang der Kurse mit großer Skepsis, manchmal sogar von tiefem Misstrauen erfüllt dasitzen.

Auch ich kann in diesem Moment nur eine Einladung aussprechen, dass wir gemeinsam in ein Forschungslabor eintreten. Mein Angebot ist, dass sie ihre Frustration über vorhergehende Erlebnisse möglichst differenziert und wertfrei untersuchen können. Bei näherer Betrachtung kristallisiert sich häufig heraus: Die besonderen Bedingungen eines Seminars bieten einen kreativen, schützenden Raum, in der sich Klienten neu erfahren und ausprobieren können. Die sie umgebende »Nährlösung«, die ihnen Kraft und Mut verleihen, etwas Ungewohntes auszuprobieren, wird in vielen Fällen vom Coach oder Trainer initiiert und durch die entstehende Gruppendynamik gestützt. Aber: In dem Moment, in dem dieser Energieschub für die Klienten nicht mehr spürbar ist, machen sie die schmerzliche Erfahrung, dass sie aus eigener Kraft die angestrebte Veränderung nicht realisieren können.

Daher ist es von zentraler Bedeutung, die Klienten von Anfang an in eine selbst verantwortliche Haltung zu bringen. Diese innere Wachheit ermöglicht es ihnen, viele der neuen Schritte zwar mit meiner Unterstützung, aber gleichzeitig aus eigener Kraft durchzuführen. Der Schlüssel hierfür ist Präsenz und Achtsamkeit beim Coach und Klienten gleichermaßen während des gesamten Prozessverlaufs. Ziel ist, dass die Klienten während des Coachings oder Trainings nicht nur ein neues Gefühls-, Denk- oder Verhaltensmuster einstudieren, sondern es so stark verinnerlichen, dass sich die hinterlegte neurobiologische Struktur mitverändert. Das heißt, die Klienten verlassen das Coaching neuronal anders vernetzt, als sie gekommen sind.

Dr. Christian Gottwald hat dazu interessante Erfahrungen gesammelt. In seinem Artikel »Neurobiologische Aspekte einer bewusstseinszentrierten Psychotherapie« schreibt er (S. 2):

> »Ein neurobiologisch inspiriertes, die psychische Struktur veränderndes körperpsychotherapeutisches Vorgehen verlangt einen besonderen Umgang mit Bewusstseins- und Aufmerksamkeitsprozessen. Aufmerksamkeit bedeutet neurobiologisch eine Vorerregung in den mit Aufmerksamkeit bedachten assoziierten affektiven, sensorischen und motorischen Feldern des Gehirns. Aufmerksamkeit ist nachgewiesenermaßen eine große Unterstützung, wenn nicht eine Voraussetzung, für tiefer greifende Veränderungen in den neuronalen Strukturen (Wolf Singer). Auf dem Boden derartiger neurobiologischer Forschungen darf vermutet werden, dass psychotherapeutische Prozesse erst in einer aufmerksamen Bewusstseinshaltung voll wirksam werden. In einer bewusstseinszentrierten Körperpsychotherapie wird das gegenwärtige Erleben und Verhalten fokussiert aufmerksam beobachtet. Gleichzeitig werden die daunterliegenden neuronalen Muster mit aufgerufen und durch ein neues Erleben erweitert.«

Diese Erfahrung kann ich ganz und gar bestätigen. Ein Klient, der die einzelnen Prozessschritte mit voller Aufmerksamkeit in all seinen Sinnen durchwandert, lernt schnell und intensiv. Durch regelmäßiges Innehalten und vertiefende Achtsamkeitsübungen zeige ich dem Klienten, wie er seine neue Erfahrungswelt fest »in seinen Zellen« verankern kann. Gerade an dieser Stelle erscheint mir die gleichzeitige Bearbeitung von physischer, mentaler, emotionaler und seelischer Ebene von hoher Bedeutung.

Achtsamkeit schützt vor zu starken regressiven Prozessen

Eine weitere wesentliche Wirkung der achtsamen, präsenten Prozesssteuerung ist der aufmerksame Umgang mit emotionaler Erregung und regressiven Prozessen.

Je intensiver sich das Coaching oder auch ein Seminar gestaltet, umso tiefer wird der Klient in seinen Gefühlen angesprochen werden. Zum einen ist gerade die emotionale Beteiligung ein wesentlicher Bestandteil einer tiefer gehenden und nachhaltig wirkenden Arbeit. Zum anderen möchte ich vermeiden, dass der Klient in zu starke Erregung fällt. In diesem Moment herrscht die Gefahr, dass er den direkten Bezug zur Gegenwart verliert und von vergangenen Bildern und Eindrücken überschwemmt wird.

Hierzu nochmals eine Beobachtung von Dr. Christian Gottwald, ein weiteres Zitat aus dem Artikel »Neurobiologische Aspekte einer bewusstseinszentrierten Körperpsychotherapie« (S. 3):

> »Die in der bewusstseinszentrierten Körperpsychotherapie genutzte Art der Aufmerksamkeit ist die Achtsamkeit. Achtsamkeit bezieht sich immer auf die Gegenwart. Die aber ist, wie es schon der Gründer der Gestalttherapie, Frederic Perls, feststellte und wie es nun beispielsweise auch der deutsche Neurobiologe Ernst Pöppel betont, das einzig mögliche Einflussfenster für Veränderungen. Die Arbeit in Achtsamkeit hat eine Reihe zusätzlicher Vorteile. Diese Bewusstseinsverfassung dürfte zu einer besonders stark veränderten Führung von Seiten des Frontalhirns führen. Achtsamkeit bezieht sich immer auf das, was gegenwärtig einfach da ist. Mit dieser Bewusstseinsverfassung kommen die Patienten auf dem Boden dessen an, was ihre neuronal begründete psychische Struktur ausmacht. Die Einführung von Achtsamkeit in den therapeutischen Prozess ist in sich schon eine machtvolle Intervention. Diese Bewusstseinshaltung hat gleichzeitig den Vorteil, dass für strukturelle Veränderungen notwendige regressive Prozesse eingrenzbar bleiben und somit viel besser handhabbar bleiben. Patienten, die eine solche Bewusstseinsverfassung erlernt haben, fühlen sich sicherer und werden weniger von alten Gefühlen überschwemmt.«

Das Thema »achtsame Prozesssteuerung« begleitet mich nun schon so viele Jahre, und ich lerne täglich dazu. Es ist ein unendlich weit abgestecktes Feld, das dazu einlädt, in ihm zu wandern, zu verweilen, einzutauchen und es immer wieder neu zu entdecken.

Vorteile und Möglichkeiten der Methode

Folgende Möglichkeiten und Vorteile ergeben sich:

- *Für die Analyse:* Die genaue Standortbestimmung entfaltet erst durch offene Präsenz ihre volle Wirkung. Themen können in aller Ruhe durchleuchtet werden. Schwierige Themen, selbst tabuisierte Inhalte, können durch die wertfreie präsente Haltung aufmerksam betrachtet werden.
- *Für die Selbststeuerung des Coachs:* Der Coach kann sich ganz und gar auf die authentischen Wesensbewegungen des Klienten einlassen, ohne sich von ihnen »auf Abwege« ziehen zu lassen. Damit folgt er dem lebendigen Fluss des Geschehens und arbeitet immer mit dem, was ihm der Klient – oft unbewusst – von alleine anbietet.
- *Für die Beziehung zwischen Coach und Klient:* Der Klient erlebt die Begleitung des Coachs als stimmige, sanfte Steuerung und kann ein vertrauensvolles Verhältnis zu ihm aufbauen. Dieses Vertrauen bildet eine stabile Basis, um auch konfrontative Sequenzen respektvoll zu gestalten.
- *Für den Prozessablauf:* Die differenzierte Modulation der eigenen Bewusstseinszustände unterstützt den Coach in der umfassenden Wahrnehmung und Begleitung des Klienten. Neben seiner fundierten Fachkenntnis kann er sich auf seine innere Stimme verlassen und selbst durch widersprüchliche, unlogische Konstellationen hindurch einen sicheren Kurs fahren.
- *Für die persönliche Entwicklung und Selbstwirksamkeit des Klienten:* Der Klient lernt, die Haltung der Achtsamkeit und wachen Präsenz direkt in seinem Alltag einzusetzen. Mithilfe der verschiedenen Sinneskanäle kann er Verhaltensweisen und Entscheidungen vielschichtig hinterfragen und sich mehrdimensional weiterentwickeln.

Klarheit und Transparenz im Übungsaufbau

Ein klarer Handlungspfad schafft Raum für Intuition

Im Laufe der Jahre habe ich mich dazu entschlossen, mit meinen Klienten nicht stundenweise, sondern tageweise zusammenzuarbeiten. In den meisten Fällen kommt ein Coachee zwei bis drei Tage am Stück zu mir. Ich nenne dieses Angebot: *potenzialorientiertes Einzelcoaching – biografische Klärung und Entlastung.* Ziel dieser Tage ist, dass die gesamte Biografie des Klienten angeschaut und bearbeitet werden kann.

Ich gehe dabei in vier Schritten vor:

Der erste Schritt ist die Klärung. Ich nehme mir viel Zeit für eine genaue Standortbestimmung. Hierfür werden alle Lebensfelder des Klienten im Gesamten betrachtet, um herauszufinden, wo genau sich seine Belastungen und Einschränkungen befinden beziehungsweise verstecken. Auf der Basis dieser umfassenden Eindrücke wandere ich mit dem Klienten in seine Vergangenheit. Auch hier inspirieren wir unter Berücksichtigung verschiedener Einflussfaktoren die gesamte Lebenszeit. Ich bin mit dem Klienten auf Spurensuche: Wo genau hat er den natürlichen Kontakt zu sich selbst verloren? Wo und durch was wurde sein authentisches Potenzial eingeschränkt? In welchen Zusammenhängen kam es zu Verstrickungen, die ihm bis zum heutigen Tag Energie binden? Die Vielzahl der Eindrücke und Aspekte kürzt sich durch die Gesamtschau auf wesentliche Themen zusammen. Neben vielen Seitenschauplätzen kristallisiert sich »der rote Faden« der Entwicklungsgeschichte des Klienten heraus. Symptome werden erkennbar, die Wurzel des Geschehens schält sich Schritt für Schritt heraus.

Der zweite Schritt ist die Entlastung. Sobald sich genau entschlüsselt hat, in welchen Wesensteilen der Klient eingeschränkt und belastet ist, versuche ich, mithilfe verschiedener Übungen diese gebundene Energie in ihm freizusetzen. Ich arbeite dabei nicht an seiner Vergangenheit, sondern an den Themen, die hier und heute noch eine einschränkende Macht über ihn besitzen.

Der dritte Schritt wendet den Blick nach vorn. Nun geht es um eine kraftvolle Ausrichtung: Wo genau möchte sich der Klient hinentwickeln? Was sind seine Ziele, Wünsche, Visionen, was ist seine Berufung, sein Potenzial, mit dem er ausgestattet ist? Was kann und möchte er davon umsetzen? Auch diese Fragen betrachten wir im Zusammenhang aller Lebensfelder – hieraus ergibt sich oft eine andere Gewichtung als wenn der Klient nur eine seiner Entwicklungslinien anschaut.

Im vierten Schritt geht es um die Umsetzung. Nachdem Ziele und Visionen geklärt sind, geht es um die Definition realistischer, kleiner Schritte, die der Klient in seinem Alltag tatsächlich einbringen kann und will. Auch an dieser Stelle gilt es, das Gesamtgefüge des Lebens mit allen beteiligten Personen im Auge zu haben, damit der Übertrag der guten Erkenntnisse in das reale Alltagsgeschehen umfassend glückt.

Dieser klare Handlungspfad ist äußerst hilfreich, um in der großen Flut der Informationen nicht den Überblick zu verlieren. Ausgestattet mit dieser inneren Landkarte ist es mir möglich, mich vertrauensvoll meiner intuitiven Prozesssteuerung zu überlassen. In der Praxis wähle ich die »Tür«, die sich bei meinem Klienten gerne und einfach öffnet. Mit manchen Menschen wandere ich nach der Klärung sofort in die Ausrichtung und dann erst in die Entlastungsphase. Da in mir fest verankert ist, welche »Stützpunkte« ich während des Prozesses sicher ansteuern werde, kann ich die Reihenfolge meiner Vorgehensweise der jeweiligen Situation anpassen.

Diese Methodik gilt für mich auch, wenn ich mit einem Klienten nur zwei oder drei Stunden am Stück verbringen kann. Ich durchlaufe dann die einzelnen Schritte komprimierter.

Ein klarer Übungsaufbau schafft Raum für Tiefe

Innerhalb der Übungen, die ich in den Teilen III und IV dieses Buches ausführlich beschreibe, achte ich konsequent auf einen klaren, mehrperspektivischen Aufbau. Die Kompasse geben mir in vielen Fällen eine gute Grundlage, um diese Methodik meinem Klienten übersichtlich transparent zu machen. Wobei jedes Schaubild nur eine Annäherung darstellen kann, ein Versuch, um die ungeheure Komplexität der menschlichen Wirklichkeit einzufangen.

Da während eines Coachingprozesses in einem Menschen unendlich viele Eindrücke, Erinnerungen, Gefühle, Gedanken gleichzeitig auftauchen, möchte ich ihn durch relativ simple Übungsaufbauten in einer übersichtlichen Forschungsstruktur verankern.

Vorteile und Möglichkeiten der Methode

Diese schnell zugängliche Trainingsmethodik schafft folgende Vorteile und Möglichkeiten:

- *Für die Analyse:* Der Klient wird durch keine komplizierte Übungsanweisung abgelenkt. Er kann sich gut orientieren und ganz und gar auf seine persönlichen Eindrücke und Inhalte konzentrieren.
- *Für die Selbststeuerung des Coachs:* Der Coach erfährt durch den klaren Handlungsstrang und die eindeutigen Übungen Ruhe und Sicherheit. Auch er kann sich ganz und gar auf die vielfältigen Eindrücke fokussieren, die er beim Klienten und in sich selbst wahrnimmt.
- *Für die Beziehung zwischen Coach und Klient:* Der Klient spürt die Souveränität und Sicherheit seines Coachs. So kann sich die Beziehung in Klarheit, Respekt und Vertrauen entfalten. Durch die stabilisierende Struktur im Hintergrund ist viel Raum für Intuition und Spontaneität gegeben.
- *Für den Prozessablauf:* Der Prozess kann sich ruhig und übersichtlich entfalten. Die hohe Komplexität verunsichert nicht, sondern kann als große Bereicherung erfahren werden.
- *Für die persönliche Entwicklung und Selbstwirksamkeit des Klienten:* Der Klient kann die Übungen zu Hause wiederholen und für sich alleine vertiefen. Genauso kann er sie zum Beispiel mit seinem Lebenspartner, Mitarbeitern oder Freunden wiederholen. Das schafft die Basis für tief gehende Gespräche, die mehr Verständnis füreinander schaffen.

Auch im Seminarbereich erscheint der klare Übungsablauf hilfreich. Die Teilnehmer können sich gegenseitig durch die Übungen moderieren. So konnte ich schon Gruppen bis zu 100 Personen durch komplexe Themen praxisnah begleiten.

Die innere Haltung des Coachs

Aufarbeitung der eigenen Biografie

Das H.B.T. Human Balance Training bietet einen reichen Methodenschatz, um mit einem Menschen tief gehende, komplexe Prozesse sicher und stabil zu durchwandern. Die Arbeitsweise entstand durch die Behandlung vielfältiger Anliegen, mit denen Klienten und Seminarteilnehmer auf mich zukamen. Durch den integralen Ansatz hat »die ganze Welt mit all ihren unterschiedlichen, überraschenden Aspekten« Platz. Ob es sich um eine klar definierte, gezielte Verbesserung einer Verhaltensweise handelt oder ob es um die Begleitung eines ernst gemeinten, gleichzeitig leicht gestalteten Entfaltungsweges geht – alle nur denkbaren Inhalte können mithilfe der Methodik fundiert und zügig bearbeitet werden. Voraussetzungen für die gelungene Realisierung der Arbeitsweise sind natürlich die fachliche Kompetenz, die Lebenserfahrung und innere Haltung des Coachs.

Coaching ist bis heute keine Berufsbezeichnung, an die sich bestimmte Ausbildungen, Prüfungen oder Zertifikate knüpfen. Von daher obliegt es dem Verantwortungsbewusstsein jedes Einzelnen, in welcher Form er sich auf die Begleitung von Menschen vorbereitet. Jede Person, die ihm während eines Coachings oder eines Seminars begegnen wird, ist ein komplexes Wunderwerk. Ob der Klient mit einer stabilen Psyche und hohen Selbststeuerungskompetenz ausgestattet ist oder eher angeschlagen sowie psychisch instabil den Weg zur Selbstentwicklung einschlägt, weiß der Coach nicht. Von daher sollte er sich in dem großen Feld der Menschenkunde sorgfältig ausbilden.

Meine Ausbildungszeit begann vor 30 Jahren, und lange Zeit beschäftigte ich mich ausschließlich mit meiner eigenen Person. Die Aufarbeitung meiner persönlichen Biografie und die damit einhergehende intensive Bewusstseinsschulung kosteten mich viel Zeit, Kraft und Geld. Dabei erlebte ich die eigene Selbsterforschung als keinen abgeschlossenen, sondern komplett offenen Prozess, der sich mir immer verfeinerter darbot und zu neuen, unbekannten Ufern aufbrechen ließ.

Diese aufmerksame, offene, interessierte Haltung zu meiner Person ist das Fundament, auf dem ich heute stehe und von dem aus sich meine Beziehung zu anderen Personen entwickelt, ob beruflich oder privat. Von daher kann ich jedem praktizierenden Coach nur raten, sich intensiv mit der eigenen Person auseinanderzusetzen. Dabei geht es nicht darum, die gesamten eigenen Wunden und Brüche in der persönlichen Geschichte aufzuarbeiten und zu integrieren – das können wir gar nicht! Aber ein profundes Wissen über den Aufbau der eigenen Person sollten wir uns unbedingt erarbeiten. Aus zwei Gründen:

- Die Qualität eines Coachings ist maßgeblich davon abhängig, inwieweit der Coach das Thema »Übertragung und Gegenübertragung« durchdringt und professionell handhaben kann. Dazu sollte er sich selbst gut kennen und ausgeglichen steuern können (s. S. 88 ff.).
- Um einen anderen Menschen einfühlsam und authentisch begleiten zu können und ihm den Mut zu vermitteln, auch schwierige Themen in seinem Leben anzupacken, sollte man seinen eigenen »Baustellen« nicht aus dem Weg gehen. Der Klient spürt genau, ob wir ihm aus eigener Integrität und Lebenskraft heraus zur Seite stehen oder ob wir selbst mit bestimmten Inhalten Berührungsängste haben.

Die Begleitung eines Menschen ist ein sehr nahe gehender, komplexer Beruf – für manchen durchaus eine Berufung. Haben Sie Respekt vor der Ausübung dieser Aufgabe und muten Sie sich und dem anderen nicht mehr zu, als Sie derzeitig ausfüllen können! Nehmen Sie nur Aufträge an, für die Sie sich menschlich und fachlich ausgerüstet fühlen, und erweitern Sie durch die praktische Arbeit Schritt für Schritt Ihr Erfahrungsspektrum! Sollten Sie sich mit einem Klienten oder auf einem speziellen Terrain nicht sicher fühlen, sollten Sie das dieser Person gegenüber direkt ansprechen. Diese Offenheit ist Ausdruck Ihrer Professionalität und verspricht beiden Seiten Schutz und Transparenz.

Klares Rollenverständnis

Bitte klären Sie Ihre Rolle gemäß Ihren Ausbildungen! Das H.B.T. Human Balance Training vereint Methoden aus dem Coaching, der Psychotherapie, der Körpertherapie, der Neurowissenschaft und Stressforschung sowie der Achtsamkeitspraxis und tiefer gehenden spirituellen Arbeit. Ihrer eigenen Vorkenntnis entsprechend können Sie all diese Methoden in Ihre praktische Arbeit integrieren. Sollte Ihnen hierfür aber eine Grundqualifikation fehlen, wäre es ratsam, wenn Sie sich erst einmal gezielten Fortbildungen unterziehen.

> Mein persönlicher Entwicklungsweg gestaltete sich facettenreich. Nach ersten Ausbildungen, die sich mit Körper und Seele beschäftigten (Massage, Physiotherapie, Tai Chi), und der Leitung einer eigenen Praxis für Körperarbeit wurde mir schnell bewusst, dass ich in das psychotherapeutische Fach wechseln wollte. Ich besuchte einige Vorlesungen an der Psychologischen Fakultät, die meinem Anspruch nach einem ganzheitlichen Arbeitsansatz nicht entsprachen. Mir wurde klar, dass ich meine Lehrer im psychotherapeutischen Bereich woanders finden musste. Ich stieß auf ein hervorragendes Ausbildungsinstitut (ZIST in Penzberg), in dem ich verschiedene Kurse und Fortbildungen besuchte (s. S. 10) Eine Weiterbildung bei dem Psychotherapeuten Hunter Beaumont dauerte zum Beispiel über vier Jahre – dieser Zeitraum ist so lang, um neben den Schulungsinhalten auch die eigenen biografischen Themen fundiert bearbeiten zu können. Neben diesen Fortbildungen arbeitete ich über zehn Jahre intensiv mit dem spirituellen Lehrer Robert Koch,

um meine Person in umfassenden Dimensionen reflektieren zu können. Da ich neben diesen Schulungen auch an der Universität studieren wollte, folgte ich einem anderen Interesse von mir: dem künstlerischen Gestalten. So studierte ich an der Kunstakademie in München Innenarchitektur und konnte in diesem Beruf mehrere spannende Projekte umsetzen. Trotz meiner Freude an der Architektur entschied ich mich für die direkte Arbeit mit Menschen. So schloss ich meine verschiedenen Fortbildungen mit der Ausbildung und Prüfung des Heilpraktikers für Psychotherapie ab. Gemeinsam mit meinem Mann Georg Atréus Heimgärtner leitete ich zehn Jahre ein großes Seminarhaus, bis wir uns vor fünf Jahren entschieden, ein Trainings- und Beratungsinstitut zu gründen. In all diesen Jahren der Arbeit mit Patienten, Klienten und Unternehmen hörte für mich die Weiterbildung nicht auf. Zurückblickend kann ich feststellen, dass jede meiner Erfahrungen in mein heutiges Menschenverständnis hineingeflossen ist. Keine meiner Ausbildungen und Berufserfahrungen möchte ich missen.

So kann ich jedem Coach nur raten, sich facettenreich weiterzubilden. Auf alle Fälle sollte er die Ausbildung und Prüfung des Heilpraktikers für Psychotherapie ablegen, in der er die Grundkenntnisse der menschlichen Psyche mit all ihren möglichen Krankheitsbildern erlernt. Er erwirbt damit die Heilgenehmigung auf dem Gebiet der Psychotherapie. Diese Ausbildung kann in Form eines Fernkurses absolviert werden. Dies mag praktisch erscheinen, dennoch würde ich empfehlen, sich auch für diese Prüfung einen guten Ausbilder zu suchen. Die behandelten Themen sind umfangreich und sollten vom Lehrer anhand praktischer Fallbeispiele erklärt und untermauert werden. Mit dieser Prüfung kann der Coach psychotherapeutische Methoden mit Klienten in eigener Praxis anwenden. Die meisten psychogenen Erkrankungen kann er eigenverantwortlich sowie die exogenen und endogenen Krankheitsbilder begleitend behandeln. Nur mit diesem Fachwissen ausgestattet – erweitert durch Fortbildungen und Praktika – und mithilfe einer regelmäßigen Supervisionsgruppe abgesichert, kann er die vielfältigen Regungen seines Klienten umsichtig einschätzen. Zusatzausbildungen in vertiefenden Richtungen schenken die Sicherheit, auch mit psychisch angeschlagenen Personen umfassend arbeiten zu können.

Vernetzen Sie sich mit Psychotherapeuten und Fachkliniken, die sich auf die Behandlung von psychischen und psychosomatischen Erkrankungen mit ganzheitlichen Therapiemethoden spezialisiert haben! Diese können Sie dann bei Bedarf Ihrem Klienten weiterempfehlen. In manchen Kliniken kann man als Praktikant einige Zeit mitarbeiten. Dieser hautnahe Einblick vermittelt einem in kurzer Zeit die Arbeitsweise und Atmosphäre solch einer Einrichtung.

Für einen regelmäßigen Austausch und eine kontinuierliche Supervision sollten Sie sich mit anderen Coaches und Psychotherapeuten vernetzen. Das kollegiale Plenum ist eine große Bereicherung für die eigene Kompetenzentfaltung und lässt Sie Situationen aus Ihrer Praxis professionell spiegeln und hinterfragen.

Verankerung im ureigenen Wesenskern

Um dem Klienten als zuverlässige Unterstützung und als Vorbild dienen zu können, sollte sich ein integraler Coach intensiv der eigenen Bewusstseinsschulung widmen. All die Übungen, die ich im nächsten Buchteil aufliste, dienen dem Coach selbst, um sich sicher und stabil im eigenen Wesenskern zu verankern.

Eine nach innen führende meditative Übung kann nicht nur sprachlich angeleitet werden, sondern sollte von innen heraus vorgelebt werden. Der Klient sollte die tiefe Wirkung solch einer Methode an seinem Coach selbst ablesen können: Denn auf diese Art entsteht die größte Neugierde und Offenheit für das bisher vielleicht unbekannte Vorgehen.

Eine Verankerung im eigenen Wesenskern ist in vielen Situationen einer Einzelbegleitung und eines Seminars extrem bedeutsam. Die achtsame, intuitive Prozesssteuerung lebt davon, dass der Coach nicht nur mit seiner mental gesteuerten Fachkompetenz den Klienten analysiert, sondern aus einer vertrauten Bewusstseinsweite sein Gegenüber wahrnimmt und begleitet. Je intensiver und zu Herzen gehender sich die Arbeit entfaltet, umso freier und empathischer kann der Coach agieren, da er sich selbst und den Klienten in einer großen, heilenden Schöpferkraft geborgen weiß.

Manche Lebensgeschichten sind extrem erschütternd, sodass der Coach nichts anderes tun kann, als die Wirklichkeit des Klienten zu bezeugen und in aller Ruhe für ihn da zu sein. Um einem Menschen, der mit einem besonders schweren Schicksal betroffen ist, offen und respektvoll begegnen zu können, brauche ich persönlich die Beheimatung in einer weiteren Dimension. Sonst würde ich selbst an diesem Gewicht zerbrechen – denn aus persönlicher Kraft kann ich den schicksalhaften Wendungen des Lebens nichts entgegnen. An diesen sensiblen Punkten einer Begleitung geht es für mich um Hingabe und Vertrauen in größere Zusammenhänge, die mein Verstand nicht begreifen kann. Mein Herz und meine Seele finden eher eine Antwort darauf.

Die Erforschung des Bewusstseins mit seinen unzähligen Facetten und Fähigkeiten ist für mich die spannendste Aufgabe, die sich mir als Mensch stellt. Es ist eine nicht endende Abenteuerreise, die mein ganzes Leben durchdringt und den Kern meiner Arbeit ausmacht. Für diese Erkundung und Festigung meines Selbst habe ich mir immer wieder Lehrer gesucht, die mir neue Facetten der inneren Welt näherbringen konnten. Das Gleiche kann ich Ihnen nur empfehlen.

Um einer Bewusstseinsentfaltung verstärkt nachzugehen, sollten Sie sich einen geeigneten Lehrer suchen, der Sie darin unterstützt, sich durch regelmäßige Praxis Ihrem innersten Kern zuzuwenden. Was zählt, ist die Praxis, das Üben, die Beharrlichkeit. Mit den Jahren gewinnen Sie Verständnis und Sicherheit für die vielfältigen Dimensionen Ihres Seins – es mag ein langsamer Prozess sein, aber er ist kostbar.

Bei der Auswahl meiner Lehrer habe ich natürlich auf deren Professionalität geachtet. Genauso wichtig waren mir ihre innere Haltung und Lebenserfahrung. Manches Mal suchte ich sehr lang, bis ich den für mich passenden Ausbilder fand – diese Geduld hat sich jedoch immer gelohnt.

Übertragung und Gegenübertragung genau verstehen

Die feste Verankerung im offenen Gewahrsein, dem klar reflektierenden Bewusstseinsraum, dient als eine bedeutende Hilfe beim Erkennen von Übertragungen und Gegenübertragungen. Der Begriff der Übertragung stammt von Sigmund Freud und wurde von vielen Psychotherapieschulen übernommen, ohne dabei immer das psychoanalytische Erklärungsmodell zu adaptieren. Freud beschreibt das Phänomen der unbewussten Umlenkung von Gefühlen zu früheren Bezugspersonen auf gegenwärtige Beziehungen. Im Kontext der Therapie oder des Coachings überträgt der Klient alte, oftmals verdrängte, Gefühle und (Rollen-)Erwartungen, Wünsche oder Befürchtungen auf den Therapeuten und reaktiviert damit sein früheres Erleben in Bezug zu anderen Personen. Eng verwandt ist damit auch die Projektion, bei welcher der Klient Eigenschaften, die er bei sich selbst nicht wahrhaben möchte, unbewusst seinem Gegenüber zuordnet. Im Gegensatz zur Übertragung kommt es hierbei jedoch nicht zur Verfolgung von Wunschvorstellungen oder Erwartungen.

Umgekehrt kann auch der Therapeut beziehungsweise der Coach seine Gefühle und Rollenerwartungen auf den Klienten oder auf Seminarteilnehmer übertragen; dieser Vorgang wird Gegenübertragung genannt. Die Analyse und Bewusstmachung von Übertragungsvorgängen wird in manchen psychotherapeutischen Schulen, insbesondere in der Psychoanalyse, als zentrales Element für den Erfolg der Therapie angesehen. Frühere Gefühle und Wahrnehmungen werden dabei auf den Analytiker übertragen, dieser Vorgang wird bewusstgemacht, und es wird nach Möglichkeiten gesucht, auf adäquate Weise im Heute damit umzugehen. Diese Arbeitsmethodik verlangt eine detaillierte Schulung, damit sie positiv wirken kann.

Durch die gezielte Bewusstseinsschulung im H.B.T. Human Balance Training ist der Coach von vornherein darauf geeicht, auf all seine Gedanken, Gefühle und Regungen zu achten. Gemäß einer professionell gesteuerten Prozessgestaltung wird er seine Empfindungen zunächst in sich selbst reflektieren und ausbalancieren. Ob er seine Wahrnehmungen dem Klienten gegenüber thematisieren möchte oder innerhalb von Übungen integriert und in diesem Kontext bearbeitet, hängt jeweils von der Situation ab. Auf jeden Fall sollte er mit größter Achtsamkeit den Vorgang der Übertragung und Gegenübertragung beobachten und um dessen starke Dynamik wissen. Es ist an sich ein ganz natürlicher Ablauf, der sich jederzeit ereignet, sobald Menschen miteinander in Beziehung treten. Nur ist der Kontext eines Coachings oder Trainings eine sehr spezielle, verdichtete Situation, in der eine Übertragung extreme Wirkungen zeigen kann – zum Guten wie zum Schlechten.

Kann der Coach diese Situation nutzen, um dem Klienten alte Muster und Prägungen ins Bewusstsein zu holen, fungiert die Übertragung der Forschungsarbeit als wunderbares Beispiel. Verstrickt er sich allerdings selbst in den Projektionen und aktiviert unbemerkt alte Muster, können die Beziehungsebene und das Vertrauen zwischen Klient und Coach nachhaltig gestört werden. Von daher gilt es, sich zu diesem Thema einer profunden Fortbildung zu unterziehen.

Auch der Klient kann mithilfe des Bewusstseinstrainings den Mechanismus der Übertragung und oft reflexhaften Gegenübertragung präzise studieren und durch seine Achtsamkeit aushebeln. Dies schenkt ihm für all seine Beziehungen, ob privat oder beruflich, einen kostbaren Schlüssel, um Begegnungen in neuer Qualität erleben zu können.

Neben diesen detaillierten Aspekten zur inneren Haltung des Coachs möchte ich nun auch noch auf grundsätzliche Blickpunkte zum Thema eingehen.

Entscheider mit gesundem Menschenverstand und klarer Argumentation überzeugen

Sollten Sie Ihrem Klienten beziehungsweise einem Unternehmen oder einer Organisation gegenüber mit einem ganzheitlichen, integralen Coachingmodell auftreten, wird es Ihnen hilfreich sein, diese Methode in einfachen, klar verständlichen Bildern darzulegen. Denn in der Wirtschaft, im Gesundheitswesen, an den Schulen und Universitäten oder in der Politik, überall da, wo diese integrale Arbeit dringend gebraucht wird, werden Sie zunächst auf Gesprächspartner treffen, die mit tiefer gehenden Inhalten der Menschenkunde wenig vertraut sind. In Unternehmen ist es oft so, dass die Geschäftsführung zumeist in groben Zügen über den Arbeitsansatz informiert sein möchte. Die Personaler hingegen, die zum Teil selbst in diversen Coaching- und Psychotherapiemethoden ausgebildet sind, fragen meistens sehr genau nach und können Sie auf Herz und Nieren überprüfen. Von daher gilt es, auf jeden Gesprächspartner mit seinen unterschiedlichen Blickpunkten und Interessen vorbereitet zu sein.

Gerade Geschäftsführer sind darin geübt, komplexe Themen rasch zu durchdringen und Lösungswege im Hinblick auf ihre Brauchbarkeit scharf zu hinterfragen. Da sie wirtschaftlich und personell große Verantwortung tragen, achten Entscheider sehr genau auf Zahlen, Daten, Fakten. Ein integraler Coachingansatz ist besonders geeignet, um eine mitarbeiterorientierte Unternehmenskultur mitzuentwickeln und zu entfalten. Bei diesem Thema geht es nicht um Sozialromantik, sondern um eindeutig messbare Kennzahlen. Bei einer mitarbeiterorientierten Unternehmenskultur geht es um mehr als die Frage ethisch richtigen Handelns, sie zahlt sich aus. Ein Drittel des Finanzerfolgs ist Kultur – das ist derweilen durch umfangreiche Studien bewiesen. Dennoch nutzen viele Unternehmen das Potenzial nicht aus, das durch das Engagement und die Loyalität ihrer Mitarbeiter freigesetzt werden könnte. Meistens klaffen Theorie und Praxis schon im normalen Arbeitsalltag auseinander; die Situation verschärft sich, sobald das Unternehmen finanziell unter Druck gerät.

Gerade an dieser Stelle ist Klarheit, vor allen Dingen in Kommunikation und Präsentation, gefragt. Zusammenhänge von Kostensenkung, Gewinn und Nutzen gehören genau aufgezeigt, um dann auch das Interesse für umfassendere Gesichtspunkte zu wecken.

Integrales Coaching wird immer gefragter werden

Gerade in der Wirtschaft werden die Stimmen immer lauter, die nach fundierten Entwicklungs- und Schulungsprozessen rufen. Viele engagierte Menschen betreiben hierfür umfangreiche Aufklärungsarbeit und schaffen Bewusstsein für komplexe Zusammenhänge. Mehr und mehr Studien beweisen, dass gesunde, glückliche, engagierte Mitarbeiter leistungsfähiger sind und der Firma zu mehr Erfolg sowie Gewinn verhelfen können. Menschen, die für ihre Arbeit Wertschätzung erfahren und sich mit ihren täglichen Aufgaben identifizieren können, bringen sich aktiver in den Arbeitsprozess ein. Sie tauschen Informationen und Wissen bereitwilliger aus, sie pflegen eine offene, umfassendere Kommunikation und bringen aktiv ihre Beobachtungen und Ideen in Projekte ein. »Soft facts are hard facts« – das bedeutet: Weiche Faktoren wie soziale Kompetenz, emotionale Intelligenz oder gelungene Selbststeuerung lassen sich in Zahlen messen. Das lässt Entscheider natürlich aufmerken, denn sie stehen vor vielschichtigen Problemstellungen:

Thema »Gesundheit«. Arbeit macht zunehmend seelisch krank. Immer mehr Arbeitnehmer erkranken an Burnout. Zwischen 2001 und 2008 ist der Anteil von psychosomatischen Erkrankungen um 59 Prozent angestiegen. Als Ursachen dafür werden genannt: höhere Arbeitsverdichtung und Arbeitslast, Erwartung von hoher Flexibilität, Sorge um den Arbeitsplatz. Diese Entwicklung bezieht sich nicht nur auf die Wirtschaft, sondern auch auf das Bildungs- und Gesundheitswesen. 60 Prozent der Lehrer leiden unter Erschöpfungssymptomen. Bei jedem fünften Arzt wird Burnout diagnostiziert.

> »Je geringer der psychische Druck, umso gesünder die Arbeitnehmer. Unternehmen, die sich für die psychische Gesundheit ihrer Mitarbeiter einsetzen, investieren in ihr wichtigstes Kapital.«
> (Zitat: Tagesschaumeldung, 22.4.2008, 20:00 Uhr)

Thema »Rekrutierung und Bindung«. Viele Unternehmen müssen heute darum kämpfen, gute Mitarbeiter zu finden und diese auch langfristig im Unternehmen zu halten. Die Kennzahl für die Auswechslung eines Mitarbeiters liegt ungefähr bei einem Jahresgehalt. Bei Führungskräften kann dies immense Kosten bedeuten. Durch die demografische Entwicklung und die Verknappung des Arbeitsmarkts steigt das Interesse, auch für Frauen Arbeitsbedingungen zu schaffen, die es ihnen erlauben, Karriere- und Familienplanung miteinander verbinden zu können.

Thema »Work-Life-Balance«. Gerade die heiß umworbenen, erfolgreichen Hochschulabsolventen suchen sich gezielt Arbeitsstellen, in denen sie Beruf und Privatleben miteinander vereinbaren können. Väter möchten mehr Zeit mit ihren Kindern verbringen, auch Partnerschaften werden viel aufmerksamer gestaltet.

Thema »Führung und Kommunikation«. Es ist schon lange bekannt, dass die direkte Beziehung zu den Führungskräften maßgeblich für das Wohlbefinden und die Arbeitsleistung des Mitarbeiters verantwortlich zeichnet. Der Übertritt in die Informations- und Wissensgesellschaft lässt diese Thematik nun zudem brisanter werden: Ein effektives Wissensmanagement hängt zum größten Teil vom Vertrauen und offenen Austausch zwischen den beteiligten Personen ab. Nur lässt sich eine gelungene Kommunikation – als Basis effizienter Zusammenarbeit und Interaktion – nicht von oben verordnen, sondern stellt ein »Nebenprodukt« von guter Arbeitsatmosphäre dar.

Thema »Wertemanagement und Compliance«. Da es auf dem globalisierten Markt noch keinen allgemein gültigen Verhaltenskodex gibt, müssen international aufgestellte Unternehmen glasklar definieren, nach welchen Gesetzen, aber auch nach welchen Werten und nach welchem Ethikverständnis ihre Mitarbeiter zu handeln haben. Die Beispiele der letzten Zeit unterstreichen, welche verheerenden Konsequenzen sich für Einzelpersonen und ganze Organisationen durch unreflektiertes Agieren ergeben.

Unsere Gesellschaft braucht Achtsamkeit

Zusammenfassend ist deutlich zu erkennen: Geschäftsführer, Führungskräfte und Mitarbeiter sollten sich vor allem im menschlichen, sozialen und kommunikativen Bereich weiterentwickeln. Der Markt verlangt viel, fast Übermenschliches. Vielerorts werden Mitarbeiter gesucht, die fachlich top ausgebildet sind und sich gleichzeitig auf persönlicher Ebene detailliert entwickelt und weitergebildet haben. Gefragt sind: ein klares, felsenfestes Werteverständnis – schnelle Auffassungsgabe – vernetztes Denken – Verständnis für komplexe Zusammenhänge – Fremdsprachen und Einfühlungsvermögen in die Denkweisen anderer Kulturen – ein gesunder, realistischer Menschenverstand – passendes, maßvolles Auftreten – Begeisterung und Kraft für ständige Veränderung – gelungene Kommunikation – effiziente Interaktion – die Fähigkeit, Wesentliches von Unwesentlichem zu unterscheiden – hohe soziale Kompetenz – ausgereiftes Führungsverhalten – differenzierte Wahrnehmung von Belastungsgrenzen – kompetente Selbststeuerung – Selbstverantwortung für die eigene Gesundheit sowie Life-Balance-Eigenengagement und Selbstdisziplin …

Nur: Wer kann diesem Profil gerecht werden? All diese Fähigkeiten sind Ausdruck einer gereiften Person, die kontinuierlich an sich selbst arbeitet. Die Umsetzung dieser Kompetenzen, neben all den fachlichen Befähigungen, die der Arbeitsalltag verlangt, setzen voraus, dass sich ein Mensch in seinen Stärken und Potenzialen sehr gut kennt, genauso wie in seinen Schwächen und Einschränkungen. Er muss seine Ängste verstehen, die ihn zu Ausweichmanövern und Übersprungshandlungen führen. Er braucht ein starkes Selbstvertrauen, um schnell und direkt aus seinen Fehlern lernen zu können. Er sollte sich fest in seiner eigenen Mitte verankern können, um in der Lage zu sein, mit Ruhe und Übersicht Entscheidungen zu treffen. Und er sollte seiner Intuition und seiner »Nase« vertrauen können.

Die Zahl der psychosomatischen Erkrankungen untermauert, dass viele Menschen an ihrem Arbeitsplatz heillos überfordert sind. Gleichzeitig ist dieses Anforderungsprofil ein Aufruf an die mentale, emotionale und spirituelle Intelligenz des Menschen, sich zügig weiterzuentwickeln. Das H.B.T. Human Balance Training möchte einen Beitrag dazu leisten, dass Menschen schlummernde Potenziale entdecken und diese kraftvoll zum Wohle ihrer selbst und anderer verwirklichen können. Der einzelne Mensch und unsere Gesellschaft brauchen Achtsamkeit – dafür setze ich mich mit meiner Arbeit ein.

Die kulturelle Prägung des Bewusstseins

Wilfried Belschner

Das Bewusstseinskontinuum

In dem bisherigen Text dieses Handbuchs haben Sie unter anderem die beiden folgenden Aussagen kennengelernt:

- »Bewusstsein« bildet das Zentrum des Human-Balance-Kompasses (s. S. 29).
- Probleme lassen sich nicht auf derselben Ebene lösen, auf der sie erschaffen wurden (s. S. 31).

Verknüpfen wir die beiden Aussagen, dann können wir uns fragen, welche »Ebenen« des Bewusstseins wir unterscheiden können, um sie im Coachingprozess nutzbringend anzuwenden. In meiner professionellen Tätigkeit als Therapeut, Coach, Organisationsberater, Supervisor oder Forscher hat sich die pragmatische Unterscheidung von vier Zuständen (»Ebenen«) des Wach-Bewusstseins als ausgesprochen effizient bewährt (A–D, s. folgende Abbildung).

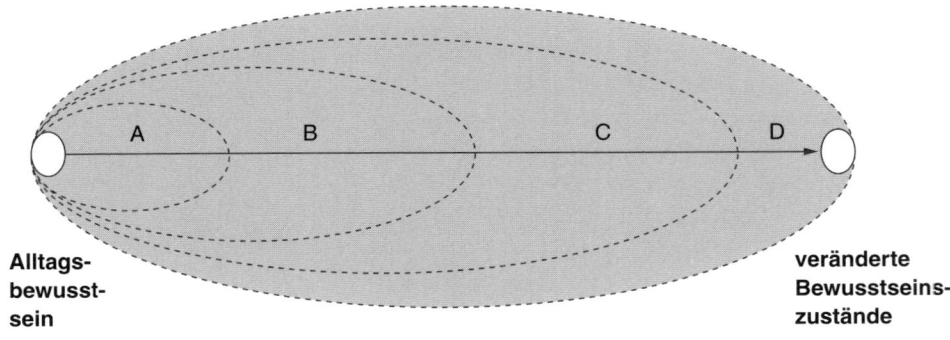

Alltags-bewusst-sein	**veränderte Bewusstseins-zustände**

A	sachlich rationale Verhandlung	**Nondualität**
B	empathischer Diskurs	
C	von der Erfahrung reiner Bewusstseinsqualitäten getragene Begegnungen	
D	von der Erfahrung der Nondualität getragene Resonanz	

Die derzeitige pragmatische Strukturierung des Bewusstseins-Kontinuums

In der vorangegangenen Abbildung sehen Sie zunächst ein Kontinuum mit den beiden Polen »Alltagsbewusstsein« und »Veränderte Bewusstseinszustände«. Dieses Kontinuum ist unterteilt mithilfe von vier Ellipsen, die jeweils die einem Menschen verfügbare Bewusstseinsweite repräsentieren. Es gibt danach Menschen, die sich in dem Bewusstseinsraum (A) der sachlich rationalen Verhandlung aufhalten können. Manche Menschen können nicht nur sachlich stringent verhandeln (A), sondern sie können sich zusätzlich auch empathisch auf andere Menschen einstellen (Bewusstseinsbereich B). Die Abbildung zeigt, dass es neben diesen beiden uns relativ vertrauten Beziehungsangeboten des rationalen Verhandelns und der mitfühlenden Zuwendung noch die beiden weiteren Beziehungsangebote C und D geben kann, die mit den vielleicht noch fremd klingenden Bezeichnungen »von der Erfahrung reiner Bewusstseinsqualitäten getragene Begegnung« und »von der Erfahrung der Nondualität getragene Resonanz« belegt sind. In manchen Situationen wird es demnach hilfreich sein, auf der Basis der eigenen Erfahrung von reinen Bewusstseinsqualitäten wie Stille, Weite, Klarheit oder Unverletztheit (C) einem anderen Menschen zu begegnen und ihn im Prozess der Bearbeitung seines Anliegens zu begleiten (»Coaching«). Für den Professionellen wird es also zweckmäßig sein, seine Bewusstseinszustände je nach den Erfordernissen der Coachingsituation angemessen verändern (»modulieren«) zu können. Ich spreche deshalb von »Consciousness Balance – Balancing Consciousness« (Belschner 2007, 2010).

Die Bewusstseinsbereiche C und D sind trotz ihrer Nützlichkeit, ja sogar ihrer Notwendigkeit, in unserer derzeitigen Epoche nicht »üblich« und in der Regel nicht alltäglich verfügbar. Diesen Sachverhalt will ich nun darstellen.

Die Etablierung einer »Kultur des Gewöhnlichen«

Der Aufbruch in die Neuzeit und die Entwicklung des industriellen und postindustriellen Zeitalters haben uns das Ideal eines neuen Menschenbildes und einer neuen Auffassung von Wirklichkeit nahegebracht (Becher 1990, Gronemeyer 1993, Jäger 1995). Dieses uns inzwischen vertraut gewordene Verständnis von Wirklichkeit lässt sich mithilfe der fünf Kriterien Zeit, Raum, Kausalität, Subjekt-Objekt-Relation und Ich-Organisation beschreiben (Belschner 2007). Diese Kriterien will ich erläutern. Dabei wähle ich für die Überschrift jeweils eine charakterisierende Merkmalsausprägung im Alltags-Wachbewusstsein.

Die lineare Zeit. Die Kategorie Zeit ist für den modernen Menschen eine selbstverständlich gewordene Kategorie zur Strukturierung seines Alltags geworden (Hasenfratz 2003). In diesem alltäglichen Verständnis gibt es die Zeit. Als ein bestehendes Faktum weist sie im Erleben die Merkmale des Fließens und des Vergehens auf: Die Zeit fließt unumkehrbar in eine Richtung. Der Zeitpfeil deutet von der Vergangenheit über die Gegenwart in die Zukunft. Zeit lässt sich in dieser modernen linearen Interpretation messen. Die zugehörigen Instrumente zur Zeitmessung, die Chronometer, ermöglichen es, dieses Etwas »Zeit« in absolut gleich große Abschnitte (zum Beispiel Sekunden, Minuten, Tage) zu zerteilen, die in diesem Verständnis auch alle gleich bedeutsam und gleichwertig sind. Diese eine Sekunde »jetzt« ist nicht wertvoller als die nächste. In der chronometrischen Interpretation von Zeit gibt es keine besonderen Zeiten und auch keine unterscheidbaren Zeitqualitäten, die die Frage nach der optimalen Passung von einem Geschehen und einer menschlichen Handlung stellen würden (zum Beispiel, um es persönlich zu formulieren: Wann lasse ich mich operieren? Wenn ein OP-Termin frei ist oder wenn es für mich stimmig ist?). Es wird in diesem modernen Verständnis nicht zwischen Chronos und Kairos unterschieden (Hartmann 1985). Die Zeit als linear wahrzunehmen ist somit zu einer unumstößlichen kulturellen Norm für das epochale menschliche Erleben geworden. Mithilfe dieser Weise des Wahrnehmens formen wir unser Wachbewusstsein und wir konstruieren die spezifische Wirklichkeit, die wir dann als gegeben, normal und wirklich erfahren.

Der dreidimensionale Raum. Ein Raum »hat« drei Dimensionen: Länge, Breite und Höhe. Auch diese alltägliche Aussage ist für den modernen Menschen ein banales Faktum, das nicht diskutierbar ist. Alles, was man als Objekt messen kann, kann hinsichtlich dieser drei Dimensionen bestimmt werden. Eine Abweichung von dieser Aussage oder eine Ausnahme davon ist weder denkbar noch zulässig und würde als völlig absurd bewertet werden. Die alltägliche Wirklichkeit, die uns seit frühester Kindheit vertraut geworden ist, weist ausschließlich drei Dimensionen auf. In ihr erleben wir uns als Hautsack (Watts 1984) mit einem dreidimensionalen Körper. Ein »normales« Erleben erfordert die öffentliche Akzeptanz dieser kulturellen Übereinkunft durch das Individuum. Wer gegen diese selbstverständlich gewordene kulturelle Erwartung verstößt, wird als gestört, abweichend oder krank diagnostiziert werden.

Die Subjekt-Objekt-Trennung. Wir leben in einer Wirklichkeit, in der Belebtes und auch Unbelebtes als Dinge voneinander getrennt »sind«. Ich erlebe mich normalerweise in einer deutlichen Distanz zur sozialen und ökologischen »Um-Welt«. Das bedeutet: Sie ist so sehr von mir gesondert, dass ich sie nicht als mir zugehörig erfahre, sondern als außerhalb von mir, als von mir getrenntes Objekt (Böhme 1985). Ich erlebe sie als dort draußen um mich herum (»Um-Welt«). Die Erfahrungen der Trennung bis hin zur Isolation sind im Alltags-Wachbewusstsein wesentlich stärker als die Erfahrungen der Verbundenheit (Walach 2001), die die Konstruktion einer Mit-Welt ermöglichen würden.

Die lokale Kausalität. Wenn wir ein Geschehen verständlich erklären wollen, nutzen wir einen Fundus von Annahmen, die sich für uns im Alltag bewährt haben und/oder die einer wissenschaftlichen Überprüfung standhalten. Die Gründe für die Verursachung des Geschehens müssen also unter anderem den Regeln der Plausibilität und der Rationalität entsprechen. Wenn wir erklären wollen, wodurch ein Geschehen bewirkt wird, werden wir belegbare Gründe angeben müssen. Diese Begründungen müssen mit den in der westlichen Kultur anerkannten Regeln und »Natur-Gesetzen«

widerspruchsfrei zu vereinbaren sein. Im derzeitigen Alltagsverständnis von Wirklichkeit sind dies Begründungen, die auf den Regeln der Festkörperphysik aufbauen: Die Lageveränderung eines umschriebenen Gegenstandes G von dem bestimmten Ort A hin zum Ort B in einer bestimmten Zeitspanne t wird dann »rational« erklärt, wenn ich angeben kann, dass auf das Objekt (»Gegenstand«) eine Kraft mit einer bestimmten Größe in einem bestimmten Winkel für eine bestimmte Zeitdauer einwirkt. Wenn dieser Vorgang unter möglichst genauer Angabe der lokalen Bedingungen beschrieben werden kann, dann sagen wir, »wir können ihn kausal erklären«.

Die konsistente Ich-Organisation. Das Erleben von sich selbst als Hautsack setzt voraus, dass ich mich als ein individuelles und gesondertes Organisationszentrum wahrnehmen kann. Diese Selbstwahrnehmung muss in der derzeitigen westlichen Kultur noch vier weitere Merkmale erfüllen:

- Ich muss mich als die spezifische Person, als die ich mich erlebe, über die »vergehende« Zeit hinweg erkennen und wiedererkennen können.
- Ich muss mich bei allem Wandel der psychischen und physischen Merkmale (zum Beispiel meiner Stimmungen), den ich an mir feststelle, als in mir selbst kohärent, das heißt stimmig und zusammenpassend erleben können.
- Ich muss mich als Zentrum des spezifischen individuellen Fühlens, Denkens und Handelns wahrnehmen können.
- Ich muss mich nicht nur als Organisationszentrum erleben, ich muss auch der kulturellen Forderung entsprechen können, die Prozesse des Fühlens, Denkens und Handelns zeitstabil und kompetent zu steuern und zu regulieren. Ich muss also der übergreifenden kulturellen Leitidee der fehlerfreien Kontrolle genügen, indem ich in der Lage bin, all diese Prozesse in konsistenter Weise, aktiv und wirkungsvoll kontrollieren zu können.

In der derzeit vorherrschenden Ausrichtung des lebenslangen kulturellen Sozialisationsprozesses werden wir in die beschriebenen fünf Kriterien eingeführt. Sie sollen uns im Laufe der Lebensspanne völlig vertraut werden als Bestandteil unserer Lebenswelt und zum tragenden Sinnfundament werden. Es handelt sich somit um Grundannahmen, die schließlich, wenn wir »erwachsen« und »reif« geworden sind, als fraglos selbstverständlich anerkannt und in all unserem Fühlen, Denken und Handeln als unthematische Basis vorausgesetzt werden (Assmann 1991, S. 12). Sie müssen im Diskurs nicht ständig neu reflektiert und bestätigt werden, sondern wir gehen »einfach« davon aus, uns in psychisch ökonomischer Weise auf ihre Gültigkeit verlassen zu können. Sie bilden den Kontext, in dem wir uns als zu Hause erleben, da wir ohne weitere Nachfrage »zutiefst« darauf vertrauen, dass auch die »anderen« Menschen sich diesem Konsens bindend angeschlossen haben. Wir können dadurch unseren Alltag vergleichsweise unaufgeregt, ohne Angst und effizient bewältigen, indem wir diesen Konsensvorschuss (Habermas 1981) von uns aus in ihn einbringen. (Umso traumatischer erleben wir es, wenn diese Grundannahmen zur Konstruktion unseres alltäglichen Bewusstseinsraums in ihrer selbstverständlichen Gültigkeit infrage gestellt werden oder wir damit konfrontiert werden, dass sie plötzlich nicht mehr gültig sind! Zur Veranschaulichung: Vergleichen Sie Ihre Annahmen zur Integrität Ihres Körpers und die Vorfälle des physischen und sexuellen Missbrauchs!)

Mit den fünf Kriterien konstruieren wir die für uns verbindliche Wirklichkeit des Alltags-Wachbewusstseins. In ihr finden wir uns bei gelingender Sozialisation, wenn also die Kriterien für uns verbindlich geworden sind und wir sie fraglos akzeptieren können, ohne Schwierigkeiten zurecht. Über Jahrzehnte (und hinsichtlich der gesellschaftlichen Realität insgesamt über Jahrhunderte) leben wir in einer Kultur, in der diese Kriterien als gültig und unumstößlich etabliert wurden. In den vielfältigen Erziehungsprozessen der unterschiedlichen Agenten (zum Beispiel Eltern, Schule, Medien) wurde ihre Bedeutung institutionell verankert. Sie wurden zu den unhinterfragten und anscheinend unhinterfragbaren Fundamenten der derzeitigen Kultur und quasi zu Bestandteilen der Naturgesetzlichkeit erklärt. Eine Kultur des »Gewöhnlichen« konnte somit durchgesetzt werden.

Aus den bisherigen Ausführungen ergeben sich drei wichtige Folgerungen.

- Ein Geschehen, das innerhalb des Bezugssystems der fünf Kriterien interpretiert werden kann, »ist« für uns normal. Wir beurteilen es als »real«.
- Eine Person wird sich nur dann als gesund wahrnehmen können oder wird von anderen als gesund beurteilt werden, wenn sie ihre Lebensvollzüge im Rahmen dieses Bezugssystem konzipiert und sie darin umfassend, kontinuierlich und wirkungsvoll kontrolliert. In der Umkehrung bedeutet das: Wer die fünf Kriterien der kulturellen Selbstverständlichkeiten öffentlich anzweifelt oder gegen sie in seinem Denken, Fühlen und Handeln intensiv und/oder kontinuierlich verstößt, wird mit strikten Sanktionen rechnen müssen. Die Person wird in der Regel als psychopathologisch im Sinne von unnormal, abweichend, krank, gestört diagnostiziert werden und sie wird die destruktiven Folgen der stigmatisierenden Diagnosen für ihre Lebenspraxis deutlich spüren. (Für die professionalisierte psychopathologische Diagnostik gibt es unter anderem die Klassifikationssysteme des ICD-10 oder des DSM IV.)
- In dieser kulturellen Wirklichkeit leben wir in einem Wach-Bewusstseinszustand, in dem das, was wir erleben, wahr, also gültig »ist«. Mit Scharfetter bezeichnen wir diesen Bewusstseinszustand als Alltags-Wachbewusstsein (Scharfetter 1997). Die Kultur des Gewöhnlichen trainiert uns also hinsichtlich der Akzeptanz der fünf Kriterien. Ein Maß für das Gelingen dieses Trainingsprozesses könnte darin gesehen werden, dass das Alltags-Wachbewusstsein als fragloses und selbstverständliches Monopol anerkannt und individuell wie institutionell genutzt wird.

Die Differenz: Die Erfahrung des Außergewöhnlichen

Im voranstehenden Abschnitt habe ich versucht, deutlich werden zu lassen, dass die Mainstream-Kultur des Gewöhnlichen die strikte Einhaltung der fünf Kriterien von Normalität erwartet. Im Vergleich dazu gibt es nun seit Jahrtausenden Belege für Erfahrungen von Wach-Bewusstseinsprozessen und -zuständen, die außerhalb des Bezugssystems des »Gewöhnlichen« anzusiedeln sind (das heißt in den Bereichen C und D des Bewusstseinskontinuums der Abbildung auf Seite 76). In der Literatur finden sich vielfältige Berichte von solchen Erfahrungen des Außergewöhnlichen. Den Menschen ist so »etwas« ungewollt widerfahren oder sie haben es gewagt, systematisch ihr Wach-Bewusstseinspotenzial zu erkunden. Darin werden beispielsweise energetische Erfahrungen (zum Beispiel Gopi Krishna 1997), Veränderungen der Ich-Struktur (Roberts 1997, Segal 1997) oder Veränderungen des Zeit-, Raum- und Kausalitätskonzeptes beschrieben (s. zum Beispiel den eindrucksvollen Bericht von Friedrich Nietzsche in: Jäger 2000, S. 53; zusammenfassende Darstellung bei Scharfetter 1997, S. 38 f.).

Die Frage ist nun: Wie geht eine Kultur des Gewöhnlichen mit dem Außergewöhnlichen um? Die außergewöhnlichen Erfahrungen konnten und können ja nicht in dem Raster der Normalität eingeordnet werden. Sie verweisen aufgrund der kulturellen Standards von Normalität notwendigerweise auf etwas Fremdes und Unbekanntes. Solche Erfahrungen werden dann zum Beispiel tabuisiert und sie werden zu etwas Verbotenem oder Heiligem. In allen Fällen werden diese Erfahrungen mit dem Merkmal des Besonderen gekennzeichnet. Über sie kann in der Öffentlichkeit nicht gesprochen werden – es bildet sich eine Atmosphäre des Geheimnisvollen und des Mysteriösen (Belschner 2007).

Hier wirken also zwei unterscheidbare soziale Prozesse zusammen:

- Die (wirklich) »außergewöhnlichen« Wach-Bewusstseinserfahrungen sind – wie die Kundigen berichten – transverbal. Sie lassen sich, nachdem man sie erlebt hat, nur in Bildern, Metaphern, Symbolen und Umschreibungen mitteilen. Ein Verstehen und Nachvollziehen der Erfahrungen ist für die Unerfahrenen in der Kultur des Gewöhnlichen mindestens erschwert, wenn nicht unmöglich: Der Blinde vermag sich die Farbe Rot nicht vorzustellen.
- Als zweites erschwerendes Moment kommt nun noch die kulturelle »Sprachlosigkeit« hinzu, da »man« über »so etwas« nicht spricht.

Aus der Kultur des Gewöhnlichen wurde also der Bereich der Erfahrungen von veränderten, außergewöhnlichen Bewusstseinszuständen strikt als das Unsagbare und das Unerfahrbare ausgegrenzt und abgespalten. Die außergewöhnlichen Bewusstseinserfahrungen werden mit einer Reihe von Attributen belegt:

- Es kann sie eigentlich überhaupt nicht geben.
- Wenn sie dennoch berichtet wurden, werden sie als inexistent erklärt, denn sie können nicht in das normale Bezugssystem eingeordnet werden.
- Sie können nur in begrifflichen Systemen, die solche Phänomene außerhalb der kulturellen Normalität abbilden, eingeordnet werden (zum Beispiel als psychiatrische Diagnosen gemäß ICD-10, DSM IV).
- Um die Andersartigkeit zu betonen, werden spezielle Begriffe eingeführt, die in der säkularen Kultur mit negativen, abwertenden Konnotationen verknüpft sind. Die Begriffe »spirituell«, »religiös«, »mystisch«, »transpersonal« werden beispielsweise in wissenschaftlichen Institutionen bislang überwiegend und vehement gemieden.

Entsprechend dieser Auflistung kann nun auch mit den Menschen, die über außergewöhnliche Wach-Bewusstseinserfahrungen berichten, mittels der kulturell legitimierten Sozialpraxis umgegangen werden: Sie werden ausgegrenzt, psychopathologisiert oder dem sozialen Tod zugeführt.

Untersuchungen zur Verbreitung (Prävalenz) außergewöhnlicher Erfahrungen zeigen jedoch, dass sie keineswegs so selten auftreten, wie der Begriff glauben machen könnte. Gemäß dem PSI-Report Deutschland berichten 37 Prozent der Befragten von Wahrträumen, 19 Prozent von außersinnlichen Wahrnehmungsphänomenen bei Tod und Krisen und 12 Prozent von Spukphänomenen (Schmied-Knittel/Schetsche 2003, Kohls 2004).

Außergewöhnlichen Bewusstseinserfahrungen haftet somit durch ihren lang andauernden, kulturbedingten Ausschluss aus der Normalität eine janusköpfige Charakteristik an: Sie locken und erschrecken, sie weisen die Qualität des Faszinosums und des Grauens auf. Nur Mutige können den Aufbruch in diesen weißen Fleck der Bewusstseinslandkarte wagen, denn sie müssen gegen die Normalitätsgebote der Kultur des Gewöhnlichen verstoßen (Belschner 2010). Das Betreten dieses Landes der außergewöhnlichen Bewusstseinserfahrungen ist durch Strafen (das ist Stigmatisierung, Pathologisierung, sozialer Tod) verwehrt.

In einer empirischen Untersuchung zu sogenannten spirituellen Krisen konnte gezeigt werden, wie kritisch es für eine Person ist, wenn sie Erfahrungen macht, die nicht mehr in dem vertrauten Bezugssystem der linearen Zeit oder der Begrenztheit des eigenen Körpers zu interpretieren sind (Belschner/Galuska 1999). Bei den betroffenen Personen sind lang anhaltende Befürchtungen, verrückt zu werden, anzutreffen. Aber auch die Professionellen haben außerordentlich große Schwierigkeiten, mit diesen Erfahrungen effektiv umzugehen: 58 Prozent der befragten Personen geben an, dass sie weiterhin mit falschen Diagnosen und Behandlungen »herumgeschoben« worden wären, wenn sie für sich selbst nicht eine angemessene Behandlung gesucht hätten.

Die Normalisierung:
Die Entwicklung einer integralen Kultur des Bewusstseins

Wie könnte ein Weg aus dieser kulturellen Sackgasse der Ablehnung und Ausgrenzung der außergewöhnlichen Bewusstseinsphänomene gefunden werden? Hugo Kükelhaus hat mir vor vielen Jahren in einem Gespräch einen wichtigen Satz geschenkt: »Man kann die Welt nicht verändern, man kann sie nur durchstrahlen.« Er meinte damit, dass die eigene authentische Lebenshaltung das Agens ist, das sich in den Begegnungen mit anderen Menschen auswirkt und damit (allmählich) zur Entwicklung eines kulturellen Wandels beiträgt.

Es gilt also, in der eigenen alltäglichen und professionellen Lebensführung sichtbar werden zu lassen, dass die Beschränkung auf das Alltags-Wachbewusstsein nicht dem Potenzial des Menschen entspricht. Sondern:

> Zum normalen Potenzial des Menschen gehört eine Vielfalt von Wach-Bewusstseinszuständen. Diese Vielfalt schließt auch die sogenannten »veränderten Bewusstseinszustände« ein.

Ich will diesen Sachverhalt grafisch veranschaulichen:

Die Topografie der Bewusstseinszustände

In der vorangegangenen Abbildung ist das in der Kultur des Gewöhnlichen angestrebte Monopol des Alltagsbewusstseins aufgehoben. Auf dem (schon in der ersten Abbildung auf Seite 76 eingeführten) Kontinuum zwischen den beiden Polen Alltags-

Wachbewusstsein und veränderte Bewusstseinszustände lassen sich vertraute alltägliche Bewusstseinserfahrungen wie Staunen, Entspannung oder Flow lokalisieren. Je weiter nach rechts sich solche Bewusstseinserfahrungen erstrecken, desto mehr werden die fünf Kriterien des Alltags-Wachbewusstseins in ihrer ausschließlichen Gültigkeit aufgehoben. Die Erfahrung der linearen Zeit mag bei einer Person durch intensive Erfahrungen des Augenblicks ergänzt und erweitert werden. Eine derart erfahrene Person durchlebt das gesamte Spektrum der Bewusstseinszustände, erkennt es nach und nach als normal an und schreibt es der eigenen wesensgemäßen Ausstattung zu.

Das systematische, beharrliche Training der eigenen Bewusstseinserforschung wird die Normalisierung des bislang Außergewöhnlichen ermöglichen. Die Person wird zunehmend verschiedene Wach-Bewusstseinszustände differenzieren können und sie zunächst bei sich selbst, später bei anderen Menschen induzieren können. Sie entwickelt damit eine hochwirksame Ressource sowohl für das Meistern des eigenen Lebens im Sinne einer Lebenskunst als auch für den professionellen Einsatz im Sinne einer Kompetenz für vielfältige Handlungsfelder (Belschner 2001, 2007, 2010, Belschner/Bölts/Fischer 2008). Eine solche gesundheitsförderliche und außerordentlich heilsame »Bewusstseinsbildung« biete ich zum Beispiel in den Kursen »Das Transzendenz-Training« und »Welche Geschichte will mir mein Leben erzählen?« an (www.psychologie.uni-oldenburg.de/21615.html).

Eine zukünftige integrale Kultur wird sich dadurch auszeichnen, dass in ihr das gesamte Spektrum der Bewusstseinsphänomene als normal anerkannt und die umfassende individuelle Bewusstseinsbildung institutionell gefördert wird. Ist es nicht eine verlockende Vorstellung, wenn in den Curricula von Schulen und Hochschulen Anleitungen zur Achtsamkeit und integralen Bewusstseinsbildung ganz selbstverständlich dazugehören? Können Sie sich vorstellen, dass in einer ärztlichen Praxis als Behandlungsmaßnahme meditiert wird? Halten Sie es für möglich, dass im Finanzamt, im Gericht, in der Strafanstalt ein Raum der Stille eingerichtet wird? Gehen Sie davon aus, dass zukünftige Coaches, Psychotherapeuten, Pfarrer und Erzieher eine Qualifikation in ihrer eigenen Bewusstseinserforschung und integralen Bewusstseinsbildung nachweisen müssen?

Literatur

Assmann, A./Harth, D. (Hrsg.) (1991): Kultur als Lebenswelt und Monument. Frankfurt: Fischer.

Becher, U. A. (1990): Geschichte des modernen Lebensstils. München: C.H. Beck.

Belschner, W. (2001): Tun und Lassen: ein komplementäres Konzept der Lebenskunst. Transpersonale Psychologie und Psychotherapie, 7, H. 2, S. 85–102.

Belschner, W. (2007): Der Sprung in die Transzendenz. Die Kultur des Bewusstseins und die Entmystifizierung des Spirituellen. Psychologie des Bewusstseins – Texte, Band 7. Münster: LIT.

Belschner, W. (2010): Forschen, erfahrungsbasiert. Eine bewusstseinspsychologische Perspektive. Kröning: Asanger.

Belschner, W./Galuska, J. (1999): Empirie spiritueller Krisen. In: Transpersonale Psychologie und Psychotherapie, 5, Heft 1, S. 78-94.

Belschner, W./Bölts, J./Fischer, P. (2008): Authentisch und achtsam werden. Qigong als Methode der Bewusstseinserforschung. Oldenburg: BIS.

Böhme, G. (1985): Anthropologie in pragmatischer Hinsicht. Frankfurt am Main: Suhrkamp.

Gopi Krishna (1997): Kundalini. Bern: O.W. Barth.

Gronemeyer, M. (1993): Das Leben als letzte Gelegenheit. Darmstadt: Wissenschaftliche Buchgesellschaft.

Habermas, J. (1981): Theorie kommunikativen Handelns. Frankfurt: Suhrkamp.

Hartmann, F. (1985): Zeitgestalt und Dauer im Kranksein. In: Psychotherapie und medizinische Psychologie, 35, S. 32–40.

Hasenfratz, M. (2003): Wege zur Zeit. Münster: Waxmann.

Jäger, W. (1995): Mystik – Weltflucht oder Weltverantwortung. In: Transpersonale Psychologie und Psychotherapie, 1, H. 1, S. 25–37.

Jäger, W. (2000): Die Welle ist das Meer. Freiburg: Herder.

Kohls, N. (2004): Außergewöhnliche Erfahrungen – Blinder Fleck der Psychologie? Münster: LIT.

Roberts, B. (1997): Jenseits von Ego und Selbst. Freiamt: Arbor.

Scharfetter. Ch. (1997): Der spirituelle Weg und seine Gefahren. Stuttgart: Enke.

Schmied-Knittel, I./Schetsche, M. (2003): PSI-Report Deutschland. In: Bauer, E./Schetsche, M. (Hrsg.): Alltägliche Wunder: Erfahrungen mit dem Übersinnlichen – wissenschaftliche Befunde. Würzburg: Ergon.

Segal, S. (1997): Kollision mit der Unendlichkeit. Bielefeld: Context.

Walach, H. (2001): Bausteine für ein spirituelles Welt- und Menschenbild. In: Transpersonale Psychologie und Psychotherapie, 7, Heft 2, S. 63-77.

Watts, A. (1984): OM. Kreative Meditation. Reinbek: Rowohlt.

Anmerkung: Für die Erstellung dieses Beitrags wurde mit freundlicher Genehmigung des Herder Verlags auch der Artikel »Die Normalisierung des Außergewöhnlichen«, publiziert in: Lengsfeld, P. (Hrsg.) (2005): Mystik – Spiritualität der Zukunft. Freiburg: Herder, S. 299–309, verwendet.

Teil II
Gezieltes Bewusstseinstraining

Ursula Corleis: Introspection, 2008

»In unserer modernen Welt ist immer angenommen worden …, dass für die Selbstwahrnehmung nichts anderes notwendig ist, als dass der Mensch ›nach innen schaut‹. Niemand stellt sich je vor, dass die Selbstwahrnehmung eine Fertigkeit sein könnte, die sehr viel Disziplin und ein längeres Training erfordert als jede andere von uns bekannte Fertigkeit … Im Gegensatz dazu könnte man sehr wohl sagen, dass das Herzstück der psychologischen Disziplinen des Ostens und der antiken westlichen Welt darin besteht, das Selbststudium zu üben.«
Jacob Needlemann (1993)

Es braucht keine Vorkenntnisse

»Es gibt keine schwierige Aufgabe,
die sich nicht in kleine, einfache Schritte unterteilen lässt.«

(Buddhistischer Lehrtext)

Bewusstseinstraining ist leider kein Schulfach

Unser Bewusstsein besitzt unendlich viele Facetten und Fähigkeiten, die uns in zahlreichen Momenten des Alltags hilfreich zur Seite stehen könnten. Nur leider lernen wir nicht wirklich, mit diesen Fähigkeiten umzugehen. Weder in der Schule noch an der Universität taucht das gezielte Training des Bewusstseins im Lehrplan auf. Am ehesten findet es sich in der Ausbildung von Leistungssportlern, die schon lange verstanden haben, welche fundamentale Abhängigkeit zwischen mentaler Stärke und Erfolg besteht.

Mein Anliegen ist es, meine Klienten von Anfang an in die Grundschritte einer umfassenden Bewusstseinsschulung einzuführen. Zum einen dient dieses Training als Grundlage für den Coachingprozess. Zum anderen gibt es dem Klienten die Möglichkeit, in seinem persönlichen Alltag seine Selbststeuerung und Selbstwirksamkeit zu stabilisieren und gezielt auszubauen.

Wie schon beschrieben, ist die Basis des H.B.T. Human Balance Trainings

- das Begreifen des Menschen in seinen vielfältigen Dimensionen von Körper, Gefühl, Verstand und Seele und die gleichzeitige Bearbeitung aller Ebenen,
- das Erfassen eines einzelnen Menschen als Teil eines größeren Ganzen,
- die Wahrnehmung von Bewusstsein als ruhigen, reflektierenden Spiegel,
- die Verankerung in einem bewussten Sein als Quelle immanenter Kraft und Ganzheit,
- authentische Prozesssteuerung durch Achtsamkeit, offene Wahrnehmung und Präsenz,
- Klarheit und Transparenz im mehrperspektivischen Übungsaufbau.

Diese Grundsätze sind in sich komplex und hängen vielschichtig miteinander zusammen. Um mit dieser Komplexität niemanden zu »erschlagen«, habe ich mir angewöhnt, diese Inhalte in kleine, gut verständliche Übungseinheiten zu zerlegen. Mittlerweile habe ich einen umfangreichen Werkzeugkasten kreiert, in dem sich für jede Persönlichkeit die richtige Einstiegsübung finden lässt.

Mithilfe der Human-Balance-Kompasse kann ich einem Klienten in kurzer Zeit einen ersten Überblick über das ganzheitliche Konzept verschaffen. Durch kurze, theoretische Einführungen und erste, klare Übungsschritte mache ich den Klienten mit der Methodik des Bewusstseinstrainings vertraut.

Unabhängig von Vorkenntnis und Erfahrung auf dem Gebiet der geistigen Schulung ist mir bisher noch kein Mensch begegnet, der nicht im Laufe eines Tages Folgendes verstanden und in Grundzügen umsetzen konnte:

- Weniger bewerten, mehr betrachten von Gedanken und Gefühlen.
- Empfindungen auf mentaler, körperlicher, emotionaler und seelischer Ebene getrennt voneinander wahrnehmen und beschreiben.
- Innehalten und einen Moment wache, entspannte Präsenz üben.
- Einen Raum der Stille in sich wahrnehmen und sich für einen Moment darin verorten.

In den vielen Jahren der Einzelbegleitung hatte ich es mit sehr unterschiedlichen Personen zu tun, die sich ausnahmslos auf diese ersten Schritte der Bewusstseinsdifferenzierung einlassen konnten. Allein schon die konsequente Umsetzung dieser Grundübungen kann zu einer tiefen Veränderung der gesamten Lebensqualität führen.

Ein Mensch, der sich für Achtsamkeit und Selbstreflexion entscheidet, kann in kleinen, realistischen Schritten sein Leben klären, ordnen und in glückliche Bahnen lenken. Nichts und niemand können ihn dabei aufhalten. Dennoch ist die präzise Selbstreflexion eine Fertigkeit, die nicht zu unterschätzen ist. Sie braucht Training, Disziplin und Durchhaltevermögen. Für all diesen Einsatz schenkt sie aber auch Wundervolles zurück!

Nehmen Sie es sportlich!

Ich möchte Menschen Mut machen, Achtsamkeit als einen Weg der kleinen Schritte zu begreifen, den sie lebensnah in ihrem zeitlich eng gesteckten Alltag realisieren können. Je stärker sie mit den wunderbaren Möglichkeiten einer selbstreflektierten Haltung vertraut werden, umso neugieriger werden sie sich vertiefenden Übungstechniken wie Meditation, Yoga, Tai Chi oder Qigong zuwenden.

Jeder Mensch kann lernen, sein Bewusstsein gezielt zu benutzen. Er braucht dafür keine langjährigen Übungserfahrungen der geistigen Sammlung. Diese sind unerlässlich, sobald sich eine Person dazu entscheidet, ihren Geist differenziert zu durchdringen und benutzen zu können. Doch für die ersten, wirksamen Schritte reichen eine normale Aufmerksamkeitsfähigkeit und der Wunsch, Dingen tiefer auf den Grund zu gehen. Genauso wie wir Menschen darauf »programmiert« sind, laufen zu lernen, ist es uns von Anfang an mitgegeben, unsere geistigen »Muskeln« zu benutzen. Für einen schönen Spaziergang brauche ich keinen übertrainierten Muskelapparat. Möchte ich aber eine Bergtour machen oder gar einen Marathon laufen, langt es nicht, wenn ich einmal pro Monat meine Laufschuhe anziehe. Genauso verhält es sich mit dem »Achtsamkeitsmuskel«. Auch er möchte regelmäßig bewegt und stufenweise aufgebaut werden. Ein Coach sollte dabei Folgendes beachten: Es braucht

- eine klare Einführung, die den Klienten in für ihn verständlichen Worten und Bildern abholt,
- erste, einfache Übungsschritte, die von der Dosierung an die Person angepasst sind
- und dann: beharrliches Training, Training, Training …

Kann der Coach die Vorzüge einer Bewusstseinsschulung überzeugend vorleben und ausstrahlen, so wird dieser Funke auf den Klienten schnell überspringen. Wie auch in der körperlichen Schulung ist es äußerst motivierend, wenn der Trainierende die ersten Erfolgserlebnisse bald zu spüren bekommt. Zum einen in den gemeinsamen Sitzungen, wichtiger aber noch in seinem persönlichen Alltag, in dem ihm das Handwerkszeug der Achtsamkeit kraftvoll zur Seite stehen kann.

Eine kleine Geschichte hierzu:

> Während eines offenen Seminars lernte ich einen Geschäftsführer kennen, der erst vor Kurzem seinen Job verloren hatte. Er war bei einem mittelständischen Betrieb angestellt gewesen, um das Unternehmen »richtig flott zu machen«. Dieses »Flottmachen« hat er allerdings etwas übereifrig betrieben. Der Erfolg davon war, dass er zwar in kurzer Zeit vielen Menschen einen ehrlichen Spiegel über die Qualität ihrer Arbeitsleistung vorhalten konnte. Nur vertrugen viele seiner Kollegen und Mitarbeiter diese ungeschminkte Wahrheit leider nicht. Die Art seiner Vermittlung befand sich nicht in Übereinstimmung mit der Aufnahmefähigkeit seiner Mitstreiter. Schnell hatte er den Ruf weg, eine Dampfwalze zu sein. Die meisten Personen in seinem Umfeld stellten sich quer und ließen ihn voll auflaufen – damit waren seine Tage im Unternehmen gezählt.
>
> Im Rahmen des Seminars hatte ich keine Zeit, eine genaue Analyse der Situation mit ihm vorzunehmen. Ich zeigte ihm im Schnelldurchlauf zwei Übungen: »Innehalten im Alltag« (s. S. 103 ff.) und »Blickpunktwechsel« (s. S. 151 ff.), die er rasch verstand und aufnehmen konnte. Wir verabredeten uns zu einem Zweitages-Coaching einige Monate später.
>
> Als wir uns trafen, war ich schon sehr gespannt, wie es ihm ergangen war. Er hatte in der Zwischenzeit in einem neuen Unternehmen angefangen, bei dem ihm eine ähnliche Aufgabe übertragen worden war. Ich befragte ihn, was er in der Zwischenzeit alles erlebt hatte. Zu Anfang meinte er: *»Es war nicht anders als in der anderen Firma.«* Bei genauerem Nachfragen kristallisierte sich aber heraus, dass er sich viel aufmerksamer und einfühlsamer verhielt, als er es von sich selbst eigentlich glaubte. Mit den neuen Kollegen hatte er einen stimmigen Einstieg gefunden. Die Mannschaft stand diesmal hinter ihm – er hatte sich von Anfang an mehr in die einzelnen Personen hineinversetzt. In schwierigen Situationen hatte er immer wieder innegehalten, sich selbst und seine Gefühle beobachtet und hinterfragt. Dadurch musste er weniger reagieren, sondern konnte mehr agieren. Auch seine Frau empfand ihn in letzter Zeit als viel »weicher«.
>
> Während unseres Gesprächs konnte ich ihm bewusstmachen, welch tolle Erfolgserlebnisse er schon gesammelt hatte.

Wertschätzung für erste Erfolge

Diese Wertschätzung der kleinen Schritte – was heißt schon »klein«? – ist in unserem Kulturkreis leider kaum verbreitet. Mit Lob und Anerkennung tun sich die meisten schwer, Marke »N*icht geschimpft ist genug gelobt*«. In unserer Gesellschaft werden besonders die Leistungen hervorgehoben und honoriert, die durch Zahlen eindeutig messbar gemacht werden können: Mehr Gewinn, schnellere Zeit, weniger Aufwand …

Die Kraft, die es braucht, damit ein Mensch ein uraltes, eingefahrenes Muster durchbricht und sich dabei großer Unsicherheit und auch Angst ausliefert, kann leider nicht gemessen werden. Und so fällt sie bei vielen Menschen in der Eigenbewertung komplett unter den Tisch. Wichtig ist also nicht nur, mit dem Klienten neue Blickpunkte und eine veränderte innere Haltung einzuüben, sondern ihm ständig bewusstzumachen, welche bemerkenswerten Veränderungen durch das Training in seinem Verhalten auftreten.

Wir alle kennen dieses Phänomen – nichts motiviert mehr als die freudige Erkenntnis: »*Meine Anstrengung lohnt sich. Hey, es geht voran … Ich kann mein Ziel erreichen!*«

Diese Kraft gilt es für mich als Coach, im Klienten freizusetzen. Umso fröhlicher wird sich der gemeinsame Lernprozess gestalten.

Offene Wahrnehmung schulen

»Nimm teil.
Sei aufmerksam.
Sage die Wahrheit, ohne zu urteilen oder Schuld zuzuweisen.
Sei nicht auf ein Ergebnis fixiert.«

Angeles Arrien (Der vierfache Weg, 2005)

Die eigene Interpretationsmatrix studieren

Gleich zu Anfang des Coachings mache ich meinen Klienten auf eine tief eingeprägte Angewohnheit unseres Denkens aufmerksam. In unserem Alltagsgeschehen sind wir gewohnt, Gedanken, Gefühle, Aussagen, Verhaltensweisen, Umstände und anderes mehr wahrzunehmen und schnell zu beurteilen. Das von uns Wahrgenommene ordnen wir in Kategorien: Das gefällt mir oder das mag ich nicht. Es ist gut oder schlecht, angenehm oder unangenehm, unterstützend oder bedrohlich, erfreulich oder beängstigend. Je nachdem wie wir das Ereignis einschätzen, wenden wir uns ihm zu, öffnen uns und schenken ihm Aufmerksamkeit und positive Verstärkung. Oder wir wenden uns ab, verschließen uns und versuchen, das Ereignis zu verändern, zu negieren oder von uns fernzuhalten.

In meinem letzten Urlaub konnte ich die reflexartige Bewertungsstruktur meines Denkens wieder einmal ausführlich studieren. Stellen Sie sich folgende Situation vor:

Wir sind in Italien am Meer und verbringen einen Nachmittag am Strand. Es ist ein herrlicher Tag. Ich liege genüsslich unterm Sonnenschirm, und vor mir entfaltet sich ein typisches, italienisches Strandleben: spielende Kinder, ratschende Mütter und Großmütter, Sandburgen bauende Väter, flirtende, Wasserball spielende Jugendliche, hübsche Mädchen, muskelbepackte Jünglinge, Frisbee fangende Hunde, laut schreiende Eisverkäufer, mit ihren Enkeln schmusende Großväter – jedes Alter und jede Körperform ist geboten und vermengt sich in der quirligen, vor sich hintreibenden Nachmittagsstim*mung. Alles ist im Fluss – und was macht mein Hirn? Es nimmt wahr und bewertet. »Der ist aber dick, und sie ist dünn – knackig, anziehend, abstoßend, laut, nervig, witzig, faszinierend, langweilig.«* Wohin und auf wen mein Blick auch fällt, sofort habe ich einen Gedanken parat, der das Ganze kommentiert und oft mit meinem eigenen Selbstbild abgleicht. Dabei fühle ich mich dann besser, schlechter, gleich oder außer Wertung. Am Strand habe ich die Zeit und Muße, diesem unablässigen Kommentator bewusst zuzuhören und seine Aussagen zu hinterfragen. Im Tagesgeschehen blubbern diese Randbemerkungen meist unreflektiert vor sich hin und färben unbemerkt meine Grundstimmung und Haltung zur jeweiligen Situation.

Unser System hat über unsere gesamte Sozialisation hinweg eine äußerst komplexe Interpretationsmatrix angelegt. Im Grundschema geht es immer um die zwei Grundbeurteilungen: Was halte ich für gut, was halte ich für schlecht? Diese Matrix entsteht durch vielerlei Einflüsse: Zum einen aus den Einwirkungen unserer Gene und unseren tief verankerten evolutionären Prägungen. Zum anderen aus den Erfahrungen unserer Sozialisation. In uns wirken all die Prägungen unserer Gesellschaft und Kultur, die Erfahrungen, die wir in unserer Herkunftsfamilie gemacht haben, unsere Erlebnisse aus Schule, Kirche, Gemeinde, Vereinen. Ein weiterer, bisher noch wenig beachteter Einflussfaktor ist unser ureigener Wesenskern, unsere persönliche »Seelenkraft«. Jedes Baby, das zur Welt kommt, ist durchdrungen von seiner ganz eigenen Wesensart. Es verarbeitet die auf ihn einwirkenden Einflüsse auf seine ganz persönliche Art und Weise. Die Wissenschaft umschreibt diese für sie schlecht messbare Dimension mit dem Begriff »Resilienz«.

Der Terminus »Resilienz« leitet sich von lat. *resilire* ab – »zurückspringen, abprallen«. Oder kommt vom engl. *resilience* – »Belastbarkeit, Widerstandsfähigkeit, Spannkraft, Elastizität«. Er bezeichnet die Fähigkeit eines Menschen, auf die Anforderungen wechselnder Situationen flexibel zu reagieren. Ursprünglich wurde mit Resilienz die Stärke von Kindern beschrieben, die ihre psychische Gesundheit unter Bedingungen aufrechterhielten, unter denen die meisten Menschen zerbrochen wären. Nach und nach weitete sich die Deutung der Vokabel aus und schildert die innere Kraft von Erwachsenen, Lebenskrisen wie schwere Krankheiten, lange Arbeitslosigkeit, Verlust von nahestehenden Menschen oder Ähnliches ohne anhaltende Beeinträchtigung durchzustehen. Diese persönliche Grundhaltung lässt Menschen ähnliche Ereignisse komplett anders verarbeiten. Von daher interessiert mich als Coach, was mein Klient erlebt hat. Viel wesentlicher für mich sind allerdings seine Aussagen, wie er das Erlebte interpretiert und verarbeitet hat.

Aus welchen verschiedenen Faktoren sich die individuelle Interpretationsmatrix zusammensetzt, lässt sich im Detail nicht auseinanderhalten. Fest steht, dass in jedem Menschen über viele Jahre ein komplexes Bezugssystem entsteht, eine Art Wirklichkeitskonstrukt (s. S. 207), in das er seine Erfahrungen einordnet und verarbeitet.

Wie in einem Computerprogramm werden Gedanken, Gefühle, Geschehnisse, ob sie von außen auf uns zukommen oder wir sie selbst im Inneren produzieren, abgeglichen mit unserem Bewertungsschema. Je nach Ausgang der Bewertung läuft in unserem ganzen System – also auf der körperlichen Ebene, in unseren Gedanken, Gefühlen und in unserer Seele – eine Kettenreaktion ab. Re-Aktion bedeutet: Mein System funktioniert über den Autopiloten. Ich werde von etwas gesteuert, das ich irgendwann einmal einprogrammiert habe. Diese Automatisierung meiner Gefühls-, Denk- und Verhaltensweisen wirkt in vielen Momenten des Alltags äußerst hilfreich und stabilisierend. In allen Bereichen, die sich auf Motorik beziehen, wie Laufen, Radfahren, Autofahren, handwerkliche Tätigkeiten verrichten und vieles mehr wäre ein Leben ohne diese Fähigkeit zur Automatisierung ganz undenkbar.

In Gebieten, in denen es um kognitive, emotionale und seelische Entwicklung geht, ist dieser tief verankerte Mechanismus extrem hinderlich. Geht es um Fortschritt,

Kreativität, Lernverhalten, Kommunikation oder Beziehungsfähigkeit, engt dieser gewohnheitsmäßige Ablauf der schnellen Bewertung und Zuordnung ungemein ein.

Auch im Rahmen eines Coachings gilt es, diesen Mechanismus fortwährend ins Bewusstsein zu rufen. Der Coach sollte dieses grundlegende Thema von Anfang an einführen und an den Klienten eine direkte Einladung aussprechen:

»Alles, was sich zeigt,
ist willkommen und muss nicht sofort bewertet werden.«

Diese innere Grundhaltung sollte vom Coach durchgehend vorgelebt werden. Gerade in kniffligen Situationen, wo dem Coach selbst bestimmte Äußerungen des Klienten an die Nerven gehen und er sie am liebsten abweisen würde, sollte er sich diese wertfreie Offenheit bewahren und besonders hervorheben.

Dschelaleddin Rumi, ein persischer Mystiker, der im 13. Jahrhundert lebte, hat diese Haltung des offenen Willkommenheißens wunderbar beschrieben.

Das Gasthaus

Das menschliche Dasein ist ein Gasthaus.
Jeder Morgen ein neuer Gast
Freude, Depression und Niedertracht –
auch ein kurzer Moment der Achtsamkeit
kommt als unverhoffter Besucher.
Begrüße und bewirte sie alle!
Selbst wenn es eine Schar von Sorgen ist,
die gewaltsam dein Haus
seiner Möbel entledigt,
selbst dann behandle jeden Gast ehrenvoll.
Vielleicht reinigt er dich ja
für neue Wonnen.
Dem dunklen Gedanken, der Scham, der Bosheit –
begegne ihnen lachend an deiner Tür
und lade sie zu dir ein.
Sei dankbar für jeden, der kommt,
denn alle sind zu deiner Führung
geschickt worden aus einer anderen Welt.

Ruhiges, bewertungsfreies Schauen, auf das, was ist

Dieses ruhige, bewertungsfreie Schauen auf das, was sich zeigt, ist für die meisten Menschen eine völlig neue Haltung. Schon seit frühesten Kindertagen sind sie auf rasche Zuordnung der Ereignisse getrimmt, was in vielen Fällen auf ständige Be- und auch Verurteilung hinausläuft. Auch mein Geist beherrscht diese Art der Einteilung in »ja« und »nein« perfekt. Und so weiß ich aus ureigenster Erfahrung, wie einschränkend diese Form des Denkens sein kann.

> An meinem Strandnachmittag habe ich mich wunderbar im bewertungsfreien Schauen üben können. Denn sobald ich die Brille erkenne, durch die ich mich und andere Personen mustere, kann ich anfangen zu spielen. An diesem Nachmittag habe ich die Brille »Schönheitsideal« zur Seite gelegt und auf etwas ganz anderes geachtet. Mich interessierte, wie vital und entspannt ein Mensch in seinem Körper beheimatet ist. Wow – es war unglaublich! Noch in dem Moment, als ich mir die Frage stellte, bot sich mir ein völlig neues Bild. Ich sah die genau gleichen Menschen spielen, schwimmen, am Strandufer entlangflanieren, Eis essen, schlafen … Und doch war alles anders. Ich registrierte nicht nur ihre äußere Hülle, sondern ich fühlte mich schlagartig verbunden mit ihnen. Ihre Körper erzählten eine Geschichte, der ich plötzlich zuhören konnte – und dadurch erlebte ich meinen Körper viel lebendiger und mich in mir selbst angenommener. Der Auslöser dafür war eine simple, offene Frage, die ich mir stellte.

Ich möchte damit sagen: Es braucht nicht viel, um in eine neue, offenere Wahrnehmungsperspektive zu rutschen. Dieses offene, ruhige Schauen ist ein fantastisches Werkzeug, um Sachverhalte in anderen Zusammenhängen zu betrachten, ohne sich in vorschnellen Einschätzungen und Äußerungen zu verstricken.

> **Fallbeispiel: Mir wurde Unrecht getan!**
>
> Eine Verkaufsleiterin schildert mir eine Situation, in der sie sich ungerecht behandelt fühlte. Sie arbeitet in der Tochtergesellschaft eines internationalen Konzerns und hatte bisher zu ihrem Chef, dem sie direkt zuarbeitet, ein offenes, vertrauensvolles Verhältnis. Dieser Chef hatte ihr vor einiger Zeit eine verantwortungsvolle Rolle übertragen. Sie bekam zu ihrer damaligen Stellenbeschreibung noch einen Job extra auf internationaler Ebene anvertraut. Allen Beteiligten war klar, dass diese Konstellation sehr anstrengend werden würde und die Verkaufsleiterin an beiden Stellen Abstriche machen müsste. Man einigte sich gemeinsam darauf, mögliche Konsequenzen ruhig in Kauf zu nehmen. Theoretisch war also alles klar, nur sah es in der Praxis ganz anders aus. Der Chef zeigte in vielen Situationen wenig Verständnis, wenn seine Dinge nicht wie bisher sofort erledigt wurden. Das bisher so gute Verhältnis erfuhr in wenigen Wochen starke Erschütterungen. Es ging so weit, dass die Arbeitsleistung meiner Klientin, die bisher als extrem wertvoll und zuverlässig eingeschätzt worden war, im Rahmen einer Mitarbeiterbeurteilung als lückenhaft bewertet wurde.
> Während meine Klientin diese Situation schilderte, wurde sie von ihren Emotionen hin- und hergerissen. Zu Anfang konnte sie den Sachverhalt noch relativ nüchtern berichten. Je weiter sie zu den Details gelangte, kochten allerdings die verschiedensten Gefühle in ihr hoch. In ihrem Ausdruck schwankte sie zwischen Verständnis, Empörung, Verletzung und Resignation. Dieses ganze Emotionsknäuel hatte sie regelrecht im Griff, und es fiel ihr schwer, mit dieser Vielzahl der Eindrücke zu einer ausgewogenen, klärenden Einschätzung der Situation zu kommen.

Es war deutlich zu sehen, dass diese »emotionale Überflutung« die Klientin blockierte. Ich zeigte ihr eine Übung, mit der sie ihre verschiedenen Gefühle und Gedanken ruhig betrachten und ordnen konnte. Die Schulung dieser Fähigkeit baue ich in den Coachingprozess kontinuierlich mit ein, damit dieser neutrale Blickpunkt dem Menschen mit der Zeit wohlvertraut wird.

Den Zeugen aktivieren

Einführung

Wer differenziert seinen inneren Gesprächsfluss beobachtet, kann bemerken, dass sich in seinem Geist mehrere Gesprächspartner mit unterschiedlichen Aussagen befinden (s. S. 138 f.). Manchmal ist man in der Betrachtung eines Sachverhalts zwischen zwei extremen Blickwinkeln hin- und hergerissen – dann kommt es zu dem Ausspruch: »*Ach, zwei Herzen schlagen in meiner Brust*.« Oft sind es aber nicht nur zwei, sondern mehrere Stimmen, die da sprechen. Da ist der innere Antreiber, dem man es selten recht machen kann. Oder das Pflichtbewusstsein, die Hoffnung, die Angst – jede dieser Stimmen nimmt einen unterschiedlichen Blickpunkt auf das aktuelle Geschehen ein und liefert zur Gesamtbewertung ihren Anteil dazu. Eine Stimme in diesem Chor, eine sehr ruhige, klarsichtige, nüchterne – fungiert als Zeuge. Er ist eine Instanz in uns, die mit Abstand und Weitblick Zusammenhänge betrachtet und sie aus einer neutralen Warte beschreiben kann. Er bezeugt Umstände und berichtet von ihnen sachlich ohne Interpretation oder emotionale Färbung.

Ziel

Mit der Übung soll die Instanz des Zeugen aktiv ins Bewusstsein gerückt werden. Der Klient kann in spielerischer Form mit ihr in Kontakt treten und mit einem neutralen, ruhigen Blick vertraut werden.

Übungsaufbau

Neben dem Stuhl des Coachs und des Klienten wird mit ein wenig Abstand ein dritter Stuhl aufgestellt. Ich benütze hierfür einen roten Drehhocker, der sich von allen anderen Stühlen im Raum abhebt. Unter das Sitzmöbel lege ich einen Zettel mit der Beschriftung »Der Zeuge« und lade den Klienten dazu ein, diesen Sitzplatz als einen geistigen Erforschungsraum zu verstehen. Wann immer der Klient in seinen Erzählungen in Bewertungen hineinrutscht, kann er seinen bisherigen Sitzplatz verlassen und auf den Zeugenstuhl wechseln. Dieser Stellungswechsel unterstützt ihn, ganz bewusst den Blickpunkt zu verändern.

Übungsablauf

Während der Klient spricht, achte ich als Coach auf die Inhalte seiner Darstellung, auf seine Wortwahl, seine Betonung, seine Körpersprache, seine Mimik. Sobald er sich in seinen Ausführungen in Interpretationen des Geschehens verheddert, lasse ich ihn in Ruhe aussprechen und bitte ihn dann, den Stuhl zu wechseln. Als einführendes Bild sage ich meistens: »Stellen Sie sich vor, ein guter Freund beziehungsweise Freundin erzählt Ihnen die ganze Geschichte, die Sie mir gerade vorgetragen haben! Sie kennen die Person sehr gut, sind mit ihrer Biografie, ihren Gedanken und Gefühlen, Wünschen, Anliegen, Bedürfnissen, Stärken und Schwächen vertraut. Dennoch können Sie die Person von außen betrachten und nüchtern einschätzen. Wie würden Sie das eben Gesagte bewerten? Wie erleben Sie die ganze Situation von einem distanzierteren Blickpunkt aus?
Lassen Sie Ihrem Klienten ein wenig Zeit, um sich mit dieser neuen Perspektive vertraut zu machen.

Vom Symptom zur Ursache

Je ruhiger der Klient Sachverhalte betrachten kann, umso differenzierter schlüsseln sich ihm Zusammenhänge auf.

Einstein traf die wunderbare Aussage:

> »Die signifikanten Probleme, vor denen wir stehen,
> lassen sich nicht auf derselben Ebene lösen, auf der wir sie geschaffen haben.«

Präziser kann man es aus meiner Sicht nicht beschreiben. Ein anderer Ausspruch von H. D. Thoreau trifft für mich genauso zu:

> »Tausende hacken an den Ästen des Übels herum,
> doch nur wenige treffen die Wurzel.«

Die Qualität und das Ergebnis eines Coachingprozesses hängen maßgeblich davon ab, inwieweit ich gemeinsam mit dem Klienten die Symptomebene von der Ursachenebene unterscheiden kann. Viele Klienten berichten zu Anfang von Problemen und Einschränkungen, die Folgeerscheinungen einer tiefer liegenden Ursache sind. Diese Themen sind ganz und gar ernst zu nehmen, da sie den Klienten stören und einschränken.

Nur gilt es, nicht vorschnell die Arbeit an Inhalten zu beginnen, die den Nerv des eigentlichen Geschehens nicht treffen. So nehme ich mir zu Anfang des Prozesses viel Zeit für eine ganz genaue Standortbestimmung. Ich lade den Klienten ein, mit mir gemeinsam in ein Forschungslabor einzutreten, in dem er all seine Lebensumstände in aller Ruhe untersuchen kann (s. auch S. 178 und 185). Die meisten Personen, die ich bisher begleiten konnte, nehmen diese Einladung sehr gerne an. Sobald ich ihnen das ruhige, offene Schauen erkläre, entspannen sich ihre Gesichtszüge, als ob ein Druck von ihnen abfällt. Ich ermutige sie, alles, was sich in ihnen zeigt, auszusprechen und auszudrücken – ohne es sofort zuzuordnen. Ich wähle das Bild eines großen Tisches, auf den alle Eindrücke, Gedanken, Erinnerungen einfach draufgelegt werden können. Gerade die Aspekte des Lebens, die im Alltag gerne unter den Teppich gekehrt werden, sind nun herzlich willkommen, um sich offen zu präsentieren. Auch die Anteile, die sich vielleicht schon sehr lange versteckt halten und sich bisher nicht willkommen fühlten, sind allerherzlichst eingeladen, sich zu offenbaren. Dieses transparente Angebot löst im Klienten immer etwas aus.

Mir scheint, als würden all die Gewichte, die der Mensch schon lange mit sich herumschleppt und die auf Körper und Seele lasten, diese Aussage ganz genau verstehen. Spürt der Klient, dass er sich in einer durch und durch wertschätzenden, stabilen und sicheren Umgebung befindet, öffnet sich sein Inneres von alleine, und längst vergessene, verschüttete Eindrücke beginnen sich zu zeigen.

Meine Aufgaben als Coach sind es,

- dem Klienten die Möglichkeit des bewertungsfreien Schauens ins Gedächtnis zu rufen,
- während er erzählt und Übungen ausführt, ihn aktiv darauf hinzuweisen, wenn er (vorschnelle) Bewertungen äußert,
- im Besonderen auf seine Selbstbewertungen zu achten und sie ihm immer wieder bewusstzumachen,
- ganz besonders meine eigenen Urteile und Kommentare zu reflektieren. Dazu muss ich meine bevorzugte Interpretationsmatrix kennen und auch noch so subtile Übertragungen berücksichtigen.

Je deutlicher ich dem Klienten eine offene, ruhige Wahrnehmung vorlebe, umso schneller und einfacher kann er sich auf diese für ihn vielleicht ganz neue Art der Betrachtungsweise einlassen. Am Anfang kreiere ich für ihn einen möglichst weiten vorurteilsfreien Raum der Erforschung. Mein Ziel dabei ist, ihm die Vorzüge dieser inneren Haltung rasch erfahrbar zu machen, sodass er Freude daran gewinnt. Denn alles, was ihm Erleichterung verschafft und ihn fasziniert, wird er gerne anwenden. So gilt es, den Klienten schnell und nachhaltig im Umgang mit diesem Handwerkszeug zu trainieren, damit er sich selbst seinen eigenen Erforschungsraum kreieren kann.

Innehalten – die Kunst der kleinen Pause

Mich sein lassen.
Stille ein- und ausatmen.
Die Zeit schwebt.
Ich summe mir ein Liedchen.

Das Tempo herunterfahren

Damit sich der Klient in all seinen Gedanken, Gefühlen und Empfindungen differenziert wahrnehmen kann, muss er üben, sich selbst ruhiger zu steuern. Er sollte lernen, den Ablauf seines Denkens, Redens und Handelns zu verlangsamen und immer wieder Pausen der Reflexion und des Nachspürens einzulegen. Auf Neudeutsch: Es geht um Entschleunigung.

Leicht gesagt und schwer getan. Denn bei vielen Menschen schlägt täglich die Macht der Gewohnheit durch. Schon seit vielen Jahren, oft Jahrzehnten, eilen sie durch ihren Tag und spulen viele ihrer Tätigkeiten ab, ohne sie zu hinterfragen. Angetrieben werden sie dabei auf der einen Seite von alltäglichen Abläufen, Aufgaben und Herausforderungen, die keinen Aufschub zulassen. Auf der anderen Seite schubst sie ihr eigener innerer Antreiber in Form des Selbstgesprächs durch den Tag – von diesem Kameraden lesen Sie später noch mehr. Selbstverständlich schlägt auch in der Coachingsitzung dieses Muster der ständigen Übereiltheit durch. So werden Sie als Coach häufig auf Personen treffen, die zu Anfang ohne Punkt und Komma reden.

Wobei eine langsamere Sprechgeschwindigkeit nicht automatisch bedeutet, dass der Klient neben seinem Gedankenstrom gleichzeitig mit seinen tieferen Empfindungsebenen in Verbindung ist. Neben den Gedanken auch die begleitenden Gefühle und Körperregungen wahrzunehmen ist eine Kunst, die geübt sein will.

> **Fallbeispiel: Ich habe gelernt, meine Gefühle auszublenden**
>
> Vor mir sitzt der Geschäftsführer eines mittelständischen Betriebes. Er kommt zum Coaching, da er seinen persönlichen Führungsstil überprüfen möchte. Eine aktuelle Mitarbeiterumfrage in seiner Firma hat aufgezeigt, dass die Beschäftigten im Laufe der letzten Jahre zunehmend das Vertrauen in die Geschäftsführung verloren haben. Seine Mannschaft ist unzufrieden – und dieser Frust setzt sich aus verschiedenen Facetten zusammen, die sich aus Themen auf der Sach- und Beziehungsebene subsumieren.
>
> Während mein Klient die Entwicklung der letzten Jahre bis hin zu den aktuellen Geschehnissen schildert, verändern sich seine Sprache und seine Mimik. Zu Anfang erzählt er mit fester Stimme und bildet klare, kurze Sätze. Je mehr sich das Thema

der Mitarbeiterumfrage nähert, umso dünner und brüchiger wird sein Stimmlaut. Seinen Satzaufbau gestaltet er lang und verschachtelt. Seine Augen, die mich zu Anfang fest fixiert haben, beginnen unruhig durch den Raum zu wandern. Sein Atem wird flacher, und seine Unterlippe beginnt leicht zu beben. Eigentlich stehen ihm die Tränen schon in den Augen. Da er diese Gefühlsregung aber auf keinen Fall zulassen möchte, versucht er, mithilfe von schnellerem Sprechen seine Empfindungen zu kontrollieren und wegzudrücken.

Auf meine Frage, welche Gefühle denn gerade in ihm aufsteigen, kann er mir zunächst keine Antwort geben. Er sagt, er ist es nicht gewohnt, darüber zu sprechen. In seinem Elternhaus wurden Gefühle weder offen gezeigt noch artikuliert. Auch in der Schule, an der Universität und in seinem weiteren Berufsleben hat ihn bisher noch kein Mensch eingeladen, in Ruhe auf tiefere Empfindungen zu achten oder gar von ihnen zu berichten. Der einzige Mensch, der ihn dazu auffordert, über seine inneren Eindrücke nachzudenken und zu reden, ist seine Frau. Und sie stellt diese Frage oft zu einem Zeitpunkt, in dem ihr Gespräch schon spannungsvoll geladen ist. In solchen Momenten fühlt er sich wie an die Wand gepresst und unter Druck gesetzt – da fällt ihm schon gar nichts mehr ein. Außerdem kreist auch in ihm das Bild des gefühlsduseligen Weicheis, mit dem er nun gar nichts zu tun haben möchte. Auf der anderen Seite weiß er auch, dass er die vor ihm liegenden Probleme mit seinem bisherigen, sachlichen Verhaltensstil nicht lösen wird. Er ist verunsichert und hat Angst vor den unkontrollierbaren Einflüssen, die in seinem Inneren auf ihn warten könnten.

Bevor wir uns noch weiteren Details seiner Lebensgeschichte zuwenden, möchte ich ihm die Möglichkeit eröffnen, mit seinen Gefühlen in Kontakt zu treten.

Für die achtsame Prozesssteuerung und Vertiefung der inneren Arbeit ist es immens wichtig, dass der Klient sich nach und nach seinen authentischen Empfindungen öffnet und sie zum Ausdruck bringt. Sollte die emotionale Betroffenheit zu groß werden, kann sie mithilfe des Zeugen ausbalanciert werden.

Übung   ## Innehalten im Coachingprozess

Einführung
Viele Menschen haben schon früh geübt, ihre Gefühle zu unterdrücken und auszublenden. Gerade Männer haben von Kindesbeinen an gelernt, dass »Indianer keinen Schmerz kennen«. Unserem Verstand wird von Anfang an die Vormachtstellung eingeräumt. Daran hat er sich gewöhnt und möchte diese Position nicht aufgeben. Zudem kann der Verstand sehr schnell agieren. Bei vielen Personen rattert der Kopf in Blitzgeschwindigkeit – ihre Gedanken flitzen wie in einem Ping-Pong-Spiel hin und her. Gerade Führungskräfte aus der Wirtschaft sind darauf getrimmt, Probleme rasch zu analysieren und unverzüglich eine Lösung anzubieten. Dass sie dabei oft auf der Symptomebene bleiben und Probleme nur von A nach B verschieben, fällt ihnen in der Eile des Geschehens nicht auf. Ihr ganzer Denkapparat ist darauf trainiert, schnell zu reagieren.

Dieses Tempo kollidiert mit der Geschwindigkeit, in der sich Herz und Seele bewegen. Nehmen Sie das Bild eines Erwachsenen, an dessen Hand ein Kleinkind läuft. Der Erwachsene geht in großen Schritten zügig voran, da er ein Ziel verfolgt, zum Beispiel von einem Punkt zum anderen zu gelangen. Ein Kind folgt in seinem Bewegungsablauf einem spontanen Rhythmus, da es nicht verstandesgesteuert ist. Mal geht es schnell, dann wieder trödelt es, möchte sich bücken, einen Stein aufheben, muss ein Tier betrachten oder einer Wolke am Himmel hinterherträumen.

Unsere Gefühle und Seelenbewegungen brauchen auch ihre Zeit, um an die Bewusstseinsoberfläche zu treten und sichtbar zu werden. Um mit ihnen in Berührung zu kommen, braucht es Momente des Innehaltens, des Spürens, des Lauschens, des Gewahrwerdens. Innehalten ist eine Einladung. Sie ermöglicht, dass sich Eindrücke zeigen können, die im Alltagstrubel unter den Tisch fallen.

Ziel

Der Klient lernt, sich selbst einen Moment der Ruhe zu schenken. Während dieser Auszeit kann er die Regungen seines Verstandes mit Körper, Gefühl und Seele in Einklang bringen. Er tut nichts – außer Wahrnehmen, Zulassen und in Kontakt sein mit dem, was sich zeigt. Er hört den Botschaften seines Inneren zu und schenkt ihnen die gleiche Aufmerksamkeit, wie er sie sonst seinen Gedanken zukommen lässt.

Übungsablauf

Sobald der Coach bemerkt, dass sich beim Klienten, während er spricht, Gefühle öffnen, unterbricht er mit höflichen Worten dessen Erzählung. Er lädt ihn dazu ein, eine Pause einzulegen und nichts weiter zu tun, als in sein Inneres hineinzulauschen. In vielen Fällen öffnet sich im selben Moment schon das zurückgehaltene Gefühl – als hätte es sehr lange darauf gewartet, sich offenbaren zu können. Ist es Kummer und Traurigkeit, kann der Klient durch das Verhalten des Coachs lernen, seinen Tränen Raum zu geben und sie laufen zu lassen. Der Coach bleibt in seiner Haltung präsent und tut nichts weiter, als die Gefühlsregung zu bezeugen. Er spiegelt dem Klienten, dass es ganz normal ist, seinen Gefühlen Ausdruck zu verleihen. Und er unterstützt den Klienten darin, sich Zeit zu nehmen für das, was sich ausdrücken möchte. Sobald eine Empfindung Aufmerksamkeit und Wertschätzung erfährt, verstärkt sie sich, schwillt an, drückt aus, was sie zu sagen hat, und ebbt langsam wieder ab. Danach tritt Ruhe ein, ein Moment des inneren Friedens.

Im Laufe dieses Prozesses erscheint oft eine tiefer liegende Wahrheit – hinter einer Wut versteckt sich häufig Enttäuschung. Hinter Enttäuschung kann die Angst vor Alleinsein stehen. Hinter dieser Angst kann der Zweifel am eigenen Selbstwert auftauchen. Diese simple Übung des Innehaltens bietet die Möglichkeit, einen Prozess auf natürliche Art zu vertiefen. Der Coach folgt dabei den Aussagen des Klienten und unterstreicht sie durch offene, beteiligte Fragen. Durch die Einladung zu Zeit und Raum, durch das Zulassen und Bezeugen kann der Klient in tiefen Kontakt zu sich treten. Diese Erfahrung, die er im ersten Schritt mithilfe seines Coachs erlebt hat, sollte er im Weiteren auf seinen persönlichen Alltag übertragen.

> »In der Meditation geht es um Loslassen.
> Aber bei unangenehmen Gefühlen oder Empfindungen
> geht es immer zuerst ums Annehmen.«

Fred von Allmen (1997)

Kleine Pausen vertiefen die Wahrnehmung

Genauso wie wir uns angewöhnt haben, durch den Tag zu eilen, können wir uns beibringen, regelmäßig eine Pause einzulegen. Wir steigen dabei aus dem Gedankenstrom des Alltagsbewusstseins für einen Moment aus und verorten uns in einem erweiterten Bewusstseinszustand. Er stellt sich ganz von alleine ein, sobald wir unsere Aufmerksamkeit auf den Körper und unseren Atem richten. »Nichts tun«, außer da zu sein, den Körper zu spüren, den Atem zu vertiefen, anbrandende Gedanken ziehen zu lassen – dieser Moment der kurzen Verinnerlichung verbindet uns Menschen ganz einfach mit einem Raum der Ruhe in uns selbst. Das Eintauchen in diesen Raum gleicht einem Bad in einer Quelle, in der wir Kraft tanken können, Entspannung erfahren und geistige Erfrischung erleben.

Gerade im schnelllebigen Alltagsgeschehen braucht es die Fähigkeit, um kleine Pausen der Reflexion und der Regeneration einzulegen. Die meisten Menschen stehen unter einem ungeheuren Druck, gleich, ob sie in der Wirtschaft tätig sind, im Bildungs- oder Gesundheitswesen, ob sie Handwerker oder Hausfrau beziehungsweise Hausmann sind. Das Leben ist komplex geworden. Egal, wie das persönliche Lebensrad zusammengefügt ist, für viele ist es ein Hamsterrad, das sich immer schneller dreht. Dieser individuell und kollektiv wahrgenommenen zunehmenden Geschwindigkeit gilt es, einen Ruhepol entgegenzusetzen. Wer innehält, wird feststellen, dass diese Ruhe ganz natürlich von innen kommen kann.

Wer in diesen kleinen Pausen entdeckt, welche Quelle der Kraft und Stille in ihm schlummert, kommt vielleicht auf den Geschmack, diese Erfahrung vertiefen zu wollen. Meditation im Sitzen oder in Bewegung, Yoga, Tai Chi oder Qigong – all das sind wunderbare Techniken, um diese natürliche Bewusstseinserweiterung zu erforschen und fest in sich zu verankern.

Für viele meiner Klienten ist aber allein die Übung des Innehaltens schon ein riesengroßer, hilfreicher Schritt heraus aus ihrem Hamsterrad.

> »Die eigene Tiefe spüre ich, wenn ich im geschäftlichen Alltag zwischen zwei Telefonaten oder inmitten einer Verhandlung den Zugang zur Präsenz nicht verliere …«
> *Alexander Poraj* (aus: Die eigene Tiefe erspüren, 2005, S. 57)

Fallbeispiel: Ich hetze durch den Tag und verliere dabei den Kontakt zu mir und anderen

Unter Anleitung entdeckte der Geschäftsführer schnell die intensive Wirkung der kleinen Pause. Zum ersten Mal seit langer Zeit konnten sich seine Gefühle ungehemmt ausdrücken – und das tat ihm richtig gut. Natürlich war es für ihn ungewohnt, als ihm Tränen seine Wangen herunterkullerten. Gleichzeitig spürte er aber auch die befreiende Wirkung, und dieser Eindruck war letztlich stärker als seine Scham. Die Mitarbeiterbefragung hatte ihn sehr verletzt, denn in seiner Wahrnehmung hatte er sich die letzten Jahre massiv für den Erhalt der Firma und somit für die Sicherheit aller Beschäftigten eingesetzt. Er hatte alles getan, um das Unternehmensschiff durch die immer schwieriger werdenden Wogen des Marktes hindurchzusteuern. Er konnte nicht verstehen, warum er für seinen Einsatz nun so abgestraft wurde.

Im Laufe unseres Gesprächs konnte er erkennen, dass die Beschäftigten viele seiner Anstrengungen und Erfolge, die ihnen ganz direkt zugute kamen, gar nicht wahrnehmen konnten, da ihnen die Informationen fehlten. Zudem reagierte mein Klient nach seinen Angaben im direkten Kontakt mit Mitarbeitern oft sehr gereizt und in Eile.

Bei genauerem Hinschauen rekapitulierte er, dass diese Eile schon am Morgen begann. Noch bevor er die Firma betrat und mit den beruflichen Themen konfrontiert wurde, setzte er sich selbst durch unreflektierte Verhaltensweisen unter Druck. Da er schlecht schlief, war er morgens müde und stand zeitlich sehr knapp auf. Die Morgentoilette durchlief er daher schon im Galopp. Am Frühstückstisch las er gleichzeitig die Zeitung, hörte Radio und unterhielt sich mit seinen Kindern. Danach genoss er den täglichen Berufsverkehrswahnsinn – ständig mit dem schlechten Gewissen im Nacken, vielleicht zu spät zu kommen.

Die Wirkung dieser morgendlichen Rituale war leicht nachzuvollziehen: Anspannung im Körper, gereizte Nerven, schlechte Laune. Er verstand, dass diese Gemengelage eine äußerst ungünstige Ausgangsituation darstellte, um einen anstrengenden Tag mit kniffligen Entscheidungen souverän zu meistern.

Noch bevor wir inhaltlich seine Beziehung zu den Mitarbeitern weiter untersuchten, konstatierte er, dass er unabhängig von den Handlungen anderer Personen an seiner inneren Haltung der Ruhe und Gelassenheit arbeiten wollte. Er zerlegte seine morgendlichen Handlungsabläufe und stellte fest, wie viele Spielräume er selbst besaß, innere Spannungen abzubauen: den Abend bewusster gestalten, um besser in den Schlaf zu finden. Früher aufstehen. Mit ein wenig Zeit für sich selbst in den Tag hineinfinden. Radio bleibt aus. Beim Frühstück erst ein Gespräch mit den Kindern führen, dann kurzes Zeitunglesen. Zeitiger Aufbruch, im Auto schöne Musik hören. Wir spielten die verschiedenen Tagesabläufe durch: einmal mit einem gehetzten, überfrachteten Morgenstart, dann mit einem ruhigen, klaren Tagesbeginn. Der Unterschied war frappant. Er untersuchte all seine täglichen Abläufe – die vielen Gespräche mit Kunden, Zulieferern, Banken, Führungskräften, Mitarbeitern etc. mit all den dazugehörenden Entscheidungsprozessen. Schnell wurde ihm klar, welch bedeutender Einflussfaktor bei all diesen Begegnungen seine persönliche Verfassung war.

Der ruhige Start in den Morgen schuf eine wesentliche Basis für seine innere Gelassenheit und Präsenz. Nur bezweifelte der Klient, ob er diese Haltung den ganzen Tag lang durchhalten würde. Er sagte selbst, dass er im Laufe des Tages sich an diese eigene Kraft neu anschließen müsste. Hierfür zeigte ich ihm eine weitere Übung des Innehaltens, die er ab sofort mit großem Erfolg in seinen Alltag integrierte.

Übung	Innehalten im Alltag

Einführung

Nehmen Sie sich einen Augenblick Zeit, und suchen Sie sich einen Platz, an dem Sie für einen Moment unbeobachtet sind. Je geschulter Sie im Innehalten sind, können Sie diesen kurzen Augenblick der Rückbindung an sich selbst auch innerhalb eines Gespräches erleben, beim S-Bahnfahren, beim Warten in einer Schlange, beim Autofahren, wenn Sie an einer roten Ampel stehen sowie bei vielen anderen Gelegenheiten.

Ziel

Der Klient sensibilisiert sich für die Möglichkeit von kurzen Pausen im Alltag. Er erfährt, wie schnell und unkompliziert sich sein Körper öffnen und entspannen kann. Er erlebt, wie er sich in nur wenigen Minuten tief regenerieren kann. Er lernt, sich in seiner ureigenen Kraft und Mitte zu verankern. Diese Übung kann er ganz bewusst instrumentalisieren,

- wann immer er bemerkt, dass er nicht im direkten Kontakt zu sich selbst steht,
- wenn er sich geistig oder körperlich erschöpft oder unter Spannung fühlt,
- vor oder während schwierigen Gesprächen beziehungsweise Situationen, in denen er seine innere Ruhe bewahren möchte,
- nach schwierigen Gesprächen beziehungsweise Situationen, um sich neu zu versammeln, Anspannungen abzustreifen, das Erlebte wirken zu lassen,
- nach schönen Erlebnissen, um das Erfahrene tief in den Zellen zu genießen und zu verankern.

Übungsablauf (Direkte Anleitung für den Klienten)

»Innehalten bedeutet, den Arbeitsalltag für einen kleinen Moment zu unterbrechen. Treten Sie innerlich und äußerlich einen Schritt zurück aus dem täglichen Geschehen.

- Legen Sie eine kurze Pause ein, und widmen Sie sich einen Moment lang ganz sich selbst.
- Dieses bewusste In-sich-hinein-Empfinden ist die einfachste Möglichkeit, um mit der eigenen Mitte in Kontakt zu treten.
- Die kleine Pause bietet dem Bewusstsein die Gelegenheit, sich von Außenreizen zu lösen und den Fokus nach innen zu wenden.
- Nichts muss geschehen.
- Sie spüren Ihren Atem.
- Lauschen Sie in sich hinein.
- Seien Sie einen Augenblick lang in Berührung mit sich selbst.
- Schenken Sie Ihren authentischen Empfindungen ganze Aufmerksamkeit.
- Wenn es Ihnen Freude macht, dann widmen Sie sich auch Ihrem Körper.
- Dehnen und strecken Sie Ihren Körper. Bewegen Sie Ihre Glieder, wie es Ihnen Freude bereitet und gerade in den Sinn kommt.
- Durch die Bewegung vertieft sich Ihr Atem.
- Es ist, als würden Sie ein Fenster öffnen und frische Luft in die Zellen hineinlassen.
- Die kleine Erquickung wirkt tief. Sie kann Gedanken und Gefühlen eine andere Richtung geben.
- Probieren Sie es aus – das Ganze dauert nicht länger als eine halbe Minute.

Wenn Sie mehr Zeit haben, dann wenden Sie sich bewusst Ihren Fußsohlen zu. Bewegen Sie ein wenig Ihre Füße. Dabei rutscht Ihre Selbstwahrnehmung, die sich im Alltagstrubel meistens auf Kopfhöhe befindet, einmal durch den ganzen Körper nach unten. Sie erinnern sich, dass Sie festen Boden unter Ihren Füßen haben. Sie senken in Ihrer Vorstellungskraft dicke Wurzeln in den Boden.

Von den Füßen aus wandern Sie wieder nach oben. Sie prüfen, ob Ihre Knie im Stehen durchgedrückt sind oder ein wenig federn dürfen. Sie befühlen die Spannung Ihrer Muskeln im Gesäß und in der Bauchdecke. Sie laden die Zellen dazu ein, sich zu entspannen und überflüssige Spannung abzugeben. Meistens weitet sich der Bauchraum – und der Atem vertieft sich.

Dann besuchen Sie den Brustraum, die Schultern, den Nacken, das Kiefergelenk. Es ist nur ein kurzes Hallosagen, eine freundschaftliche Berührung mit der Einladung: Erleichtere dich, werde weiter, freier …

Mit ein wenig Übung dauert dieser Spaziergang durch den Körper zwei, drei Minuten. Er verändert Kleinigkeiten in der Körperhaltung, der Aufrichtung, der Durchlässigkeit. Gehaltene Energie kommt sofort ins Fließen. Ihre Grundstimmung verändert sich. Es ist ein simpler Mechanismus, der sich auf der Körperebene besonders gut nachvollziehen lässt:

- Anspannung trennt Sie von sich ab.
- Öffnen sich jedoch Ihre Zellen,
- kommen Sie sofort in Berührung mit all Ihren Sinnen.
- Sie können in sich hinein lauschen, tasten, schnuppern, sich selbst wahrnehmen.
- Der Atem hebt und senkt sich.
- Sie werden ruhig.
- Zeit steht still.
- Sie tauchen ein in weiten Raum.

Nun kehren Sie wieder in den Alltag zurück. Während sich Ihr Bewusstsein wieder auf die Außenwelt richtet, bleibt Ihr Selbstgefühl in Ihrer Mitte verankert. Diese Verankerung kann Sie eine ganze Weile begleiten. Irgendwann tragen Sie äußere Geschehnisse wieder fort aus Ihrer Ruhe. Nach einer Weile bemerken Sie es. Dann halten Sie wieder inne und sagen: ›*Mich sein lassen. Der Augenblick zählt. Die Freude an mir selbst. Die unendliche Weite und Fülle, die ich in mir spüre.*‹«

Was sagt die Wissenschaft dazu?

In den letzten zwei Jahrzehnten sind Wissenschaftler und Ärzte zu der Erkenntnis gekommen, dass der Körper uns in bestimmten Abständen wichtige Hinweise gibt, die uns mitteilen wollen, dass wir eine Pause machen sollten.

Phasen der Konzentrations- und Leistungsfähigkeit wechseln sich ab mit dem natürlichen Bedürfnis nach einer kurzen Ruhepause, in der der ganze Organismus erfahrene Informationen abspeichern und verarbeiten möchte.

Dieser Aktivitäts- und Ruherhythmus wiederholt sich bei jedem Menschen in einem Abstand von etwa 90 bis 120 Minuten. Das Absinken der geistigen Energie stellt eine natürliche Periode dar, in der eine körperliche und psychische Erneuerung sowie Erholung von den Alltagsbelastungen stattfinden kann. Diese kurze Regenerationspause ist Voraussetzung, um wieder die Spitze der Leistungsfähigkeit zu erreichen.

Alle 90 bis 120 Minuten bietet die Natur ein Zeitfenster der Regeneration an, damit Körper, Geist und Seele trotz der ständigen Herausforderungen und den Veränderungen des Alltags im Gleichgewicht bleiben. Sie können lernen, auf diese körpereigene Aufforderung zur Erholung zu achten. Es ist der einfachste Weg, um

- Stresssymptome und Ineffizienz abzubauen,
- wache Gelassenheit und hohe Leistungsfähigkeit zu konstituieren,
- mit sich selbst in direktem Kontakt zu stehen und nicht nur die Gedanken, sondern auch Körper, Herz und Seele wahrzunehmen.

Gleichzeitige Wahrnehmung von Körper, Gefühl, Verstand und Seele

In Verbindung mit sich selbst sein

Innehalten ist eine schlichte Übung, die eine enorme Sprengkraft in sich trägt. Sie bringt einen Menschen in Kontakt mit sich selbst – und diese Tuchfühlung kann immense Entwicklungen in Gang setzen.

Im nächsten Trainingsschritt möchte ich mit meinem Klienten die Wahrnehmung seines Selbst verfeinern. Mithilfe des Human-Balance-Kompass erkläre ich ihm in Ruhe die einzelnen Dimensionen seines Selbst.

Der Körper ist sichtbar, greifbar, von daher scheint er leicht zu erfassen zu sein. Dennoch fällt es schwer, den Körper in seiner äußeren Ausprägung und inneren Befindlichkeit objektiv zu beschreiben. Lausche ich der Selbstdarstellung meiner Klienten, wird klar, dass sich die meisten durch ein extrem strenges Raster betrachten. Sie halten sich in ihrem äußeren Erscheinungsbild für fehlerbehaftet: für zu dick, manche auch für zu dünn. Dem einen gefällt seine Nase nicht, der andere moniert die Form seiner Beine, und Falten werden allgemein als Manko erlebt. Viele der Eigenbeschreibungen haben nichts mit der eigentlichen Schönheit der Person zu tun – es kann ein strahlender Mensch vor mir sitzen, und dennoch ist er sich selbst nicht genug und mäkelt an sich herum.

Es wird nicht einfacher, wenn wir uns von der äußeren Wahrnehmung lösen und der inneren Körperfühlung zuwenden. Auf meine simple Frage: »Wie fühlt sich gerade Ihr Körper?«, bekomme ich zumeist Antworten, die einen Gedanken ausdrücken, im besten Fall ein Gefühl.

Die reine Beschreibung eines Körperzustands wie »Mir ist heiß. Mir ist kalt. Ich verspüre Druck in meinem oberen Brustbereich. Mein Magen zieht sich gerade zusammen.« ist vielen Menschen unvertraut.

Da gerade der Körper – und auch die Seele – direkte Botschafter unseres innersten Wesens mit seinen authentischen Regungen sind, lohnt sich die Mühe, an dieser Stelle mit dem Klienten präzise zu agieren.

Im Folgenden stelle ich Ihnen eine Grundübung vor, die ich im Verlauf des gesamten Coachingprozesses vielfach anwende. An der differenzierten Aufschlüsselung verschiedener Wahrnehmungsebenen bleibe ich beharrlich dran, damit die Gesamtschau ihres Organismus meinen Klienten oder Seminarteilnehmern in Fleisch und Blut übergeht. Mein Anliegen ist es, dass sie diese Technik nicht nur in der direkten Zusammenarbeit mit dem Coach beherrschen, sondern in jeder ihrer Lebenslagen zurate ziehen können.

Wahrnehmung schärfen

Einführung

Viele der Übungen von H.B.T. Human Balance Training visualisieren Zusammenhänge im zwei- oder dreidimensionalen Raum. Diese Bilder, gleich, ob es sich zum Beispiel um ein gezeichnetes oder ausgelegtes Lebensrad handelt, eine Biografie-Linie, eine Selbstwertwaage oder eine Aufstellung mithilfe von Stühlen oder Objekten, symbolisieren Thematiken aus dem Leben des Klienten. In diesen Raumskulpturen verbergen sich vielfache Details, die wir im Verlauf der Übung nach und nach aufschlüsseln. Zu Anfang interessiert mich aber eine andere Frage: Wie wirkt der Gesamteindruck des Aufbaus spontan auf das System meines Klienten? Wie reagieren seine verschiedenen Ebenen unwillkürlich auf das ihnen sich darbietende Abbild? Zumeist kann ich schon an dieser Stelle, quasi noch vor Eintritt in den eigentlichen Prozess, wesentliche Informationen zur Person sammeln. Von daher habe ich mir angewöhnt, die Klienten im Kontext verschiedenster Situationen umfassend nach ihren Empfindungen zu befragen.

Ziel

Schärfung der Wahrnehmung für die verschiedenen Dimensionen des eigenen Organismus. Differenzierung dieser Ebenen beim Coach und beim Klienten. Steigerung von Präsenz und Wachheit in allen Sinnen. Gezieltes Training von bewertungsfreiem Forschergeist, Achtsamkeit für Feinheiten, Vertrauen in die eigene Intuition und innere Wahrheit.

Übungsablauf

Ein Klient hat die ersten Schritte einer Übung ausgeführt, zum Beispiel den Lebenskompass ausgelegt (s. S. 187 ff.), und die von ihm geschaffene Darstellung liegt ausgebreitet auf dem Boden. Bevor wir in die Bearbeitung dieses dreidimensionalen Schaubildes starten, bitte ich ihn, einige Schritte zurückzutreten. Ich lade ihn ein, die gesamte Skulptur auf sich wirken zu lassen. Nach einem Moment der Verinnerlichung frage ich ihn systematisch ab.

»Während Sie das Abbild Ihres gesamten Lebensgefüges vor sich liegen sehen, wie erleben Sie Ihren Körper? Fühlt er sich gelöst an? Ist er voller Kraft und Energie? Oder nehmen Sie eher Anspannung wahr? Und wenn – an welcher Stelle genau?«

Wie ich es im Vorfeld beschrieben habe, antwortet der Klient am Anfang unscharf: »Ich denke, dass ich in meinem Leben wirklich etwas ändern sollte.« Oder er gesteht: »Ich fühle mich richtig wütend, wenn ich auf das Ganze schaue.«

Spiegeln Sie ihm so lange seine Antworten, bis er die Unterschiede zwischen Gedanken, Gefühlen und Körperempfindungen begreift. Mit der Zeit gewöhnt er sich an die verfeinerte Wahrnehmung und kann intensiver in das eigene Körpererleben einsteigen. Seine Empfindungen kann er spielerisch durch überzeichnete Körperhaltungen verdeutlichen.

Beschreibt ein Klient »Ich fühle mich belastet und schwer, wenn ich auf mein Leben schaue«, kann ich ihn dazu einladen, dieser Empfindung einen drastischen Ausdruck zu schenken. Eine Klientin sammelte daraufhin alle beweglichen Gegenstände im Raum ein, wie Bücher, Kissen etc., und belud sich wie ein Packesel. »Genauso fühle ich mich! Wie ein überladenes Maultier, das täglich seinen gleichen Trampelpfad dahintrottelt!« Die Frau war Lehrerin und befand sich am Anschlag ihrer Kräfte. Ich war von ihrer Kreativität ganz begeistert, denn im selben Moment, als sie sich mit all den Gepäckstücken aufbaute, wurde klar: Diese bildlich nachgestellte Überfor-

> derung fuhr ihr direkt unter die Haut. Solche Eindrücke vergisst man nicht! Der Blitz
> der Erkenntnis löste in der Pädagogin zwar einen gehörigen Schreck aus. Doch sie
> erkannte unmissverständlich, welchen Raubbau sie an ihrer eigenen Person betrieb
> und dass diese Lebenshaltung nicht mehr lange gutgehen würde. Mit großem Enga-
> gement öffnete sie sich für den nachfolgenden Prozess.

Ich kann an dieser Stelle nur betonen, wie hilfreich es ist, die intuitive Körpersprache von Anfang an aufmerksam in ein Coaching miteinzubeziehen. Auch hier liegt wieder die Kunst in der offenen, respektvollen Einladung, sodass sich ein Mensch nicht verunsichert fühlt, sondern im Gegenteil, darauf neugierig wird, die Sprache seines Körpers zu erlernen.

Übung   ## Wahrnehmung schärfen (Fortsetzung)

Im nächsten Schritt erfahren die Emotionen eine besondere Aufmerksamkeit. Ich frage: »*Was spricht Ihr Herz, wenn Sie Ihr Lebensrad betrachten? Welche Gefühle steigen in Ihnen auf, welche Stimmungen durchziehen Sie?*«
Auch hier gilt es, den Klienten an die tatsächliche Beschreibung einer Empfindung heran-zuführen. Sobald er sich seinen Gefühlen bewusst wird, halten Sie mit ihm inne, damit er in wirklichen Kontakt mit dieser Wesensregung treten kann. Auch in diesem Moment be-steht die Chance, dem Klienten eine innere Wahrheit bewusstzumachen, die er in seinem bewegten Alltag offensichtlich unter den Tisch fallen lässt.

Bei der nächsten Ebene fällt den meisten die Antwort am leichtesten: »*Was sagt Ihr Ver-stand zu dem Bild, was sich Ihnen zeigt?*« Interessanterweise versucht der Verstand oft, die vorhergehenden Eindrücke herunterzuspielen: »*Ach ja, die Belastungen sind schon ext-rem, aber das schaffe ich schon. Eigentlich habe ich alles fest im Griff.*« Solche und ähnli-che Sätze sind typische Aussagen der Mentalebene. Auch diese Aussagen sind Wahrhei-ten, die es zu respektieren gilt.

Nun darf auch noch die Seele zu Wort kommen. Nach der Frage: »*Was bewegt Ihre Seele, wenn Sie die Darstellung auf sich wirken lassen?*« verstummt der Klient in vielen Fällen. Er braucht Zeit, um ganz genau hinzuhören und auf Signale zu achten, die ihm sein innerster, sensibler Wesenskern sendet. Wird die Seele aufrichtig befragt, gibt sie immer eine klare Rückmeldung. Sie bemerkt, ob sich der Mensch in seinem persönlichen Werteverständ-nis aufgehoben fühlt und dieses nach außen tragen kann. Ob er sein ureigenes Potenzial ausschöpft und seiner Berufung folgt. Ob er mit seinem innersten Wesenskern »deckungs-gleich« lebt oder ob er sich aus seiner eigenen Mitte hat heraustragen lassen.

Der ungeschminkten Wahrheit offen ins Gesicht zu sehen, kann einen bis ins Mark erschüttern. Diese Erschütterung sollte vom Coach mit höchster Sensibilität aufge-griffen und Schritt für Schritt in einen konstruktiven Entwicklungsprozess verwan-delt werden.

Immer wieder ereignet es sich, dass der Klient schon während dieser ersten Befragung in körperliche, emotionale und seelische Erregung gerät. In diesen Momenten lasse ich die weitere Bearbeitung des Lebensrads erst einmal ruhen und widme mich mithilfe einer anderen Methodik (s. S. 131 ff.) den auftauchenden Gefühlen.

Diese Grundübung der Wahrnehmungsvertiefung folgt einem schlichten Aufbau, kann aber sehr komplexe Erfahrungen hervorrufen.

Den Klienten lesen können

Unabhängig von dieser speziellen Übung ist es für den Coach sehr hilfreich, wenn er seine Klienten auf allen Ebenen zu studieren weiß. Der Körper ist an sich schon ein ganzes Buch, das sich zum Studium anbietet. Ohne in eine Typisierung zu verfallen, achte ich immer auf die physische Grundstruktur eines Menschen. Denn allein in der Körperhaltung und Physiognomie einer Person spiegeln sich die Merkmale seines Charakters, seiner gelebten und ungelebten Potenziale, seiner Muster und Prägungen.

Genauso interessiert mich seine Befähigung, mit seinen Gefühlen in Kontakt zu sein. Schon nach einem kurzen Gespräch wird deutlich, ob ein Klient seinen Emotionen Raum schenkt oder ob er sie kontrolliert und zurückhält.

Auch der Verstand lässt sich in der Art des Sprechens, der Wortwahl, der Sprechgeschwindigkeit, in seinem Gedankenaufbau und seiner Logikentfaltung herrlich beobachten.

Ob ein Mensch von seiner Seelenkraft durchflutet wird oder ein eher kümmerliches Beziehungsband zu seiner Wesensmitte pflegt, springt meistens schnell ins Auge.

All diese Informationen dienen mir, um mich optimal auf die gesamte Persönlichkeit und Wesensart dieses Menschen einstellen zu können. Je feinfühliger ich seine Wellenlänge treffe, umso einfacher finden wir einen Draht zueinander. Da die Beziehungsqualität zwischen Coach und Klient maßgeblichen Einfluss auf die gesamte Zusammenarbeit nimmt, liegt mir die berühmte »Chemie« sehr am Herzen.

Die ursprüngliche Einheit mit sich selbst

Gerald Hüther

Wer in unserem Kulturkreis aufgewachsen ist, hat die Vorstellung einer Trennung zwischen dem, was im Gehirn und dem, was im Körper passiert, meist so stark verinnerlicht, dass er alles »erstaunlich« findet, was dieser Vorstellung nicht entspricht. Inzwischen geht das Zeitalter der Aufklärung allerdings kleinlauter zu Ende, als es begonnen hatte. Die erst vor wenigen Jahrhunderten aufgekeimte und dann lauthals verkündete Hoffnung, der Mensch sei mithilfe seines nackten Verstandes und seines rationalen Denkens in der Lage, Krieg, Elend, Not und Leid, sogar seine Ängste und Krankheiten zu überwinden, hat sich nicht erfüllt. Glücklicher sind die Menschen auch nicht geworden, geschweige denn zuversichtlicher. Die Experten der WHO prognostizieren für die kommenden Jahre in den hoch entwickelten Industriestaaten einen dramatischen Anstieg der psychosomatischen Erkrankungen, die durch Angst und Depression bedingt sind. So stellt sich – erstmals seit Beginn der Aufklärung – wieder die Frage, ob der Mensch wirklich gut beraten ist, wenn er sich bei seinen Entscheidungen nur auf Verstand und rationales Denken verlässt. Die Antwort ist einfach: Das Denken allein – oder der Verstand – ist kein geeignetes Instrument, um sich damit in der Welt zurechtzufinden, im Gegenteil. Je komplexer die mithilfe der nackten Vernunft gestaltete Lebenswelt wird, je stärker sich das Spektrum der Handlungsmöglichkeiten erweitert, desto mehr versagt das rationale Denken, wenn es darum geht, komplexe Zusammenhänge zu erfassen und sinnvolle Entscheidungen zu treffen, die das eigene Überleben sichern und Weiterentwicklung ermöglichen.

Um glücklich und zufrieden, mutig und zuversichtlich leben zu können, müssen wir in der Lage sein, etwas zu empfinden. Wir müssen die Intelligenz und die Kraft unserer Gefühle wieder erkennen, schätzen und nutzen lernen, um einen Ausweg aus dem Irrsinn unserer gegenwärtigen Lebenswelt zu finden, in der uns der Einsatz des nackten Verstandes geführt hat. Wir sollten versuchen, die verloren gegangene Einheit von Denken, Fühlen und Handeln, von Rationalität und Emotionalität, von Geist, Seele und Körper wiederzufinden. Sonst laufen wir Gefahr, uns selbst zu verlieren.

Das Bedürfnis nach Zugehörigkeit ist der Schlüssel zum Verständnis dieses sonderbaren Anpassungsprozesses, der Menschen dazu bringt, ihr Gefühl von ihrem Verstand und ihren Körper von ihrem Gehirn abzutrennen. Im Laufe des Aufwachsens werden die Beziehungserfahrungen eines Kindes zunehmend von anderen Menschen, deren Verhaltensweisen, Überzeugungen, Meinungen und Vorstellungen bestimmt. Es kann sehr leicht geschehen, dass die neuen Verschaltungsmuster, die durch die Interaktion mit den anderen im Hirn des Kindes entstehen, nicht mehr so recht zu den älteren Erfahrungen passen, die das Kind durch seine eigenen Körpererfahrungen und Wahrnehmungen früher einmal gemacht hat.

> So wird beispielsweise das Bedürfnis sich zu bewegen durch entsprechende Maßre-
> gelungen oder allein schon durch das Vorbild der Erwachsenen mehr oder weniger
> eingeschränkt. Der Impuls, den ganzen Körper einzusetzen, um das eigene Befin-
> den auszudrücken, der bei kleineren Kindern noch vorhanden ist, wird später mehr
> oder weniger deutlich unterdrückt. Gefühle von Angst und Schmerz, aber auch von
> übermäßiger Freude und Lust, werden im Zusammenleben mit anderen zunehmend
> kontrolliert.

Weil wir Menschen, vor allem als Kinder, allein überhaupt nicht lebensfähig sind,
bleibt einem Kind gar keine andere Möglichkeit, als sich an Denk- und Verhaltensmuster der Familie, der Sippe, der Gemeinschaft anzupassen, von der sein Überleben
abhängt. Wie auch immer diese Anpassungsprozesse im Einzelfall verlaufen, sie führen alle zum gleichen Ergebnis: Die nach der Geburt in der Beziehung zu anderen
Menschen gemachten und im Gehirn verankerten Erfahrungen geraten zwangsläufig
in Widerspruch zu den bis dahin erlebten eigenen Körper- und Sinneserfahrungen.
Deshalb ist das biblische Bild der Vertreibung aus dem Paradies eine recht passende
Beschreibung dessen, was die meisten Menschen während ihrer Sozialisation erfahren
haben: aus der ursprünglichen Einheit mit sich selbst und ihren Gefühlen herausge-
fallen und von der Weisheit des Körpers abgeschnitten zu sein.

Kein Mensch kann sich die Bedingungen aussuchen, unter denen er aufwächst
und die ersten wichtigen Erfahrungen macht, die darüber entscheiden, wie und wofür
er sein Gehirn benutzt und welche Verhaltensmuster dort ausgebildet und stabilisiert
werden. Noch heute wachsen die meisten Menschen auf unserer Erde unter Bedingungen auf, die dazu führen, dass die prinzipiell vorhandenen Möglichkeiten zur Ausbildung eines hochkomplexen, vielfach vernetzten und zeitlebens lernfähigen Gehirns
nicht ausgeschöpft werden. Und noch heute sind die meisten Menschen auf unserer
Erde gezwungen, ihr Gehirn zeitlebens auf eine sehr einseitige Weise zu nutzen und
für ganz bestimmte Zwecke einzusetzen. Das gilt auch für all jene, die irgendwann
in ihrem Leben eine ganz bestimmte Strategie zur Bewältigung ihrer Ängste und zur
Aufrechterhaltung ihrer inneren Ordnung gefunden haben und diese einmal gefun-
dene Strategie anschließend immer wieder zwanghaft in der gleichen Weise einsetzen,
weil sie glauben, dass sich damit alle anderen Probleme ebenfalls lösen lassen.

Die dabei in ihrem Hirn aktivierten Verschaltungen werden so immer effizienter
verknüpft und gebahnt, bis aus den anfänglich kleinen »Nervenwegen« allmählich
feste Straßen und schließlich sogar breite »Autobahnen« entstanden sind. Aus der primären Bewältigungsstrategie ist dann ein eingefahrenes Programm geworden, das das
gesamte weitere Denken, Fühlen und Handeln der betreffenden Menschen bestimmt.
Zwanghaft sind sie darum bemüht, immer wieder solche Bedingungen zu schaffen
und aufrechtzuerhalten, unter denen sie die Zweckmäßigkeit ihrer einmal entwickelten Fähigkeiten unter Beweis stellen können. Solange ihnen das gelingt, werden sie
bei der Bewältigung bestimmter Aufgaben immer besser, immer effizienter und immer erfolgreicher. Sie scheitern aber meist kläglich, sobald sich die Verhältnisse ändern und neue Herausforderungen auf sie zukommen, die mit den alten eingefahrenen Verschaltungsmustern in ihrem Hirn nicht zu bewältigen sind. Ein solch einsei-

tig programmiertes, stets auf die gleiche Weise für dieselben Zwecke benutztes Hirn bleibt eine Kümmerversion dessen, was daraus hätte werden können.

Ein verkümmertes Hirn kann sich aber jederzeit weiterentwickeln. Die wohl bedeutsamste Erkenntnis, die die Hirnforscher mithilfe ihrer modernen bildgebenden Verfahren – anfangs sogar zu ihrem eigenen Erstaunen – zutage gefördert haben, lautet: Unser Gehirn ist eine Baustelle, und zwar nicht nur während unserer Kindheit, sondern lebenslang. Und das ist gut so. Wäre das Gehirn im erwachsenen Zustand nämlich so etwas wie ein fertiges Haus, so gäbe es keine Möglichkeit, ein solches Haus, wenn es aus irgendwelchen Gründen schief geworden ist, später noch so umzubauen, dass es wieder aufrecht und stabil auf seinem Fundament ruht. Wie die Hirnforscher inzwischen an vielen Beispielen zeigen konnten, wird unser Erleben von uns selbst und von den Erfahrungen, die wir in der Beziehung zu unserer Mitwelt machen, ständig neu kreiert. Neuronenverbindungen, die wir nicht nutzen, lösen sich auf. »Use it or loose it« heißt das allgemeine Prinzip. Muster des Erlebens und Verhaltens, die wir häufig aktivieren, werden verstärkt und als neuronale Verschaltungsmuster strukturell verankert, das heißt, sie werden im Gehirn »verkörpert«. Das bedeutet, dass wir zu jedem Zeitpunkt unseres Lebens unsere Verschaltungen neu konstruieren können. Wir müssen dazu eines dieser bisher benutzten motorischen, sensomotorischen oder affektiven Muster verlassen, also beginnen, anders zu sehen, zu fühlen oder zu handeln.

Wenn es uns gelingt, auf einer diesen Ebenen ein neues Muster auszubilden, so werden alle anderen Ebenen davon gleichsam »mitgezogen«. Wenn wir damit beginnen können, die Welt anders als bisher zu betrachten oder anders zu denken, wenn es uns gelingt, nicht ständig mit den gleichen Gefühlen auf dieselben Auslöser zu reagieren, oder vielleicht auch nur eine andere Körperhaltung einzunehmen, so hat das enorme Folgen für alles, was auf der Baustelle »Gehirn« passiert. Denn dann werden nicht nur diejenigen neuronalen Verschaltungsmuster umgebaut, die an dieser neuen Leistung beteiligt sind, sondern ebenso alle anderen, die damit auf irgendeiner Weise in Verbindung stehen.

Das menschliche Gehirn ist viel umbaufähiger als bisher angenommen. Die Wahrnehmung und das Empfinden und das Denken und das Fühlen und die Stimmungen und die Körperhaltung und all das, was im Körper passiert, sind viel enger miteinander verbunden und aneinandergekoppelt, als bisher gedacht. Körper und Geist, Denken und Fühlen sind untrennbar miteinander verbunden. Konkret heiß das: Änderung ist möglich. Aber dazu gilt es, unseren Körper wiederentdecken. Weil er ursprünglich so eng mit dem Gehirn und mit allem, was dort geschah, verbunden war, bietet der Körper einen besonders leichten Zugang zu allen Ebenen des Erlebens und Verhaltens, zu den im Gehirn abgespeicherten Sinneseindrücken, den Gefühlen, den unbewussten Verhaltensmustern, und nicht zuletzt zu den früheren Erinnerungen. Deshalb erfahren die meisten Menschen, sobald sie ihren Körper wiederzuentdecken beginnen, dass sie nun wieder Zugang zu sich selbst finden. Für jeden, der sich darum bemüht, sowohl alte eingefahrene Körperhaltungen als auch Bewegungs- und Verhaltensmuster zu verändern, besteht der Lohn seiner Anstrengung in der Wiederentdeckung seiner eigenen Kompetenz, in einer neuen Haltung und einer neuen Einstellung – und nicht zuletzt in einem Zuwachs an Selbstgefühl und Selbstvertrauen. Das bedeutet nichts anderes, als das Wiederfinden der eigenen Gestaltungskraft und Lebendigkeit.

Damit dieser komplexe »Umbauprozess« gelingt, bedarf es mehr als guter Ratschläge, Gespräche oder tiefschürfender Überlegungen. Sie wären nur dann ein geeignetes Mittel, wenn sie wirklich auf den Grund gingen, wenn sie also zu grundlegend neuen Erkenntnissen führten, die dann neue Erfahrungen ermöglichten. Weitaus wirkungsvoller sind reale Erfahrungen, die die betreffende Person mit all ihren Sinnen macht, und nicht nur verbale Repräsentationen von Erfahrungen sind.

Um unbewusst und implizit herausgeformte, über lange Zeiträume stabilisierte Prägungen umzugestalten, gilt es, ein positiv besetztes und sehr tief sitzendes inneres Bedürfnis zu wecken. Es sollte so etwas wie eine tiefe innere Berührung erfolgen, eine möglicherweise schon lange verschüttete Sehnsucht in dem betreffenden Menschen wieder geweckt werden. Dann vielleicht beginnt das »Ich«, das schief gewordene Haus in seiner Schräglage, tatsächlich zu sehen, und macht sich daran, es von dort aus, wo es noch stabil und gerade steht, also von ganz unten her, wieder aufzurichten. Und gut gebaut, noch nicht verbogen und noch festgefügt war das »Ich« damals, als es noch nicht von dem abgetrennt war, was wir den Körper und die Gefühle nennen. Wir müssen uns also auf die Suche nach dem machen, was unser ursprüngliches, »wahres Selbst« ist, nämlich Eins zu sein, und zu Hause zu sein in unserem Körper mit all unseren authentischen Regungen und Empfindungen.

Verankerung im Raum der Stille und Ganzheit

»Gebt mir einen festen Punkt
und ich hebe die Welt aus den Angeln«

Archimedes

Leben ist in ständiger Bewegung

Inmitten ständiger Aktivität einen festen Punkt zur inneren Verortung zu haben – dieses Thema genießt bei den meisten meiner Seminarteilnehmer absolute Priorität. Stille zu finden, von belastenden Gedanken Abstand zu nehmen, um abschalten zu können – dies ist ein Wunsch von unendlich vielen Menschen, denen ich in Vorträgen, Seminaren und Coachings begegne. Unser heutiges Leben mit Handy, Internet, E-Mail, Fernsehen, Zeitung und Radio lässt uns in einem fortwährenden Informations- und Kommunikationsstrom trudeln. Viele Menschen leben in ständiger Erreichbarkeit, und ihr Tagesablauf lässt kaum mehr eine Lücke, in der sie nur einen Moment lang für sich selbst sein können. Es ist eine Realität, der wir ganz klar ins Auge schauen sollten: Der Alltag ist schnell und herausfordernd geworden, und er ist oft auch sehr laut. Ruhe zu finden bedarf einer klaren Entscheidung – sonst überrollt uns das tägliche Hamsterrad. Innehalten heißt, Verantwortung für die eigene Zeiteinteilung zu übernehmen. Diesen Freiraum gilt es, aktiv zu erschaffen, denn das Alltagsleben bietet ihn in den seltensten Fällen von alleine an.

Doch nicht nur im Äußeren, auch in uns selbst geht es ganz schön rund. Sobald wir uns von der Außenwelt mit ihren vielen Eindrücken und Einflüssen lösen, kann sich unser Blick nach innen wenden. Unser System setzt sich aus verschiedenen Ebenen zusammen, von denen sich einige in ständiger Veränderung befinden.

Da ist einmal der Körper, der den ganzen Tag zwischen den verschiedensten Empfindungen hin- und herpendelt. Morgens beim Aufwachen ist er noch dösig und verschlafen. Dann nimmt er langsam an Fahrt auf und füllt sich mit frischer Kraft. Schon fängt ein mächtiges Magenknurren an – höchste Zeit fürs Frühstück. Nach einem großen Müslitopf fühlt sich der Körper wohl und gesättigt. Nun möchte er sich bewegen. Es beginnt eine Reise durch den Tag, die sich zwischen Mangelgefühl und Befriedigung hin- und herbewegt. Diese Pendelbewegung kennt kaum eine Pause. Essen, Trinken, Wärme, Kälte, Anstrengung, Entspannung, Berührung, Abstand, Krankheit, Gesundheit – das Körpersystem schwankt zwischen extremen Polen. Unser Organismus ist von Grund auf dual aufgebaut: Wir atmen ein, wir atmen aus, das Herz schlägt, das Herz setzt aus, Zellen ziehen sich zusammen, Zellen entspannen sich. Leben entsteht und erhält sich durch den ständigen Wechsel verschiedener Zustände.

Bei den Gefühlen zeigt sich ein ähnliches Bild. Auch sie durchleben den ganzen Tag eine Berg- und Talfahrt, mit kleineren oder größeren Ausschlägen. Unser Emotionalkörper ist ein schillerndes Wesen, das durch das Spektrum vielfältigster Erfahrungen gleiten kann. Er spielt dabei auf einer Orgel mit vielen Registern. Neben seinem Grundprogramm von Freude, Liebe, Angst, Aggression und Scham kennt er tausendfach Zwischentöne und Abstufungen. Manchmal ist er so erregt, dass er uns wie an einem Jo-Jo den lieben langen Tag hin- und hersausen lässt. Dabei setzt er eine Menge Hormone und Botenstoffe frei, die wiederum auf den Körper und die Gedankenwelt starken Einfluss nehmen können.

Auch unser Mentalkörper befindet sich in ständiger Bewegung. Unsere Gedanken springen oft in Blitzgeschwindigkeit hin und her. Als wären sie mit Siebenmeilenstiefeln ausgerüstet, können sie mit langen Schritten zwischen Erinnerungen aus der Vergangenheit und Vorannahmen für die Zukunft hin- und herwandern. Gedanken fließen schnell, führen ein Eigenleben und lassen sich nicht unterbinden. Die Verstandesebene kann analysieren, überprüfen, zweifeln, unterscheiden und entscheiden. Gedanken können fesseln, aufregen, verängstigen, in Freude versetzen, inspirieren und auch lähmen. Dabei sind Körper, Gefühle und Gedanken so eng miteinander verwoben wie ein Flickenteppich. Beginnt sich die eine Ebene zu verändern, ziehen die anderen reflexartig mit. Zu Anfang können wir kaum unterscheiden, an welcher Position sich der Auslöser und wo sich die folgende Reaktion befindet.

Bauchweh paart sich gern mit gereizter Stimmung und griesgrämigen Gedanken. Angst löst im Körpersystem höchste Anspannung aus und verengt den geistigen Fokus auf mögliche Bedrohung. Mutlose Gedanken drücken sich schnell in der Körperhaltung und in der Empfindungswelt aus. Es ist eine gemeinsame Dynamik, der wir uns kaum entziehen können. Doch mit ein wenig Übung können wir diese gemeinsamen Ausschläge in unserem physischen, mentalen und emotionalen Körper immer besser wahrnehmen und Transparenz in die Gemengelage bringen.

Und hier zeigt sich das große Wunder: Wir alle tragen eine Ebene in uns, die völlig ruhig und unbeeindruckt wie ein großer Spiegel all diese Bewegungen aufzeigt. Sie gibt uns die Möglichkeit, alle Regungen in uns wahrzunehmen und zu reflektieren. Neben der ständig sich hebenden und senkenden Welle unserer Gedanken, Gefühle und Körperwahrnehmungen befindet sich eine immanente Dimension in uns, die von all dem Auf und Ab nicht berührt wird.

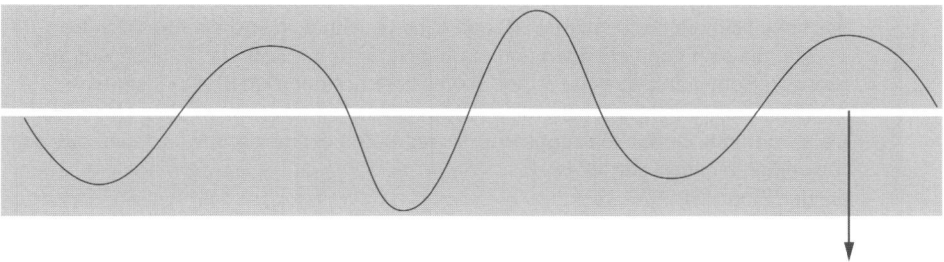

Stille – Leere – Fülle – Eins-Sein

Unser Bewusstsein – ein großer, ruhiger Spiegel

Die wunderbaren Fähigkeiten unseres Bewusstseins haben zwar in unserem Kulturkreis bisher keine große Aufmerksamkeit erfahren. Die westliche Antike und der Osten widmeten sich dagegen intensiv der direkten Erforschung der Arbeitsweise des Geistes. Über 2.500 Jahre lang wurde in diesen Kulturen Bewusstsein empirisch untersucht. Im Laufe der Jahrhunderte haben unzählige Menschen ihr ganzes Leben dieser kontemplativen Wissenschaft gewidmet. Heutzutage können wir all diese Erfahrungen umfassend nutzen und sie auf einfache, direkte Art in unseren Alltag integrieren.

Im Moment beschäftigt sich hauptsächlich die Neurobiologie mit der Erforschung des Geistes.

Hier ein Auszug eines Gespräches zwischen dem weltweit führenden Hirnforscher Wolf Singer und dem buddhistischen Mönch Matthieu Ricard, der früher Molekularbiologe war:

> *MR:* »Buddhisten bezeichnen die Erkenntnisfähigkeit auch als die ›Lichtnatur des Geistes‹, weil durch unsere Wahrnehmungen gleichsam ein Licht auf die äußere und unsere innere Welt fällt […] Diese grundlegende Eigenschaft, die wir als ›Basiskognition‹, ›ungetrübtes Bewusstsein‹, ›reines Bewusstsein‹ oder als das ›wesentliche Element des Geistes‹ bezeichnen, kann durch die Inhalte der Gedanken, welcher Art sie auch sein mögen, Liebe oder Wut, Freude oder Eifersucht, weder bedingt noch verändert werden. […] Nehmen wir das Beispiel des Spiegels: Das Besondere an einem Spiegel ist, dass er alle Arten von Bildern reflektiert, aber keines gehört zu dem Spiegel, durchdringt ihn oder bleibt in ihm. Denn wenn das der Fall wäre, würden sich all diese Bilder überlagern und der Spiegel würde nutzlos. In ähnlicher Weise sorgt die erwähnte Basiseigenschaft des Geistes dafür, dass alle mentalen Gebilde entstehen können, ohne dass er selbst davon verändert wird.«
>
> *WS:* »Was du sagst, hat für mich die Implikation, dass du offenbar zwischen Bewusstsein und seinen Inhalten eine deutliche Trennung vornimmst. Du nimmst an, es gebe im Gehirn eine Plattform der reinen Bewusstheit, welche die Eigenschaften des idealen Spiegels hat, der selbst keine Verzerrungen der Inhalte bewirkt und diese lediglich reflektiert, ohne davon beeinflusst zu werden. Für mich klingt das so, als nähmest du eine klassische dualistische Position ein, als gingest du von einer Dichotomie aus zwischen dem unbefleckten Geist oder Beobachter auf der einen Seite und den Inhalten, die in dieser reinen Bewusstheit aufscheinen, auf der anderen […]«
>
> *MR:* »Es handelt sich dabei nicht um Dualität, nicht um zwei getrennte Ebenen des Bewusstseins, sondern mehr um die verschiedenen Aspekte von Bewusstsein: eine Basiseigenschaft, die immer da ist, das reine Gewahrsein und die mentalen Konstrukte, die sich darin entfalten und ständig verändern. Statt von Dualität würden wir eher von Kontinuität sprechen. Das Bewusstsein ist auf allen Ebenen ein dynamischer Strom aus Momenten reiner Bewusstheit mit oder ohne Inhalt. Hinter der Trennwand aus Gedanken liegt immer zu jeder Zeit ein reines Bewusstsein, das nicht von seinen Inhalten getrübt ist.«
>
> (Singer/Ricard 2008, S. 15)

Gleichzeitigkeit von Bewegung und Stille erfahrbar machen

Viele meiner Klienten haben schon vom Buddhismus gehört. Manch einer hat sogar einen Meditationskurs besucht und sich darin geübt, Gedanken, Gefühlen und Körperempfindungen zuzuschauen und sich nicht ganz und gar mit ihnen zu identifizieren. Die bekannteste Anleitung von Meditationslehren ist wohl folgende: »*Lass die Gedanken an dir vorbeiziehen wie Wolken am Himmel. Hafte ihnen nicht an, sondern lass sie kommen und gehen.*« Dies ist eine wunderbare Übung, besonders wenn bei zwanzigminütigem Sitzen auf einem Kissen am Boden die Beine unerträglich zwicken und einem das Kreuz schier abbricht. Gleichzeitig geht einem die Sitznachbarin furchtbar auf die Nerven, weil sie gerade zu dieser stillen Stunde ein extrem riechendes Parfum aufgelegt hat. Außerdem ist man auf sich selbst sauer, weil man statt auf den Atem zu achten, sich in sich ständig wiederholenden Gedankenketten verliert.

Meditation will geübt sein und braucht zu Anfang viel Geduld und Freude an Situationskomik. Wer noch ungeübt ist, fühlt sich durch das lange, aufrechte Sitzen überfordert und ist verleitet, die Flinte ins Korn zu werfen. Das muss aber nicht sein, da es zum Einstieg leichtere Formen der inneren Versammlung gibt.

In der Coachingsitzung möchte ich meine Klienten auf eine natürliche, ihnen angenehme Art und Weise mit dem stillen Innenraum des Bewusstseins vertraut machen. Und so habe ich über die Jahre zu einer Übung gefunden, die für viele Personen sehr schnell zugänglich und nachvollziehbar ist. Zum einen schenkt sie die Erfahrung des ruhigen Beobachters, die ein geistiges Aha-Erlebnis auslösen kann. Zum anderen verknüpft sie dieses Ereignis mit einem intensiven, einprägsamen sinnlichen Erleben von Ruhe und Kraft.

Mein Wunsch ist, dass der Klient die Gleichzeitigkeit von Stille und Bewegung in sich selbst wahrnehmen kann. Matthieu Ricard beschreibt es so wunderbar:

> »Hinter der Trennwand aus Gedanken liegt immer zu jeder Zeit ein reines Bewusstsein, das nicht von seinen Inhalten getrübt ist.«
> (Singer/Ricard 2008, S. 17)

In meinen Worten erkläre ich es so: Während meine Gedanken, Gefühle und Körperregungen sich immerfort zwischen den Polen Hell und Dunkel bewegen, befindet sich dahinter (oder darunter oder darüber oder darin …) ein Raum der absoluten Stille. Mit diesem Raum kann ich jederzeit in Kontakt treten. Dabei nehme ich weiterhin all die anderen Ebenen wahr, ruhe aber in dem Erleben der Stille. Wie eine Wasserpflanze, die ihre Wurzeln fest im Boden vergraben hat und die von den Wellenbewegungen des umgebenden Gewässers umspült wird. Sie geht mit diesen Bewegungen mit, verliert aber nie ihren Anker im festen Boden.

Fallbeispiel: Ich bin von ständiger Unruhe getrieben

Eine Büroassistentin sitzt erschöpft vor mir. Ihr Vorgesetzter hat ihr zu diesem Coaching geraten, da er bemerkt hat, dass sie sich während ihrer Gespräche immer schlechter konzentrieren kann. Auf ihre Kollegen wirkt sie fahrig, vergisst Zusagen, die sie getroffen hat, und ist schnell erregbar.

In der Begegnung mit mir wirkt sie eher müde und resigniert. Sie erzählt mir von ihren letzten Lebensjahren. Noch vor einiger Zeit lebte sie als Single in einer kleinen Wohnung. Ihr Tagesablauf verlief sehr geregelt zwischen Beruf und einigen privaten Interessen. Ihr größtes Problem zu dieser Zeit war allerdings schon eine Eigenschaft, die ihr auch im Moment schwer zu schaffen macht: Sie kann nicht nein sagen und sich nicht richtig abgrenzen. Da sie in ihrem Team die einzige alleinstehende Person ist, hat sie sich an vielen Abenden dazu breitschlagen lassen, Zusatzaufgaben zu übernehmen und dadurch regelmäßig länger in der Firma zu bleiben. Sie hatte dadurch zwar im Team eine angesehene Position, ihr privater Ausgleich zur Arbeit fiel dadurch aber immer weiter unter den Tisch. Sie trieb kaum mehr Sport, hatte keine Hobbys, und auch ihr Freundeskreis hatte sich schwer dezimiert.

Zu dieser Situation gesellte sich nun noch eine ganz andere Konstellation dazu. Ihre Eltern, zu denen sie einen sehr engen Kontakt hatte, wohnten im Nachbardorf. Leider erlitt ihr Vater einen Schlaganfall und blieb seitdem ein Pflegefall. Ihre Mutter wollte den Vater auf keinen Fall in ein Heim geben und bat sie inständig, ins Elternhaus zurückzuziehen, um ihr bei der anstrengenden Pflege zu helfen. Diesem Wunsch kam meine Klientin nach und lebt nun seit ungefähr zwei Jahren bei ihren Eltern. In der Firma kann sie gar keine zusätzlichen Arbeiten mehr verrichten, da sie nach dem Büro sofort nach Hause fährt, um sich mit ihrer Mutter im Pflegedienst abzuwechseln.

Auf meine Frage, wie sie diese Situation nun erleben würde, wand sie sich erst ein wenig. Sie konnte sich selbst kaum eingestehen, dass die Konstellation sie aus vielerlei Gründen völlig überforderte. Ihr Nervenkostüm war schwer angegriffen – sie schlief sehr schlecht und hatte das Gefühl, nicht mehr zur Ruhe kommen zu können. In ihrem Kopf ratterten ständig die gleichen Gedankenketten, in welcher Form sie die Situation für sich besser gestalten könnte. Da sie ein sehr pflichtbewusster Mensch war, sah sie für sich aber überhaupt keine Möglichkeit der Veränderung. Ihre Mutter war selbst überfordert, der Vater musste gepflegt werden, ein Heim kam aus moralischen Gründen nicht infrage – und ihre Arbeit konnte sie auch nicht aufgeben, da sie auf das Geld angewiesen war.

Ich schlug ihr vor, dass wir ihren Tagesablauf erst mal als gegeben annehmen und an dieser Stelle von keinem Handlungsspielraum zur Veränderung ausgehen. Interessanterweise entspannte sie dieser Vorschlag. Sie hatte Angst davor gehabt, dass ich sie unter Druck setzen könnte, ihre Loyalität den Eltern gegenüber infrage zu stellen. Diese Entspannung schaffte plötzlich Raum, nach einer anderen Möglichkeit Ausschau zu halten. Sie wirkte nicht mehr erschöpft, sondern interessiert, was ich ihr anbieten könnte. Ich bat sie, ihren Fokus zu wechseln. Von »*Was mache ich?*« auf »Wie mache ich es?«

Oft erscheinen die Alltagsanforderungen ja als unumgänglich und fest zementiert. An meiner inneren Haltung kann ich aber immer arbeiten. Kein Mensch auf dieser Erde kann mich davon abhalten, mich selbst in eine andere Verfassung zu bringen. Eine Ausnahme gibt es allerdings – und das bin ich selbst.

Meine Klientin konnte diesem Gedankengang gut folgen und zeigte sich sehr offen, ihre ständige Unruhe und Überforderung aus einer gänzlich neuen Perspektive zu betrachten. Bisher ging sie davon aus, dass sich erst die äußeren Umstände verändern müssten, damit sie zur Ruhe kommen könnte. Nachdem ich ihr das Schaubild zeigte, verstand sie, dass sie unabhängig von äußeren Einflussfaktoren selbst ständig Zugang zu einem Raum der immanenten Stille hat. Dieser Gedanke faszinierte sie so, dass sie mit großer Offenheit die folgende Übung durchführte.

»Die innere Quelle« machte sie fortan jeden Morgen und übte sich den Tag über im Innehalten. Ihre persönliche Verfassung stabilisierte sich in den folgenden Monaten so stark, dass Sie anfing, kleine Spielräume in ihrem Tagesablauf zu entdecken und zu nutzen. Schritt für Schritt baute sich ihr Selbstbewusstsein auf, und ihr Leben veränderte sich.

Während der Klärungsphase wird es sich immer wieder herausstellen, dass ein Klient mit so viel unabdingbaren Aufgaben und Pflichten belegt ist, dass sich in seinem Alltag kaum Veränderungsspielräume befinden. In diesem Fall geht es weniger darum, was der Mensch macht, sondern wie er es macht. An seiner inneren Haltung zu arbeiten, steht jedem Menschen frei. Und oft verändert sich das Leben gerade von »innen nach außen« besonders wirkungsvoll. Die folgende Übung bietet eine hervorragende Unterstützung, zu innerer Ruhe, Kraft und Klarheit zu finden. Diese Ausstrahlung führt letztendlich in jedem Lebensfeld zu einem Wandel.

| Übung | **Die innere Quelle** |

Einführung

In unserem Kulturkreis sind wir gewohnt, Zeiten der äußeren Aktivität getrennt von Zeiten der Verinnerlichung wahrzunehmen. Unsere Generation ist noch in dem gesellschaftlich verankerten Ritual aufgewachsen, an Sonn- oder Feiertagen zur Besinnung in die Kirche zu gehen. Oder besondere Orte aufzusuchen beziehungsweise Tätigkeiten zu wählen, in denen sich Innenschau ereignen kann – wie zum Beispiel Besuche von Seminaren oder heiligen Orten, Meditation, Chorgesang, meditatives Malen, Pilgern oder andere Möglichkeiten.

Aus meiner Sicht sind all diese Erfahrungen wunderbare Übungsfelder, um uns mit der Ganzheit unserer eigenen Person vertraut zu machen. Es sind aber Zwischenschritte, die uns helfen sollen, um diese innere Verankerung jederzeit präsent spüren zu können.

Ich muss mich nur erinnern: Ich selbst trage die Quelle von Ruhe und Kraft in mir – ich erlebe sie als eine direkte Verbindung zur großen Schöpferkraft. Wo ich gehe und stehe, trage ich diese Heimat in mir – sie schenkt mir Ausruhen und Sicherheit. Diese Verbundenheit ist stets da – auch wenn ich sie nicht bemerke und mich verlassen und verloren fühle.

Ziel

Die Wahrnehmung eines Mittelpunkts der Ruhe und Kraft im eigenen Körper. Übung der schnellen Verankerung in der eigenen Mitte. Beobachtung von Gedanken, Gefühlen und Körperempfindungen. Sinnliches Erleben von Ruhe und Kraft. Ausdehnung dieser Kraft. Stärkung des Gleichgewichts auf körperlicher und energetischer Ebene.

Übungsablauf (Anleitung direkt für den Klienten)

»Setzen Sie sich auf Ihrem Stuhl möglichst aufrecht hin! Am besten rutschen Sie mit Ihrem Gesäß vorne an die Stuhlkante. Beide Füße stehen fest auf dem Boden, die Hände können ineinandergelegt im Schoß liegen.

Handschriftliche Randnotizen:
1. Füße + Sitzknochen
2. Halbsäule
3. Bauchdecke
4. Atemfluss
5. Schulter- & Halspartie
6. feinstofflicher Körper
7. Verdichtung Ruhe & Kraft
8. Raum der Stille
9. Raum ist Quelle, Kraft, Licht & Ton

Stellen Sie sich vor, dass aus Ihren Füßen und aus Ihren Sitzknochen kleine Wurzeln in den Boden wachsen. Schenken Sie sich das Bild einer starken Erdung und Verwurzelung in Ihrer Basis.

Sobald Sie in Ihrem unteren Körperteil eine feste Verbindung zum Boden fühlen, richten Sie Ihre Aufmerksamkeit auf Ihre Wirbelsäule. Stellen Sie sich vor, sie sei so geschmeidig wie ein gut gewachsener Schilfhalm oder eine Mohnblume.

Mit Ihrem Ein- und Ausatmen bewegen Sie nun Ihre Wirbelsäule, als würde ein warmer Wind sie streifen. Sie können sie leicht nach vorne und hinten und auch seitlich schwingen lassen, bis Sie das Gefühl haben, dass sich Ihre Wirbel stabil und geschmeidig aufeinander aufbauen. Das aufrechte Sitzen sollte Sie in dieser Position nicht anstrengen.

Nun besuchen Sie auch Ihre Bauchdecke und laden sie ein, sich gemütlich zu entspannen! Während sich der Atemfluss vertieft, kann sich der Bauch ausdehnen und Raum einnehmen. Achten Sie dabei darauf, dass Sie von Ihrem Hosenbund nicht eingeschränkt werden. Knöpfe sind zum Öffnen da.

Auch die Schulter- und Halspartie kann locker und frei auf der Wirbelsäule aufsitzen. Bewegen Sie so lange Ihren Körper in kleinen schwingenden Bewegungen, bis Sie das Gefühl haben, in der rechten Körperspannung anwesend zu sein.

Wenden Sie nun Ihre Aufmerksamkeit nach innen, und nehmen Sie sich selbst als feinstofflicher Körper wahr! Spüren Sie hinein, ob Sie an irgendeiner Stelle Ihres Organismus eine Verdichtung von Ruhe und Kraft erleben! Diese Dichte kann sich bei Ihnen im Bauchraum befinden oder auf der Höhe des Solarplexus, in der Brust, in der Kehle oder auf der Stirn …

Sobald Sie diesen Punkt spüren, legen Sie bitte für einen kurzen Moment Ihre Hand auf die Stelle (Anmerkung: Damit der Coach verfolgen kann, was im Klienten vorgeht).

Nehmen Sie in diesem Raum der Stille Platz.

Machen Sie nichts weiter, als da zu sein.

Ihr Atem kommt und geht. Genauso wie Gedanken, Gefühle, Körperwahrnehmungen. Auch wenn diese Regungen Ihre Aufmerksamkeit gewinnen, bleibt Ihr Sein in der Stille verankert.

Kosten Sie diesen Zustand aus.

Verkosten Sie die Ruhe in sich selbst.

Wenn Sie möchten, können Sie noch einen Schritt weitergehen.

Stellen Sie sich vor, dass dieser Raum der Ruhe eine Quelle ist, aus der Kraft, Licht und Ton entspringt! Wenn es Ihnen entspricht, können Sie das Bild einer Sonne nehmen, die sich nun in alle Richtungen gleichzeitig ausbreitet.

Das Licht fließt von Ihrem Mittelpunkt gleichmäßig in die untere Körperhälfte und in die obere Körperhälfte. Achten Sie darauf, dass sich das Licht gleichmäßig nach oben und unten verteilt.

Lassen Sie das Licht auch ganz bewusst in die rechte und linke Körperhälfte einfließen. Danach auch in die vordere und hintere Seite Ihres Körpers.

Diesen Zustand der energetischen Balance genießen Sie einige Minuten. Prägen Sie sich dieses Gefühl der Ausgeglichenheit tief in Ihren Körperzellen ein, damit es auch im Alltag für Sie schnell abrufbar wird.

Offenes Gewahrsein
Je tiefer Sie in sich selbst eintauchen,
umso stiller wird es.
Die Außenwelt mit all ihren Eindrücken ist zurückgetreten.
Sie schauen nicht mehr auf die Inhalte Ihrer Wahrnehmung,
sondern sind selbst ganz Wahrnehmung, ungerichtet und offen.
Es ist das sinnliche Erleben eines glasklaren Geistes.
Sie sind eins mit offenem, unberührten Bewusstsein.
Sie baden in der Unendlichkeit.
Verändert tauchen Sie wieder auf.
Sie durchdringen alle Ebenen gleichzeitig.
Trennung fällt ab.
Alles ist eins.

Der Zugang zum eigenen Wesenskern fällt den meisten Klienten viel leichter, als sie es vermutet haben. Ohne größere Vorkenntnis können sie mithilfe einer ruhigen Anleitung schnell die ersten eigenen Erfahrungen mit dem Phänomen der geistigen Offenheit und Stille sammeln. Wer durch diese Erfahrungen auf den Geschmack kommt, wird für sich selbst die Übung weiterverfolgen und weitere, für ihn passende Techniken dazunehmen.

Findet ein Klient ein geistiges oder körperliches Ritual, dass zu ihm passt, rate ich ihm Folgendes: Um die Intensität dieser inneren Versammlung zu verstärken, ist es hilfreich, sich einen festen Platz zu suchen, an dem er diese Übungen regelmäßig durchführt. Es kann eine stille Ecke in der Wohnung oder ein vertrauter Ort in der Natur sein. Nicht nur Menschen, auch Orte können sich »mit Energie füllen« und somit Kraft ansammeln. – Probieren Sie es aus und erforschen Sie die Wirkung!

Wache Gelassenheit im Körper

»Wir sollten unseren Körper bewohnen wie ein bequemes Sofa
oder ein gemütliches Haus.«

Susie Orbach, Psychoanalytikerin, Spezialgebiet Essstörungen
(aus: »Der Feind in mir«, *SZ Magazin, Ausgabe Nr. 31/2009*)

Den Körper als Freund erfahren

Unser Körper ist ein Wunderwerk der Natur. Über viele Millionen Jahre hat er sich vom Einzeller zu einem hochkomplexen Organismus entwickelt, der einen großen Teil seiner Aktivitäten aus sich selbst heraus verrichtet. Zuverlässig wie ein stoischer Esel spult der Körper täglich sein Programm ab. Er atmet, lässt das Herz schlagen, reguliert Kreislauf und Blutdruck, er verdaut, trennt Nahrhaftes von Toxischem, scheidet aus, reguliert die Körpertemperatur und, und, und. All diese körperlichen Prozesse sind zudem noch auf geheimnisvolle Weise mit geistigen und psychischen Prozessen gekoppelt, die unser Organismus gekonnt miteinander abstimmt. Kurz gesagt: Unser Körper ist ein fleißiger, hochintelligenter Arbeiter, der aus sich selbst heraus jeden Tag Millionen von Abläufen umsetzt und miteinander ausbalanciert.

Wertschätzung und Unterstützung bekommt er für diesen unermüdlichen Einsatz allerdings selten – ganz im Gegenteil. Anstatt dass wir Menschen unserem treuen Sparringspartner das Leben erleichtern und ihm helfen, seine Arbeit geregelt zu verrichten, überraschen wir ihn oft mit maßlosen Herausforderungen. Es ist beeindruckend zu beobachten, an welch wilde Eskapaden sich der Körper anpasst und sie oft über Jahre, gar Jahrzehnte, geduldig ausgleicht. Zu wenig trinken und schlechte, mangelhafte, unregelmäßige Ernährung – zu viel Fett, Zucker, Alkohol, Nikotin und andere Drogen, genauso aber auch zu wenig Schlaf, andauernder Stress und viel zu wenig Bewegung – all das versucht der Organismus, mit allen ihm zur Verfügung stehenden Kräften auszubalancieren. Dabei lässt er seinem Besitzer enorm viel Spielraum, um auszuprobieren, was ihm tatsächlich guttut.

Kurze Frage am Rande: Würden Sie im übertragenen Sinne Ihr Auto so behandeln? Ein Gefährt, auf das Sie angewiesen sind, um unterschiedlichsten Aktivitäten nachzugehen?

Klare Antwort: Nein! Die meisten Menschen hätscheln und tätscheln ihr Auto, sind stolz darauf und führen es gerne vor. Dabei wird es eben nicht nur äußerlich aufpoliert. Bei der täglichen Benutzung wird auf seine Belastbarkeit geachtet, ohne Sprit fährt es eh nicht, und seine regelmäßigen Inspektionen braucht es auch – spätestens der TÜV macht klar, wo es langgeht.

Verantwortung für den Köper übernehmen

Unser Körper zeigt uns ebenso, was Sache ist. Bei steter Überforderung sendet er die ersten sanften Warnschüsse, die von seinem Besitzer allerdings gerne überhört werden. Der Körper schenkt tausend kleine Hinweise, bevor er zu schärferer Munition greift. Das sind dann Symptome, die gar nicht mehr zur Seite geschoben werden können. Erst wenn es kracht, treten die meisten Menschen auf die Bremse, besser gesagt: Schmerzen und Krankheit setzen ihnen eindeutige Grenzen. Aus der Zeugenperspektive wirkt es völlig verrückt, wie wir in der westlichen Gesellschaft mit dem größten Geschenk unseres Lebens umgehen: undankbar, abwertend, vergesslich … Eine Vielzahl von Krankheitsbildern verursachen wir Menschen selbst durch fahrlässige Selbststeuerung – und gerade diese Krankheiten steigen sprunghaft an und belasten die Krankenkassen bis ins Unermessliche.

Aber nicht nur Studien belegen, dass sich immer weniger Menschen in ihrem Körper wohlig beheimatet fühlen. Die Süddeutsche Zeitung veröffentlichte in ihrer Ausgabe Nr. 31/2009 einen extrem unter die Haut gehenden Artikel von Michaela Haas mit dem Titel: »Der Feind in mir«. Hier ein Auszug:

> »Millionen von Menschen träumen vom perfekten Körper – und scheitern, trotz Disziplin und Chirurgie, ein Leben lang. Die Folge: Sie beginnen, ihren Körper zu hassen. Es ist eine Geschichte tragischer Entfremdung.
> Der perfekte Körper ist zum Synonym für Glück geworden, die Wahrscheinlichkeit, unglücklich zu werden, liegt somit bei fast 100 Prozent. Die Unfähigkeit, ein selbstverständliches, ein unaufgeregtes Verhältnis zum Essen zu finden, hat sich gesteigert zur Unmöglichkeit, ein normales Verhältnis zum eigenen Körper zu finden. Das gilt für viele Frauen, aber die Männer holen rasant auf. Im Grunde führen wir Krieg gegen unseren Körper, er hat sich vom Freund zum Feind gewandelt. ›Körperterror‹, nennt Susie Orbach diesen Zustand, ›wir erleben eine nie dagewesene Hysterie um den Körper, es gilt als normal, ihn nicht zu mögen. Millionen Menschen schämen sich für ihn, kämpfen täglich gegen ihn, weil er sie verstört und verunsichert. Das ist ein immenses Problem und hat nichts mit Eitelkeit zu tun‹. Der eigene Körper wird zum Feind, weil er sich nicht so stark formen lässt, wie wir es von ihm fordern. Und die Schuld daran suchen wir bei uns. ›Es ist viel ernster, als wir glauben wollen‹, sagt Susie Orbach, ›genau genommen handelt es sich um einen Gesundheitsnotstand, der Namen trägt wie Selbstzerstörung, Übergewicht, Magersucht, Körperhass und Körperkult oder Fitnesswahn.‹«

Diese Beschreibung mag sehr hart erscheinen und in ihrem ganzen Ausmaß vielleicht nur auf einen Teil der Bevölkerung zutreffen. Dennoch taucht das Thema »natürliche Beziehung zum eigenen Körper« oft in meinen Coachings und Gruppen auf. Die meisten meiner Klienten beuten ihren Körper in irgendeiner Weise aus. Sie verlangen von ihm ständige Höchstleistungen, ohne ihm die nötigen Regenerationspausen zur Verfügung zu stellen. Sie wünschen sich, schlank und fit zu sein, tun sich aber immens hart mit einer ausgeglichenen Selbststeuerung. Auch das Thema Altern wird nicht gerade positiv aufgenommen – kein Wunder bei den Vorstellungen, die durch die Medien tagein, tagaus publiziert werden.

Aber die Medien sind für das eigene Selbsterleben keine Entschuldigung, denn sie sind nur Spiegel unser selbst! Unsere Gesellschaft befindet sich in einem demografischen Wandel, und nur schleppend wird diesem Umstand Rechnung getragen. Ab Ende 40 fürchten sich die meisten Führungskräfte vor Jobwechsel, denn dies ist schon ein »kritisches Alter«. Zu einem Zeitpunkt, in dem viele in die Blüte ihrer menschlichen Reife treten, besteht die Gefahr, dass sie auf dem Arbeitsmarkt aussortiert werden. Auf dem »Beziehungsmarkt« existieren diese Befürchtungen natürlich genauso.

Es ist kaum nachvollziehbar, aber es scheint, als hätten wir uns kollektiv von einer normalen Wahrnehmung unserer Physis und einem natürlichen Verständnis von Älterwerden abgetrennt. Dieser Umstand ist gerade im Coaching sehr ernst zu nehmen. Denn Selbstvertrauen und klares, überzeugendes Auftreten hängen maßgeblich davon ab, wie wohl sich ein Mensch in seinem Körper fühlt. Das eigene Selbstverständnis steht im direkten Zusammenhang zum ureigenen Körperverständnis.

Der Körper lässt sich so leicht glücklich machen

Eigentlich ist unser Körper ganz einfach zu bedienen. Er braucht ein ausgewogenes Essen, viel Wasser, ausreichend Schlaf und regelmäßige Bewegung, die ihn weder über- noch unterfordert. Das ist das Basisprogramm.

Darüber hinaus tut es ihm gut, wenn er gedanklich nicht abgewertet wird. Wie ich es vorausgehend schon mehrfach betont habe, sind Körper, Verstand, Gefühl und Seele eng miteinander verknüpft. Findet sich ein Mensch schön und schenkt er sich in seinem Selbstgespräch Anerkennung und Wertschätzung, kann sich der Körper entspannen und sich in seinem eigenen, angeborenen Rhythmus bewegen. Lehnt ein Mensch sein Äußeres ab, überträgt sich diese gedankliche Anspannung auf den ganzen Organismus und strapaziert den Körper mit einem inneren Dauerbeschuss. Neben den täglichen Belastungen, die durch Außenfaktoren auf die Person einwirken, kosten diese inneren Attacken zusätzlich immense Kraft. Kraft, die dringend gebraucht wird, um mit der Vielzahl der Herausforderungen optimal umzugehen.

Für die hochkomplexe Arbeit, die der Körper täglich leistet, hätte er regelmäßig Erholung verdient! Er verlangt nach Spiel, Sport, Spaß, Anstrengung, Schwitzen, sich Austoben – und dann wieder Erholung, Sinnlichkeit, Genuss, Muße, Gelöstheit. Es ist das rechte Maß zwischen Anspannung und Entspannung, das Körperzellen glücklich stimmt. Der Körper weiß, was ihm guttut – wir müssen lernen, ihm genau zuzuhören und seinen Impulsen zu folgen.

Für eine normale, gesunde Figur empfiehlt Susie Orbach: »Iss, wenn du Hunger hast! Iss, was dir guttut! Hör auf, wenn du satt bist!« So einfach ist das. Wenn es nur so einfach wäre.

Wann fühlt sich Ihr Körper wach und entspannt an?

Um mit meinen Klienten in diese schwierige, oft heikle Thematik möglichst locker einzusteigen, stelle ich ihnen zu Anfang einige Fragen. Ich beginne mit folgender:

- ■   »Wann fühlt sich Ihr Körper wohl und entspannt an?«

Die meisten Personen müssen sich mit diesem Blickpunkt erst einmal vertraut machen, doch dann beginnt es förmlich aus ihnen herauszusprudeln. Bei vielen zaubert diese Frage ein Schmunzeln aufs Gesicht. Erinnerungen an wundersam schöne Stunden blitzen auf, und während ihrer Beschreibung wird ihre Stimmung fröhlich und gelöst. Zu Anfang tauchen meistens Bilder aus dem Urlaub auf: am Strand, in den Bergen, beim Tanzen, Lachen, Flirten, Schmusen, genussreichen Essen, beim Skifahren, Surfen, Segeln … Mit der Zeit mehren sich aber auch die Erinnerungen an Alltagssituationen: bei Erfolgen, gelungenen Anstrengungen, bei guten Gesprächen, geglückten Konfliktlösungen, bei fair ausgetragenen Auseinandersetzungen, nach einem anstrengenden, aber zufriedenstellenden Arbeitstag …

Wache Gelassenheit hat offensichtlich mit einem Gleichgewicht zwischen Herausforderung und erfahrener Selbstkompetenz zu tun.

Die nächste Frage, die ich stelle, lautet:

- ■   »Wie erleben Sie dabei Ihre Gefühle, Gedanken und Ihre Seele?«

Auch hier erhalte ich ähnliche Antworten: Die Gefühlslage wird als offen erfahren, sich selbst und dem anderen zugewandt. Schilderungen werden gegeben wie: »Ich möchte den anderen verstehen, kann mich seinen Blickpunkten öffnen. Ich schaffe es dabei, die Balance zu halten zwischen meinen eigenen Anliegen und denen meines Gegenübers.« Auch die Gedankenebene wird als frei, zugänglich, kreativ-assoziierend erlebt. Die Seele, der Wesenskern des Menschen, fühlt sich lebendig an, präsent, beteiligt, in Verbindung, ehrlich, unverhüllt. Übereinstimmend äußern alle Befragten, dass sie sich in diesen Momenten nicht abwerten, sondern selbst als guter Freund zur Seite stehen.

Nun wende ich mich in meiner Fragestellung noch mal detailliert dem Körper zu:

- ■   »Wie fühlt sich der Körper genau in diesem Zustand der wachen Gelassenheit an?«

Bei genauer Prüfung kristallisiert sich heraus: Die Muskelspannung des Körpers verändert sich erheblich und demzufolge ebenso die Haltung und die Atmung. Die meisten Menschen erleben in ihrem gesamten Muskelapparat weniger Anspannung und erfahren sich dadurch leichter, weicher, aufgerichteter sowie gerader. Durch eine gelöste Schulterpartie, Bauchdecke und ein entspanntes Zwerchfell kann sich der Atem vertiefen, dadurch wirkt die Stimme fester, klarer und kräftiger.

Den Körper gezielt schulen

Diese Gesamtkonstitution wird als besonders gute Ausgangslage erfahren, um physische, mentale, emotionale und seelische Herausforderungen und Belastungen souverän zu meistern. Es scheint, als würde sich der Körper bei bestimmten Bedingungen wie von selbst in dieses wunderbare Gleichgewicht zwischen An- und Entspannung begeben. Demzufolge ist es sinnvoll, dem Körper aktive Unterstützung zu schenken und ihn unabhängig von äußeren Umständen, aus eigener Selbststeuerung heraus, in solch eine günstige Grundhaltung zu versetzen.

Die Vorteile eines wachen, präsenten, ausbalancierten Körpers erkannten die asiatischen Völker schon vor ewigen Zeiten und nutzen diese in allen Lebensfeldern, besonders zur Gesundheitsprävention. Auch in ihrer Kampfkunst wendeten sie die Prinzipien eines in sich ruhenden Geistes und Körpers an. Gewinnen, ohne zu kämpfen, dieses Ideal wurde vor 2.500 Jahren in China ausgerufen und wurde über Jahrtausende facettenreich studiert sowie praktiziert. Dabei lag der Fokus besonders auf dem Zusammenhang von innerer Zentrierung, natürlicher Autorität und äußerer Durchsetzungskraft.

Während unsere Krieger beziehungsweise Soldaten strammzustehen haben und sich durch extreme Anspannung im Körper auszeichnen, verfolgen diese Kämpfer einen fließenden Bewegungsablauf. Ein häufig genanntes Gleichnis hierfür ist, dass die flexible Weide einem Sturm durch Biegen widerstehen kann, während die viel stabilere Eiche brechen wird, sobald der Wind stark weht.

Heute können wir aus dem reichen Erfahrungsschatz der westlichen und der östlichen Welt schöpfen. Gerade im Hochleistungssport gelangen viele der alten Erkenntnisse zu einer direkten Anwendung. Einfache, unscheinbar wirkende Übungen zeigen große Wirkung und lösen eine langfristige, zuverlässige Leistungssteigerung aus.

Auch ich profitierte schon in jungen Jahren von diesem fantastischen Erfahrungsschatz. Nachdem ich mich von meinen Trainern in der Leichtathletik nicht gut begleitet fühlte und sich mein physisches sowie psychisches System mehr und mehr verschloss, anstatt zu öffnen, begann ich zuerst mit Yoga und ein Jahr später mit Tai Chi. Mich begeisterten die Übungen an sich, vor allem aber die geistige Haltung, die hinter der Körperarbeit steht. Seit fast 30 Jahren widme ich mich täglich meinem Körper und trainiere immer wieder aufs Neue, innere Balance zu finden. So verfolge ich am eigenen Leib die immens kraftvollen Möglichkeiten einer achtsamen Körperarbeit.

Im H.B.T. Human Balance Training wurde diese Art der feinen Körperwahrnehmung und aufmerksamen Steuerung zu einem festen Bestandteil. Mein Anliegen ist es, jedem meiner Klienten und Kursteilnehmer ein Grundverständnis von körperlicher und geistiger Präsenz mitzugeben. Kaum einer der Klienten hat sich mit dem vielschichtigen Potenzial seines Körpers schon einmal in Ruhe befasst. So gilt es auch hier, die richtige Dosierung zu finden, um einen ersten Einstieg möglichst einfach und verständlich zu gestalten. Ich arbeite mit der Eselsbrücke HASE, denn diese kann sich wirklich jeder merken.

Übung   Der HASE

Einführung

Achten Sie im Körper auf

    H –   Haltung
    A –   Atmung
    S –   Spannung
    E –   Erdung

Ist der Körper angespannt, überträgt sich dieser Druck automatisch auf die Gedanken- und Gefühlswelt. Umgekehrt verläuft diese Reaktionskette in gleicher Art: Verengt sich durch Aufregung und Anspannung der Verstand, ziehen sich auch Körper und Gefühle zusammen. In diesem Moment verlieren Sie auf allen Ebenen an Überblick, Kraft und Ausstrahlung.

Diesen vorhersehbaren Mechanismus können Sie sich zunutze machen. Sobald in Ihrem Organismus Anspannung auftaucht, können Sie auf Körperebene gezielt entgegenwirken. Durch ruhigen Atem und bewusste Lockerung beziehungsweise Entspannung der Muskulatur wirken Sie der Verkrampfung im Körper entgegen. Eine weitere große Hilfe ist die Vorstellung, fest auf dem Boden zu stehen und sich »Wurzeln« wachsen zu lassen. Sie bleiben auf dem Boden der Tatsachen und lassen sich von Ihren Gefühlen nicht wegtragen. Physische Gelassenheit ist die Grundlage von klarem Denken, Reden und Handeln!

Ziel

Der Klient lernt, seinen Körper differenziert wahrzunehmen und bewusst zu steuern. Er gewinnt Verständnis für seine persönliche Art, auf Stress und Belastung zu reagieren. Er identifiziert persönliche Stressmuster und kann nachvollziehen, wie sie sich schrittweise aufbauen. Durch simple Körperübungen wirkt er diesen Symptomen entgegen.

Übungsablauf (Anleitung direkt für den Klienten)

»Der HASE schließt direkt an die Übung des Innehaltens an. Sie haben schon gelernt, in Ihrem Körper präsent und anwesend zu sein und auf bestimmte Körperregionen besonders zu achten. Hier noch einmal die Grundhaltung im Stehen:

- Die Füße stehen fest auf dem Boden. Lassen Sie sich sinnbildlich Wurzeln wachsen.
- Die Knie sollten nicht durchgedrückt, sondern weich und federnd sein.
- Dadurch ist die Beckenregion frei beweglich und schenkt der Wirbelsäule die Möglichkeit, sich freitragend aufzurichten.
- Die Gesäßmuskulatur ist entspannt.
- Der Bauchraum gibt Platz zum freien Atmen.
- Der Brustraum weitet sich.
- Die Schultern und Arme hängen locker.
- Der Kopf sitzt mittig auf der Wirbelsäule auf.

Diese Grundposition können Sie durch alle Ihre verschiedenen Haltungspositionen hindurch verfolgen: beim Sitzen, Laufen, Liegen. Sie lässt sich auf den jeweiligen Bewegungsablauf übertragen.

Bemerkt der Klient, dass er in einer der Positionen Spannungen im Körper trägt, übt er sich darin, sie durch aktive Muskelentspannung und vertiefte Atmung aufzulösen. Er erinnert sich immer wieder neu daran, die aufrechte, freitragende Haltung einzunehmen.

Milton Trager, ein wunderbarer Körpertherapeut, stellte seinen Patienten die Frage: »*Was fühlt sich leichter an, weiter, weicher …?*«

Diese wache Gelassenheit übt der Klient zu Anfang am besten in Situationen, in denen er keinen Stress verspürt. Je sicherer er die Technik beherrscht, umso mehr kann er sie unter Belastung anwenden. Während eines eskalierenden Gesprächsverlaufs kann er durch Achtsamkeit die Spannung in seinem Körper regulieren. Diese aktive Modulation seines Erregungszustandes hat direkten Einfluss auf seine Ausstrahlung, seine Stimme, seine Mimik, seine Körperhaltung – und noch tiefer wirkend auf seine Gedanken und Gefühle.

Zwei starke Einflussfaktoren: Balancierte Selbststeuerung und balancierte Haltung

Ich fasse noch einmal zusammen: Der Körper ist der Träger unseres Wesens, durch ihn drückt sich unsere gesamte Person aus. Möchte ich umfassend mein Potenzial und meine Selbstwirksamkeit entfalten, ist es unerlässlich, aufmerksam auf meinen Körper zu achten.

Zum einen gilt es, ihm fürsorglich seine Bedürfnisse zu erfüllen und Schritt für Schritt in einen stabilen Ernährungs- und Bewegungsrhythmus einzusteigen. Diese Kontinuität im Essen, Trinken, Bewegen, Regenerieren und Schlafen ermöglicht dem Körper am ehesten, zu seinem natürlichen Gewicht zu finden beziehungsweise es zu erhalten. Zudem ist diese Stabilität in den Körpervorgängen eine wesentliche Voraussetzung, um mit Stress und den sich damit verbindenden hormonellen Einflüssen positiv umzugehen. Ich weiß, dass sich dieser respektvolle Umgang mit dem Körper nicht über einen inneren oder äußeren Appell umsetzen lässt. Es braucht Liebe zu sich selbst – dann erst beginnen wir unseren Körper ernst zu nehmen. Nach und nach entdecken wir den Körper als »Tempel unserer Seele«, den es zu pflegen gilt.

Achtsamkeit für die Spannung, Haltung, Atmung und Erdung zu entwickeln, ist ein weiterer Schritt, um sich insgesamt souverän steuern zu können. Diese Regulierung der Körpergrundhaltung hat starken Einfluss auf die gesamte Ausstrahlung, das Auftreten und das Charisma eines Menschen. Der HASE entfaltet seine Wirkung durch ausdauerndes Training. Je öfter ein Mensch bewusst auf seine gegenwärtige Haltung Einfluss nimmt, umso stärker kann er auch auf seine Grundkörperhaltung einwirken. Zwischen Körper und Psyche herrscht eine direkte Wechselwirkung, die es zu verstehen und zu nutzen gilt.

Im Kontakt sein mit dem, was ist

»Man überwindet niemals etwas, indem man sich widersetzt.
Man kann etwas nur überwinden, indem man tiefer geht.«

Claudio Naranjo (1996)

»Geh an die Orte, die du fürchtest.«

Pema Chödrön (2002)

Schritt für Schritt Schalen abtragen

Durch die vorhergehenden Übungen hat der Klient schon vielfältige Facetten seines Bewusstseins studiert:

- Er hat seinen Zeugen kennengelernt und übt sich darin, Zusammenhänge aus einer übergeordneten, neutralen Position zu betrachten.
- Durch wiederholtes Innehalten spürt er sich selbst und schenkt seinen Empfindungen Raum, um sich auszudrücken.
- Mehr und mehr lernt er, seine Gedanken, Gefühle, seine Körperwahrnehmung und die Bewegung seiner Seele differenziert auseinanderzuhalten.
- Sein Bewusstsein nimmt er als reflektierenden Spiegel all dieser Eindrücke wahr.
- Durch einfache Übungen lernt er, sich in der Ruhe und Weite des Bewusstseinsraums zu verankern. Er spürt die Stille und Unversehrtheit, die seinen Wesenskern ausmachen.
- Mithilfe der Eselsbrücke HASE lernt er, seinen Körper genau zu beobachten und ihn aktiv in einen Zustand der wachen Gelassenheit zu versetzen. Somit kann er schon im Ansatz eskalierenden Emotionen und Übererregungen entgegenwirken.

All diese Fertigkeiten übt er zum einen in der Coachingsitzung, aber vor allem tagtäglich in seinem bunten Alltagstreiben. Diese Grundübungen der Achtsamkeit und Bewusstseinsentfaltung sind eine wunderbare Grundlage, um mit dem Klienten Schritt für Schritt tiefer gehen zu können.

Nehmen wir das Bild einer Zwiebel. Um zu ihrem Kern vorzudringen, gilt es, eine Haut nach der anderen abzutragen. Ihre äußersten Schichten sind robust und lassen sich mit gröberem Werkzeug bearbeiten. Doch hinter dieser widerstandsfähigen, eher spröden Außenhaut verbirgt sich ein weiches, empfindsames Inneres, das bei seiner Berührung Tränen hochsteigen lässt.

In ähnlicher Art ereignet sich auch die »Häutung« des Klienten. Zu Anfang beschäftigt sich der Mensch mit seiner äußeren Schale, die er meistens als Schutzpanzer bezeichnet. Mit ein wenig Selbstreflexion kann er die Ausformungen und Strategien dieser wehrhaften Außenhaut identifizieren und beschreiben. Dies ist zu Anfang ein eher kognitiver Prozess, der sich mit der Zeit in persönliche Betroffenheit verwandelt. Durch Innehalten und Nachspüren … Nachlauschen … verbindet der Klient seine Gedankenebene mit den umrankenden Gefühlen.

Der Coach als sensibler Steuermann

Das authentische Zulassen innerster Regungen ist für den Klienten oftmals ein anstrengendes Unterfangen. Da sich sein System über Jahre, oft Jahrzehnte darin trainiert hat, tiefere Empfindungen abzuwehren, zu unterdrücken, zu verharmlosen oder gar zu negieren, ist es nachzuvollziehen, welch besondere Geduld und Liebe diese Berührung der Gefühle verlangt.

Für den Coach ist diese subtile Vertiefung ein besonderer Balanceakt. Er sollte den Klienten auf keinen Fall in seinem eigenen Rhythmus und seiner natürlichen Bereitschaft, emotionale Berührung zuzulassen, manipulieren. Seine Hauptaufgabe ist es, den Klienten in dieser Erforschungsarbeit ruhig zu begleiten und dessen Erfahrungen sowie Emotionen zu bezeugen. Die kraftvolle Präsenz des Coachs schenkt dem Klienten inneren Halt und ermöglicht es ihm, auch unangenehme, schmerzhafte Gefühle zuzulassen.

> »Wie viele Kreise gibt es, ehe man zum Atmen, zum Leben kommt? Ich zähle sieben: Zweifel, Angst, Zögern, Rücksichtnahme, Einbildung, Unentschlossenheit, Ungewissheit.«
> *Jakov Lind*

Auf dieser Reise durch die unterschiedlichsten Gefühlsschattierungen spielt das System des Klienten unbewusst seine automatisierten Vermeidungsstrategien durch. Je intensiver sich das Gespräch Themen zuwendet, die der Klient intuitiv abwehrt, umso heftiger reagieren seine inneren Wächter. Ich differenziere an dieser Stelle genau zwischen dem klaren Bewusstsein des Klienten, das sich unbedingt weiterentwickeln möchte und hierfür in Kontakt treten will mit verschütteten Gefühlen, und seinen unbewussten Schutzmechanismen, die ihr normales Repertoire abspulen möchten. Der Klient kann aggressiv werden oder in völlige Resignation verfallen. Er wirft sogenannte Nebelbomben und zieht das Gespräch auf irgendwelche Nebenschauplätze. Er kann verwirrt wirken oder dissoziiert. Gleich welche Strategie er aus der Tasche zieht, der Coach darf sich von diesen Abwehrmechanismen nicht ablenken, nicht irritieren und auch nicht provozieren lassen.

Es liegt an seiner Fähigkeit der achtsamen Prozesssteuerung, dass er dem Klienten genau das widerspiegelt, was gerade passiert. Es gibt nichts anderes zu tun, als mit dem, was sich ereignet, in Kontakt zu sein, es zu bezeugen und es zu erforschen. Oft nehme ich wahr, dass der Klient gerade eine ihm unangenehme Emotion vermeiden möchte. Mein Wunsch wäre, dass er sich diesem Gefühl anvertraut und es durchlebt. Nur zählt in diesem Moment nicht meine Vorstellung, sondern die authentische Regung meines Klienten. Wenn er es vorzieht, erst einmal im Widerstand zu verharren, begleite ich ihn in dieser Bewegung und mache sie ihm bewusst.

> Halt inne.
> Nimm dir die Zeit, genau zu werden.
> Vielleicht fürchtest du dich vor dem, was du entdecken kannst.
> Aber lass dich nicht abschütteln.
>
> Nimm den Widerstand in die Mitte deiner Brust.
> Im Brennpunkt der Beunruhigung schlagen wir unser Lager auf,
> werden ruhig,
> sammeln Kraft
> und beginnen zu verstehen.

Die Kraft des Innehaltens ist dabei ein kostbares Geschenk. Der Coach sollte sich von keinem Winkelzug des »Autopiloten« abschütteln lassen, sondern den herumschweifenden Geist des Klienten immer wieder zurückführen zu einem Punkt der klaren Untersuchung. Freundliche Wertschätzung gepaart mit unmissverständlicher Klarheit lassen Widerstände aufhorchen und sich langsam beruhigen und zähmen. Mit der Zeit lichtet sich der Nebel, und der Klient kann selbst seine Vermeidungsstrategien beobachten und sich damit auseinandersetzen.

Auf eine harte, polternde Schale folgt meistens ein weicher, sensibler Kern. Sobald ein Mensch die Waffen niederlegt und sich den Anteilen seiner Person zuwendet, die er so verzweifelt beschützen möchte, wird er zart und dünnhäutig. Es ist ein heiliger, ein heilender Moment.

Fallbeispiel: Der Terminator

Zu mir kommt eine Marketingexpertin, die über viele Jahre in einem großen Konzern gearbeitet hat. Sie ist vor einigen Wochen ausgeschieden und möchte ihre weitere Zukunft mit mir besprechen. Ihr ganzes Auftreten ist recht tough. Ihr Händedruck ist mehr als kräftig, ihre Begrüßung eher frostig. Schon in den ersten Sätzen vermittelt sie mir, dass sie zwar Unterstützung sucht, aber vom Coaching eigentlich nicht viel hält. In ihrer alten Firma musste sie viele Seminare besuchen, auch einige psychologische Tests durchlaufen. In den Tests schnitt sie als ruhige, in sich gekehrte Person ab, was ihr von ihrem damaligen Chef als Schwäche ausgelegt wurde. Sie erfuhr viele Kränkungen und Zurechtweisungen, wobei für mich aus ihren Erzählungen nicht schlüssig abzuleiten war, wo in diesem Fall die Henne und wo das Ei war. So, wie sie bei mir auftrat, war klar, dass sie Abweisung provozierte.
Sie befand sich im Zustand der Wut und Enttäuschung. Die anderen Menschen waren schuld an ihrer Misere. Sie fühlte sich missverstanden und abgewertet. In ihrer Firma hatte sie den Spitznamen »Terminator« abbekommen. Das ärgerte sie, auf der anderen Seite entsprach es durchaus ihrem Selbstbild. Sie war sehr empfindlich und

reagierte auf jede meiner Fragen extrem scharf. Sie war zu Anfang wie eine Stange Dynamit, die bei der kleinsten Erschütterung in der Luft explodieren konnte.

Auf das Bild des Forschungslabors ließ sie sich ein, und wir begannen die Arbeit. Mithilfe des Zeugenstuhls konnte ich sie in die erste Selbstreflexion bringen. Schritt für Schritt zerlegten wir ihre Geschichte innerhalb der Firma und stießen immer öfter auf Ereignisse, bei deren Erzählung ihr Tränen in die Augen stiegen. Sobald dies passierte, biss sie sich auf die Lippen und schluckte ihren Schmerz herunter. Sie bemerkte, dass ich sie in keiner Form bedrängte, ihre Gefühle zu offenbaren, und das tat ihr sichtlich gut. Nach und nach fasste sie Vertrauen in die Methodik und auch in meine Person. Da sie sehr intelligent war, interessierte es sie zunehmend, die Taktik ihrer Verteidigungsstrategien zu begreifen. Das war ein erster wesentlicher Schritt, um nach und nach auch ihre Emotionen zuzulassen. Mit der Zeit schnitt sie ihre Empfindungen nicht mehr reaktiv ab, sondern traute sich, sie mir zu zeigen.

Es kam ein Moment, in dem ich das eindeutige Gefühl hatte, diesen Prozess aktiv vertiefen zu können. Die Klientin erzählte von einer für sie abwertenden Situation. Tränen schossen ihr in die Augen, die sie diesmal nicht unterdrückte, sondern laufen lassen konnte. Nachdem ihre erste Erregung abgeklungen war, fragte ich sie, was sie in Berührung mit diesem Schmerz in ihrem Körper wahrnehmen würde. Sie berichtete von einem starken Druck in ihrer Brust. Nach näherer Nachfrage beschrieb sie ein Gefühl der Enge um ihr Herz herum.

Ich fragte sie, ob es ihr möglich wäre, für einen kleinen vertiefenden Prozess die Augen zu schließen. Da sie eine Person war, die auf Kontrolle großen Wert legte, war dieser Schritt des Augenschließens eine besondere Vertrauensfrage. Ich hatte intuitiv den richtigen Moment gewählt, denn sie zeigte sich dazu bereit.

Die Intensität und Qualität eines Coachings hängen maßgeblich davon ab, ob es dem Coach gelingt, den Klienten im rechten Moment in Kontakt zu seinen tieferen Gefühlen zu bringen. Dabei sollte der Coach im Normalfall niemals drängend oder provozierend auf den Menschen einwirken, sondern Methoden anbieten, die es dem Klienten leicht machen, seine Emotionen zuzulassen. Mit der folgenden Übung sammle ich beste Erfahrungen.

Übung   ### Emotionen in Bildsprache verwandeln

Einführung

Um einem Gefühl näherzukommen und seinen tieferen Inhalt besser zu verstehen, ist es hilfreich, sich dieser Emotion spielerisch auf einer assoziativen, feinenergetischen Ebene zu nähern. Dabei steht weniger die ausgelöste Erregung dieser Emotion und ihre Ausarbeitung im Vordergrund, sondern der offene, erforschende Kontakt zu dem Gefühl. Jede Emotion trägt eine Botschaft in sich, und es ist für viele Prozesse wichtig, dass diese Information wahrgenommen wird.

Ziel

Die Selbstheilungskraft des Klienten zu aktivieren und ihn durch eine assoziative innere Reise Entlastungs- und Entwicklungswege finden zu lassen.

Übungsablauf (Direkte Anleitung für den Klienten)

»Schließen Sie die Augen, und spüren Sie Ihren ganzen Körper. Stellen Sie sich vor, Sie sind ein kleines Wesen und können in Ihren eigenen Körper hineinschlüpfen. Wählen Sie einen Eingang, der Ihnen entspricht.

Sobald Sie sich in Ihrem Körper wahrnehmen, bewegen Sie sich langsam auf den Bereich zu, in dem Sie die von dem Gefühl ausgelöste Körperreaktion wahrnehmen.« (Im Fall meiner Klientin lud ich sie ein, sich langsam in Ihren Brustraum hineinzubewegen.)

»Bleiben Sie in einem respektvollen Abstand zu der Körperwahrnehmung, stehen und betrachten Sie diese Empfindung. Was sehen Sie?« (Meistens tauchen bei den Klienten assoziative Bilder auf. Im Falle der Klientin war es ein grauer Block, den sie anstelle ihres Herzens wahrnehmen konnte. Ich arbeite nun mit diesem Bild weiter, die Fragetechnik ist auf andere Motive frei zu übertragen.)

»Aus welchem Material besteht dieser Block? Welche Temperatur besitzt er? Welches Gewicht hat er?« (All diese Fragen dienen dazu, dass sich der Klient mit seinem Bild intensiver verbindet.)

»Können Sie mit diesem grauen Block ins Gespräch kommen? Fragen Sie ihn, wie er sich fühlt, wie es ihm geht.« (An dieser Stelle kann es länger dauern, bis sich das »Gegenüber« dazu bereit erklärt, in ein Gespräch zu treten. Es sagt öfters: »Du hast mich so lange nicht gefragt, wie es mir geht, was willst du jetzt von mir?«.)

»Lassen Sie sich Zeit. Setzen Sie sich hin, machen Sie es sich gemütlich, und halten Sie das Gesprächsangebot aufrecht.« (Nach einer Weile wird das Gegenüber durchlässiger und öffnet sich zu einem Austausch.)

»Seit wann bist du schon da? Was brauchst du, damit es dir besser geht? Was kann ich für dich tun?«

Durch diese Fragen wird eine innere Reise in Gang gesetzt, die sich oftmals über verschiedene Bildsequenzen hinziehen kann. Im Fall meiner Klientin begann der graue Block mehr und mehr von sich preiszugeben: Er fühlte sich allein und verlassen, da er seine wirklichen Gefühle nie zeigen durfte. Mithilfe einfühlsamer Fragen und Gesprächsangebote begann sich diese verhärtete Materie langsam aufzuweichen. Schritt für Schritt verwandelte sich der graue Block in schwarze Lava, aus dieser Lava wurde Wasser. Am Ende war der Herzensraum eine Grotte, gefüllt mit tiefblauem, kristallklarem, warmem Wasser, in dem meine Klientin badete.

Als sie aus dieser Trancesequenz wieder zurücktrat in ihr Alltagsbewusstsein, war ihr persönliches Gesamtempfinden ein anderes. Ihre Gesichtszüge waren weicher, in ihrer Körperhaltung wirkte sie viel gelöster. Ihr ganzes Wesen strahlte Wärme aus. Das bildhafte Durchwandern eines Schmelzprozesses hatte eine starke Wirkung bei ihr hinterlassen.

Im Laufe unserer weiteren Übungen konnte sie immer wieder auf diese Bilder zurückgreifen und erinnerte sich, wie leicht ihr letztendlich diese Erfahrung des inneren Fließens und Strömens gefallen war.

Die heilsame Kraft der Trance

Trancezustände, die sehr einfach – völlig unabhängig von der Einnahme von Drogen – initiiert werden können, wurden durch Milton H. Erickson, dem Begründer der Hypnotherapie, umfassend erforscht.

> Bei der Hypnose nach Erickson handelt es sich um eine kommunikative Kooperation von Therapeut und Klient, wobei der Hypnotherapeut dem Klienten hilft, in eine hypnotische Trance zu gelangen und diesen Zustand für die Veränderungsarbeit zu nutzen. In diesem Zustand steht die vom Bewusstsein des Klienten ausgeübte Kontrolle mehr im Hintergrund, dadurch treten unbewusste Prozesse stärker in den Vordergrund der Aufmerksamkeit. Milton Erickson hatte dabei ein anderes Verständnis vom Unbewussten überhaupt, als es bis dahin in der Psychotherapie üblich war. Er glaubte, das Unbewusste berge einen Quell an Ressourcen und Kreativität, und wäre nicht im Freud'schen Sinn der Sitz des Abgelehnten und Verdrängten. Er versuchte, mit Tranceinduktionen den analytischen Verstand abzulenken, um dem Unbewussten Raum zu geben für kreative Veränderungen des Klienten. Der Hypnotherapeut nutzt hierfür Metaphern, Sprachbilder, Analogien und Wortspiele, um bei dem Klienten in Trance neue Ideen und Lösungsmöglichkeiten für seine Probleme anzuregen. Die Kontrolle darüber, welche dieser Ideen er annimmt und wie er sie nutzt, bleibt dabei vollkommen beim Klienten.
> (nach: Wikipedia, Dezember 2009)

Bei Anwendung einer Tranceinduktion bin ich jedes Mal wieder überrascht, mit welchem Einfallsreichtum und welcher Gestaltungskraft unser Unterbewusstsein ausgestattet ist. In jedem Menschen verbirgt sich eine unvorstellbare Heilkraft, die nur darauf wartet, angezapft zu werden. Es ist eine besonders starke Technik, die ich sehr gezielt einsetze (s. S. 220 ff. und S. 270 ff.).

Achtung: Trauma!

Sollte ein Klient größere Schwierigkeiten haben, sich in seinen Körper hineinzuversetzen, kann dies ein Hinweis dafür sein, dass der Klient eine Traumatisierung erfahren hat und Teile seines Körpers von der normalen Empfindungsfähigkeit abgeschnitten hat (s. S. 226 f.). In diesem Fall sollte der Coach keinerlei Druck ausüben, sondern die Übung nicht weiterverfolgen und dem Klienten eine andere Möglichkeit der Emotionserforschung anbieten. Er kann ihn zum Beispiel ein Bild malen oder eine Collage erstellen lassen. Durch langsame vorsichtige Schritte kann sich der Klient in einem für ihn angemessenen Tempo verschütteten Gefühlen nähern. Sollte der Coach den Eindruck gewinnen, die auftauchende Thematik übersteige den Rahmen des Coachings und wäre in einem therapeutischen Kontext besser aufgehoben, sollte er diesen Umstand direkt mit dem Klienten besprechen.

Die Bearbeitung von Traumatisierungen gehört unbedingt in professionelle Hände, sonst ist die Gefahr einer neuerlichen Verletzung, einer Re-Traumatisierung, für den Klienten eine konkrete Gefahr. Hier sind die Grenzen des Coachings, auch des H.B.T. Human Balance Trainings, genau einzuhalten. Verletzungen innerhalb eines Arbeitsprozesses haben zum einen auf den Klienten eine fatale Wirkung – und auch auf den Coach selbst. Es ist sehr schwierig, mit misslungenen Interventionen umzugehen. In diesem Fall sollte der Coach sofort einen Supervisor aufsuchen und sich für den weiteren Prozessverlauf mit einem geschulten Psychotherapeuten abstimmen.

Innere Gesprächspartner auseinanderhalten

Fähigkeiten und Beschränkungen des Verstandes

Hat der Klient Mut gefasst, mit seinen Gefühlen in Kontakt zu treten und ihnen Raum zum Ausdruck zu schenken, wenden wir uns im nächsten Schritt der Welt der Gedanken zu. Betrachten wir als Erstes den Verstand. Er ist ein kluges Kerlchen, solange er sich mit Aufgaben beschäftigt, die ihm liegen. Er kann gut rechnen und schreiben, Schach spielen, Wanderkarten lesen, sich Telefonnummern merken, beim Einkauf Preise vergleichen. Überhaupt beherrscht er es zu ordnen, zu kalkulieren, zu kombinieren, zu konstruieren oder zu strukturieren. Er ist ein fantastisches Werkzeug, solange es sich um logische Zusammenhänge und ihre Abwicklung handelt. Nur sind die Grenzen des Lebens leider nicht so scharf gezogen, wie es ihm entgegenkäme. Schon bei der Umsetzung eines Kochrezepts sollte sich der Kopf mit Gefühl und Intuition verbinden – dann schmeckt es einfach besser! Diese Erfahrung lässt sich auf viele Gegebenheiten des Alltags übertragen.

Unser Verstand neigt zur Vereinfachung, so müssen wir aufpassen, mit welchen Informationen wir ihn füttern. Oft schnappt er sich Argumente und Blickpunkte und reitet ewig auf ihnen herum. Viele Klienten tragen Aussagen zu ihrer Person in sich, die sie in Kindertagen aufgenommen haben, und schenken ihnen noch nach Jahrzehnten treu und brav Beachtung: »*Du bist schlampig! Deine Arbeit ist nicht gut genug! Deine Schwester ist besser!* …« Es ist kaum zu begreifen, dass ein erwachsener Mensch diesen Behauptungen immer noch Macht über sein Leben abtritt – und doch ist es so. Abwertende Beurteilungen der Vergangenheit prägen stets die Interpretation der Gegenwart mit.

Unser Verstand neigt zur Anhaftung. Als hätte er einen Exklusivvertrag mit Pattex abgeschlossen, klebt er an alten Überzeugungen und eingeschliffenen Gedankenmustern. Leider entwickelt er dabei eine besondere Anhänglichkeit zu reduktionistischen Einschätzungen. Diese Zwanghaftigkeit unseres Denkapparats lässt sich mit einfachen Appellsätzen nicht unterbinden. Je dringlicher ich einem Gedanken befehle: »*Verschwinde, hau ab, ich will von dir nichts mehr hören!*«, umso intensiver rattert er mir durch den Kopf. Um uns von unseren Gedanken nicht ungehindert überrennen zu lassen, braucht es Beschäftigung mit der Struktur und Arbeitsweise unseres Geistes.

Gedanken beobachten

Ohne Übung können wir die Flut unserer Gedanken weder ordnen noch steuern. Ganz im Gegenteil: Ängste, Zweifel, Vorurteile, Bewertungen, Über- und Unterschätzungen – all diese Denkvorgänge entwickeln oft ein Eigenleben und beginnen den Verstand zu bestimmen. Je mehr wir uns gegen die unliebsamen, irritierenden Betrachtungen stemmen, umso heftiger breiten sie sich in uns aus. Wollen wir unser Denken anhalten, beginnt es erst recht Gas zu geben. Mit Gegenwehr kommen wir also nicht weiter. Eher mit Zuhören und Kooperation.

Meditation ist eine wunderbare Technik, um unseren verschiedenen Gesprächspartnern, die sich den lieben, langen Tag zu Wort melden, nach und nach auf die Schliche zu kommen. Es braucht Ruhe, Abstand zum Alltag und Reduzierung der äußeren Reize, um den Blick konsequent und konzentriert nach innen wenden zu können. Meditation ist eine besonders intensive Form des Forschungslabors, in dem wir immer scharfsichtigere Lupen benutzen können. Unter der Anleitung eines erfahrenen Lehrers können wir nach und nach die Bewegungen unseres flüchtigen Geistes beobachten, verstehen und dadurch Transparenz und Loslösung erreichen.

Diese eindringliche, leidenschaftliche Form der Selbsterforschung kann ich bei Klienten und Seminarteilnehmern nicht voraussetzen. Sollten sie sich dennoch für eine fundierte Selbstentwicklung interessieren, zeige ich ihnen gerne weiterführende Lernschritte oder verweise sie an spezielle Lehrer.

Um dennoch diese wichtige Arbeit der Gedankenbeobachtung im Coaching verankern zu können, habe ich mir eine spielerische Übung ausgedacht, mit der ich die Klienten auf einfache Weise in die komplexe Materie einführen kann.

Fallbeispiel: Wie entfliehe ich meinem Gedankenkarussell?

Eine Arzthelferin berichtet mir von ihren nicht enden wollenden Gedankenschleifen. Eigentlich ist sie eine gestandene Frau, die ein schweres Lebensschicksal bravourös gemeistert hat. Während sie mit ihrem zweiten Kind schwanger war, starb ihr Mann durch einen Arbeitsunfall. Ihr bis dato glückliches Familienleben brach von einem Tag zum nächsten zusammen. Sie versammelte all ihre Kraft, um dem ankommenden Baby ihre Liebe und Freude zu schenken und auch dem älteren Geschwisterchen einen Halt geben zu können. Nach den ersten Jahren kehrte sie in ihren alten Beruf zurück und schaffte es aus eigener Kraft, ihre Kinder großzuziehen. Beide hatten einen guten Weg ins Leben gefunden – die Mutter war frei, noch einmal ein neues Kapitel in ihrer Lebensgeschichte aufzuschlagen.

Ihr Herzenswunsch war es, eine Ausbildung zur Traumatherapeutin anzusteuern, um Menschen professionell begleiten zu können, die durch einen plötzlichen Schicksalsschlag aus ihrer Lebensbahn geworfen wurden. Während sie von dieser Vision sprach, strahlten ihre Augen, und ihre Stimme schwang beseelt. Gleich darauf berichtete sie aber von all ihren Zweifeln und Ängsten, und blitzartig verwandelte sich die kraftvolle Frau in ein Häufchen Elend. »*Ich fühle mich zu alt. Ich traue mir den Lernstoff nicht zu. Und eine Selbstständigkeit kommt für mich eh nicht infrage.*« Nachdem sie sich mit ihrem Selbstgespräch viel Kraft entzogen hatte, schwenkte ihre Stimmung in die andere Richtung und sie suggerierte sich das genaue Ge-

> genteil: »*Ach, das wird alles halb so wild. Die Ausbildung mache ich mit links. Auf dem freien Markt schlage ich mich schon durch.*« Sie erzählte mir, dass sie sich von diesen extremen Gedankenausschlägen regelrecht gebeutelt fühlte. Sie pendelte zwischen maßloser Unter- und Überschätzung hin und her und wünschte sich nichts mehr, als diesem sich endlos wiederholenden Gedankenkarussell entfliehen zu können.

Angst ist dazu da, uns auf mögliche Gefahren aufmerksam zu machen. Sobald wir allerdings überängstlich werden, ist dieser Schutzradar keine Unterstützung mehr, sondern wird selbst zur Bedrohung. Zweifel erinnern uns daran, Umstände genau zu hinterfragen. Lassen sie uns aber zu zögerlich auftreten, schaffen wir uns neue, selbst produzierte Probleme. Auch der innere Richter hat eine wesentliche Funktion in unserem psychischen System (s. S. 205 ff.). Sigmund Freud titulierte diese Instanz als Über-Ich, und sie ist, wie der Name schon beschreibt, ein fleißiger Wächter, der von erhöhter Position unser Denken und Handeln verfolgt. Oft kommentiert er unser Tun, da er uns schützen möchte. Er achtet darauf, dass wir uns kompatibel zu dem uns umgebenden Paradigma bewegen, um keinerlei Ausgrenzung zu erfahren. Auch diese gut gemeinte Funktion kann völlig aus dem Ruder laufen, wenn wir nicht selbst das Oberkommando übernehmen. Schenken wir einer einzelnen Stimme die Vorherrschaft, verführt sie uns zu zwanghaften Verhaltensweisen. Es braucht die Abstimmung, die Balance zwischen den einzelnen Kräften. Die folgende Übung hilft dem Klient, seine verschiedenen inneren Gesprächspartner zu identifizieren, differenziert wahrzunehmen und untereinander auszugleichen.

Übung   ## Die Artus-Runde

Einführung
In unserem Denken befinden sich verschiedene Gesprächspartner, die divergierende Meinungen und Blickwinkel einnehmen können. Eine dominante Gestalt ist dabei der innere Richter, der darauf getrimmt ist, unsere Denk- und Handlungsweisen zu hinterfragen, und der uns schnell unter Druck setzen kann. Genauso finden wir Stimmen der Angst in uns, der Hoffnung, des inneren Kindes, des sich überschätzenden Narzissten, des nach Anerkennung heischenden Egos … Jeder Klient ist mit einem unterschiedlichen Chor ausgestattet, der selten harmonisch erklingt, sondern oftmals ein wildes Durcheinander seiner Solisten präsentiert. Abhängig von seiner Wesensart, seinem Charakter, seiner persönlichen Entwicklung priorisiert der Klient bestimmte Stimmen als Ratgeber und lässt andere in den Hintergrund treten.

Ziel
Die unterschiedlichen Unterstützer und Bedenkenträger sollen bewusstgemacht, Verständnis für ihren Inhalt, ihre Dynamik, ihre Bedeutung soll geweckt werden. Ausbalancierung der einzelnen Kräfte mithilfe des ruhigen, offenen Gewahrseins.

Übungsaufbau

Der Coach stellt im Kreis Stühle auf. Jeder Stuhl symbolisiert einen inneren Gesprächspartner des Klienten. In die Mitte stellt er einen Drehstuhl, als Sinnbild für das offene Gewahrsein, das all diese Stimmen aus einem übergeordneten Bewusstseinsraum beäugen kann.

Übungsablauf

Erster Schritt: Der Klient setzt sich nacheinander auf jeden Platz und erforscht die einzelnen Facetten seines Selbst. Er stellt sich dabei vor, jeder Stuhl symbolisiere einen besonderen Ratgeber, quasi einen speziellen Experten, der ihm zu einer bestimmten Frage aus bestem Wissen und Gewissen Hilfe und Unterstützung bieten möchte. Er kann sich diesen Kreis als Ritterrunde um König Artus vorstellen, in der jeder der Anwesenden einen eigenen, willensstarken Charakter an den Tag legt. Hilfreich ist, wenn er jede der Facetten möglichst frei und offen untersuchen kann. Er richtet dabei folgende Fragen an sich:

- Welche Grundkraft liegt diesem Gesprächspartner zugrunde (Angst, Zweifel, Hoffnung, Eitelkeit, Selbstvertrauen oder anderes)?
- Welche präzise Aussage trifft er?
- Vor was möchte mich die Stimme schützen beziehungsweise bewahren?
- Was für wichtige, bedenkenswerte Aspekte beinhaltet diese Aussage?
- Welche Übertreibungen und Fallstricke verstecken sich in ihr?

Die Antworten und auch weiterführende Gedanken und Assoziationen notiert oder malt er sich auf.

Zweiter Schritt: Nachdem der Klient jeden Stuhl besetzt hat, wechselt er auf die Position des offenen Gewahrseins und lässt den gesamten Kreis in Ruhe auf sich wirken. Aus dieser übergeordneten Position kann er einzelne Gewichtungen und Details im Zusammenhang betrachten. Er schaut dabei aus einer größeren, weiteren Dimension auf das gesamte Szenario.

Dritter Schritt: Aus dieser geistigen Ruhe kann er Ordnung und Balance schaffen. Jede der Stimmen hat ihre Berechtigung, da sie eine wichtige Botschaft in sich trägt. Selten sind diese Aussagen an sich verwirrend und hinderlich, gefährlich ist nur die Überbetonung. Unsere geistigen Ratgeber brauchen ähnlich wie unsere Muskeln ausgleichende Antagonisten, um eine positive Ausstrahlung entfalten zu können.

Vierter Schritt: Der Klient schlüpft in die Rolle des Dirigenten und beginnt den ganzen Chor der Ratgeber miteinander abzustimmen: »Hier ein bisschen weniger Crescendo, dort bitte ein Fortissimo!«

Der Zweifel sollte sich mit dem Übermut paaren, um zu einer ausgewogenen Mischung zu kommen. Die Angst mit der Selbstsicherheit. Der Narzisst mit der Bescheidenheit. Der innere Richter mit dem natürlichen Selbstvertrauen. Das Ego mit dem Wesenskern.

Selbstvertrauen stärken

In vielen Fällen kommt es zu Dissonanzen im inneren Chor, da die Stimmlage des natürlichen Selbstbewusstseins unterbesetzt ist. Wagen wir einen ehrlichen Blick auf unser Selbstwertgefühl, kann einem das Herz schon manchmal in die Hosentasche rutschen. Hinter der perfekten Fassade, mit der wir im Alltag unsere Funktionstüchtigkeit beweisen, zeigt sich in vielen Fällen ein anderes Bild. Während wir nach außen groß und stark auftreten, fühlen wir uns innerlich klein und mit vielen Zweifeln behaftet. Dieser Zustand ist durch und durch menschlich und verdient Achtung und Respekt. Er ist ein Zeugnis unserer Entwicklungsgeschichte und eine Aufforderung, weiter zu wachsen.

Als wir zur Welt kamen, waren wir sehr schutzbedürftig. Außer mit unserer Stimme und undifferenzierten Bewegungen hatten wir kaum Möglichkeiten, auf unsere wahren Bedürfnisse hinzuweisen. Kümmerten sich unsere Eltern intuitiv auf die richtige Art und Weise um uns, war die Welt komplett in Ordnung. Bekamen wir die Zuneigung und Ernährung, die unsere inneren und äußeren Bedürfnisse stillten, konnte unser Selbstwertgefühl gesund und natürlich heranreifen. Wurden unsere notwendigen Wünsche nicht erfüllt, bezogen wir den Umstand sofort auf uns selbst. Die Schlussfolgerung aus Mangelsituationen lautete: »Mit mir stimmt etwas nicht. Ich muss mich verändern, dann bekomme ich, was ich brauche.«

Diese Anpassung an unsere Umwelt bringt mit sich, dass wir unsere ursprüngliche Wesensart, unsere authentische Art zu sein, überdecken. In der Kinder- und Jugendzeit gewährt uns dieser Mechanismus Schutz und Überlebensfähigkeit. Beim Erwachsenen können sich diese eingeschliffenen Prägungen extrem einschränkend und behindernd ausdrücken. Nichts raubt uns mehr Kraft, als von unserer natürlichen Wesensart abgetrennt zu leben.

Den Schmerz und die tief sitzende Irritation darüber überdecken wir mit der großen Anstrengung, anderweitig Anerkennung zu erfahren. Aus innerem Notstand heraus entwickeln wir die seltsamsten Verhaltensweisen, die nur aus unserer Entwicklungsgeschichte heraus nachvollziehbar sind. Dabei behandeln wir uns selbst oft unangemessen. Einmal sind wir zu hart und streng mit uns, dann wieder zu weich und nachgiebig. Diese Art des Umgangs überträgt sich natürlich auf all unsere Beziehungen. So wirkt unser angeknackstes Selbstwertgefühl auf vielerlei Ebenen ins Leben hinein. Aber wir können an die Wurzel der Verletzung gehen und uns erlösen. Die Verwandlung von Isolation und Verunsicherung in Zugehörigkeit braucht aufmerksame Hinwendung und Geduld.

Denn je genauer wir schauen, umso eher entdecken wir das Missverständnis: »Nicht ich bin falsch. Meine Umgebung konnte einfach nicht stimmiger mit mir umgehen.« Diese Erkenntnis verändert meinen Blick auf die Welt und auf mich selbst.

Schritt für Schritt zieht Frieden in mir ein. Die extremen Ausschläge meiner Gefühle und Gedanken besänftigen sich. Ich erlebe meine Schmerzen und Ängste durchlässiger. Ich erlebe bewusst die Gleichzeitigkeit von Verletzung auf dualer Ebene und Unversehrtheit im Raum der Stille. Beide Erfahrungen durchdringen sich und verschmelzen zu einem völlig neuen Erleben meiner Selbst.

Durch Selbstvertrauen zu erfülltem Leben

Dieses neue Erleben der eigenen Wesensart ereignete sich auch im Fall der Arzthelfe-rin. Nachdem sie ihr Gedankenkarussell zerlegt und unter die Lupe genommen hatte, wurde ihr klar, wie viel Einschüchterung sie aus ihren Kindertagen mitgenommen hatte. Sie hatte sich in frühester Jugendzeit eine feste Meinung zu ihrer eigenen Person gebildet, und durch diese »Brille« betrachtete sie nun schon lange Zeit sich selbst und ihre Beziehungen zu anderen. Nachdem sie diese Brille als Grundlage ihres gesamten Wirklichkeitskonstrukts identifiziert hatte, fiel es ihr nicht mehr schwer, diesen Filter zur Seite zu legen. Sie betrachtete ihr Leben aus anderen Augen. Dadurch entdeckte sie zunehmend Handlungsfreiräume, um ihren beruflichen Traum in kleinen, realis-tischen Schritten umzusetzen.

Ein natürliches Vertrauen zu sich selbst, ein gesundes Selbst-Bewusstsein, ist die Basis für ein glückliches, erfülltes Leben. Wenige Menschen sind im Vollbesitz die-ses kostbaren Guts. Alle, die mir mit diesem Schatz im Herzen begegnet sind, haben ihn sich durch innere Arbeit Schritt für Schritt errungen. Die Entwicklung eines aus-gewogenen, unerschütterlichen Selbstbewusstseins sehe ich als eines der Hauptziele des H.B.T. Human Balance Trainings. Erst wer ein Selbstbewusstsein besitzt, kann es durch vertiefende Lernschritte in ein umfassendes Einheitsbewusstsein transzendie-ren (s. S. 281 ff.).

Wer sich Liebe schenkt, sich seiner selbst sicher ist und sein Leben ausgewogen so-wie souverän gestalten kann – der wird über kurz oder lang mit jeder Situation zu-rechtkommen. Und er wird unendlich viel Liebe und Aufmerksamkeit anderen Men-schen und Geschöpfen zuteil werden lassen.

Gezieltes Training des Achtsamkeitsmuskels

»Ein jeder bewegt sich, empfindet, denkt, spricht auf die ganz ihm eigene Weise,
dem Bild entsprechend, das er sich im Laufe seines Lebens von sich gebildet hat.
Um die Art und Weise seines Tuns zu ändern, muss er das Bild von sich ändern,
das er in sich trägt.«

Moshe Feldenkrais

Anhaftung an Handlungsmuster

Je genauer der Klient lernt, sich selbst wahrzunehmen, umso präziser kann er auch
seine Gefühls-, Denk- und Handlungsmuster auseinanderhalten. Er lernt, zu unterscheiden, ob sie ihm dienlich sind oder einschränkend auf ihn wirken. Wir alle wiederholen im Kleinen wie im Großen Muster, deren Folgen sich manches Mal positiv
auswirken, andere Male eher destruktive Effizienz entfalten. In die eine wie die andere
Richtung sind wir diesen Mustern anhänglich und treu. Manche passen zu unseren
Lebensanforderungen hervorragend, andere waren einmal unterstützend, erscheinen
aber für die jetzige Lebenssituation unadäquat.

Interessant wird das Ganze, sobald wir zu dem Entschluss kommen, bestimmte
Gewohnheiten abzulegen. Meistens passiert dies zu einem Zeitpunkt, zu dem wir die
Konsequenzen unserer Verhaltensweisen nicht mehr ertragen. Wir sind von uns selbst
genervt, beschämt und suchen dringend nach Veränderung. Und dennoch können
wir uns nur schwerlich von einem bestimmten Handlungsablauf trennen. Wie wir es
bereits bei der Anhaftung an Gedanken beobachten konnten, sind wir zwanghaft an
Verhaltensmuster gekoppelt, die unseren gesunden Menschenverstand immer wieder
austricksen.

Meistens korrigieren wir Menschen unsere Verhaltensweisen erst, wenn sie uns
zunehmend Ärger, Konflikte oder Schmerzen bereiten. Dabei liegt die Schmerzgrenze
des eigenen destruktiven Verhaltens unterschiedlich hoch. Bei manchen springt die
Alarmglocke schneller an, solange das Kind noch nicht in den Brunnen gefallen ist.
Bei anderen muss sich vieles in ihrem Leben zerstören, bevor sie genauer hinschauen
können, was sie sich selbst und anderen antun. Auffallend ist, dass wir Menschen oft
durch Beschränkung und Defizit lernen. Wir tun uns sichtlich schwer mit voraus-
schauenden, frei gewählten Entwicklungsprozessen. Um diese seltsame Anhaftung an
hinderliches und beschränkendes Verhalten zu durchdringen, sollten wir neurowis-
senschaftliche Erkenntnisse zurate ziehen.

Kompatibel mit dem Rudel

Jeder Mensch nimmt während seiner Wachstumszeit im Mutterbauch, als Baby, als Kleinkind, Kind und Jugendlicher eine Menge von Informationen auf, die ihn in seiner Sichtweise der Welt entscheidend prägen. Innerhalb der Familie, der Schule, einer dörflichen oder städtischen, religiösen oder kulturellen Gemeinschaft und Gesellschaft erlernt er Denk- und Verhaltensweisen, die sich tief in seinem Nervensystem verankern.

Da wir Menschen eine sehr lange Reifungszeit von mindesten 14 Jahren durchlaufen, sind wir auf die Zugehörigkeit zu einem uns schützenden »Rudel« extrem angewiesen. Intuitiv passen wir uns den tradierten Denk-, Gefühls- und Handlungsmustern unserer Familie an. Wir müssen innerhalb dieses Systems einen gesicherten Platz finden, der unseren Grundbedürfnissen nach Ernährung, nach Zuwendung und Aufmerksamkeit sowie nach Geborgenheit und Wachstum entspricht. Viele Familien kreieren über Generationen hinweg spezifische Verhaltensweisen, die ihr innerhalb des größeren Gesellschaftssystems Überleben, Sicherheit, Anerkennung und Vorteile verschaffen.

So kommt es zur Herausbildung hoch spezialisierter Fertigkeiten und Stärken, wie es in Handwerks- oder Kaufmannsdynastien und Künstler-, Akademiker- oder Adelsfamilien zu beobachten ist. Neben den fachlichen Kompetenzen erzeugt jede Gruppe individuelle Strukturen und Strategien in den Bereichen Beziehung, Kommunikation und Alltagsbewältigung. Diese häufig wiederholten Handlungsmuster verursachen im Gehirn Verschaltungen, die sich mit der Zeit festigen und zu Automatismen führen.

Handlungsmuster erkennt man bei anderen Personen viel leichter als bei sich selbst. Bei einem Besuch von Freunden kann man prächtig studieren, welche Stimmung innerhalb einer Familie herrscht und wie sie sich auf die einzelnen Familienmitglieder niederschlägt. Schon beim Eintreten in ein Haus spürt man die Atmosphäre, die in diesen Räumen schwingt. Man kann beobachten, mit welcher Körperhaltung und Mimik sich die Menschen bewegen. Wie sie aufeinander zugehen und sich berühren. Welche Worte sie im Umgang wählen und welche tief eingeprägte Weltsicht ihrer Kommunikation zugrunde liegt. Die Eltern sind dabei das direkte Vorbild für ihre Kinder. Ihre Lebensart vermittelt eine Grundhaltung, mit den vielfältigen Situationen des Lebens umzugehen. Kinder saugen jede Verhaltensweise, Aussage und Ausstrahlung auf wie ein Schwamm und kopieren sie. Mithilfe ihres enorm plastischen, lernfähigen Gehirns sind sie in der Lage, jede Fähigkeit, Vorstellung und Überzeugung der Personen, mit denen sie aufwachsen, auszumachen und tief zu verinnerlichen. Früh gelernte Strategien gehören so selbstverständlich zu ihrem eigenen Handlungsrepertoire, dass sie sich in ihrem späteren Leben über ihre Resonanzen und Sinnhaftigkeit kaum mehr Gedanken machen.

Fallbeispiele: Welches Vorbild geben Sie ab?

Ein Klient, beruflich unter großem Druck stehend, geht am Wochenende gerne mit seinem Sohn in die Werkstatt, die er sich im Gartenhaus eingerichtet hat. Für ihn ist es eine Stunde der Muße, in der er in aller Ruhe mit seinem Kleinen vor sich hinwerkeln kann. Da er im Job ständig Stress hat, genießt er es besonders, ohne großen Anspruch ein wenig herumzupuzzeln. Während er sich gemütlich an die Arbeit macht, stürzt sich sein Sohn auf das Werkzeug und legt los. Am Anfang dachte er, diese Eile entstünde bei dem Kind aus reiner Lust und Freude. Immer öfter bemerkte er aber die Anspannung, mit der sein Sohn hämmerte und sägte. Auf die Frage, warum er sich selbst so antreibe, meinte er: »*Schnell ist gut. Du und Mami sagt doch immer, es muss alles ganz flott gehen. Mami geht schnell mal einkaufen, und bei dir im Büro ist auch jeder eilig.*« Kindermund tut Wahrheit kund. Dem Vater fielen plötzlich Schuppen von den Augen.

Ein anderer Manager erzählte mir, wie seine Tochter in ein zunehmend leistungsbezogeneres Denken gerät. Erhält sie bei einer Schulaufgabe eine 2–, ist sie todunglücklich und beschimpft sich selbst. Seine Frau und er sind darüber sehr besorgt und achten ganz besonders darauf, keinerlei Druck auf sie auszuüben. In gemeinsamer Reflexion bemerkten wir, dass dieser Perfektionsanspruch nicht von ungefähr kommt. Beide Elternteile kennen es von sich selbst zur Genüge, wie es sich anfühlt, nur selten mit der eigenen Leistung zufrieden zu sein. In einem längeren Gespräch wurde klar, dass diese innere Haltung »*Das, was du machst, ist noch nicht gut genug*« in ihren eigenen Elternhäusern als ständiger Motor im Hintergrund stand. Dieser fortwährende Antrieb verhalf den Familien in den schwierigen Jahren des wirtschaftlichen Neuaufbaus in Deutschland zu Erfolg, Sicherheit und Wohlstand. Was dadurch zu kurz kam, waren die Ruhepausen für gemeinsame Begegnung, Austausch und Spiel. Das Paar stelle resümierend fest: »*In unserem jetzigen Familienleben achten wir besonders darauf, immer wieder Zeit füreinander zu haben. Unser Zusammenleben heute fühlt sich ganz anders an als in unseren Herkunftsfamilien. Und doch – bei genauer Betrachtung, entdecken wir überraschende Gemeinsamkeiten.*«

Die Unterbrechung der Reiz-Reaktions-Kette

Prägungen sitzen tief. Ihre Wurzeln reichen weit ins Unbewusste hinein, und so haben sie ungeheure Macht über uns. Mein Ziel ist also, den Klienten einen Trainingsplan an die Hand zu geben, mit dem sie ihr unbewusstes Denken, Fühlen und Handeln diszipliniert beobachten und transparent gestalten können. Dazu werden sie Handlungsabläufe in einzelne Teilschritte zerlegen.

Spielen wir ein klassisches Beispiel durch:

Wir begegnen einem Menschen und möchten uns mit ihm austauschen. Schon im ersten Moment der Begegnung rollt in uns eine Reaktionskette an. Allein der erste Eindruck löst im Organismus eine Grundstimmung aus. Es ist eine Mischung von Körperempfinden und Gefühl. Diese Stimmung suggeriert mir in Blitzgeschwindigkeit, ob mir diese Person gefällt oder ob sie mich irritiert.

Woher stammt diese spontane Grundstimmung? Gehen wir ihrer Herkunft nach, entdecken wir Informationen und Übertragungen aus früheren Erfahrungen. Die Assoziationen aus der Vergangenheit sind so stark, dass sie unsere Wahrnehmung der Gegenwart mit einem Filter versehen. »*Unser Gehirn ist so verkabelt, dass wir nur sehen, was wir für möglich halten. Wir gleichen bereits in uns durch Konditionierung bestehende Muster ab.*« So beschreibt es Candace Pert, Doktorin der Pharmakologie, in dem Film »What the Bleep do we (k)now!?« (DVD 2006). Durch diesen Mechanismus fällt es uns extrem schwer, das gegenwärtige Erleben von früheren Erfahrungen zu trennen. Begegnet uns ein Mensch, der nur im Entfernten an eine Person erinnert, die sich uns eingebrannt hat, verknüpfen wir blitzschnell die alten und mit den neuen Erfahrungen. Bis zu 90 Prozent unserer Wahrnehmung soll mit der Vergangenheit zu tun haben, und nur zehn Prozent mit dem jeweiligen Moment. – Au weia, das klingt krass!

Und doch können wir in der Praxis diesen automatisierten Mechanismus gut beobachten: Wir hören einen Satz. In seltenen Fällen nehmen wir die rein sachliche Information auf, die gesagt wurde. Meistens versehen wir die Sachebene sofort mit einer Interpretation, die der Aussage eine bestimmte Färbung gibt. Können wir diese Färbung nicht ausbalancieren, mündet sie zwangsläufig in eine Reaktion. Besonders empfänglich sind wir für diese Kettenreaktion, sobald das Thema »Wertschätzung« mit im Spiel ist. Fühlen wir uns nicht gesehen und geachtet, öffnet sich blitzartig eine alte Wunde. Oft wurde dieser Nerv der Missachtung schon gereizt. Es gibt Menschen, die sich permanent gekränkt und respektlos behandelt fühlen und immerzu ihre alten Verletzungen auf gegenwärtige Situationen übertragen. Vielleicht würden sie sich selbst gar nicht so empfindlich einschätzen, und doch passiert es, dass sie überreagieren.

Jede Person hat eine Strategie konzipiert, um mit vermeintlicher Kränkung umzugehen. Der eine geht sofort in Angriff über, der andere zieht sich eher zurück, um dann subtiler zurückzuschlagen. Ein Dritter unterdrückt seine Gefühle und frisst sie in sich hinein.

In Bruchteilen von Sekunden trifft der Organismus die Entscheidung, wie er handeln wird. Als Erstes bietet das System schon oft wiederholte Verhaltensmuster an, da sie im Gehirn schnell vernetzt werden. Selbst wenn wir oft erlebt haben, dass dieses Verhalten uns nichts Gutes bringt, folgen wir aus Gewohnheit dem angebotenen Muster.

Halten wir einen Moment inne, haben wir die Chance, das Verhaltensmuster zu erkennen. Wir entdecken eine zwanghafte Empfindungskette, die wir immer wieder ablaufen lassen. Sie beginnt bei der Interpretation einer Wahrnehmung und endet mit dem Vollzug einer Handlung. Innehalten schenkt uns die Möglichkeit, tief eingefahrene Verhaltensweisen und Prägungen zu durchdringen und transparent werden zu lassen. Selbstvertrauen schenkt uns die Gelassenheit und Souveränität, mit komplexen Situationen maßvoll umzugehen.

Begünstigende Umstände für Musterbrechung schaffen

Innehalten ist ein extrem starkes Handwerkszeug. Es erlaubt uns die Möglichkeit, aus jeder noch so verfahrenen und festgefressenen Situation auszusteigen und sie Schritt für Schritt zu verändern. Allerdings verlangt diese schlichte kleine Pause eine hohe Selbstdisziplin. Zum einen im Moment ihrer direkten Anwendung – mitten im Alltag. Zum anderen aber auch in einer vorbereitenden, wohlüberlegten Tagesplanung und einer balancierten Selbststeuerung, die es überhaupt gestatten, dem täglichen Hamsterrad eine persönliche Note zu verpassen.

Ein Mensch, der morgens aus dem Haus stürzt und den ganzen Tag seinen Terminen hinterherrennt, hat viel zu viele Stresshormone im Blut, als dass er nur ansatzweise irgendeine Form der Achtsamkeit ausüben könnte. Adrenalin verengt die geistige Aufnahmefähigkeit und stellt den Organismus auf Autopilot. In ähnlicher Form wirken Schlaf- und Bewegungsmangel, Hunger und Durst. Wobei die Unterversorgung des Gehirns mit Nährstoffen und Flüssigkeit schon zu einem Zeitpunkt einsetzt, zu dem uns noch gar nicht der Magen knurrt oder die Kehle austrocknet.

So gilt es, kontinuierlich gut für sich zu sorgen! Wer fundiert an seiner persönlichen Entwicklung arbeiten möchte, sollte unbedingt lernen, sich selbst aufmerksam mit all dem zu versorgen, was sein Organismus täglich braucht. Die sorgfältige Pflege des persönlichen Energiehaushaltes (s. S. 245 ff.) dient als die Grundvoraussetzung, um an eingefahrenen Mustern arbeiten zu können. Nur wer auf seine Tagesform achtet, kann die persönliche Selbsterforschung vertiefen und aus zwanghaften Abläufen aussteigen.

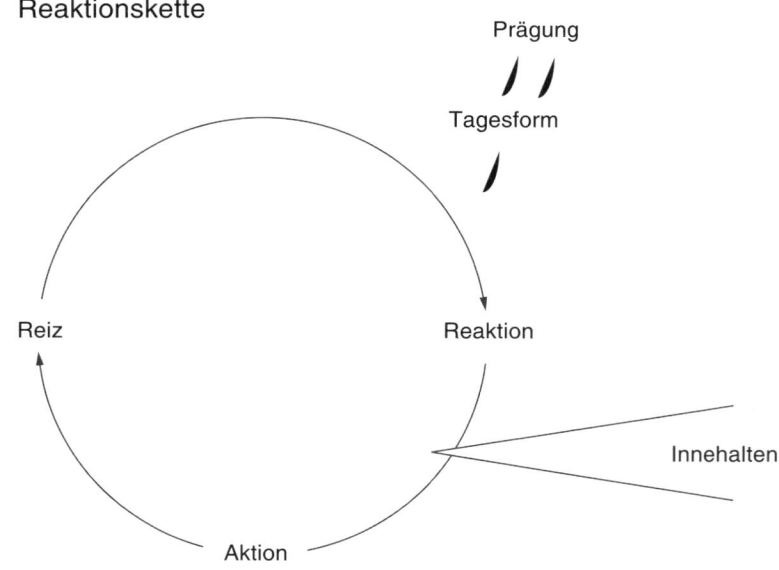

Reaktionskette

Muster auflösen bedeutet Suchtentwöhnung

Die Macht dieser stabilen, kontinuierlichen Selbstregulierung ist wahrlich nicht zu unterschätzen. Denn unsere Gedanken, Emotionen und Körperhaltungen sind nicht nur in unseren Gehirnwindungen abgelegt. Durch ein komplexes biochemisches Zusammenwirken sind sie auch tief in unseren übrigen Körperzellen verankert. Wer den spannenden Film »What the Bleep do we (k)now!?« gesehen hat, wird sich an dieser Stelle sicher an einige eindringliche Bilder und Aussagen erinnern. Gedanken verknüpfen sich automatisch mit Gefühlen, und diese lösen verzweigte biochemische Reaktionsketten im Körper aus, die unser ganzes System in eine bestimmte Stimmung versetzen.

Wer kennt das nicht von sich selbst? Blitzt die Idee »*Ich wurde ungerecht behandelt*« durch den Kopf, führt dieser Gedanke zu einer ganz bestimmten Stimmungslage, die sich in Körper, Herz und Seele niederschlägt. Manche Menschen erleben diese Stimmung als sogenanntes »Wohlweh«. Eigentlich stimmt sie der Zustand traurig, wütend oder ohnmächtig, und sie möchten sich von diesen unangenehmen Affekten befreien. Auf der anderen Seite ist ihnen dieser Empfindungscocktail so wohl vertraut, dass sie ohne ihn gar nicht leben wollen. Er gehört zu ihrer Komfortzone, in der sie sich sicher fühlen, da sie bekannt ist. Die süße Melancholie des Leidens hat zu unbeschreiblich schönen Gedichten, Bildern und Musikstücken geführt. Sie ist also ein großer Motor für Kreativität und sehnsuchtsvolle Schönheit – und kann regelrecht abhängig machen.

Das ist verrückt, oder? Wir schaffen zu unseren Mustern eine Art Suchtverhalten. Wir fühlen uns gleichzeitig abgestoßen und angezogen.

> »Die meisten Leute sehen nicht, dass die Sucht nach Emotionen nicht nur eine psychologische, sondern eine biochemische Sache ist. Heroin wendet den gleichen Rezeptormechanismus auf Zellen an wie unsere Emotions-Chemikalien. Man kann also leicht sehen: Wenn man heroinsüchtig sein kann, kann man auch nach jedem Neuropeptid, jeder Emotion süchtig sein.
> Wir bringen uns in Situationen, die das biochemische Verlangen der Zellen unseres Körpers erfüllen.«
> *(So erklärt es Dr. Joseph Dispenza, promovierter Biochemiker, im genannten Film.)*

Dieser Blickwinkel ist natürlich hoch spannend, weil er die Ernsthaftigkeit herausstreicht, mit der wir uns ans Werk machen sollten. Eine gute, alte, eingefahrene Verhaltensspur können wir nicht mal eben so, quasi nebenbei, verlassen. Und dennoch ist es nicht gar so dramatisch wie gedacht. Es braucht die richtige Technik, Beharrlichkeit und eine gute Portion Humor, um sich langfristig von »alten Bekannten« im System zu verabschieden. Die nächste Übung zeigt eine Methodik auf, die »wasserdicht« funktioniert. Hält sich ein Mensch an die einzelnen Trainingsschritte, kann er sich dauerhaft selbst von komplex eingeschliffenen Mustern verabschieden.

Übung	**Training des Achtsamkeitsmuskels**

Einführung

Erinnern wir uns wieder an die gute Nachricht des Neurobiologen Gerald Hüther, was ein menschliches Gehirn gegenüber allen programmgesteuerten Konstruktionen auszeichnet: »[…] die zeitlebens vorhandene Fähigkeit, einmal im Hirn entstandene Verschaltungen und damit die von ihnen bestimmten Denk- und Verhaltensmuster, selbst scheinbar unverrückbare Grundüberzeugungen und Gefühlsstrukturen, wieder zu lockern, zu überformen und umzugestalten« (2009, S. 23). Oft gefahrene Spuren bezeichnet die Neurowissenschaft als Gedankenautobahn, neu angelegte Verschaltungen als Trampelpfad. Machen Sie Ihrem Klienten Mut, sich mit Abenteuergeist auf neue Wege zu begeben und bekannte Komfortzonen ein Stück zu verlassen.

Ziel

Loslösung von hinderlichen eingefahrenen Mustern und Prägungen. Training einer steten Aufmerksamkeit und Handlungskonsequenz. Erkennen und Erweitern von persönlichen Wirklichkeitskonstrukten.

Übungsablauf (Anleitung direkt für den Klienten)

- *Erstens:* Nehmen Sie wahr, wie ein klassisches Handlungsmuster bei Ihnen funktioniert.
- *Zweitens:* Beobachten Sie, wie ein bestimmter Reiz (zum Beispiel eine für Sie kränkende Aussage) eine bestimmte Reaktion in Gang setzt (zum Beispiel Wut, Angriff, Rückzug, Trotz).
- *Drittens:* Beim nächsten Reiz treten Sie innerlich einen Schritt zurück, atmen einige Male tief durch und probieren statt der automatischen Reaktion eine bewusst gewählte Aktion aus. Die kurze Unterbrechung der Reiz-Reaktions-Kette lässt biochemische Vorgänge in sich zusammenfallen und schafft neurobiologisch Raum für eine neue Verschaltung.
- *Viertens:* Studieren Sie präzise die Wirkung der Handlungsvariation auf Sie und Ihr Gegenüber und welche Folgen diese Veränderung auf den Fortgang des Gesprächs hat.
- *Fünftens:* Wenn Ihnen die Wirkung gefällt, dann fangen Sie an zu spielen. Treten Sie immer wieder geistig und emotional einen Schritt zurück und treffen Sie eine bewusste Entscheidung: Gedankenautobahn oder Trampelpfad.
- *Sechstens:* Nehmen Sie es sportlich und trainieren Sie Schritt für Schritt Ihren Achtsamkeitsmuskel.
- *Siebtens:* Üben Sie in einfachem Terrain und steigern Sie langsam den Schwierigkeitsgrad. Beginnen Sie mit dem Training in Situationen, in denen sie emotional nicht weggeschwemmt werden oder Sie von einer Erregung überflutet werden. Als Beispiel des aufbauenden Lernens: Auch das Radfahren begannen Sie wahrscheinlich erst auf glatter Straße mit Stützrädern, bevor sie sich ins Gelände wagten oder sich heute gar Single-Trails hinunterstürzen.
- *Achtens:* Freuen Sie sich an kleinen Erfolgen und schenken Sie sich selbst Schmunzeln und Geduld.
- *Neuntens:* Übung macht den Meister. Mit der Zeit wird sich Ihre neurobiologische Festplatte umgestalten und Sie werden authentisch anders agieren.

Reflektieren Sie mit Ihrem Klienten regelmäßig über seine Erfolge – auch wenn Sie am Anfang noch »klein« wirken. Gerade diese fast unmerklichen Veränderungen initiieren in der Summe kraftvolle, glaubwürdige Veränderungen.

Das Resonanzprinzip –
in die Haut des anderen schlüpfen

»Draußen, jenseits der Vorstellungen von Fehlverhalten und Wohlverhalten,
liegt ein Feld. Dort werd´ ich mit Dir zusammentreffen.
Wenn die Seele sich in jenes Grasland niederlegt,
ist die Welt zu sehr erfüllt, um darüber zu reden.
Vorstellungen, Sprache, selbst der Ausdruck ›der Andere‹,
ergeben keinerlei Sinn mehr.«

Rumi (D 158 aus: Offenes Geheimnis 1994)

Selbstbild und Fremdbild

Sobald sich ein Mensch intensiv mit den eigenen, in ihm selbst ablaufenden Reiz-Re-
aktions-Ketten beschäftigt, umso interessanter wird es für ihn sein, wie er auf andere
wirkt und welche Reaktionen er beim Gegenüber auslöst. Nun rutscht das spannende
Thema »Selbstbild-Fremdbild« in den Mittelpunkt der Betrachtung. Es stellen sich
die Fragen:

- Wie glaube ich, auf andere zu wirken?
- Wie wirke ich tatsächlich auf andere?

In vielen Fällen gibt es zwischen der Eigen- und Fremdwahrnehmung einen großen
Unterschied. Der tatsächliche Eindruck, der bei einem anderen Menschen hinterlassen wird, kann letztendlich nur über einen offenen Austausch geklärt werden. Doch
zu diesen ehrlichen Gesprächen kommt es leider viel zu selten und oft auch zu spät.
Ob im beruflichen oder im privaten Kontext – viele Klienten entdecken, dass sie sich
große Konflikte hätten ersparen können, wenn sie nur frühzeitig ihre Wirkung auf die
anderen überprüft hätten.

Bleiben wir zunächst auf dem beruflichen Terrain: Die meisten meiner Klienten
haben es in ihren beruflichen Rollen mit sehr unterschiedlichen Menschen zu tun: Da
ist einmal der Kunde, der für ihren Erfolg maßgeblich entscheidend ist. Um sie herum
sind die Teamkollegen, deren Engagement sie für die Umsetzung ihrer Ziele dringend
benötigen. Genauso wesentlich für die Ergebniserreichung sind die beteiligten Kollegen in anderen Abteilungen. Besonderes Gewicht erhält das Thema »Führung«: Der
direkte Vorgesetzte spielt für die persönliche Entwicklung und Karriere eine extrem
wichtige, maßgebliche Rolle. Genauso wie meine Klienten selbst als Führende für ihre
Mitarbeiter bedeutende, einflussreiche Personen sind. In diesem großen Netzwerk gilt
es, weitere Kontaktpersonen zu bedenken: Zulieferer, Werbeträger, Banken, Koopera-
tionspartner und viele andere mehr.

Es ist klar, dass ein Klient nicht mit jeder dieser Personen ein persönliches Gespräch über sein Auftreten und seine Ausstrahlung führen kann. Um diese vielfältigen Beziehungssituationen unabhängig von einem direkten Kontakt untersuchen zu können, braucht der Klient ein geeignetes Handwerkszeug. Eine Technik, die ihm hilft, seine Wirkung auf andere Personen zu überprüfen. Denn über ihren persönlichen Habitus machen sich die meisten Menschen leider viel zu wenig Gedanken. Sie bewegen sich in einem Bild ihrer selbst, das sie viel zu selten von außen reflektieren lassen. Dabei herrscht die große Gefahr, dass sie ihren »blinden Flecken« erliegen. Wobei es wohlgemerkt gerade für Führungskräfte nicht einfach ist, an ein ehrliches, aufrichtiges Feedback heranzukommen. Ihre Mitarbeiter halten sich oft bedeckt, und ihr Vorgesetzter nimmt sich selten Zeit für tiefer gehende, herausfordernde Gespräche.

> **Fallbeispiel: Ich wurde völlig überraschend in eine andere Abteilung versetzt**
>
> Eine Führungskraft wurde von ihrem Unternehmen gebeten, sich einem Coaching bezüglich ihres Führungsverhaltens zu unterziehen. Diese Aufforderung kam nicht von ungefähr, denn die Person wurde einige Wochen vorher, völlig unvermittelt, in eine andere Abteilung versetzt. Die Führungskraft traf die Umbesetzung wie ein Blitz aus heiterem Himmel, sie konnte von ihrem persönlichen Verhalten keinerlei Begründung für diese Entscheidung ableiten. Auch der Personalchef, der die neue Rollenverteilung einleitete, redete um den Brei herum und gab keinen triftigen Grund an. Bei intensiverer Befragung kam heraus, dass der direkte Vorgesetzte meines Klienten vor einem Jahr gewechselt hatte, und er mit diesem neuen Chef nie richtig warm geworden war. Zu Anfang versuchte er noch, einen Draht zu ihm herzustellen, doch nach ein paar Wochen hatte er die Nase voll. Der Neue wirkte arrogant auf ihn. Hinter dieser überheblichen Fassade erlebte er den Vorgesetzten als fachlich lückenhaft und in wichtigen Zusagen als unzuverlässig. Daher entschloss er sich, sich ganz auf sein Team zu konzentrieren und die ihm vorgegebenen Ziele so gut wie möglich zu konkretisieren. Da ihm dies auch bestens gelang, empfand er seine Versetzung als empörende Abwertung seiner engagierten Leistung.
> Ich fragte ihn, ob er sich auf einen Perspektivwechsel einlassen könnte: Die Situation nicht nur aus seiner Warte zu betrachten, sondern auch aus dem Blickwinkel seines Vorgesetzten. Zusätzlich lud ich ihn ein, die Konstellation auch aus einem übergeordneten Blickpunkt zu studieren.

Die folgende Übung wirkt vom Aufbau extrem schlicht und entpuppt sich in der Realisierung als sehr anspruchsvoll. Manch ein Klient gerät dabei ordentlich ins Schwitzen und wehrt sich unbewusst, ehrlich hinzuschauen. Ein Kursteilnehmer lachte mich verschmitzt an und meinte: »*Das Problem an der Übung sind nicht die verschiedenen Blickpunkte, die ich einnehmen soll, sondern dass ich mein gesamtes Feindbild verliere. Wer hat dann noch Schuld, außer ich selbst?*«.

Die Methodik verlangt Genauigkeit, verhilft aber zu ungemein erhellenden Einsichten.

Übung	**Blickpunktwechsel**

Einführung

Wir Menschen sind in vielfältige Netzwerke eingebunden. Ob im Job, in der Familie, im Freundeskreis, im Verein, in der Kirche oder in ehrenamtlichen Tätigkeiten – meistens haben wir es bei der Erledigung von Tätigkeiten mit einem Gegenüber zu tun, mit dem wir uns über Kommunikation abzustimmen haben. Ein gelungener Austausch fungiert als Basis von effizienter Interaktion. Wobei Kommunikation nur zum Teil über die Gesprächsebene verläuft. Der bekannte Affektforscher Rainer Krause geht davon aus, dass 90 Prozent der Kommunikation über Körperhaltungen, Verhalten, Mimik und Gestik abläuft. Dazu kommen die Wortwahl, die einzelnen Betonungen, der Sprachfluss. Ein gelungener Austausch, in dem alle Beteiligten sich verstanden fühlen und gleichzeitig den anderen verstanden haben, ist eine große Kunst, die ein lebenslanges, spannendes Übungsfeld abgibt.

Die folgende Übung hilft dem Klienten, sich für seine persönliche Ausstrahlung auf andere zu sensibilisieren.

Eine Begegnung von zwei Personen lässt sich in verschiedene Wahrnehmungsebenen zerlegen.

- Das Ich mit der Fragestellung: Was löst die Begegnung in mir aus? Welche Gedanken, Gefühle, Körperwahrnehmung bewegen mich?
- Das Du: Was denkt, fühlt, erlebt wohl mein Gegenüber? Wie geht es mir an seiner Stelle? Wie wirke ich auf meinen Gesprächspartner?
- Der Zeuge: Was passiert zwischen den beiden Menschen? Was nimmt der Zeuge wahr?

Wer die Dynamik einer Beziehung verstehen möchte, sollte sich aller drei Ebenen bewusst werden und sie am ganzen Leib durchleben.

Ziel

Der Klient soll in die »Haut« seines Gegenübers hineinschlüpfen, um genau zu verstehen, wie er auf die andere Person wirkt und welche Reaktionen er in ihr auslöst. Beherrscht er die Technik des einfühlsamen Hineinversetzens, kann er unabhängig von der Anwesenheit oder Gesprächsbereitschaft eines anderen Beziehungen fundiert untersuchen. Diese Technik erlernt er mit Unterstützung des Coachs. Ziel ist, dass er sie selbstständig in seinen Tagesablauf einbauen und durchführen kann, um Beziehungen im beruflichen wie privaten Kontext vielschichtig zu hinterfragen. Die Übung sollte möglichst präventiv eingesetzt werden, sobald heikle Gespräche anstehen, Beziehungen in Schieflage geraten und Konflikte noch vor einer Eskalation stehen.

Übungsaufbau

Stellen Sie drei Stühle auf für die drei Positionen »Ich«, »Du« und »Zeuge«. Die Stühle können frei im Raum gruppiert oder auch als Abbild der »energetisch gefühlten« Beziehung positioniert werden. Das heißt, der Abstand und die Zugewandtheit der Stühle verdeutlichen bildhaft die gefühlte Nähe beziehungsweise Distanz zwischen den beiden Personen.

Übungsablauf

Erster Schritt: Der Klient setzt sich als Erstes auf den Ich-Stuhl und schildert die Beziehung frank und frei aus seiner Sicht. Fordern Sie ihn auf, dabei seinen wahren Gefühlen echten Ausdruck zu verleihen. Alles ist willkommen, was sich zeigen mag, auch wenn es in diesem Moment sehr einseitig wirkt. Hinterfragen Sie Emotionen wie Wut, Aggression, Resignation in Ruhe, um auch tiefer liegenden Gefühlen die Möglichkeit zu geben, sich auszudrücken.

Zweiter Schritt: Als Nächstes setzt sich der Klient auf den Stuhl des Gegenübers. Lassen Sie ihn zu Anfang aufmerksam in diese Person hineinspüren: Was für ein Lebensgefühl hat dieser Mensch? Wie viel Selbstvertrauen besitzt er? Wie mag er sich wohl in seinem Privatleben fühlen? Welchen Belastungen hat er standzuhalten, welche Bedürfnisse muss er erfüllen? Was sind seine Ziele und Erwartungen, welche Visionen und Herzensanliegen verfolgt er? Für was brennt seine Leidenschaft? Was lehnt er ab? In welchen Situationen fühlt er sich bedroht?

Dieses tiefe Hineinversetzen in das Lebensgefühl der anderen Person bildet die Grundlage für den weiteren Prozess. Lassen Sie dem Klienten an dieser Stelle Zeit und Muße, um in den anderen Menschen facettenreich hineinzufühlen. Am besten spricht der Klient in dieser Rolle in der Ich-Form seines Gegenübers. Erst wenn er in dieser ihm ungewohnten Wahrnehmungsperspektive intensiv angekommen ist, leiten Sie die Übung weiter an.

Nun beschreibt der Klient die Qualität ihrer gemeinsamen Beziehung aus den Augen seines Gegenübers. Er erforscht dadurch, wie er auf den anderen wirkt und was er in ihm auslöst. Er sollte dabei besonders auf unterschwellige Signale achten, die er selbst ausstrahlt. Es geht also nicht nur um das gesprochene Wort, sondern im Besonderen auch um Ausstrahlung, Mimik, Gestik etc. An dieser Stelle können Sie das Prinzip HASE mit in die Untersuchung einfließen lassen. Welche Doppelbotschaften sendet der Klient wohlmöglich aus, was sagt der Verstand, was sprechen der Körper, Herz und Seele?

Dritter Schritt: Der Klient setzt sich auf den Stuhl des Zeugen und schaut sich die ganze Situation von außen an. Er beschreibt die Beziehungskonstellation aus dem Blickwinkel eines Außenstehenden. Aus dieser Position kann er leichter das Resonanz-Verhalten der beiden Personen nachvollziehen: So wie es in den Wald hineinschallt, so schallt es zurück.

Vierter Schritt: Nutzen Sie die emotionale Betroffenheit Ihres Klienten und arbeiten Sie seine Erkenntnisse detailliert aus. Decken Sie mit ihm die Reiz-Reaktions-Kette auf. Legen Sie fest, wie er sich in weiteren Situationen verhalten möchte beziehungsweise aus welcher inneren Haltung heraus er auf die Person zugehen möchte.

Fassen Sie so lange nach, bis Sie spüren, dass der Klient wirklich verstanden hat, wie er auf den anderen Menschen wirkt. Machen Sie ihm seinen Handlungsspielraum und seine Verantwortung für die Beziehungsgestaltung bewusst. Wecken Sie in ihm die Kraft der Versöhnung und Verständigung.

Beziehungen bewusst gestalten

Meinem Klienten fielen während der Übung die Schuppen von den Augen. Er verstand, dass sich sein Vorgesetzter von ihm verunsichert und abgewertet fühlte. Schritt für Schritt entschlüsselte er, wie er selbst zu der Entfremdung und Abneigung beigetragen hatte. Nach der Übung war ihm klar, aus welchen Gründen ihn sein Chef nicht mehr in seiner direkten Nähe ertragen wollte. Für diese Situation waren die Würfel schon gefallen, an seiner Versetzung konnte er nichts mehr ändern. Doch für die Zukunft schwor er sich, in solche Kommunikationsfallen nicht mehr hineinzustolpern.

Die Drei-Stühle-Übung wirkt auf viele Klienten zu Anfang sehr simpel. Doch entfaltet sie bei differenzierter Ausführung eine ungeheure Dynamik. Sie fordert den Klienten auf, sich in eine Person hineinzuversetzen, die er nicht gerne mag beziehungsweise von der er sich verletzt fühlt. Schuldzuweisungen sind nur vom ersten Stuhl aus möglich, ab dann gilt es, sich offen einer größeren Wahrheit zu stellen. Dieser neue Blickpunkt greift meistens zentral ins eigene Selbstverständnis ein. Unangenehme Zusammenhänge decken sich auf. Der Klient lernt, klar hinzuschauen und selbst die Verantwortung für eine gelungene Beziehungsgestaltung zu übernehmen. Dieser Moment ist eine große Chance, dass der Klient sich selbst und anderen vergeben kann. Verzeihen ist die höchste Form der Entlastung, die wir einem Menschen ermöglichen können.

Sach- und Beziehungsebenen sind wie die zwei Beine, auf denen wir stehen

Nachdem der Klient diese heilsame, Augen öffnende Übung durchlaufen hat, möchte ich ihm zur gleichen Thematik noch weiteres unterstützendes Rüstzeug mitgeben. Hierfür wähle ich eindrückliche Bilder, an die er sich in seinem Alltag gerne erinnert.

Wir Menschen stehen auf zwei Beinen. Für ein Team gilt dies ebenso. Das eine Bein symbolisiert die Sachebene mit Zahlen, Daten, Fakten – das andere Bein die Beziehungsebene. Beide Beine müssen gleich stark ausgeprägt sein, damit sich eine Unternehmung balanciert fortentwickeln kann. Ist eines der Beine kürzer gewachsen, gleich welches, humpelt der Mensch – das Gleiche gilt für Teams, ganze Unternehmen oder auch Familien und Partnerschaften.

Für eine zuverlässige Zielerreichung scheint es mir unerlässlich, auf beide Ebenen gleichwertig zu achten. Die Sachebene gilt es, realistisch im Auge zu behalten: Stimmen Ziele, Strategie, Ressourcen, Rollenverteilung, Führungstools, Controlling, Nachsteuerung …? Genauso umfassend muss die menschliche Ebene betrachtet werden: Existiert ein gemeinsames Verständnis von Anliegen und Visionen? In welcher Beziehung stehen die Teammitglieder zueinander? Herrscht Kommunikation auf Augenhöhe oder kommt es zu unterschwelligen Machtrangeleien? Durch was werden diese Kraftspiele ausgelöst? Wie viel Selbstvertrauen besitzen die einzelnen Akteure? Auf welche Art und Weise ereignet sich Kommunikation? Zeichnet sich das Team durch Vertrauen und Unterstützung aus oder durch Abgrenzung und Komplikationen? Wie viel Wertschätzung fließt dem Einzelnen zu? Werden Erfolge gefeiert?

All diese Fragen helfen, die Interaktion zwischen Menschen zu durchleuchten und verständlich zu machen. Oft finden Auseinandersetzungen statt, bei denen offiziell Sachthemen abgehandelt werden, wobei im Hintergrund jedoch ein Beziehungsthema ausgetragen wird. Genauso kann es sich auch andersherum abspielen. Es wird über ein Beziehungsmotiv gesprochen, und dabei ist die Sachebene nicht geklärt. Um den Auslösern von Konflikten schnell und gründlich auf die Spur zu kommen, sollten immer beide Ebenen in Betracht gezogen werden.

Die aktive Pflege des Beziehungsbandes

Sobald Sie einem anderen Menschen begegnen, bildet sich zwischen ihnen beiden spontan eine individuelle Chemie aus. Für diese Chemie langt oft schon der erste Eindruck, das erste Händeschütteln, die ersten paar Worte. Sind Sie sich beide vom Fleck weg sympathisch, haben Sie Glück miteinander. Sie werden schnell und einfach in ein gutes Gespräch finden.

Sind Sie sich dagegen unsympathisch, sollten Sie von Anfang an aktiv an der Ausbildung eines Beziehungsbandes arbeiten. Stellen Sie sich vor, zwischen Ihnen und dem anderen fließt ein Strom. Ist dieser Fluss breit und stark ausgeprägt, können Informationen in Form von Schiffen leicht von einem zum anderen passieren. Ist diese Verbindung allerdings nur ein Rinnsal, fällt es größeren Schiffen – also komplexeren Informationen – schwer, ihren Weg zu finden. Wird auf dieser Fahrstraße zuweilen auch noch ein Kriegsschiff eingesetzt – ein Konfliktgespräch oder eine unliebsame Kritik – kommt der Fährverkehr schnell zum Erliegen.

Um eine durchgehend fruchtbare Kommunikation abzusichern, bedarf es also einer umsichtigen, präventiven Pflege des Beziehungsbandes.

Was stärkt eine Beziehung?

Echtes Interesse. Offener, lebendiger Austausch – nicht nur über Fachthemen. Warmlaufen, bevor es zur Sache geht. Hierfür müssen Sie kreativ und weitherzig werden, besonders wenn es sich um eine für Sie unangenehme Person handelt, die überhaupt nicht Ihrer eigenen Wellenlänge entspricht. In vielen Fällen widerspiegelt dieser Mensch ungeliebte Anteile Ihrer selbst – umso schwieriger gestaltet sich der natürliche Kontakt.

Handelt es sich dabei um Ihren direkten Vorgesetzten, sollten Sie diese Thematik wirklich ernst nehmen. Ihr Chef ist die wichtigste Person in Ihrem beruflichen Umfeld. Ob Sie beruflich erfolgreich sind und sich bei Ihrer Arbeit wohlfühlen, hängt ganz entscheidend von Ihrem gemeinsamen Verhältnis ab. Durch seine positive oder negative Beurteilung Ihrer Leistungen kann er sie fördern oder bremsen. Seine persönliche Zu- und Abneigung entscheidet weitgehend darüber, ob Sie gerne zur Arbeit gehen oder nicht.

Was steht auf der Stirn geschrieben?

Wie ich es schon im Fallbeispiel aufgeschlüsselt habe, kommt es dabei nicht nur auf Ihr gesprochenes oder geschriebenes Wort an. Das, was Sie darüber hinaus denken, fühlen, empfinden, steht auf Ihrer Stirn geschrieben und ist für jedermann lesbar. Wenn in einer Besprechung nun auf Ihrer Stirn das Spruchband durchtickert: »Von dir halte ich gar nichts. Fachlich bist du eine Null, auch wenn du mein Vorgesetzter bist. Und menschlich halte ich dich für einen Waschlappen – da kannst du autoritär auftreten, so viel du willst«, können Sie sich vorstellen, was Sie beim anderen auslösen.

Er wird nicht gerade begeistert sein, denn er empfängt von Ihnen eine Doppelbotschaft. Auf dem mentalen Empfangskanal werden Sie ihm wahrscheinlich gesellschaftsüblich höflich und angemessen begegnen. Ihre ganze Ausstrahlung und Haltung erzählt aber eine andere Geschichte. Menschen in höheren Positionen fühlen sich leicht angegriffen und bedroht, von daher sind sie für solche subtilen Schwingungen sehr empfänglich.

Finden Sie heraus, ob Sie zu Ihrem Vorgesetzten – oder wer auch immer Ihr Sparringpartner in dieser Situation ist – ein authentisches, offenes Verhältnis aufbauen können. An dieser Stelle ist Ehrlichkeit vor sich selbst und Einfallsreichtum gefragt. Sollte diese Person Dinge verkörpern, die Sie auf keinen Fall gutheißen können und die Ihrem persönlichen Wertekatalog widersprechen, dann sollten Sie sich für einen »geordneten Rückzug« entscheiden. Übernehmen Sie Verantwortung, und kümmern Sie sich tatkräftig um eine realistische Neuordnung der Verhältnisse – das kann bis zu einer selbst eingeleiteten Kündigung gehen.

Je verantwortlicher Sie diesen Veränderungsprozess in Angriff nehmen, umso eher können Sie ihn auch selbst steuern. Negieren Sie dagegen die schlechte Beziehung, und lassen Sie die Dinge laufen, wird irgendwann Ihr Vorgesetzter eine Entscheidung treffen. Dann haben Sie doppelt schwer zu tragen: einmal an der Veränderung und zum anderen an dem Erleben, ohnmächtiges Opfer zu sein.

Zauberschlüssel »Wertschätzung«

Letztendlich hängt die Qualität einer Beziehung immer davon ab, ob Wertschätzung zwischen den Beziehungspartnern mitschwingt. Jeder Mensch verlangt danach, gesehen und geschätzt zu werden. Es ist ihm ein Grundbedürfnis wie Nahrung, Flüssigkeit, Schlaf und Sinnlichkeit. Wertschätzung berührt Herz und Seele und öffnet Menschen füreinander.

»Nicht geschimpft ist genug gelobt!« Dieser kollektive Glaubenssatz muss radikal aus unserem Denken und Fühlen ausradiert werden, denn er versperrt den einfachsten Weg, den Menschen zueinander finden können: über ein freundliches Wort, ein Lachen, ein schlichtes Dankeschön.

Legen wir unter diesem Fokus das Thema »Partnerschaft« unter die Lupe. Wann haben Sie Ihrem Partner das letzte Mal dafür gedankt, dass

- er einkaufen gegangen ist,
- Wäsche gewaschen hat,
- die Wohnung geputzt und aufgeräumt hat,
- ein leckeres Essen zubereitet hat,
- er da ist, an Sie denkt, Sie unterstützt, Sie liebt …

Sie werden vielleicht denken: Was soll das, all diese Dinge sind normal, dafür brauche ich keinen Dank auszusprechen! Spätestens in dem Moment, wo all diese selbstverständlich wirkenden Dinge plötzlich nicht mehr da sind und zur freien Verfügung stehen, wandelt sich der Blickwinkel. Einen Lebenspartner an der Seite zu haben, der mit all seinen Stärken und Schwächen und seiner Andersartigkeit einen fantastischen, entwicklungsfördernden Abrieb bietet, ist ein besonderes Lebensgeschenk. Wie jede andere Partnerschaft auch sollte eine Liebesbeziehung wie eine Pflanze verstanden sein, die Sonne, Wasser, Nährstoffe und Zuwendung braucht, um gedeihen zu können.

Nehmen Sie nie etwas für selbstverständlich. Achten Sie auf die Wirkung, die Sie auf Ihren Liebsten haben. Freut er sich, wenn Sie kommen? Oder sind Sie ihm eine Enttäuschung? Bleiben Sie bei der simplen Wahrheit: »So wie ich in den Wald hineinrufe, so schallt es mir auch entgegen.«

Liebe wird der empfangen, der Liebe verschenkt. Das Gleiche gilt für Anerkennung, Respekt, Verständnis, Kooperationsbereitschaft. Wer Beziehungen aktiv gestaltet, vereinfacht sein Leben. Er kann alte Verstrickungen Schritt für Schritt lösen und neue gekonnt umgehen. Je klarer Sie in Ihrem Fühlen, Denken, Reden und Handeln anderen Personen gegenüber auftreten, umso weniger Energie werden Sie in Missverständnissen und Konflikten verlieren. Energien, die Sie an anderer Stelle produktiv einsetzen können, zum Beispiel, um Potenziale in Ihnen selbst und anderen freizusetzen.

Klarheit in Fühlen, Denken, Reden und Handeln kann Wunder bewirken

> »Schläft ein Lied in allen Dingen,
> Die da träumen fort und fort,
> Und die Welt hebt an zu singen,
> Triffst Du nur das Zauberwort.«
>
> *Joseph von Eichendorff*

Dieses mächtige Resonanzprinzip können Sie natürlich nicht nur auf menschliche Begegnungen übertragen, sondern auch auf Ihre Beziehung zur Existenz, dem Leben an sich. Ich halte überhaupt nichts von der Parole: »Denke positiv! Forme mit der Kraft deiner Gedanken deine Zukunft!« In diesem Appell erscheint mir zu viel persönlicher Wille versteckt, anstelle von Vertrauen und Hingabe an die große Schöpferkraft.

Dennoch bemerke ich in meiner eigenen, ganz persönlichen Lebensgestaltung einen großen Unterschied, seitdem ich mit der Existenz in eine bewusste Resonanz, einen offenen Austausch getreten bin. Je klarer ich ihr gegenüber auftrete, umso eindeutigere Antworten erhalte ich. Gedanklich formuliere ich Ideen und Herzensanliegen, biete sie der Existenz zur Umsetzung an und setze meine ganze Tatkraft dafür ein. Ob ich mich dabei für den richtigen, stimmigen Weg entschlossen habe, zeigt mir das Leben, durch die Türen, die es mir öffnet oder auch verschlossen hält. Ich beschreibe diese innere Haltung als eine Mischung aus klarer Ausrichtung, Zielgerichtetheit und

Kämpfergeist – und gleichzeitiger Hingabe und Vertrauen in die Weisheit des Lebens. Es ist ein Balanceakt zwischen Tun und Lassen.

Aus meinem Erleben befinde ich mich in einer großen Schule. Diese Interpretation meines Lebens möchte ich aber nur für mich in Anspruch nehmen und würde sie niemals auf andere Biografien übertragen. Die Schöpfung führt mich durch eine Lektion nach der anderen. Wenn ich mit diesen Aufgaben offen und ehrlich in Kontakt trete, sie annehme und in meinem Leben wirken lasse, lerne ich immens. Ich erweitere mich an Stellen meiner Persönlichkeit, wo ich es mir nicht hätte träumen lassen. Habe ich eine Thematik durch und durch beackert und verarbeitet, erscheint es mir, als würde ich in eine nächsthöhere Schulklasse entlassen werden. Dort wartet eine verfeinerte Lebensqualität mit neuen Prüfungen auf mich. Ich persönlich fühle mich mit der Existenz in einer ganz direkten Resonanz. Sie antwortet mir auf jede kleinste Regung, die ich von mir gebe.

Oft sendet sie mir Antworten, die ich zunächst nicht verstehe. Verluste, Enttäuschungen, Krankheiten – all diese Lebensprüfungen zwingen mich zur differenzierten Überprüfung meines eigenen Tun und Handelns. Bisher hatte das Leben immer recht, mich auszubremsen! Wie eine Welle hebt und senkt es mich. Es schickt mich in ein Tal und lässt mich danach wieder auf einem Hügelkamm stehen. Je souveräner ich mich selbst und all meine Handlungen steuere, umso kleiner werden die Wellenberge. Diese Ruhe schenkt mir die Möglichkeit, Beziehungen zu vertiefen und in noch feiner schwingende Resonanz zu treten. Das Leben ist ein Wunder.

»Ich lebe mein Leben in wachsenden Ringen,
die sich über die Dinge ziehn.
Ich werde den letzten vielleicht nicht vollbringen,
aber versuchen will ich ihn.
Ich kreise um Gott, um den uralten Turm,
und ich kreise jahrtausendelang;
und ich weiß noch nicht: bin ich ein Falke, ein Sturm
oder ein großer Gesang.«

Rainer Maria Rilke, Das Stundenbuch (1972)

Präsenz in allen Dimensionen

Feine Schwingungen wahrnehmen und im Alltag nutzen

Mit feinen Schwingungen beschäftigen wir uns auch im nächsten Trainingabschnitt. Der Klient hat durch die vielen vorangehenden Übungen seine Wahrnehmungsfähigkeit verfeinert. Er ist sensibilisiert dafür, differenzierte, zum Teil verschlüsselte Botschaften und Informationen aus ihm selbst heraus oder aus seiner Umgebung aufzunehmen und zu decodieren. Ihm sind quasi Antennen gewachsen, mit denen er subtile Signale aufzeichnen kann. Diese Fähigkeit kann ihm in vielen Alltagssituationen hilfreich sein.

Um ihm die verschiedenen Facetten seiner Feinsensorik möglichst praxisnah näherzubringen, benutze ich wieder den Human-Balance-Kompass, den ich diesmal mit den dazugehörenden feinstofflichen Dimensionen hinterlege.

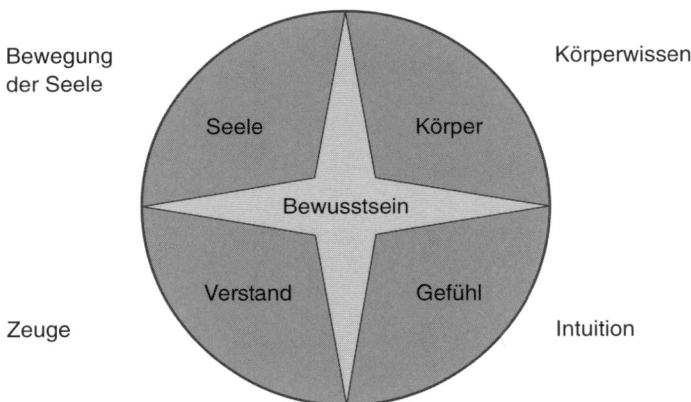

Die Ebenen von Körper, Gefühl, Verstand und Seele sind dem Klienten inzwischen wohlvertraut, sie dienen uns im nächsten Schritt als feste Ausgangsbasis. Auch mit dem Zeugen haben wir schon mehrfach gearbeitet. Auf die authentische Bewegung der Seele achten wir immerzu. Es verlangt von dem Klienten also nur noch einen kleinen Lernschritt, um mit den weiteren Aspekten seines vielschichtigen Radarschirms souverän umzugehen.

Sensible Antennen stärken

Betrachten wir diese Fähigkeiten noch einmal im Überblick: Beginnen wir mit dem Zeugen. Er ist eine wunderbare Instanz in uns, mit der wir Dinge mit Abstand betrachten zu können. Der Zeuge nimmt wahr, ohne zu interpretieren oder zu bewerten. Sobald er sich zu Wort meldet, offenbart sich die tiefe Dimension, aus der er zu uns spricht. Unser Verstand nimmt Zahlen, Daten und Fakten wahr. Er konzentriert sich auf sichtbare und messbare Details sowie Zusammenhänge. Der Zeuge hingegen betrachtet Dinge großzügig und weiträumig. Er bringt Klarheit und Verständnis in jede Situation, da er sie aus einer anderen Bewusstseinstiefe anvisiert. Um den Zeugen wahrzunehmen, braucht es nicht viel Übung, eher Mut zur Aufrichtigkeit.

Wir brauchen uns im Inneren nur in die Position eines wohlmeinenden, klarsichtigen Freundes zu begeben und können aus dessen Perspektive unser eigenes Leben betrachten. Es ist ein Mysterium, wie präzise und deutlich wir uns selbst erkennen können, sobald wir nur einen kleinen Schritt zurücktreten. Wir selbst wissen genau, wo wir stehen und was wir als Nächstes zu tun haben. Unser Inneres weiß es, und es ist unbestechlich.

Auch der nächste Ratgeber ist leicht zu entdecken. Werden wir achtsam, bemerken wir ein feines Gespür in uns, das sich schon oft im Vorfeld von Ereignissen zu Wort meldet. Die Intuition ist eine Gabe, die uns aus feiner Ahnung leitet. Viele meiner Klienten kennen das Phänomen. Oft wissen sie im Vorhinein, was sie machen oder wovon sie lieber die Finger lassen sollten. Immer wieder höre ich in Erzählungen: »*Ich hatte vorher schon so ein bestimmtes Gefühl. Hätte ich ihm nur vertraut.*«

Leider fehlt uns in vielen Fällen das Zutrauen, dieser inneren Stimme zu folgen. In unserer vernunftgeprägten Welt erhält die Intuition wenig Raum. Sie entzieht sich einer logischen Erklärung, und dieser Umstand irritiert. Gleichzeitig ist zu beobachten, dass gerade erfolgreiche Menschen eine gute »Nase« haben. Lebensfluss hängt offensichtlich damit zusammen, ob wir spontan nicht nur logisch nachvollziehbaren Gedanken, sondern auch paradox scheinenden Empfindungen Bedeutung schenken. Mal gilt es, Entscheidungen aus geistiger Klarheit und Rationalität zu treffen, dann wieder meldet sich der Bauch zu Wort und übernimmt die Führung.

Ein weiterer beeindruckender Gesprächspartner ist unser Körper mit seiner ausgeprägten Resonanzfähigkeit. Der Körper gibt unverstellte, authentische Rückmeldung zu den Geschehnissen in unserer Umgebung. Unser Muskelapparat spiegelt die Atmosphäre, in der wir uns bewegen. Bei angenehmer Umgebung bleibt der Körper entspannt, bei Irritationen ziehen sich die Zellen zusammen.

Bleiben Sie nah dran an dieser Bewegung der Zellen: Sie betreten einen Raum, und Ihr Körper sendet aus seinem tiefsten Inneren eine Rückmeldung. Er fühlt sich wohl und entspannt oder fühlt sich intuitiv unter Druck. Manchmal stellen sich sofort die Nackenhaare auf, weil der Körper Gefahr wittert. Achten Sie dabei auf Ihren Atem, er verändert sich ebenfalls augenblicklich. Er wird flacher oder vertieft sich. Körperwissen ist eine direkte Informationsquelle, die uns anregt, anzuhalten und den authentischen Empfindungen Raum zu geben.

Ein ganz praktisches Beispiel:

> Sie sind sich nicht sicher, ob Sie abends ausgehen oder daheim bleiben sollen. Stellen Sie sich vor Ihrem geistigen Auge vor, wie Sie das Haus verlassen. Achten Sie darauf, wie sich Ihr Körper bei der Vorstellung anfühlt. Freut er sich und öffnet er begeistert seine Zellen? Oder fühlt er sich eher überfordert an und verschließt sich? Wenn wir den Körper befragen, antwortet er immer. Er lädt uns ein, Zusammenhängen auf den Grund zu gehen.

Leider befinden wir uns öfters in Konstellationen, in denen unser Körper deutlich nach Ruhe schreit, wir diesem authentischen Impuls aber aus äußeren Zwängen nicht nachgehen können. An dieser Stelle ermöglicht uns das bewusste Innehalten, unserem System mindestens eine kurze Erholungspause anzubieten. Mein Organismus reagiert äußerst kooperativ, wenn ich seinen Bedürfnissen Respekt und Achtung schenke und ihnen wenigstens in einer kleinen, verständnisvollen Geste entgegenkomme. Stelle ich bei seinen Anliegen aber meine Ohren auf Durchzug und trimme meinen Körper auf reines Funktionieren, werde ich viele seiner warnenden Hinweise nicht verstehen und die Folgen leidvoll auszubaden haben.

Ein noch differenzierterer Resonanzkörper meines wahren Selbst ist die Seele, mein feingestimmter Wesenskern. Die Seele kann sich ähnlich wie der Körper öffnen und schließen. Über die Beobachtung dieser Bewegung können wir ihre Botschaften am einfachsten studieren. Fühlt sich mein Seelenkörper wohl und angenommen – respektiert in seinem Werteverständnis – beachtet in seinem Verlangen nach Klarheit, Fairness und Gerechtigkeit – ernährt in seiner Sehnsucht nach Schönheit, Ästhetik und menschlicher Größe – berührt durch Wertschätzung und Liebe – dann öffnet er sich und beschenkt mich mit Lebendigkeit, Präsenz und Wärme.

Die Seele ist grundtief ehrlich. Ich kann ihr nichts vormachen. Ich kann sie mit nichts manipulieren. Gott sei Dank. Sie erzieht mich dazu, genau zu werden. Folge ich ihren zuverlässigen Hinweisen, lehrt sie mich Aufrichtigkeit, kompetente Selbststeuerung, Wachheit, Gelassenheit …

So halte ich die Seele für eine unglaubliche Lehrmeisterin, die in jedem Einzelnen von uns schlummert und auf ihren Einsatz wartet. Wie ein Leuchtturm in der Nacht sendet sie Lichtzeichen, damit wir die Einfahrt zu unserem inneren Heimathafen nicht verpassen.

Wie immer prangt das offene Gewahrsein als leerer, reflektierender Bewusstseinsraum in der Mitte des geistigen Kaleidoskops.

Im nächsten Fallbeispiel möchte ich Ihnen die Anwendung dieser vielfältigen Bewusstseinsklaviatur praxisnah demonstrieren.

Fallbeispiel: Ich habe Angst davor, Entscheidungen zu treffen

Ein junger Geschäftsführer sitzt vor mir. Vor zwei Jahren hat er einen mittelständischen Betrieb mit etwa 500 Mitarbeitern von seinem Vater übernommen. Der Senior hat sich weitgehend aus dem operativen Geschäft zurückgezogen, bleibt im Hintergrund aber weiterhin präsent. Der Vater war über Jahrzehnte sehr erfolgreich und dafür bekannt, schnelle Entscheidungen aus dem Bauch heraus zu treffen. Damit fuhr er sein gesamtes Berufsleben lang hervorragend und hatte den Ruf, ein großer Menschenkenner zu sein.

Sein Filius wirkte nicht gerade wie die personifizierte Intuition. Er trat eher sachlich auf und bemühte sich um eine objektive Darstellung der Umstände. Fachlich fühlte er sich dieser anspruchsvollen Aufgabe gewachsen. Er hatte gute Ausbildungen genossen und auch schon in anderen Firmen umfassende Praxiserfahrungen sammeln können. Aber menschlich hatte er starke Zweifel an seiner eigenen Kompetenz. Es mangelte ihm offensichtlich an Selbstvertrauen.

»In der Abwicklung des normalen Tagesgeschehens fühle ich mich eigentlich recht wohl. Die Prozesse sind klar definiert, und ich habe feste Rahmenbedingungen, in denen ich mich bewegen kann. Schlimm wird es, sobald ich Entscheidungen zu treffen habe, die ich durch Vorerfahrungen oder sonstige Parameter nicht absichern kann. In solch einem Moment, der leider immer öfter auf mich zukommt, gerate ich innerlich in eine so starke Aufregung, dass mein sonst gut funktionierender Verstand völlig zusammenklappt. Ich bekomme schweißnasse Hände und fühle mich wie ein Kaninchen vor der Schlange. Diese kindischen Reaktionen sind mir hochpeinlich, und ich versuche, sie vor meinen Mitarbeitern zu verbergen. Beklemmend ist für mich die Vorstellung, mein Vater könnte mich in diesem Zustand antreffen. Er würde mich wohl für einen totalen Looser halten.«

In seiner Erzählung versteckten sich viele verschiedene Themen, angefangen mit der Beziehung zu seinem Vater. Im Rahmen des ersten Coachings einigten wir uns darauf, dem Thema »Schritte einer Entscheidungsfindung« erste Priorität zu schenken. Die folgende Übung hilft, verzweigte Thematiken transparent zu durchleuchten und Entscheidungsprozesse differenziert zu steuern.

Übung   **Das Kaleidoskop**

Einführung

Entscheidungen zu treffen fällt vielen Menschen schwer. Gerade in unserer heutigen, komplexen Welt hängen Umstände in der Regel mit vielfältigen Faktoren aus Nebenschauplätzen zusammen. Einmal eingeschlagene Wege bergen bisweilen mannigfache Konsequenzen in sich, die sich erst nach mehreren Schritten offenbaren. Was dann? Wieder umkehren oder Kurs halten?

Wirken Entscheidungen schon gefährlich, wird es aber erst recht brandheiß, sobald Situationen unentschieden in der Schwebe gehalten werden. Aussitzen kann auf der einen Seite die Potenzierung von Problemen bedeuten. Auf der anderen Seite lösen sich manche Konflikte in Luft auf, wenn man ihnen durch Stillhalten die Energie entzieht.

Die folgende Technik hilft, Entscheidungsprozesse unter Einbeziehung verschiedener Blickpunkte systematisch aufzubauen.

Ziel
Der Klient lernt, feinsinnige Bewusstseinszustände praxisnah in den Alltag einfließen zu lassen. Er übt sich, unterschiedliche Dimensionen auseinanderzuhalten und deren Inhalte gewinnbringend abzuwägen.

Übungsaufbau
Bauen Sie auf dem Boden mithilfe von Seilen und Kreppbändern den Human-Balance-Kompass nach. Bezeichnen Sie die einzelnen Felder im ersten Durchgang mit Körper, Gefühl, Verstand und Seele. Im zweiten Durchgang wechseln Sie die Kennzeichnung zu Körperwissen, Intuition, Zeuge und Bewegung der Seele. Die Kompassnadel bleibt in beiden Fällen das reflektierende Bewusstsein, das Sie als offenes Gewahrsein beschreiben können.

Übungsablauf
Der Klient überlegt sich die genaue Fragestellung einer anstehenden, für ihn wichtigen Entscheidung, mit der er die Übung exemplarisch durchlaufen möchte. Schreiben Sie die Frage auf ein Flipchart und darunter mögliche Lösungsoptionen. Beschränken Sie sich in diesem Fall auf drei bis vier Optionen. Stellen Sie das Flipchart gut sichtbar neben den Übungsaufbau des Kompasses.

Erster Durchgang: Der Klient betritt nun nacheinander die einzelnen Kompassfelder und spürt mit Haut und Haar in seinen ganzen Organismus hinein. Die Reihenfolge der Felder kann er sich selbst aussuchen. Für viele ist es aber hilfreich, mit der Verstandesebene zu beginnen, da sie ihnen am meisten vertraut ist. Zwischen dem Betreten der einzelnen Bereiche positioniert er sich immer wieder auf der Kompassnadel »offenes Gewahrsein« und hält einen Augenblick inne.
Stellen Sie ihm bei seiner Wanderung durch die einzelnen Bereiche folgende Fragen:
- *Zum Feld »Verstand«:* Was sagt Ihr Verstand zur ersten Lösungsoption? Tragen Sie alle Zahlen, Daten und Fakten zusammen, die für oder gegen diese Entscheidung sprechen.
- *Zum Feld »Gefühl«:* Welche Emotionen steigen in Ihnen hoch, wenn Sie sich mit dem ersten Lösungsweg beschäftigen? Was spricht Ihr Herz?
- *Zum Feld »Körper«:* Welche körperlichen Be- oder Entlastungen werden auf Ihren physischen Energiehaushalt zukommen, wenn Sie sich für die erste Möglichkeit entscheiden? (Arbeitsdruck, Reisebelastungen, zeitliche Ressourcen und anderes.)
- *Zum Feld »Seele«:* Inwieweit entspricht diese Option Ihren Werten und der definierten Unternehmenskultur?

Die Antworten kann der Klient entweder selbst auf einem Schreibbrett notieren oder Sie protokollieren seine Aussagen mit.

Zweiter Durchgang: Nun begibt er sich auf eine weitere Erforschungsrunde. Diesmal stellen Sie ihm folgende Fragen:

- *Zum Feld »Zeuge«:* Welche Gesichtspunkte fügt der Zeuge hinzu, wenn er sich mit der ersten Option beschäftigt? Welche weitreichenden Zusammenhänge und möglichen Konsequenzen können Sie aus dieser Perspektive wahrnehmen?
- *Zum Feld »Intuition«:* Was sagt Ihr Bauch, Ihre Nase zu der ersten Entscheidungsmöglichkeit? Notieren Sie bitte den allerersten Impuls.
- *Zum Feld »Körperwissen«:* Stellen Sie sich vor, Sie haben sich für diesen Lösungsweg entschieden und verkünden ihn Ihrer ganzen Mannschaft. Wie fühlt sich dabei Ihr Körper an? Nehmen Sie ihn als unbelastet war, frei, energievoll, gelassen – oder eher verkrampft, unter Druck, angehalten, mit flachem Atem?
- *Zum Feld »Bewegung der Seele«:* Und was sagt Ihr innerster Wesenskern zu dieser Entscheidung? Fühlt er sich stolz, engagiert, identifiziert, voller Ideen und sprühender Leidenschaft – oder ist es für ihn eher ein fauler Kompromiss, dem die Seele mit hängendem Kopf hinterhertrottet? In welche Richtung zieht es die Seele aus tiefster Ehrlichkeit?

Auch in diesem Durchgang durchläuft der Klient sämtliche Möglichkeiten und fasst danach all seine Eindrücke zusammen. Lassen Sie ihn das Ganze mit Abstand betrachten und dann eine finale Entscheidung treffen. Wohin soll die Reise gehen?

Duale Welt

> »Wahrheit kann man nur im Paradox aussprechen.«
>
> *Irina Tweedie*

In den meisten Fällen, gibt es keine 100-prozentig eindeutige Antwort. Wir leben in einer dualen Welt und kennen kein Licht ohne Schatten. Dennoch wird sich nach dieser umfassenden Überprüfung ein Gesamtbild herauskristallisieren, das Vor- und Nachteile auf vielen verschiedenen Ebenen sichtbar macht.

Und noch ein weiterer Effekt bleibt nicht zu unterschätzen. Hat ein Mensch den Eindruck gewonnen, sich mit einer Sache gewissenhaft auseinandergesetzt zu haben, fällt es ihm leichter, sich hinter seine einmal getroffene Entscheidung zu stellen und sie mit aller Kraft und Konsequenz zu verfolgen. Er vertraut sich selbst – und mit dieser grundlegenden Stärke kann er selbst falsche Entscheidungen zu richtigen Lösungen hinentwickeln. Kurskorrekturen können hilfreich sein, wenn sie aus einem größeren Überblick und nicht aus nervöser Unsicherheit entstehen. Mithilfe der gewonnenen Weitsicht können Ziele auch langfristig verfolgt und ihre Erreichung schrittweise aufgebaut werden.

Meinem Klienten hat der Übungsaufbau sehr geholfen, da er ihm vielfältige Wege aufgezeigt hat, an Entscheidungen heranzutreten. Der junge Geschäftsführer fühlte sich dem täglichen Entscheidungsdruck nicht mehr hilflos ausgeliefert. Er war mit einer geistigen Waffe ausgestattet, die ihm Raum verschaffte. Diese Präsenz in allen Dimensionen ermöglichte ihm Überblick und Weitsicht für verantwortungsvolle, reife Entscheidungen.

Poesie, Zärtlichkeit, Spiel und Abenteuer

»Wie soll ich meine Seele halten, dass
sie nicht an deine rührt? Wie soll ich sie
hinheben über dich zu andern Dingen?
Ach gerne möchte ich sie bei irgendwas
Verlorenem im Dunkeln unterbringen
an einer fremden stillen Stelle, die
nicht weiterschwingt, wenn deine Tiefen schwingen.
Doch alles, was uns anrührt, dich und mich,
nimmt uns zusammen wie ein Bogenstrich,
der aus zwei Saiten eine Stimme zieht.
Auf welches Instrument sind wir gespannt?
und welcher Geiger hat uns in der Hand?
O süßes Lied.«

Rainer Maria Rilke

Die Seele ist empfänglich

In den bisherigen Kapiteln habe ich Ihnen Übungen und Techniken vorgestellt, mit denen Sie aufeinander aufbauend die verschiedenen Facetten von Bewusstsein wahrnehmen und trainieren können. Es sind Methoden, mit denen Sie Ihre Wahrnehmungsfähigkeit und Achtsamkeit steigern und gezielt ausrichten können, und ebenso die Ihrer Klienten.

Im nächsten Schritt werde ich über eine wundersame Fähigkeit sprechen, die weniger mit geistiger Ausrichtung, sondern mit Zulassen und Hingabe zu tun hat. Wie ich schon ausführlich auf Seite 52 beschrieben habe, besitzen wir Menschen eine sehr empfindsame Seele. Sie ist der Übergang zwischen der dualen Welt, mit all Ihren Farben und Formen, und der non-dualen Welt, die als »Leere«, »Weite« oder »das Nichts« wahrgenommen wird. So kann sie in Resonanz treten mit den feinen, anmutigen, berührenden Dingen des Lebens, wie die Poesie, die Musik, die Bildersprache …

Wie eine Saite eines Musikinstruments lässt sich die Seele in Schwingung versetzen. Dabei hat jeder Mensch seine eigene, spezielle Frequenz, für die er empfänglich und durchlässig ist.

Das Ewige und das Plätschern seiner Quelle

> Ein Sommernachmittag in der Provence. Das kleine Steindorf, an einen von Eichen und wildem Ginster überwucherten Bergrücken geschmiegt, liegt still und duldsam unter der brütenden Hitze. Die Dorfgassen wirken ausgestorben, ihre Steinplatten fühlen sich unter meinen Füßen warm und glatt an. Vor den grauen Hauswänden leuchten Geranien, aus den Fensternischen blitzen scheue Katzenaugen. Ich folge fernen Stimmen und treffe auf den Dorfplatz.
>
> Eine angenehme Kühle umfängt mich, ein Geschenk der umgrenzenden Platanen, deren Blätter mit Licht und Schatten spielen. Inmitten des Platzes der Dorfbrunnen, dessen Strahl glucksend auf die Wasseroberfläche des Beckens trifft. Das Gurren aus vielen Taubenkehlen schwebt in der Luft, gedämpfte Stimmen, Lachen und Gläserklirren dringen aus dem Café. Alte Männer spielen Boule, die Kugel schlägt dumpf auf den Sandboden.
>
> Ich verharre und atme die mir entgegenrollenden Wellen dieses in sich vollkommenen Geschehens ein. Die Zeit scheint für einen Augenblick ihr stetes Voranschreiten aufzuheben und öffnet mir eine Tür. Ich gleite in einen wundersam erfüllten Raum. Er erscheint mir zeitlos, leer und weit, gleichzeitig voller Intensität und Verdichtung. Tief in meinem Inneren entspannt sich eine Feder, die zu fest angezogen scheint. Meine Zellen atmen auf und öffnen ihre Pforten, um diese kostbare Atmosphäre, eine Art Nektar von Licht und Ton, aufzunehmen. Seliges Strömen erfüllt mich.
>
> Mein Mann nimmt mich an der Hand, und wir gehen unter lichtdurchfluteten Schatten, um etwas zu trinken.

Lichtzeichen

Unsere Seele ruft uns. Sie sendet uns Lichtzeichen, kurze Momente der Offenbarung, damit wir uns orientieren können und im Täglichen diese feine Schwingungsebene der Einheit nicht vergessen. Sie möchte uns erinnern, dass unser Leben in einer gewaltigen Dimension verwurzelt liegt.

Manchmal eilt uns die Seele entgegen, und es fällt ganz leicht, sie zu spüren. Jeder Mensch hat dabei seine eigene Lieblingskonstellation. Es kann sich auf einer Wanderung in der Natur ereignen, beim Anblick eines Bildes, das wir lieben, oder im Erleben eines Musikstücks, das uns erfüllt und mit sich fortträgt. Es kann uns ergreifen, während wir ein Gedicht lesen. Oder wenn uns eine behutsame Hand berührt oder wir einen heiligen Raum betreten. Es passiert, während wir tanzen, spielen, malen, bildhauern, selbstvergessen einer Arbeit nachgehen. Auch Sonne, warmer Wind und sanftes Wasser sind herrliche Katalysatoren. Der Moment der Öffnung ereignet sich spontan, sobald kein Wollen oder Drängen unser Wesen bewegt.

All diese Augenblicke treten in Resonanz mit dem fein gewebten Seelentuch und lassen es aufleuchten. Die Seele liebt Poesie, Zärtlichkeit, Verspieltheit.

Es war, als hätt der Himmel
Die Erde still geküsst,
Dass sie im Blütenschimmer
Von ihm nun träumen müsst.

Die Luft ging durch die Felder,
Die Ähren wogten sacht,
Es rauschten leis die Wälder,
So sternklar war die Nacht.

Und meine Seele spannte
Weit ihre Flügel aus,
Flog durch die stillen Lande,
Als flöge sie nach Haus.

Joseph von Eichendorff

Dieses wunderbare, zeitlos schöne Gedicht von Joseph von Eichendorff wurde in unserem Kulturkreis geschrieben. Den deutschen Romantikern gelang es, die zarten, empfindsamen Nuancen unserer Sehnsucht nach einer übergeordneten Heimat in anrührende Worte zu kleiden. Sie konnten dem Unaussprechlichen Worte verleihen.

Fast jeder meiner Klienten berichtet von solch einer Erfahrung mit dem Unaussprechlichen. In unterschiedlichsten Worten und Bildern beschreiben sie mir diesen Moment der innersten Berührung, des Staunens, des Wissens. Hier zitiere ich einen Text von Jean Liedloff, der in ihrem Buch »Auf der Suche nach dem verlorenen Glück« (1984) erschien:

> »Das Ereignis trug sich auf einer Wanderung in den Wäldern von Maine zu, wo ich in einem Sommerzeltlager lebte. Ich war die Letzte in der Gruppe; ich war ein wenig zurückgeblieben und beeilte mich gerade, den Abstand aufzuholen, als ich durch die Bäume hindurch eine Lichtung erblickte. Eine prächtige Tanne stand an ihrem Außenrand und in der Mitte ein kleiner Erdhügel, bedeckt von glänzendem, fast leuchtendem, grünem Moos. Die Strahlen der Nachmittagssonne fielen schräg auf das Blauschwarz des Nadelwaldes. Das kleine Dach, das vom Himmel zu sehen war, war von vollkommenem Blau. Das ganze Bild war von einer Vollständigkeit, einer solchen Vollkommenheit konzentrierter Kraft, dass es mich abrupt stehen bleiben ließ. Ich trat an den Rand der Lichtung und dann, behutsam wie an einem magischen oder heiligen Ort, in ihre Mitte, wo ich mich setzte und dann hinlegte, die Wange gegen das frische Moos gepresst. ›Hier ist es‹, dachte ich mir, und ich fühlte die Angst, die mein Leben durchzog, von mir abfallen.
>
> Dies endlich war der Ort, wo die Dinge so waren, wie sie sein sollten. Alles war an seinem Platz – der Baum, die Erde darunter, der Felsen, das Moos … Ich spürte, dass ich die fehlende Mitte der Dinge entdeckt hatte, den Schlüssel zur Richtigkeit selbst, und dass ich mir dieses Wissen, das an jenem Ort so klar war, bewahren müsste.
>
> Doch wie die meisten Augenblicke der Erleuchtung, gewährte er mir nur einen flüchtigen Blick auf die Existenz einer Ordnung, ohne ihre Struktur aufzudecken und anzuzeigen, wie sich ein solcher Einblick über die Verwirrungen des Alltags hinwegretten ließe.«

Es scheint, als ließe unser Wesenskern immer wieder Blasen aus seiner Mitte empor-steigen, um uns an die Richtigkeit unseres Lebens zu erinnern, wie Jean Liedloff es so einfach und direkt beschreibt.

Dem Klienten seine Durchlässigkeit bewusst machen

Viele Menschen tragen diese Erfahrung des spontanen »Einheitserlebens« in sich. Doch schenken sie dieser Einsicht oft wenig Bedeutung. Im Moment der Erkennt-nis sind sie erschüttert und berührt. Sie überlegen, was die Dimension dieser Erfah-rung eigentlich für ihr Leben bedeuten könnte. Doch der Alltag schiebt diese Erkennt-nis meistens aus ihrem direkten Wahrnehmungsfokus. Im Rahmen des Coachings, in dem sie Zeit und Raum haben, sich selbst und ihren tief gehenden Stimmungen nach-zugehen, tauchen all diese Erinnerungen auf.

Es gibt Augenblicke, in denen die Membran zwischen der uns vertrauten, sicht-baren Welt und der uns eher unbekannten, feineren und daher für das Auge nicht fassbaren Schwingungsebenen der Existenz durchlässiger zu sein scheint. Unser da-hinplappernder Verstand ist einen Augenblick sprachlos und versperrt nicht mehr den Kontakt zu unserem ungeteilten Selbst. In diesen Momenten ereignet sich Hei-lung. All die aufgeworfenen Kanten und tiefen Risse unserer persönlichen Geschichte besänftigen und glätten sich für einen Augenblick. Wir erleben uns in einer Unver-sehrtheit, die Vertrauen und Erlösung schenkt. Uns wird bewusst, welch ungeheure Kraft in uns selbst wohnt. Wir leben sozusagen Tür an Tür mit unserer eigenen Hei-lung, nur ein zartes Pergament trennt uns von ihr, ein Schleier vor den Augen. Manch-mal hebt sich dieser Schleier wie von selbst – und wir stehen da wie das Mädchen aus dem Märchen »Sterntaler« und brauchen nur die Arme zu öffnen, um das Geschenk anzunehmen.

Als Coach können Sie Ihren Klienten bestärken: Dass er sensibel wird für die vie-len, feinen Eindrücke des Lebens und sich beschenken lässt. Heilung und Versöhnung, Berührung mit dem unbekannten Großen, in dem wir alle aufgehoben sind, kann sich überall ereignen. Meistens passiert es ganz still und leise. Wenden wir uns dem Unspektakulären zu, werden wir Wunder erleben.

Sommer

Diese lichtdurchflutete Sommerstudie schrieb Peter Praschl, Autor des »SZ-Maga-zins«, in seinem Artikel »Mittsommertag« (Heft 32/2009).

> »In diesem Sommer sei sie eines Tages Anfang August wie von einem Marionetten-spieler an einem unsichtbaren Faden ins Freie gezogen worden, mit noch unge-machten Haaren in ihrem Sommerkleid und in ihren Flipflops aus der Wohnung hinaus und, sagte sie, aus ihrem Leben, obwohl es ihr eher vorgekommen sei, dass sie mit jedem Schritt ihrem Leben endlich wieder näher kam, jedenfalls habe sie

keine Schuldgefühle empfunden, auch nicht ihrem Mann und den Kindern gegenüber, sondern sei immer weiter, in einer Art Trance glücklich vor sich hinstapfend, an Vorgärten, Baustellen, Spielplätzen, Cafés, Restaurants und Biergärten vorbei, durch eine sanft pulsierende Gischt aus Rasensprenklerzischen, Geschirrklappern, Kindertoben, Eiswagenklingeln und Vogelgetschilpe, manchmal von Radfahrern überholt und an Ampeln, wenn sie anhalten musste, von Autofahrern beobachtet, die ihr zu Maria-Callas-Arien oder Schüttel-den-Speck-Ermunterungen kurz zunickten, ehe sie wieder aufs Gas traten, und während sie planlos und ohne irgendeine Ermüdungserscheinung, sondern im Gegenteil immer wacher werdend weiterging, sagte sie, habe sie sich endlich einmal wie im Zustand der Erleuchtung mit allem versöhnt gefühlt, obwohl doch alles noch an seinem alten Platz stand und nichts sich verändert hatte, vielleicht habe ihr die Hitze an diesem Tag ja auch bloß jeden Willen zerschmolzen und sie mit Friedfertigkeit emailliert, jedenfalls seien ihr der bevorstehende Wahlkampf, der drohende Staatsbankrott, der Analogkäse im Supermarkt, die Schweinegrippe, Peer Steinbrück und Silvana Koch-Mehrin vollkommen egal gewesen und habe sie bloß euphorische Gleichgültigkeit empfunden, in der sie, obwohl sie doch sonst daran keinen Mangel leide, nur noch einen einzigen Wunsch gehabt habe, nämlich dass es immer so weitergehen und der Sommer endlos sein solle, ›wie Wellen‹, sagte sie, bis sie nach vier oder fünf, vielleicht auch fünfeinhalb Stunden, denn auch jedes Zeitgefühl sei ihr abhanden gekommen, nach einer großen Kreisbewegung, von der sie während des Gehens nichts mitbekommen habe, ein wenig ausgetrocknet und mit einer Blase am linken Fuß wohlbehalten wieder in ihrer Wohnung gelandet sei und sich auf die Rückkehr ihres Mannes und der Kinder aus dem Schwimmbad gefreut habe, für die sie eigentlich hatte kochen wollen, jetzt aber nur Tomaten viertelte, weil im Sommer seltsamerweise niemand mehr brauche, um glücklich satt zu werden, so wie alles an diesem Tag, sagte sie, seltsam gewesen sei, wenn auch, endlich einmal, in der einzig richtigen Ordnung der Dinge.«

Durchlässigkeit üben

Unterstützen Sie Ihren Klienten, indem Sie ihm seine persönliche Empfänglichkeit für feine Schwingungen ins Bewusstsein rufen. Verstärken Sie seine natürlich angelegten Neigungen, und ermutigen Sie ihn, sich Zeit für die schönen, genussreichen Dinge des Lebens zu nehmen.

Bringen Sie Ihre Klienten oder Seminarteilnehmer immer wieder in Berührung mit Kunst, Poesie und Musik. Sie können zu Anfang einer Arbeitssequenz einen Text oder ein Gedicht vorlesen. Oder zur Eröffnung einer Meditation ein klassisches Musikstück erklingen lassen. Wer Maria Callas die Arie »Casta Diva« aus der Oper »Norma« singen hört, wird vor der unfasslichen Schönheit dieses Stückes in die Knie gehen. Keine Seele bleibt davon unberührt.

Besuchen Sie mit Ihren Seminarteilnehmern Museen, und lassen Sie in der Schwingung von Form und Farbe die Seele baumeln. Gehen Sie gemeinsam in die Berge – das muss kein anstrengendes, schweißtreibendes Teamevent werden – vielleicht eher eine verträumte, saumselige Wanderung voll Sommerwind und hellblauen Glockenblumen.

Manchmal lässt ein abendliches Lagerfeuer lang vergessene Kindersehnsucht aufsteigen. Ein Segeltörn mit zerzausten Haaren. Oder ein beschwingter, zärtlich-verrückter Tangoabend, bei dem das Führen und Geführtwerden tiefe Emotionen weckt.

Das Leben ist ein unschätzbares Füllhorn, das uns reich beschenken kann. Wecken Sie in Ihrem Klienten den Zugang zu den unzähligen, schlichten Kostbarkeiten des Lebens. Heilung durch Leben – das ist das Beste, was passieren kann.

Achtsame Selbststeuerung

»Jeder Mensch muss sein Schiff alleine fahren. Wenn der Sturm kommt,
sollte er auf die Brücke gehen, und das Steuer fest in die Hand nehmen.
Wer sich unter Deck versteckt und gar die Augen zuhält, hat viel mehr
Schmerz und Kummer durchzustehen.«

Frédérick Leboyer (Begründer der »sanften Geburt«)

Klare Ziele setzen ungeahnte Kräfte frei

Um all die vorangegangenen Trainingsschritte auch tatsächlich im täglichen Leben umsetzen zu können, muss sich der Klient Freiräume in seinem Tagesablauf schaffen. So schnell mal nebenbei lässt sich Bewusstsein weder erforschen noch dauerhaft erweitern. Wie beim Erlernen eines Musikinstruments, einer Sportart oder eines Handwerks braucht es Geduld und Beharrlichkeit. Wichtig ist zudem eine klare Ausrichtung, an der man seine Erfolge messen und zielgerichtet verbessern kann.

Vor einigen Jahren wurde in der Sportpsychologie ein spannendes Experiment durchgeführt. Die zehn weltbesten Hochspringer wurden zu einem Test eingeladen, dessen Inhalt sie vorher nicht kannten. Es wurde ihnen eine Sprunghöhe aufgelegt, die für diese Top-Profis eine Lächerlichkeit war. Nur, sie übersprangen diesmal keine sichtbare Latte, sondern einen für sie unsichtbaren Laserstrahl. Keiner der Sportler bezwang die Höhe, da es für ihn ein ungreifbares Ziel war. Kaum lag wieder eine sichtbare Messlatte vor ihnen, überflogen sie die von ihnen erwartete Leistungsgrenze.

Dieses Phänomen kenne ich selbst sehr gut. Je präziser ich meine Ziele und Anliegen definiere, umso eher werde ich ihre Umsetzung erreichen. Mithilfe kleiner, realistischer Schritte baue ich mir Wege zur Erfüllung. Außer, die Existenz sendet mir eindeutige Zeichen, dass ich von meiner Richtung ablassen sollte. Sie ist viel größer und weiser als ich – da setze ich meinen Kopf lieber nicht durch.

Vielen meiner Klienten ist das Thema »Ziele« aus ihrem Firmenalltag bekannt. »Führen mit Zielen« ist derweilen ein weit verbreitetes Führungsinstrument. Auf ihr Privatleben möchten die meisten diese Technik nicht übertragen, gerade aus dem Grund, weil sie im beruflichen Kontext durch unrealistische Zielsetzungen oft aufs Glatteis geführt werden. Das kann schnell in blauen Flecken resultieren.

Trotz dieser schlechten Erfahrungen lade ich Sie ein, die folgende Übung auszuprobieren.

Übung

Den Tag bewusst gestalten

Einführung

Viele Menschen haben den Tag über so viele Aufgaben und Pflichten zu erledigen, dass sie dabei kaum zum Nachdenken kommen. Dabei geht es ihnen wie dem Holzfäller, der mit einer stumpfen Säge unermüdlich Bäume schneidet. Sein Nachbar kommt vorbei und rät ihm: »Schleife dein Sägeblatt, du verschwendest ja deine Kraft!« »Dafür habe ich keine Zeit«, ruft der Holzfäller zurück und schuftet weiter. Beim Thema »Sägeschleifen« entdecken die meisten ein großes Potenzial, auf welche Weise sie ihre Selbststeuerung und Selbstwirksamkeit optimieren können.

Ziel

Der Klient lernt, seine täglichen Abläufe differenziert zu hinterfragen und auf ihre Tauglichkeit zu überprüfen. Durch diese Transparenz hat er eine Entscheidungsgrundlage, um seine Handlungsweisen in neue Bahnen zu lenken.

Übungsablauf

Der Klient legt sich mithilfe eines Seils eine Zeitschiene, die seinen Tagesablauf symbolisiert (er kann zur Klärung verschiedener Tagesabläufe, wie Bürotag, Reisetag, freier Tag mehrere Seile auslegen). Mit Moderationskarten markiert er nun die einzelnen Stationen seines Tages. Aufstehen, Frühstücken, Kinder auf den Weg bringen, zur Arbeit fahren, Ankunft im Geschäft … Sobald alle Karten liegen, durchwandert er diese Zeitschiene und überprüft mit seinem ganzen System – Körper, Herz, Verstand und Seele – welchen Eindruck er von seiner bisherigen Verhaltensform erhält. Tut sie ihm gut? Unterstützt sie ihn in seiner Potenzialentfaltung? In seiner Gesundheit? In seiner Beziehungsfähigkeit und seinem Kommunikationsverhalten?

Nach differenzierter Betrachtung des Ist-Zustands legt der Klient eine Soll-Linie. Mit dieser kreiert er sich einen neuen Tagesablauf, der gemessen an seinen Aufgaben und Herausforderungen realistisch umsetzbar wäre – nun aber für seine persönliche Entwicklung einen unterstützenden Rahmen bildet. Wieder markiert er mithilfe der Moderationskarten die einzelnen Abschnitte des Tages. Diesmal kann er auf der ganzen Klaviatur seines bisherigen Bewusstseinstrainings spielen und sich viele kleine Pausen für HASE, Zeuge, innere Quelle, gleichzeitige Wahrnehmung, Pflege des Beziehungsbandes und weitere Achtsamkeitsübungen einbauen. Das ist aber nur ein Teil der Betrachtung. Neben den Ritualen zur Stärkung der Präsenz und Achtsamkeit achtet er auf Zeitmanagement, Selbstorganisation, Prozessabläufe, die Effizienz von Information und Kommunikation, überprüft seine Zusammenarbeit mit anderen Personen und beäugt seine kleinen und großen persönlichen »Hänger«.

Aus dieser umfassenden Betrachtung heraus leiten sich nun im nächsten Schritt ganz konkrete Maßnahmen ab, die der Klient sich selbst als Hausaufgaben verordnet. Dies ist sein Einstieg in die bewusste Selbststeuerung.

Transparenz ins Leben bringen

Sein Leben richtig auf Vordermann zu bringen, ist ein längerer Prozess, der als Langzeitprojekt verstanden sein sollte. Es ist ein spannendes Unterfangen, das ebenfalls nach der Zwiebeltechnik funktioniert. Schritt für Schritt kommt der Klient mit Inhalten in Kontakt, die eine Klärung, Erleichterung oder eine Ausbalancierung verlangen. Bei der Bearbeitung der einzelnen Themenfelder sollte der Klient sich zeitlich nicht unter Druck setzen und möglichst einen Aspekt nach dem anderen angehen. Viele Themen hängen folgerichtig miteinander zusammen. Sobald er beginnt, an einer Ecke seines Lebens aufzuräumen, ergibt sich ein darauffolgender Inhalt oft von ganz alleine.

Die zu lösenden Aufgaben können unterschiedlichster Natur sein und kommen aus allen möglichen Richtungen auf ihn zu. Wie geht er mit seiner Zeit um? Welcher Austausch ereignet sich zwischen ihm und seinem Lebenspartner? Wie viel Aufmerksamkeit schenkt er seinen Kindern? Wie tritt er an seinem Arbeitsplatz auf? Hält er Zusagen, die er gemacht hat? Hat er seine Finanzen geregelt, seine Buchhaltung auf Vordermann? Ist sein Keller aufgeräumt? Hat er ein Testament geschrieben? Sind seine Schuhe geputzt? Har er regelmäßig Kontakt zu seinen Eltern oder zu seinen Geschwistern? Und, und, und …

All diese Lebensaspekte erscheinen sehr unterschiedlich – und doch reflektieren sie alle die innere Haltung des Menschen. Entscheidet er sich zu einer wachen, aufmerksamen Lebensführung, gibt es kein Thema, das sich nicht als Übungsfeld anbieten würde.

Ungeklärte Dinge und Beziehungen binden Energie. Wir Menschen besitzen zwar ungeheure Fähigkeiten der Verdrängung. Was landet nicht alles unterm Teppich! Leider verschwindet das Verdrängte aber nicht aus unserem Verantwortungsbereich, wir verschieben seine Bearbeitung nur auf einen späteren Zeitpunkt. Das heißt, wir laden es uns in unseren Lebensrucksack und schleppen es mit uns herum. Diese Gewichte belasten uns tagtäglich, wir schleppen sie mit, wo wir gehen und stehen. Es sind regelrechte Energieräuber, die an unseren Kräften zehren, ob es uns passt oder nicht.

Natürlich gibt es auch Themen, deren Lösung nicht in unserer Hand liegt. Vielleicht haben wir in manche Konflikte schon viel Zeit und Kraft investiert, um sie zu einer glücklichen Wendung zu führen – und dennoch mag es nicht gelingen. Hier gilt es eine deutliche Unterscheidung vorzunehmen: zwischen einer veränderbaren und unveränderbaren Welt. Dingen, die sich durch unser Zutun beim besten Willen nicht verändern lassen wollen, sollten wir keine weitere Energie schenken. Wir können ihren Zustand akzeptieren und unsere Hoffnung auf Veränderung auflösen. Dieses innere Loslassen ist am Anfang nicht einfach, hat aber ab einem gewissen Punkt auch etwas Befreiendes. Wir setzen Kraft frei, die wir auf anderen Lebensfeldern kreativ einsetzen können.

Gebundene Energien lösen

Mein Großvater zum Beispiel war ein Mann der alten Schule. Sein Schreibtisch war am Abend blitzblank aufgeräumt – und diese äußere Ordnung war Ausdruck seiner inneren Ordnung. Obwohl er ein strenges Auftreten besaß, faszinierte mich seine geistige Klarheit.

Klarheit verlangt Disziplin. Mit diesem Wort verbindet sich oft Zucht und Strenge, aber das meine ich nicht. Mein Verständnis von Disziplin hat mit Witz und Biss zu tun, mit Leidenschaft und Abenteuergeist. Sich von alten Verstrickungen zu lösen, halte ich derweilen für die größte Heldenreise, die wir antreten können. Eine ordentliche Portion Mutterwitz steht uns da besser zur Seite als Ernst und Drill.

Verfolgen wir das Bild eines Stroms als Sinnbild unserer Lebenskraft. Durch kontinuierliche Arbeit an unserer Verankerung im weiten, stillen Bewusstseinsraum können wir diesen Fluss aus sich selbst heraus stärken. Gleichzeitig sollten wir auch am Flussbett arbeiten. Verwachsenes Gestrüpp am Rande, das die Ausdehnung des Stroms behindert, können wir wie ein fleißiger Gärtner Schritt für Schritt roden und in blühende Landschaften verwandeln.

Zur Stärkung des inneren Stroms stehen uns die Übungen der Achtsamkeitspraxis, der Meditation, der bewussten Körperarbeit und spirituellen Arbeit zur Verfügung. Zur Klärung und Heilung unserer Verstrickungen helfen die Techniken der Psychotherapie. Für die praktische, balancierte Umsetzung im Alltag steuert das Coaching hervorragende Methoden bei.

Wer sein Leben in die Hand nehmen möchte und »die ganze Hütte durchputzen« mag, dem sind all diese Methoden hilfreich. Studien belegen, dass die Wirksamkeit psychotherapeutischer Prozesse lediglich zu 15 Prozent aus Besonderheiten der Methodik resultiert. 15 Prozent der Wirksamkeit erwachsen aus sogenannten Placeboeffekten, also daraus, ob der Patient Hoffnung auf Gesundung in sich trägt. 30 Prozent erwachsen aus der therapeutischen Beziehung und 40 Prozent aus dem, was der Klient in seinem Alltag erlebt. Diese Zahlen verdeutlichen, weshalb die bewusste Selbststeuerung für den Klienten so eine ungemein wichtige Bedeutung hat – nicht nur für die Zeit, indem er sich in einem Coachingprozess befindet, sondern für sein gesamtes Leben.

Raus aus der Alltagstrance

Mein Anliegen ist es, jedem meiner Klienten und Seminarteilnehmer eine Haltung der Präsenz, Klarheit und wachen Gelassenheit aufzuzeigen. Diese Haltung ist ein Angebot, eine Einladung, etwas Neues auszuprobieren. Frei nach dem Motto: Raus aus der Komfortzone – spiel mit deinen Möglichkeiten! Da wir uns im Forschungslabor befinden, fühlt sich keiner der Klienten genötigt, in seinem Engagement weiter zu gehen, als es seiner eigenen Überzeugung entspricht. Wem der Sinneswandel zu einer erweiterten Lebensqualität, zu Glück, Freude und Intensität verhilft, der beißt sowieso an und wird ein fleißiger Bewusstseinsathlet.

Je kompetenter ein Mensch die Beziehung zu sich selbst und anderen gestalten kann, umso ruhiger und durchscheinender wird sein Geist. Er wird durch unerledigte Geschichten, Konflikte oder Belastungen nicht ständig in Anspruch genommen. Der Geist kann sich beruhigen. Das ist wie ein Mare mosso, eine bewegte See, die sich beruhigt und den Blick in die Tiefe freigibt.

> Ich erinnere mich an einen herrlichen Segeltörn von Elba nach Giglio. Als wir in den Hafen der winzig kleinen Insel mit ihren bunten Häuserfassaden einliefen, leuchtete das Wasser smaragdgrün. Es war so still und klar, dass wir bis auf den Meeresgrund schauen konnten. Wir entdeckten Riffe, bestaunten fremdartige Wasserpflanzen, bunte Fische und exotisches Meeresgetier. Den ganzen Nachmittag verweilten wir im Wasser und genossen das Lichterspiel.

Diese Freuden können wir in uns selbst auch erleben. Je transparenter und »aufgeräumter« sich unser Leben mit den Hunderten von nahen und fernen Beziehungen und den abertausend Details gestaltet, umso lichter und durchlässiger offenbart sich unser Wesen. Anhaftungen und Identifikationen lassen sich immer leichter durchschauen und in uns spielerisch bewegen, lösen, in Klarheit verwandeln.

Das tägliche »Dahintrotteln«, die zur zweiten, selbstverständlichen Natur gewordene Alltagstrance wandelt sich in freche, quicklebendige Lebenszugewandtheit. Die Beziehungsfähigkeit zu mir selbst, zu Menschen, Tieren, Pflanzen, Steinen, zur Schöpfung an sich vertieft sich. Verbundenheit stellt sich ein.

Also erst die Pflicht: Verantwortung übernehmen, Leben aufräumen, Achtsamkeitsmuskel trainieren – dann die Kür: die Transzendenz in wunderbare, weite Welten.

Die Reihenfolge lautet: Erst integrieren, dann transzendieren. Sich in der äußeren, materiellen Welt zu verlieren, ist schade. Genauso kann eine Überbetonung der inneren, spirituellen Welt eine Flucht sein. Wie immer geht es um Balance.

Machen wir uns an die Arbeit! Die nächsten Kapitel verdeutlichen, wie sich ein Coachingprozess nach H.B.T. Human Balance Training Schritt für Schritt aufbaut und entfaltet.

Teil III
Der Kernprozess – Klärung, Entlastung, Ausrichtung, Umsetzung

Ursula Corleis: Tao 1, 2007

»Es gibt nur wenige Misslichkeiten in dieser Welt, die sich nicht in einen persönlichen Triumph umkehren lassen, wenn man einen eisernen Willen und das nötige
Geschick besitzt. Was die Menschen voneinander unterscheidet, ist nicht das, was
wir mit auf den Weg bekommen haben, sondern das, was wir daraus machen.«
Nelson Mandela (2009, S. 112)

Grundsätzliches zum Kernprozess

Stabile Grundstruktur für den Coachingprozess

In diesem Buchteil möchte ich einen Kernprozess vorstellen, den ich mit den meisten meiner Klienten durchlaufe. Dieser klare Handlungspfad hat sich im Laufe der Jahre herausgeschält. Das bedeutet: Ich habe ihn nicht theoretisch zusammengestellt, sondern er ist praxisnah durch die Bedürfnisse der Klienten erwachsen. Wie ich schon ausführte, kommen die meisten Personen mit einem speziellen Anliegen zu mir – Karriere, Gesundheit, Partnerschaft, Kommunikation, Konflikt, Burnout oder anderen Angelegenheiten. Diese von ihnen benannte Thematik ist der berühmte Schuh, der sie drückt. Um diese konkrete Problematik ranken sich eine Vielzahl anderer Inhalte, die oftmals mit dem Grundthema verbunden sind oder direkten Einfluss darauf nehmen.

So ist es von Anfang an sinnvoll, die Person in ihrer gesamten Lebenskonstellation zu erfassen, um verzweigte Abhängigkeiten zu extrahieren. Genauso gilt es, wesentliche Einflussfaktoren in der Entwicklungsgeschichte des Klienten systematisch herauszufiltern. Denn die Wurzeln der aktuellen Probleme liegen meistens in tief verankerten Mustern und Prägungen verborgen, die die Menschen unbewusst steuern.

Allein durch diese zwei Betrachtungen – aktuelle Lebenssituation und persönliche Entwicklungsgeschichte – ergeben sich Grundthemen, die jeden Klienten betreffen:

- gegenwärtige Lebensgestaltung,
- biografischer Lebensweg,
- Glaubenssätze, Muster und Prägungen,
- Ausprägung des inneren Richters/Antreibers (Über-Ich),
- Beziehungsfähigkeit zu sich selbst und anderen,
- aktive Nutzung von Ressourcen,
- Selbstvertrauen, Selbstbewusstsein,
- bewusster Umgang mit Grenzen,
- Einschränkungen durch Traumatisierung (oder psychische beziehungsweise psychiatrische Störungen),
- Pflege des persönlichen Energiehaushalts,
- Auftreten, Klarheit und Präsenz sowie
- Ausrichtung, Umsetzung und Handlungskonsequenz.

Für all diese vielschichtigen Themen habe ich Übungen konzipiert, die sich in einem Coaching oder Training direkt und einfach anwenden lassen. Schritt für Schritt verwebe ich die einzelnen Inhalte in einem sich konsequent aufbauenden Handlungsstrang.

Dieser Prozessablauf gliedert sich in vier Stufen – Klärung, Entlastung, Ausrichtung und Umsetzung –, die ich im Folgenden näher beschreiben möchte. Die einzelnen Schritte lassen sich zwar begrifflich voneinander abgrenzen. Während der praktischen Arbeit gestalten sich ihre Übergänge allerdings fließend. So kann ein Übungsaufbau, der im Hauptfokus das Thema »Klärung« verfolgt, auch entlastend oder ausrichtend wirken. Während der ersten Prozessstufe können sich schon Impulse für Umsetzung und Handlungsoptionen konstituieren, diese sollten dann aber durch vertiefende Übungen hinterfragt und abgesichert werden.

Das im vorhergehenden Buchteil dokumentierte Bewusstseinstraining lasse ich von Anfang an in den Kernprozess mit einfließen. Die einzelnen Aspekte verknüpfe ich mit den nun folgenden Übungen. Hier ein Schaubild, das den Aufbau des Handlungspfads in Verbindung mit der Bewusstseinsschulung visualisiert.

Handlungspfad

	Bewusstseinstraining	Kernprozess
Klärung	Einladung in das Forschungslabor	Erstes Kennenlernen
	Offene Wahrnehmung schenken	Lebensrad
	Gleichzeitige Wahrnehmung von Körper, Verstand, Gefühl und Seele	Rollenklärung
	Innehalten/Innere Quelle	Honigtöpfe anlegen
	Im Kontakt sein	Biografielinie
Entlastung	Innere Gesprächspartner identifizieren	Den inneren Richter zähmen
	Training des Achtsamkeitsmuskels	
	HASE	
	Das Resonanz-Prinzip	Gebundene Energien lösen
	Im Kontakt sein	Arbeit mit dem inneren Kind
	Training des Achtsamkeitsmuskels	Grenzen setzen, wahren, öffnen Achtung Trauma
	Die innere Quelle	Selbstwert und Achtung
Umsetzung/ Ausrichtung	Präsenz in allen Dimensionen	Ziele, Visionen, Herzensanliegen
	Training des Achtsamkeitsmuskels	Raus aus dem Hamsterrad
	Poesie, Zärtlichkeit, Spiel und Abenteuer	Pflege des Energiehaushalts
	Achtsame Selbststeuerung	Innere und äußere Welt gezielt verbinden

Die erwähnten Übungen können, entsprechend den Bedürfnissen des Klienten, individuell zusammengestellt werden.

Klärung

Als Erstes nehme ich mit dem Klienten (oder auch mit Teams) eine genaue Standortbestimmung vor. In dieser Phase setze ich Übungen ein, die sämtliche relevanten Lebensfelder beziehungsweise Themengruppen in einer Gesamtschau erfassen. Der Human-Balance-Kompass (s. S. 37 f.) schenkt mir hierfür eine übersichtliche Grundstruktur, von der ich unterschiedliche Aufgaben ableiten kann.

Der Klient untersucht seine aktuelle Situation zum einen, indem er sich die Lebensfelder in ihrer Qualität und Ausformung einzeln betrachtet, zum anderen, indem er das Zusammenspiel aller Motive überprüft. Er erforscht die einzelnen Rollen, die er im Leben übernommen hat, und beleuchtet dabei seine Stärken sowie Schwächen, Kompetenzen, Ressourcen: Gelebte und schlummernde Potenziale werden auf den Prüfstand gebracht. Es ist ein regelrechter Lebens-TÜV, durch den sich der Klient bewegt. Nachdem sich seine gegenwärtige Situation transparent erschließt, wenden wir uns detailliert der Biografie zu. Auch hier geht es um Klärung: Welche seiner Erfahrungen wirken hier und heute konstruktiv und unterstützend auf ihn ein? Welche seiner Erlebnisse haben heute einen einschränkenden oder gar destruktiven Einfluss auf ihn?

Eine sorgfältige Standortbestimmung versammelt zu Anfang eine Vielzahl von Gesichtspunkten und einzelnen Details. Bei näherer Betrachtung sind es meistens nur wenige Aspekte, die einen Menschen in seiner Tiefe berühren und beeinflussen. Diese Grundmotive wiederholen sich in seinem Leben immer wieder und drücken sich dabei, wie in einer Symphonie, in verschiedenen Variationen aus. Aus der Zeugenposition betrachtet, bildet diese Motivabfolge einen »roten Faden«, der sich durch das ganze Leben zieht. Je deutlicher er sich herausschält, umso einfacher lassen sich wesentliche Details von unwesentlichen unterscheiden. Unwichtige Geschichten »kürzen« sich ganz von alleine heraus, besser gesagt: sie ordnen sich den Themen zu, bei denen sie tatsächlich Relevanz entfalten.

Im Laufe der Klärungsphase sollte sich der Coach einen detaillierten Überblick über die Lebensgestaltung, die Biografie, die psychische Struktur und Selbststeuerung seines Klienten verschaffen. Aus diesen Eindrücken heraus kann er sich für die Abfolge der nächsten Übungsschritte entscheiden.

Gebundene Energien erkennen

Viele der Klienten äußern im Laufe der Klärungsphase: »*Ach, eigentlich habe ich es schon gewusst, wie sich mein Leben bisher aufgebaut hat. Ich habe auch schon probiert, meine Denk- und Verhaltensweisen in andere Bahnen zu lenken – aber so einfach geht es nicht. Ich stoße mit meinen Bemühungen immer wieder wie an eine Wand und falle in alte Muster zurück. Ich müsste mir viel mehr Zeit nehmen, um mich mit diesen Zusammenhängen auseinanderzusetzen.«* Die Menschen, die ins Coaching kommen, kennen ihre Themen – haben zum Teil schon Therapien durchlaufen, sind manches Mal sogar austherapiert. Sie verspüren bei den bisher angewandten Methoden keine Wirkung mehr. Sie benötigen wirkungsvolle, konkrete Unterstützung, um ihre inneren Hürden tatsächlich überwinden zu können.

Hier bietet das H.B.T. Human Balance Training mit seinem integralen Ansatz vielfältige Möglichkeiten, da es alle Dimensionen eines Menschen anspricht und in den Entwicklungsprozess miteinbezieht. Durch das gezielte Bewusstseinstraining nimmt es den Klienten von Anfang an in die Pflicht der Selbstverantwortung und bietet ihm realistische Schritte, mit denen er aus eigener Kraft sein Glück schmieden kann. Der Erfolg des Coachings ist von beiden Personen abhängig: von der Integrität, der Einfühlsamkeit und Klarheit des Coachs genauso wie von der Authentizität, der Offenheit und Konsequenz des Klienten.

Mithilfe der Klärungsphase hat sich der Coach ein Bild machen können, in welchen Themenbereichen der Klient Energien gebunden hat. Den Begriff »gebundene Energien« erkläre ich wie folgt: Sobald wir eine Erfahrung durchlaufen, beginnt unser ganzer Organismus, dieses Erlebnis zu verarbeiten. Dazu benötigt er Stunden, Tage oder Wochen, manchmal auch Jahre. Er braucht Zeit, um die neuen Erkenntnisse mit den bisher gespeicherten Erfahrungen abzugleichen und sie Schritt für Schritt in sein mentales, physisches, emotionales und seelisches System zu integrieren. Während dieses bewussten oder unbewussten Verarbeitungsprozesses lernt der Mensch. Er erweitert sich durch die neue Erfahrung und strukturiert dabei seine neuronalen Verschaltungen um.

Alle Lernerfahrungen, die sein Selbstvertrauen stärken und ihn darin forcieren, seine Potenziale zu erkennen und zu realisieren, setzen Energie frei – der Mensch fühlt sich in seinem Selbsterleben gestärkt und genießt die neu errungene Kompetenz. Erfahrungen, die ihn irritieren, verunsichern, enttäuschen oder verletzen, schränken ihn in diesem selbstsicheren Handeln ein. Ein Teil seiner Lebensenergie bindet sich an diesen vergangenen Moment und reproduziert im Inneren immer wieder aufs Neue die ausgelösten Gefühle und Gedanken sowie körperliche und seelische Empfindungen. Durch die Wiederholung versucht das System, die einschränkende Erfahrung in ein konstruktives Erleben zu verwandeln. Diese Art des »Wiederkäuens«, wie bei einer Kuh mit vier Mägen, zeigt auf alle Fälle Wirkung. Der Volksmund sagt: »Die Zeit heilt alle Wunden.« Diese Aussage stimmt, nur befindet sich oftmals unter der zugewachsenen Wunde weiterhin eine Art Entzündung, die leise vor sich hin schwelt und dabei Kräfte zehrt.

Eine Traumatisierung ist dabei eine spezielle Sonderform, die in höchstem Maße Energie bindet, sie regelrecht einfriert. Wird ein Mensch von einem Erlebnis so schwer erschüttert, dass er psychisch und körperlich in eine komplette Übererregung fällt, kann der Organismus diese Erfahrung auf normalen Weg nicht mehr verarbeiten. Um das Fortbestehen des Lebewesens zu sichern, wird die Erregung »eingefroren«. Der Schmerz wird von dem normalen Empfindungsstrom abgekoppelt und ist so nicht mehr spürbar. Dieser Mechanismus ermöglicht es dem Menschen, erst einmal zu funktionieren – er kann sich aus einem Gefahrenbereich entfernen oder sich an eine beständige Notlage anpassen.

Mit belastenden, schwierigen Situationen kann unser Organismus hervorragend umgehen. Hierfür hat er eine Vielzahl von Verarbeitungstechniken entwickelt. Leider ist unser System noch nicht in der Lage, Traumatisierungen selbstständig aufzulösen. Hierfür braucht es die fachliche Kompetenz und sorgfältige Anteilnahme eines gut ausgebildeten Therapeuten, mit dessen Hilfe der Klient die schweren Folgen einer traumatischen Verletzung Schritt für Schritt auflösen kann. Es ist ein höchst sensibler Prozess, der allergrößte Sorgfalt und ausgereiftes Wissen verlangt (s. S. 226 f.).

Entlastung

In seinen Grundzügen ähnelt diese therapeutische Methode aber dem Entlastungsprozess, den ich im H.B.T. Human Balance Training einsetze. Der Prozess baut sich in folgenden Schritten auf:

- Dem Klienten werden die Themen ins Bewusstsein geholt, die sein System noch nicht umfassend verarbeitet und integriert hat.
- Ressourcen werden aufgebaut, in denen sich der Klient stabil verankern kann.
- Schritt für Schritt wird die gebundene Energie erfahrbar gemacht, damit der Klient in Kontakt mit ihr sein kann und sie sich ausdrücken lässt.
- Ein sorgfältiger Verarbeitungsprozess wird durchlebt.
- Freigewordene Kräfte werden ins gesamte System integriert.
- Eine konstruktive Ausrichtung für neue Möglichkeiten der Potenzialentfaltung erfolgt.

Die Übungen und Methoden des Bewusstseinstrainings sind:

- Den Zeugen aktivieren.
- Die innere Quelle.
- Innehalten.
- In Kontakt sein mit dem, was ist.
- Der HASE.
- Gezieltes Training des Achtsamkeitsmuskels.
- Achtsame Selbststeuerung.

Diese Übungen und Grundhaltungen sind mir dabei ein zuverlässiges Handwerkszeug, das ich mit weiteren Methoden verknüpfe.

Ziel einer Entlastung ist es, dass sich der Klient in einem ruhigen, ihm angemessenen Tempo innerlich einer Situation annähert und mit den auftauchenden Gedanken, Gefühlen, körperlichen und seelischen Empfindungen in Kontakt tritt. Durch seine Verankerung im Raum der Stille und Ganzheit sowie durch die unterstützende Präsenz des Coachs kann er die Erfahrung noch einmal durchwandern – diesmal aber mit einer ganz anderen Rückendeckung. Durch seine erhöhte innere Kraft kann er mit für ihn schwierigen Konstellationen offen umgehen. Johannes Tauler, ein Mystiker aus dem 14. Jahrhundert, nannte diesen unverstellten Kontakt »in dem Gefühl bleiben« und »das Gefühl ausleiden«. Je unvoreingenommener sich der Klient einem Gefühl anvertraut, umso eher kann die Emotion gehört werden und sich umfassend ausdrücken. Sie gibt ihre in ihr liegende Botschaft ab und kann sich dadurch verändern, auflösen und zu einer neuen Gefühlsqualität transformieren.

Diesen Prozess gilt es, umsichtig aufzubauen und stabil zu steuern. Mein Anliegen ist es, dass der Klient während des Entlastungsprozesses seine angestauten Schmerzen nur noch niederschwellig durchwandern muss. Meistens ist die Angst vor der Emotion viel größer als die eigentliche Berührung mit dem Gefühl.

Herz und Seele zu entlasten, ist ein sehr natürlicher Vorgang, den jeder Mensch von Natur aus beherrscht. Die einfachste Methode hierfür ist der aufmerksame Austausch mit einem Menschen, der offen und einfühlsam zuhören kann. Reden entlastet – diese simple Erfahrung hat sicher jeder Mensch schon machen können.

Genauso kann kreatives Schaffen, wie Malen, Singen oder Bildhauern, eine befreiende Wirkung ausüben. Unterdrückte Erregungen können sich über achtsame Körperbewegungen ausagieren. Bewegung an sich hat oftmals einen befreienden Effekt. Bei all den verschiedenen Methoden kommt es mir allerdings stets darauf an, dass der Klient tatsächlich mit der Emotion in tiefem Kontakt steht – denn nur durch offene, authentische Berührung können sich gebundene Energien dauerhaft lösen und spürbar in frische Kraft verwandeln.

Ausrichtung und Umsetzung

Kann sich ein Mensch von belastenden Gedanken, Emotionen und Empfindungen verabschieden, blüht er förmlich auf. Seine Körperhaltung und Mimik verändern sich, wie auch sein Auftreten, seine Sprache und seine Wortwahl. In seinem Gehirn haben sich neue Verschaltungen gebildet, die in seinem äußeren Auftreten und Ausdruck sofort sichtbar werden.

Diesen »Seminareffekt« haben natürlich schon viele Menschen erlebt: Durch eine erhöhte Gruppenenergie und durch einen Schutzraum, in dem sie sich oft kompetenter und freier als in ihrem Alltag erleben können, steigt ihr Selbstbewusstsein sprunghaft an. Die große Gefahr besteht allerdings darin, dass dieser Effekt schnell wieder in sich zusammenfällt, sobald sie sich nicht mehr in der speziellen »Nährlösung« des Coachings oder Trainings befinden. Allein durch das Betreten ihrer Wohnung oder durch den Kontakt zu ihren Bezugspersonen werden ihre alten Muster wieder wachgerufen, und sie rutschen schnell wieder in ihre bekannten Fahrwasser.

Durch das intensive Bewusstseinstraining baut H.B.T. Human Balance Training an dieser Stelle vor. Der Klient erarbeitet sich schon während des Coachings und Trainings all seine Entwicklungsschritte aus eigener Kraft und Bewusstheit. Die einzelnen Übungen sind so übersichtlich aufgebaut, dass er sie für sich alleine nacharbeiten beziehungsweise wiederholen kann. Das konsequente Training des Achtsamkeitsmuskels schärft ihn für die Wahrnehmung von eingefahrenen Verhaltensweisen und Prägungen.

Um die Verwirklichung seines neuen Selbstverständnisses im Alltag konkret abzusichern, ist es wichtig, mit dem Klienten neben der Klärung und Entlastung weiterführende Aufgaben durchzuführen. Durch verschiedene Arbeitsschritte definiert er seine Ziele, Visionen, Wünsche und Herzensanliegen. Er schenkt sich damit eine klare Ausrichtung.

Im Weiteren definiert er kleine, realistische Schritte der Umsetzung, die ihn im Alltag als Hausaufgaben begleiten werden. Die achtsame Selbststeuerung (s. S. 170 ff.) dient ihm dabei als Handwerkszeug, um seine Ziele, ob beruflicher oder privater Natur, tatsächlich zu erreichen.

Dranbleiben mit Witz und Biss – so lautet die Parole. Um sich weder von äußeren noch inneren Stimmen irritieren zu lassen, muss jeder Klient lernen, die verschiedenen Gesprächspartner auseinanderzuhalten und die verschiedenen Meinungen zu gewichten (s. S. 136 ff.).

Dauer und Rhythmus des Coachings

Wie ich schon berichtete, arbeite ich mit Klienten zu Anfang meistens zwei oder drei Tage am Stück. In dieser Zeit können wir den gesamten Kernprozess durchlaufen, der sich immer wieder neu aus einer individuell angepassten Auswahl der hier vorgestellten Übungen subsumiert. Dabei kommt es nicht auf die Anzahl der durchlaufenen Übungen an, sondern auf die Intensität und die Schlüssigkeit des Prozessaufbaus.

Nach diesen zwei oder drei Tagen geht der Klient mit einem ausführlichen Trainingsprogramm für innere und äußere Maßnahmen nach Hause. Diese Aufgaben setzt er möglichst sorgfältig um und steht in dieser Zeit mit mir in schriftlichem oder telefonischem Austausch. Sobald er bemerkt, dass er eine Wiederholung oder Fortführung des Coachings benötigt, arbeiten wir wieder einen ganzen oder halben Tag zusammen. Meistens ergibt sich ein Rhythmus von drei bis vier Monaten, in denen wir unsere Arbeit fortsetzen. Unterstützend zu der Einzelarbeit bietet es sich für manchen Klienten an, auch ein offenes Seminar von mir zu besuchen. Dort kann er verschiedene Themen innerhalb eines Gruppenkontexts untersuchen. Das Feedback der anderen erweist sich oft als sehr hilfreich, besonders wenn es um Fragen des Auftretens, der Kommunikation, der Interaktion und Beziehungsfähigkeit geht.

Der Klient setzt das Training so lange fort, wie er es für sein Leben als sinnvoll und bereichernd erfährt. Dem einen sind schon zwei Tage hilfreich, ein anderer möchte den Entwicklungsprozess über einen längeren Zeitraum weiterführen. Entschließt sich ein Mensch, einer fundierten Selbstentfaltung nachzugehen, gibt es für die innere Arbeit keine zeitliche Begrenzung – es ist eine aufregende Reise ohne Ende. Sie erfahren mehr dazu in Teil V »Transformation«.

Sollte sich innerhalb der ersten zwei Tage ein tiefer gehendes Thema nicht ausreichend bearbeiten lassen, bitte ich den Klienten wiederzukommen oder ich verweise ihn an einen Psychotherapeuten beziehungsweise eine psychotherapeutische oder psychosomatische Klinik. Ich bemühe mich, mit ihm so lange in Kontakt zu bleiben, bis ich mir sicher bin, dass er mit seinen Anliegen gut versorgt und begleitet wird.

Erstes Kennenlernen

Verschiedene Konstellationen der Kontaktaufnahme

In der Regel gibt es drei verschiedene Spielformen, in denen ich mit dem Klienten in Kontakt trete.

- Ein Unternehmen (in Person eines Personalentwicklers, Geschäftsführers, direkten Vorgesetzten) kommt auf mich zu und bittet mich, mit einem seiner Angestellten ein Einzelcoaching durchzuführen.
- Der Klient kommt privat auf mich zu, weil ihm meine Arbeit empfohlen wurde oder er eine Veröffentlichung von mir gelesen hat.
- Der Klient hat mich während eines Seminars oder Vortrags direkt erlebt und fühlt sich positiv angesprochen.

In allen drei Fällen kommt es zu einem persönlichen Vorgespräch von ungefähr ein bis zwei Stunden, in dem ich dem Klienten in aller Ruhe von meinem beruflichen Werdegang und den Grundaspekten meines ganzheitlichen Arbeitsansatzes erzähle. Hierfür habe ich eine ausführliche Präsentation entwickelt, die meine Arbeit anhand von Schaubildern und Texten detailliert aufschlüsselt. Abhängig von den Fragestellungen der Person kann ich zügig oder ausführlich über das H.B.T. Human Balance Training berichten. Auch mein Gegenüber erzählt in groben Zügen von seiner biografischen Entwicklung und welches Anliegen ihn im Moment beschäftigt. Durch das Gespräch werden zum einen Gedanken und Inhalte ausgetauscht, zum anderen kann die Chemie überprüft werden, die zwischen uns beiden entsteht.

Ob sich ein Coaching fruchtbar und sinnbringend entfalten kann, hat enorm viel mit der Beziehung zwischen Coach und Klient zu tun. Ein gewisses Grundvertrauen sollte von Anfang an bestehen, um von dieser Basis aus schrittweise in eine produktive Offenheit zu finden.

Bei dem ersten beschriebenen Fall – das Unternehmen kommt auf mich bezüglich eines Mitarbeiters zu – gilt es, verschiedene Aspekte zu bedenken. Zum einen kommt es zu zwei Vorgesprächen. Einmal mit dem Auftraggeber und dann direkt mit dem möglichen Klienten. Das Gespräch mit dem Auftraggeber gestaltet sich zunächst ähnlich wie eben beschrieben. Mir ist wichtig, dass das Unternehmen meine Vorgehensweise und innere Haltung kennt und akzeptiert. Im integralen Coaching gibt es keine Trennung zwischen beruflichen und privaten Themen. Generell gilt: Hilft es der Bearbeitung eines geschäftlichen Inhalts, dann werden durchaus auch persönliche Aspekte involviert.

Hierfür braucht es klare Absprachen zu einer umfassenden Schweigepflicht. Ich kann nach einem Coaching nur die Ergebnisse an das Unternehmen weitergeben, zu denen mich der Klient ermächtigt. Darüber muss sich die Firma im Klaren sein und die Spielregeln akzeptieren, erst dann spreche ich im nächsten Schritt mit ihrem Mitarbeiter. Ihm berichte ich als Erstes von dieser Absprache, damit er mir in dem Informationsgespräch beziehungsweise im Coaching mit aller Offenheit begegnen kann.

In den meisten Fällen nennt mir das Unternehmen ein Problem, das es gerne bearbeitet hätte, zum Beispiel ein Konflikt mit einer bestimmten Person, Führungsdefizite, Mängel im Zeitmanagement oder anderes mehr. Dieses Thema stimme ich mit dem Mitarbeiter ab und frage ihn zudem nach seinen individuellen Anliegen. Entscheidet sich der Mitarbeiter dafür, mit mir zu arbeiten, können alle Inhalte gemeinsam beleuchtet und durchgesprochen werden.

Bevor das Coaching startet, sende ich dem Klienten einen Fragebogen zu, in dem ich ihn bitte, sich mit einigen Themen schon im Vorfeld auseinanderzusetzen und mir einige Fragen zu beantworten. Es dreht sich dabei um seine Beziehung zu sich selbst, zu den Eltern, zum Partner und zu den Kindern, seine Wünsche und Anliegen für das Coaching, um seinen aktuellen und früheren Gesundheitszustand, Essgewohnheiten, Medikamenteneinnahme, ausgeführte Sportarten und etliches mehr. Viele senden mir den Bogen bereits im Vorfeld zurück; so kann ich mich schon ein wenig auf die Person einstellen.

Das Zielgespräch – Einladung ins Forschungslabor

Kommt der Klient das erste Mal zu mir, haben wir in den meisten Fällen zwei ganze Tage zur Verfügung, die ich mit diesem Menschen gut nutzen möchte. Zu Anfang frage ich ihn, ob er noch weitere Auskünfte zu meiner Person benötigt. Nach dieser Klärung erzählt mir der Klient von seiner aktuellen Situation – ich lasse das Gespräch ein wenig laufen, damit wir miteinander warm werden. Nach einigen Minuten frage ich ihn ganz konkret, welche Vorstellung er mit den beiden Tagen verknüpft und was ein gutes Ergebnis für ihn wäre. Seine Antworten notiere ich schriftlich; sie dienen im Laufe der Arbeit zum regelmäßigen Abgleich.

Wie ich schon ausführlich erwähnte, beschreibt der Klient in vielen Fällen ein Symptom, hinter dem sich meist eine andere Problematik verbirgt. Diesen Zusammenhang erkläre ich und lade den Menschen dazu ein, die Tage als eine Art Forschungslabor zu begreifen, in dem er alle Dinge möglichst wertfrei untersuchen kann. Aus dieser Perspektive können sich seine genannten Anliegen durchaus noch verändern beziehungsweise erweitern. Wir einigen uns darauf, dass wir die benannten Ziele fest im Auge behalten, gleichzeitig uns achtsam und intuitiv dem Prozessverlauf anvertrauen und das bearbeiten, was sich dringlich in den Vordergrund schiebt.

Nach diesem Gespräch zur Methodik lasse ich den Klienten ausführlich von seiner jetzigen Situation berichten und auch schon Teile seiner Biografie reflektieren. Sobald sich eine gute Gelegenheit ergibt, stelle ich ihm die Übung »Den Zeugen aktivieren« vor und schnuppere mit ihm in die ersten Schritte der Bewusstseinsschulung hinein.

Sobald ich das Gefühl habe, dass sich zwischen uns ein tragfähiges Beziehungsband gebildet hat, starten wir in die erste Übung »Der Lebenskompass«. Hierfür zeige ich dem Klienten noch einmal den Human-Balance-Kompass, damit er die gedankliche Struktur und Ordnung hinter dieser Aufgabe versteht.

Das Leben im Ganzen betrachten

Übung	**Der Lebenskompass**

Einführung

Die meisten Klienten kommen mit einer bestimmten Thematik, mit der sich andere Lebensinhalte eng verknüpfen. Um ihnen diese Gesamtkonstellation bildhaft vor Augen zu führen, lasse ich sie am Boden ein Abbild ihres Lebensgefüges in Form eines Kompasses legen. Durch die spielerische Aufgabenstellung kommen sie mit vielfältigen Facetten ihrer Person natürlich in Kontakt. Sie bewegen sich, arbeiten am Boden, können sich das Schaubild betrachten und gleichzeitig durchwandern – mehrere Sinneskanäle sind von Anfang an miteinbezogen.

Ziel

Die persönliche Situation soll unter Berücksichtigung aller Lebensfelder untersucht werden. Es erfolgt eine genaue Aufschlüsselung der einzelnen Themengruppen und das Verständnis für die gegenseitige Abhängigkeit der Bereiche wird geweckt. Zu diesen Bereichen gehören:

- die geistige und emotionale Entwicklung,
- Körper/Gesundheit,
- Eltern,
- Partnerschaft,
- Kinder,
- Freunde,
- Wohnen,
- Beruf,
- Sinn/Werte,
- Glaube/Spiritualität sowie
- Lebenserfüllung.

Material

Zur Absolvierung der Übung brauchen Sie ein langes Seil (zum Beispiel ein Bergsteigerseil), kurze Seile (beispielsweise Sprungseile), ein rundes Kissen (zum Beispiel ein Meditationskissen), ein Schreibbrett, Stifte und Papier.

Auf einem Blatt Papier haben Sie den möglichen Aufbau des Lebenskompasses aufgezeichnet, um es dem Klienten übersichtlich zu erklären.

Lebenskompass

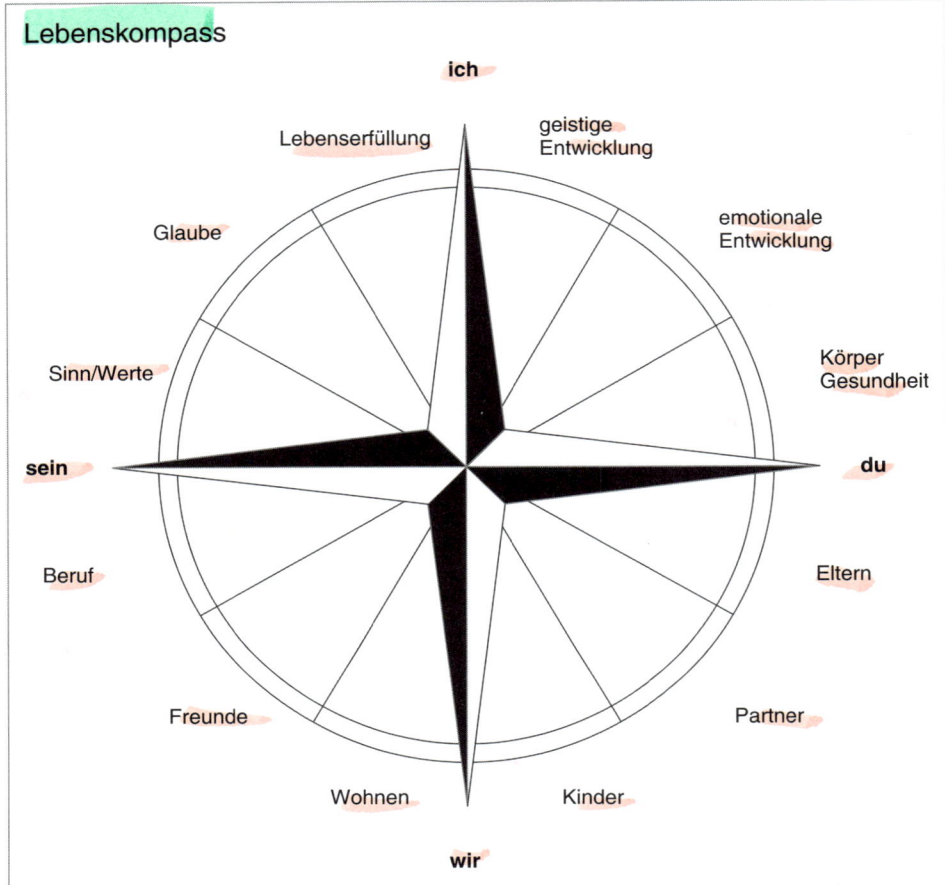

Übungsablauf

Erster Schritt: Sie zeigen dem Klienten das Blatt mit dem »Lebenskompass« und erklären ihm die Übung. Der Klient beginnt mit der Übung, dabei ziehen Sie sich ein wenig zurück, bleiben für ihn aber ansprechbar.

Zweiter Schritt: Der Klient überprüft die Bereiche des Lebenskompasses und legt für jedes Themenfeld ein eigenes Blatt an. Weitere Inhalte, die für ihn wichtig sind, fügt er hinzu, wie zum Beispiel Geschwister, Hobbys, soziale Tätigkeiten, Finanzen.
Er nimmt sich Bereich für Bereich vor und notiert sich auf den einzelnen Blättern Gedanken, Gefühle und Assoziationen, die er mit den einzelnen Themenfeldern verbindet.
Eine detaillierte Prüfung der persönlichen Lebenssituation kann folgende Fragen beinhalten:

- Welche Gefühle erlebe ich in der Beziehung zu mir selbst (Selbstwertgefühl)?
- Wie geht es meinem Körper, meiner Gesundheit, meiner Fitness?
- Wo sehe ich mich in meiner geistigen Entwicklung stehen (Selbstbewusstsein)?
- Wie gestaltet sich die Beziehung zu meinen Eltern?
- Wie erlebe ich Partnerschaft?
- Wie ist meine Beziehung zu meinen Kindern beziehungsweise zum Thema »Kinder«?
- Welche Freunde habe ich, und wie gestaltet sich der Austausch mit ihnen?
- Fühle ich mich wohl, wo ich/wir wohnen?
- Wie geht es mir im Beruf?
- Welche sozialen beziehungsweise gesellschaftlichen Aufgaben stehen mir nahe?
- Was ist mein ureigenes Potenzial?
- Was sind meine persönlichen Werte?
- Wie verankere ich diese Werte im Alltag?
- Wie viel Aufmerksamkeit schenke ich meiner Seele mit ihren feinen Stimmungen?
- Wie ist mein Verhältnis zur Existenz, zur Schöpferkraft, zu Religion oder Spiritualität?
- Was bedeutet für mich Lebenserfüllung?

Dritter Schritt: Mit dem langen Seil legt der Klient einen großen Kreis, auf dem er die einzelnen Blätter von ihrer Themenzugehörigkeit intuitiv anordnet.

Vierter Schritt: Er stellt sich die Frage des »Lebensmittelpunkts« und legt das runde Kissen symbolisch als Kompassnadel in den Kreis – mit nahem oder weitem Abstand zu den einzelnen Bereichen, ganz wie es sich in seinem Alltag abspielt.

Fünfter Schritt: Die kurzen Seile legt er als Unterteilungen der einzelnen Themenbereiche aus. Die Breite der einzelnen Felder richtet sich nach der Qualität ihrer Inhalte. Fühlt sich der Klient in einem Bereich gut aufgestellt, schenkt er diesem Feld innerhalb der Kompassdarstellung viel Raum. Fühlt er sich in einem der Themenfelder schlecht oder gar unerfüllt, fällt der Bereich in der Abbildung schmäler aus. Am Ende soll ein Abbild seines »Lebenskompasses« entstehen, das die Erfülltheit und Intensität der einzelnen Bereiche darstellt.

Sechster Schritt: Treten Sie zunächst mit dem Klienten einen Schritt zurück, und betrachten Sie den Kompass als Ganzes! Fragen Sie ihn ausführlich nach seinem Erleben in Körper, Gefühl, Verstand und Seele (s. S. 106 ff.).

Siebter Schritt: In der Bearbeitung kann der Klient die Reihenfolge der einzelnen Themen frei wählen. (Für Sie ist es interessant, mit welchen Bereichen er von sich aus startet) Gehen Sie die Bereiche in aller Ruhe durch, und hören Sie Ihrem Klienten aufmerksam zu. Bei Unklarheiten stellen Sie offene Fragen.

Achter Schritt: Nachdem der Ist-Zustand seines Lebens sorgfältig analysiert ist, benutzt der Klient die Struktur des Lebenskompasses, um als Nächstes den Soll-Zustand abzubilden. In welche Richtung soll sich sein Leben in den nächsten Jahren entwickeln?

Neunter Schritt: Erst legt er das neue Bild, um dann genau aufzuschlüsseln, welche einzelnen Schritte es braucht, um vom Ist zum Soll zu kommen. Besprechen Sie seinen Maßnahmenkatalog, und halten sie ihn schriftlich fest! Achten Sie dabei auf kleine, realistische Schritte, die der Klient tatsächlich umsetzen kann und will!

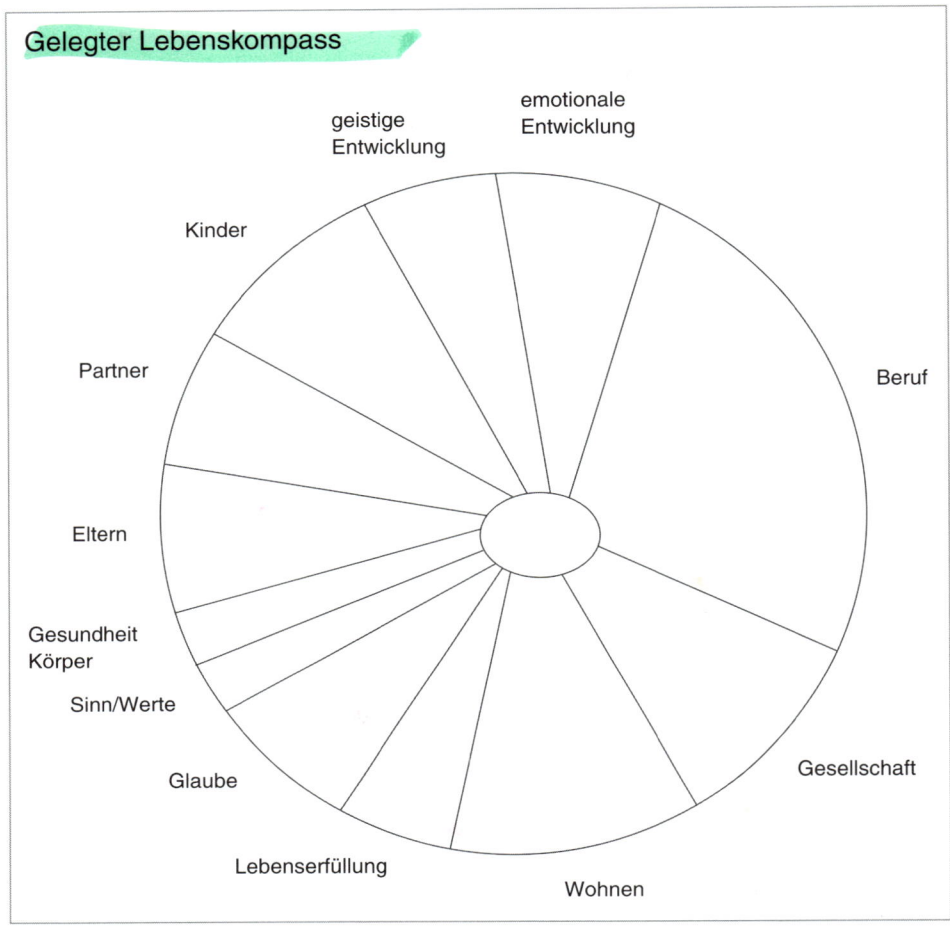

Gelegter Lebenskompass

Die nächste Übung dient dazu, die von dem Klienten übernommenen Rollen im Leben zu überprüfen. Manche Rollen sind von Geburt an definiert: beispielsweise Tochter oder Sohn, Enkelkind, Schwester, Bruder. Andere wählen wir uns im Leben durch Beziehungen (Ehe, Elternschaft), durch Freundschaften sowie Aufgaben und Verpflichtungen im beruflichen oder gesellschaftlichen Umfeld.

Die Übungen »Der Lebenskompass« und »Rollenklärung« können wahlweise zur Standortbestimmung eingesetzt werden. Die zweite Methodik eignet sich, sobald Sie spüren, dass der Klient in der Definition und Ausübung seiner Rollen Unsicherheiten hat.

Übung	Rollenklärung

Einleitung

Jede der Rollen verknüpft sich mit einem »Anforderungsprofil«, das durch unsere eigenen Vorstellungen und Ansprüche entsteht, den Bedürfnissen meines Gegenübers oder durch eine klar umrissene Aufgabenbeschreibung (zum Beispiel Stellenbeschreibung im Beruf). Je wirksamer wir die von uns übernommenen Rollen ausfüllen, umso wohler fühlen wir uns, und umso stabiler gestalten sich Beziehungen. Unerfüllte Aufgaben und Erwartungen führen dagegen in der Regel zu Konflikten und Reibungsverlusten. Für den Klienten ist es sehr spannend, sich sein Leben aus diesem Blickwinkel heraus zu betrachten. Über- und Unterforderungen werden schnell sichtbar, Konflikte in Beziehungen decken sich auf und zeigen neben dem Symptom auch meistens schon ihren Ursprung.

Ziel

Der Klient schafft sich einen Überblick darüber,

- in welchen Lebensfeldern er Rollen übernommen hat,
- welche Erwartungen er persönlich an die einzelne Rolle stellt,
- wie kompetent er sich selbst in den Rollen wahrnimmt,
- wie zufrieden er mit der bisherigen Rollenverteilung ist beziehungsweise
- welchen Veränderungswunsch er hat.

Übungsablauf

Erster Schritt: Lassen Sie Ihren Klienten alle Aufgaben und Verantwortungsbereiche auf einem Flipchart zusammentragen, die er in seiner privaten und beruflichen Lebenssituation ausfüllt, wie zum Beispiel

- Mutter/Vater,
- Schwester/Bruder,
- Tochter/Sohn,
- Ehefrau/Ehemann oder Partnerin/Partner,
- Schwiegertochter/Schwiegersohn,
- Beruflich: selbstständig, angestellt, Führungskraft, Geschäftsführung, Vorstand
- Teammitglied,
- Betriebsrat,
- im Verein tätig
- und anderes mehr.

Zweiter Schritt: Der Klient beschreibt zu jeder Rolle in Stichworten seine Vorstellung einer positiven Kompetenzerfüllung.

Dritter Schritt: Er bewertet seine persönliche Aufgabenbewältigung. Zur Einschätzung der Rollenkompetenz können Sie das Ampelsystem wählen:

- Grün = Ich erlebe mich auf der Sach- und Beziehungsebene in der Thematik als gut aufgestellt, fühle mich wohl mit der gestellten Aufgabe.
- Gelb = Ich erlebe mich zum Teil kompetent, zum Teil aber auch steigerungsfähig im Aufgabenfeld, möchte mich gezielt verbessern.
- Rot = Ich erlebe mein Verhalten als unzureichend und habe dringenden Entwicklungsbedarf.

Vierter Schritt: Der Klient reflektiert über seine aktuelle Rollenverteilung und ordnet sie nach dem Ampelprinzip. Er definiert seine Veränderungswünsche. Wichtig dabei ist es abzuglei-chen, ob seine persönlichen Rollenerwartungen und das daraus abgeleitete Selbstbild re-alistisch sind. Durch die gleichzeitige Betrachtung verschiedener Rollen und Aufgabenfel-der lassen sich gegenseitige Abhängigkeiten sofort erkennen. Veränderungen in einer Rolle bringen Bewegungen in allen anderen Lebensfeldern mit sich.

Diese zwei Übungen bilden einen kraftvollen Einstieg in den gesamten Prozess. Der Coach hat sich einen umfassenden Überblick über seinen Klienten machen können und wird nun die Gewichtung der nächsten Schritte differenziert steuern.

Honigtöpfe anlegen

»Ressourcenorientierung in der Psychotherapie geht davon aus, dass der Mensch die meisten Ressourcen, die er zur Lösung seiner Probleme benötigt, selbst in sich trägt. Die TherapeutInnen helfen dabei, diese Ressourcen zu entdecken und zu entwickeln. Diese Haltung schreibt den PatientInnen selbst ein großes Veränderungspotenzial zu und beschränkt die Rolle der TherapeutInnen auf die eines Wegbegleiters, einer Hebamme oder eines Prozesshelfers.«

Maja Storch und Frank Krause (2002, S. 23)

Sensible Prozesssteuerung durch Aktivierung von Ressourcen

Mithilfe der Übungen »Der Lebenskompass« und »Rollenklärung« hat sich das vielfältige Lebensgeflecht des Klienten aufgeblättert. Er ist mit unterschiedlichen Facetten seines Daseins in Kontakt getreten. Dabei hat er sich mit Inhalten konfrontiert, die ihm nahegehen und die er bisher vielleicht verdrängt hat. Das kann bedeuten, dass der Klient, abhängig von seiner psychischen Grundstruktur und Tragfähigkeit, sich in einer inneren Berührtheit und affektiven Erregung befindet.

Mein Bestreben ist es, den Menschen in dieser emotionalen Anrührung zu halten und ihn gleichzeitig nicht in alte Gedanken- und Gefühlsverkettungen abgleiten zu lassen. Um gebundene Energien zu lösen, ist es in vielen Fällen vonnöten, den Menschen in Kontakt mit seinen alten, verdrängten Emotionen zu bringen. Nur soll er in diesen angestauten Schmerzen und Ängsten nicht »ertrinken«, sondern sie in neuer, konstruktiver Form durchleben. Ziel ist es, dass sich alte Verstrickungen endlich zeigen, lösen und transformieren können. Damit dies gelingt, muss ich den Menschen vorab mit seiner inneren Unversehrtheit und immanenten Wesenskraft vertraut machen. Auch möchte ich ihm seinen reichen Erfahrungsschatz vor Augen führen, mit dem er bisher schon Probleme und Konflikte meistern konnte.

Wer seine innere Stärke und Selbstkompetenz empfinden und zulassen kann, trägt eine ausgleichende Kraft in sich, um Betroffenheit, Schmerz und Verletzung anschauen, durchleben und umwandeln zu können. Der Klient trägt eine Ressource in sich, eine eigene innere Quelle, an der er sich erfrischen und stärken kann, um schwierige Prozessabschnitte schadlos zu überstehen und souverän zu meistern.

Der Begriff der »Ressource« wurde 1981 in den Sozialwissenschaften von Bernhard Badura eingeführt. Er plädierte für eine Abkehr von der Belastungsforschung, die an Problemen und pathologischen Krankheitsbildern orientiert ist. Egal, ob es sich um psychoanalytische, psychodramatische oder verhaltenstherapeutische Methoden handelte, stand im Fokus der therapeutischen Vorgehensweise das Problem.

Eine Ausnahme bildete dabei die humanistische Psychologie, deren Arbeitsweise sich konsequent an dem positiven Veränderungspotenzial des Menschen orientiert. Einen Schritt weiter geht die transpersonale Psychotherapie, die die übergeordnete Perspektive eines heilen, unversehrten Wesenskerns in die Therapie miteinbezieht.

Hören wir dazu Klaus Grawe (1998), der aufgrund seiner Forschung zur Wirksamkeit von Psychotherapien die Ressourcenaktivierung als einen wesentlichen Wirkfaktor beschreibt:

> »Gezielte Ressourcenaktivierung setzt die Einnahme einer Ressourcenperspektive voraus. Es kommt einem Gemeinplatz nahe, zu sagen, man könne alles von einer positiven und von einer negativen Seite aus betrachten, aus einer Ressourcenperspektive und aus einer Problemperspektive. Aber für die Psychotherapie hat dieser Satz einen durchaus nicht selbstverständlichen Gehalt. Dort wird nämlich immer noch traditionell fast alles aus der Problemperspektive betrachtet. Für das Verständnis der Problematik eines Patienten ist die Einnahme einer Problemperspektive natürlich, notwendig und angemessen. Wenn man jedoch glaubt, man könnte mit derselben Perspektive auch die Veränderung von Problemen konzipieren, befindet man sich auf dem Holzweg. Für die Herbeiführung von Veränderungen kann die Problemperspektive wie ein Bleiklotz am Bein wirken. Woher sollen Kraft und Mut für die Veränderung kommen, wenn nicht aus dem, was der Patient und seine Lebenssituation bereits an Intentionen und Möglichkeiten mitbringen beziehungsweise enthalten?

Heutzutage ist gerade im Coaching eine Ressourcenorientierung nicht mehr wegzudenken. In der Psychotherapie ist durch die Implementierung der »Gesundheitspsychologie« (Schwenkmezger/Schmidt 1994) eine intensive Ausrichtung auf diejenigen Faktoren verbreitet, die zu Gesundheit führen, statt auf Faktoren, die in Krankheit resultieren. Dies lässt einen völlig neuen Präventionsgedanken zu.

Auch im H.B.T. Human Balance Training nimmt das Bewusstmachen von Ressourcen einen hohen Stellenwert ein. Wobei ich als größten Kraftspeicher das Bewusstsein an sich erlebe.

Kraftquellen mobilisieren

Um meinen Klienten auf einen einfachen Weg mit seinem unverletzten und ungeprägten, zeitlos strömenden Wesenskern in Verbindung zu bringen, zeige ich ihm die Übung: »Die innere Quelle«. Ich habe sie im Buchteil II »Gezieltes Bewusstseinstraining« (s. S. 119 f.) schon vorgestellt, da sie aber für einen stabilen Prozessverlauf so immens wichtig ist, möchte ich sie an dieser Stelle noch einmal darlegen.

Hat ein Mensch einen Zugang zu diesem in sich ruhenden Innenraum gefunden, hat der Coach jederzeit die Möglichkeit, den Klienten trotz emotionaler Erregung in dieser Stille zu verankern. Gerade bei unvorhergesehenen Gefühlsausbrüchen oder sich öffnenden Traumatisierungen ist diese Verbindung zum heilen Wesenskern ein fester Anker, der das Boot der Emotionen tanzen, aber nicht wegreißen lässt. Ausruhen in sich selbst ist für mich die tiefste Ressource, die wir Menschen besitzen – und so möchte ich sie natürlich all meinen Klienten verfügbar machen.

Übung   ## Die innere Quelle

Einführung

Jeder Mensch trägt einen stillen Innenraum in sich, den er mithilfe von einfacher Anleitung und regelmäßiger Übung jederzeit erfahren kann. Lernt er es, seine Aufmerksamkeit konzentriert nach innen zu wenden, wird er beobachten können, dass neben der steten Bewegung der Gedanken, Gefühle und Körperempfindungen eine Ebene immanenter Ruhe in ihm wohnt. Auf dieser Ebene erlebt er Weite, Vertrauen, Verbundenheit, Großherzigkeit, Versöhnung, Weisheit …

Wir Menschen tragen eine Quelle der Liebe und Kraft in uns – ich erlebe sie als eine direkte Verbindung zur großen Schöpferkraft. Wo ich gehe und stehe, trage ich diese Heimat in mir – sie schenkt mir Ausruhen und Sicherheit. Diese Verbundenheit ist immer da – auch wenn ich sie nicht bemerke und mich verlassen sowie verloren fühle.

Ziel

Die Wahrnehmung eines Mittelpunkts der Ruhe und Kraft im eigenen Körper. Übung der schnellen Verankerung in der eigenen Mitte. Beobachtung von Gedanken, Gefühlen und Körperempfindungen. Sinnliches Erleben von Ruhe und Kraft. Ausdehnung dieser Kraft. Stärkung des Gleichgewichts auf körperlicher und energetischer Ebene.

Übungsablauf (Direkte Anleitung für den Klienten)

»Setzen Sie sich auf Ihrem Stuhl möglichst aufrecht hin! Am besten rutschen Sie mit Ihrem Gesäß vorne an die Stuhlkante. Beide Füße stehen fest auf dem Boden, die Hände können ineinander gelegt im Schoß ruhen.

Stellen Sie sich vor, dass aus Ihren Füßen und aus Ihren Sitzknochen kleine Wurzeln in den Boden wachsen. Schenken Sie sich das Bild einer starken Erdung und Verwurzelung in Ihrer Basis.

Sobald Sie in Ihrem unteren Körperteil eine feste Verbindung zum Boden fühlen, richten Sie Ihre Aufmerksamkeit auf Ihre Wirbelsäule. Stellen Sie sich vor, sie sei so geschmeidig wie ein gut gewachsener Schilfhalm oder eine Mohnblume.

Mit Ihrem Ein- und Ausatmen bewegen Sie nun Ihre Wirbelsäule, als würde ein warmer Wind Sie streifen. Sie können sie leicht nach vorne und hinten und auch seitlich schwingen lassen, bis Sie das Gefühl haben, dass sich Ihre Wirbel stabil und geschmeidig aufeinander aufbauen. Das aufrechte Sitzen sollte Sie in dieser Position nicht anstrengen.

Nun besuchen Sie auch Ihre Bauchdecke und laden sie ein, sich gemütlich zu entspannen! Während sich der Atemfluss vertieft, kann sich der Bauch ausdehnen und Raum einnehmen. Achten Sie dabei darauf, dass Sie von Ihrem Hosenbund nicht eingeschränkt werden. Knöpfe sind zum Öffnen da.

Auch die Schulter- und Halspartie kann locker und frei auf der Wirbelsäule aufsitzen. Bewegen Sie so lange Ihren Körper in kleinen schwingenden Bewegungen, bis Sie das Gefühl haben, in der rechten Körperspannung anwesend zu sein.

Wenden Sie nun Ihre Aufmerksamkeit nach innen, und nehmen Sie sich selbst als feinstofflichen Körper wahr! Spüren Sie hinein, ob Sie an irgendeiner Stelle Ihres Organismus eine Verdichtung von Ruhe und Kraft erleben! Diese Dichte kann sich bei Ihnen im Bauchraum befinden oder auf der Höhe des Solarplexus, in der Brust, in der Kehle oder auf der Stirn …

Sobald Sie diesen Punkt spüren, legen Sie bitte für einen kurzen Moment Ihre Hand auf die Stelle (damit der Coach verfolgen kann, was im Klienten vorgeht).
Nehmen Sie in diesem Raum der Stille Platz.
Machen Sie nichts weiter, als da zu sein.
Ihr Atem kommt und geht. Genauso wie Gedanken, Gefühle, Körperwahrnehmungen.
Auch wenn diese Regungen Ihre Aufmerksamkeit gewinnen, bleibt Ihr Sein in der Stille verankert.
Kosten Sie diesen Zustand aus.
Verkosten Sie die Ruhe in sich selbst.
Wenn Sie möchten, können Sie noch einen Schritt weiter gehen.
Stellen Sie sich vor, dass dieser Raum der Ruhe eine Quelle ist, aus der Kraft, Licht und Ton entspringt! Wenn es Ihnen entspricht, können Sie das Bild einer Sonne nehmen, die sich nun in alle Richtungen gleichzeitig ausbreitet.
Das Licht fließt von Ihrem Mittelpunkt gleichmäßig in die untere Körperhälfte und in die obere Körperhälfte. Achten Sie darauf, dass sich das Licht gleichmäßig nach oben und unten verteilt.
Lassen Sie das Licht auch ganz bewusst in die rechte und linke Körperhälfte einfließen.
Danach auch in die vordere und hintere Seite Ihres Körpers.
Diesen Zustand der energetischen Balance genießen Sie einige Minuten. Prägen Sie sich dieses Gefühl der Ausgeglichenheit tief in Ihren Körperzellen ein, damit es auch im Alltag für Sie schnell abrufbar wird.«

Fähigkeiten und Potenziale ins Bewusstsein rufen

Neben dieser tiefen Ressource des in sich ruhenden Seins möchte ich dem Klienten auch Stärken und Befähigungen in seinen Verhaltensweisen aufzeigen. Hierfür baue ich Erlebnisräume auf, in denen er seine Talente und Wirksamkeiten untersuchen kann.

Übung   **Honigtöpfe**

Einführung
Im Laufe der Lebensgeschichte durchwandern wir Menschen unendlich viele Situationen, in denen wir uns kompetent und erfolgreich erleben oder auch unerfahren und wirkungslos.
Befindet sich eine Person in einer Krise oder problembehafteten Zeit, blenden sich seine glücklichen und erfolgreichen Erfahrungen oftmals aus; dafür treten eher die unliebsamen Erinnerungen hervor. Er erlebt sich als schwach und schätzt seine Lebenskompetenz eher gering ein. Diese Wahrnehmung ist selektiv, da sie unendlich viele Momente des Glücks und der Befähigung in diesem Moment ausblendet. Diese Übung soll dem Klienten beide Seiten seiner Lebensmedaille vor Augen führen, wobei das Hauptaugenmerk auf den geglückten, freudvollen Erlebnissen liegt.

Ziel

Der Klient soll sich seine Fähigkeiten und Einschränkungen im Gesamtbild vor Augen halten. Aus der Zeugenperspektive kann er die unterschiedlichen Facetten seiner Person ausloten und ins Gleichgewicht bringen. Durch die Wahrnehmung von Körper, Herz, Verstand und Seele verankert er seine Erfahrungen im ganzen System. All seine positiven Erlebnisse kann er wie »Honigtöpfe« abspeichern, an denen er sich im übertragenen Sinne nähren und laben kann.

Material

Seile oder Klebeband, Schreibbrett, Papier/Moderationskarten, bunte Stifte.

Übungsaufbau

Mithilfe von Seilen oder Klebebändern definieren Sie im Raum drei Erlebnisfelder und beschriften sie wie folgt:

- Positive Lebenserfahrungen, Kompetenzen, gelebte Potenziale.
- Negative Lebenserfahrungen, Schwächen, schlummernde Potenziale.
- Der Zeuge – ruhiges Schauen auf das, was sich zeigt.

Moderieren Sie zu Anfang die folgenden drei Schritte an. Der Klient beginnt mit der Übung, dabei ziehen Sie sich ein wenig zurück, bleiben für ihn aber die ganze Zeit über ansprechbar.

Übungsablauf

Erster Schritt: Der Klient tritt in eines der Untersuchungsfelder. Stehend oder sitzend nimmt er sich Zeit, mit dieser Seite des Lebens in Kontakt zu treten. Er lässt einzelne Erinnerungen auftauchen (Situationen aus der Schulzeit, im Sportverein, mit Freunden, in der Ausbildungszeit, im Beruf, in der Familie oder anderes) und legt für jede dieser Situationen ein Blatt beziehungsweise eine Moderationskarte an. Auf diesem Blatt steht die Essenz dieses Erlebnisses, der Inhalt, den er mitgenommen hat, das, was ihn geprägt hat (zum Beispiel: ›Ich habe mich stolz gefühlt, weil ich eine schwierige Prüfung bestanden habe‹ oder ›Ich fühlte mich wie ein Looser, weil mein Bruder besser war‹). Zu diesen Aussagen sollte er ein kleines Symbol malen und auch in der Stiftfarbe variieren. Die Blätter legt er auf den Boden – er kann ihnen intuitiv auch von der Positionierung her eine Zuordnung geben.

Zweiter Schritt: Er tritt in den Raum des Zeugen und betrachtet seine bisherige Arbeit aus der neutralen Position. Er lässt sich Zeit, bis seine Gedanken und Gefühle sich vom ersten Raum gelöst haben und beschreitet dann erst das nächste Übungsfeld.

Dritter Schritt: Hier durchläuft er den gleichen Ablauf wie im ersten Feld. Er gerät mit dieser Lebensenergie in Kontakt, erinnert sich an konkrete Ereignisse und verleiht ihnen Ausdruck. Seine entstandenen Blätter legt er wieder auf dem Boden ab.

Vierter Schritt: Er geht in den Raum des Zeugen und lässt beide Felder auf sich wirken. Der Coach begleitet nun die Selbsterforschung des Klienten mit offenen Fragen: Welche Gedanken tauchen auf, wenn Sie auf beide Felder schauen? Welche Gefühle steigen auf, welche Körperwahrnehmungen haben Sie? Was spricht die Seele?
In den meisten Fällen entdeckt der Klient eine Vielzahl von Fähigkeiten und glücklichen Momenten, die er sich selbst nie so vor Augen geführt hat. Auch seine Schwächen kann er mit mehr Abstand betrachten und im Gesamtbild relativieren. Sein Selbstvertrauen steigt in diesem Moment sichtlich – Körperhaltung, Ausdruck und Mimik verändern sich.

Fünfter Schritt: Lassen Sie den Klienten in den Raum seiner positiven Erlebnisse treten und sich nacheinander auf die Blätter stellen! Suchen Sie gemeinsam eine Erfahrung aus, in der sich der Klient besonders wohlfühlt, und gehen Sie anhand dieses Beispiels noch einmal alle Ebenen durch. Wie erleben Sie Ihren Verstand in dieser Situation? Ihre Gefühlsebene? Den Körper? Die Seelenebene?

Fassen Sie dieses Erleben in einem inneren Bild, einer Körperhaltung oder Geste zusammen!

Es kann die Vorstellung sein, dass sich der Klient wie ein starker Fels fühlt oder wie ein beweglicher Delfin. Er kann sich als Ausdruck dieser Kraft seine Hand auf den Bauch legen und sich durch diese Geste an seine innere Kraft »rückbinden«. Achten Sie darauf, dass dieser Anker aus allen Sinnesebenen besteht: aus beseeltem Körpererleben, aus einem Gefühl und aus einem Gedanken. Lassen Sie ihn diese tiefe Erfahrung von Souveränität und Freude tief in seine Zellen einbrennen!

Sechster Schritt: Von dieser Gesamterfahrung aus malt der Klient ein Bild, das Sie im weiteren Prozessverlauf immer wieder einsetzen können.

Siebter Schritt: Lassen Sie den Klienten nun noch einmal in den Raum der sogenannten negativen Erlebnisse treten und dort auf Ressourcensuche gehen. Einige seiner schwierigen Erfahrungen bergen vielleicht einen großen Schatz in sich: Er konnte etwas Wichtiges dazulernen und durch diese Erweiterung Situationen verwandeln. Verankern Sie den Klienten auch in dieser Wahrnehmung!

Achter Schritt: Lassen Sie ihn zum Schluss auf die Zeugenposition treten, damit er all seine Erkenntnisse zusammenfassen kann.

Diese Anker – ob Körperhaltung, inneres Bild und/oder äußeres Bild – können Sie im gesamten Übungsverlauf gewinnbringend einsetzen. Erinnern Sie den Klienten immer aufs Neue an seine Stärken, und lassen Sie ihn diese im gesamten Organismus spüren.

Seine Honigtöpfe des Selbstvertrauens kann der Klient gezielt in seinem Alltag einsetzen. Wie mit der Übung »Der HASE« (s. S. 127) lernt er, authentisch von innen heraus sein äußeres Auftreten, Reden und Handeln systematisch zu stärken. Mit diesen Methoden trainiert er aktiv seine Selbstwirksamkeit.

Den Lebensrucksack auspacken

Zusammenhänge aufdecken

Mit diesem Rüstzeug ausgestattet, widmen wir uns nun der Biografie des Klienten.

Durch die Übungen »Der Lebenskompass« und/oder »Rollenklärung« wurde die gegenwärtige Situation des Menschen umfassend reflektiert. Der Klient konnte Erkenntnisse darüber gewinnen, ob sein zu Anfang definiertes Problem die Hauptursache seines gegenwärtigen Zustands ist oder ob er einen tieferen Ursprung erkennt. Seine Selbsterkenntnis liegt mir dabei sehr am Herzen. Je umfassender ein Klient eigenständig aus seiner Geschichte Hintergründe herauslesen kann, umso motivierter möchte er weiterforschen und sich tieferen Prozessen zuwenden.

Oft hängt es an einer klugen Prozesssteuerung, ob sich ein Klient möglichst selbstständig, mit nur leichter Führung von außen, erforschen kann. Nur wenn er gar nicht in der Lage ist, Zusammenhänge tiefgründiger zu hinterfragen, unterstütze ich ihn mit Reflexionen. Ich formuliere meine Gedanken in Form von Arbeitsthesen, die der Klient aufgreifen und vertiefen kann. Ich habe mit dieser Methode ausnehmend gute Erfahrungen gesammelt. Der Klient spürt genau, dass ich ihm klare Leitplanken gebe, in denen er sich nicht verrennen kann. Gleichzeitig hat er höchsten Freiraum, um seinem eigenen Weg und Rhythmus der Selbsterforschung nachzugehen. Konfrontierend greife ich nur ein, wenn ein Klient überhaupt nicht hinschauen möchte und sein mögliches Potenzial unnötig einschränkt.

> Hierzu ein Beispiel: Eine Führungskraft kam zu mir, die unter Problemen litt, die durch ihr Kommunikationsverhalten ausgelöst worden waren. Der Mann bekam von seinen Mitarbeitern immer häufiger das Feedback, dass er entweder zu unscharf und zu weich seine Erwartungen formulierte oder im Gegenzug viel zu autoritär und dominant auftrat. Damit verschreckte er sein Team, da er für alle schwer einzuschätzen war. Er kam zu mir mit dem Anliegen, dass ich ihn in seiner Kommunikation schulen sollte. Nach dem Lebenskompass war es offensichtlich, dass seine Sprache und sein Auftreten nur Symptome eines tiefer liegenden Themas waren. Er hatte viel zu wenig Selbstvertrauen, und dieser Mangel zog sich in seinen Auswirkungen durch viele Bereiche. Sein Auftreten in der Firma drückte seinen inneren Notstand aus. Da er sich selbst kein Vertrauen schenkte, besaß er keinen festen Referenzpunkt, von dem aus er agieren konnte. Sein Verhalten war tagesformabhängig – er überspielte damit seine Unsicherheiten und Ängste.
>
> Es fiel ihm extrem schwer, diese Wahrheit zuzulassen, da es sein gesamtes Selbstbild infrage stellte. So machte ich ihm wohldosierte Vorschläge, wie er seine Gesamtsituation interpretieren könnte. Schritt für Schritt deckten wir gemeinsam Zusammenhänge auf. Dabei breitete sich ein tiefer Schmerz in ihm aus. Ich durchlief mit ihm die

> Übung: »Die innere Quelle«, um in ihm erfahrbar zu machen, dass er viel, viel mehr ist als es seine Unsicherheit und sein Minderwertigkeitsgefühl ausdrücken.
>
> Das Eintauchen in seinen ruhigen Wesenskern tat ihm sichtlich gut. Er konnte beides zugleich wahrnehmen: eine tiefe innere Kraft und seinen Mangel an Zutrauen und Verbundenheit zu sich selbst. Wir einigten uns darauf, das Thema »Kommunikation« erst einmal zurückzustellen, und gingen auf Ursachenforschung, durch welche Gegebenheiten sein Urvertrauen in sich selbst erschüttert worden war.

Urvertrauen

Wir alle nehmen in allerfrühesten Tagen unserer Entwicklung Eindrücke wahr, die unsere Sicht der Welt und das Verhältnis zu uns selbst prägen. Am Anfang reflektieren wir die Welt durch die Augen unserer Mutter. Solange wir in ihrem Bauch liegen, sind wir mit all ihren Regungen hautnah verknüpft. Ist die Mutter entspannt und glücklich, überträgt sich dieses Lebensgefühl direkt auf das Kind, genauso wie sich Anspannung und Angst ebenso ungefiltert weitergeben.

Nach unserer Geburt bleiben wir weiterhin tief mit ihr verbunden. Nun kommt auch die Beziehung zum Vater und zu anderen Bezugspersonen dazu. Der Mensch ist das einzige Geschöpf dieser Erde, das in seiner Heranreifung so extrem und lange auf die Hilfe seiner Eltern oder anderer Erwachsener angewiesen ist. Als Baby sind wir mit unserer Lebenskraft und primären Bedürfnissen selbstverständlich verschmolzen. Wir wissen ganz genau, was uns guttut und versuchen, mit all unserem Temperament unserer Umwelt zu zeigen, was wir gerade benötigen. Wir reagieren spontan, verweigern und verlangen, ohne uns dabei zu schämen, und folgen dabei ausschließlich der Stimme unseres Bauches und unserer Haut, denn sie sprechen in dieser Zeit die ganze Wahrheit.

Als Baby und heranwachsendes Kind sind wir auf vielen Gebieten hilflos und angewiesen auf die Liebe und Fürsorge von Mutter und Vater. Wird unseren Bedürfnissen nach Essen, Trinken, trockenen Windeln, Wärme, Geborgenheit und Liebe entsprochen, ist die Welt in Ordnung. In diesem Moment sind wir selbst ebenfalls in Ordnung. Können die Eltern auf unsere Notwendigkeiten, aus welchem Grund auch immer, nicht umfassend eingehen, lernen wir schnell, uns zu begnügen. Kinder können sich auf unglaubliche Art und Weise anpassen. Körper, Herz und Seele ziehen aus wenig Nahrung maximale Ernährung. Das Kind wächst heran, so gut wie es möglich ist – nur bestimmte Anteile seiner Person können sich nicht natürlich mitentwickeln. Gerade die Entfaltung des Selbstvertrauens ist extrem abhängig davon, ob wir als Kind in unserer individuellen Wesensart Beachtung und Respekt erfahren.

Wandern wir die Jahre unserer Kinder- und Jugendzeit entlang, werden wir auf einige Gegebenheiten stoßen, in denen sich unsere Kinderseele scheu zurückgezogen hat, da sie sich nicht wirklich geborgen und aufgenommen fühlte. Ein Kind möchte für sein pures Dasein geliebt werden, ohne dafür etwas leisten zu müssen. Es braucht möglichst offene, bedingungslose Liebe und gleichzeitig einen klaren, differenzierten Maßstab, an dem es sich ausrichten kann. Immer wieder geht es um die Balance von offener Zuneigung und klaren Grenzen – im Führungsalltag heißt das Prinzip »Fördern und Fordern«. Hat das Kind diesen Erziehungsstil nicht erleben können, fehlt ihm an dieser Stelle ein Vorbild.

Im Kontext »Führung« ist diese Beobachtung sehr spannend. Denn die allermeisten Führungskräfte verhalten sich ihren Mitarbeitern gegenüber in der Form, wie sie es in frühsten Kindertagen von den Eltern aufgenommen haben. Seminare zum Thema »Führung« wirken erst dann nachhaltig auf ihr Verhalten ein, wenn sie sich mit den eingebrannten Mustern und Prägungen auseinandersetzen.

Selbstvertrauen, das Ausdruck eines natürlichen Urvertrauens ins Leben ist, erwächst am einfachsten, wenn Eltern es selbst besitzen und es ihren Kindern vorleben. Meistens kann ein Mensch nur das authentisch weitergeben, was kraftvoll »in seinen Zellen pulst«. Wenn man sich vor Augen führt, unter welchen Umständen viele der Eltern selbst aufgewachsen sind, wird klar, dass wir uns häufig in einer unseligen Verkettung befinden: Unbefriedigte Kinder wachsen zu Frauen und Männern heran, die versuchen, ihren Liebsten ein gutes Leben zu erschaffen, dabei aber ihren eigenen schmerzhaften Prägungen nicht entkommen können. Betrachten wir aus der Zeugenposition die Lebensverhältnisse der Eltern und Großeltern, wird klar, dass vielen keine einfache Vorgeschichte beschieden war.

Mithilfe der Biografielinie werden dem Klienten vergangene Erfahrungen, die ihn jetzt noch beeinflussen, ins Bewusstsein gerufen. Dabei geht es niemals um eine Anklage den Eltern oder anderen Personen gegenüber. Alle Geschehnisse sollten in einem viel weiteren, existenziellen Licht betrachtet werden. Wir Menschen können schicksalhafte Umstände nicht erklären. Wir können uns nur der höheren Weisheit des Lebens anvertrauen. In dieser Dimension liegt die größte Kraft der Heilung und Versöhnung verborgen – sie gilt es zu erwecken.

Die Biografielinie können Sie auch wunderbar im Kontext eines Führungskräftetrainings anwenden. In diesem Fall geben Sie dem Klienten folgende Fragen mit:

- Welche Personen und Ereignisse haben mich zum Thema »Führung« geprägt?
- Welche Glaubenssätze, Denk- und Handlungsmuster habe ich übernommen, die ich heute noch in meinem Führungsverhalten anwende?
- Wer war oder ist mir Vorbild?

Arbeiten Sie deutlich heraus, welche Grundprägungen er zum Thema »Führung« erfahren hat! Legen Sie mit ihm ein Führungsprofil an, das er gerne umsetzen würde, und machen Sie deutlich, an welchen Themen er konsequent mithilfe der Übung »Trainings des Achtsamkeitsmuskels« arbeiten sollte.

Übung   ## Die Biografielinie

Einführung

Im Laufe unseres gesamten Lebens sammeln wir Erfahrungen, die das Bild unser selbst ausmachen. Erlebnisse, die wir in frühen Kindertagen sammeln, prägen besonders, da sie ungefiltert in unser Zellsystem wandern. Auch ein heranwachsendes Kind hat es nicht leicht, Aussagen und Handlungen von Erwachsenen angemessen zu interpretieren. Es ist klein und betrachtet Dinge aus der Kinderperspektive, die es ihm nicht ermöglicht, zu relativieren oder umfassend zu hinterfragen. Mancher Erwachsener trägt bis ins hohe Alter Aussagen der Mutter, des Vaters, der Großeltern, einer Lehrerin, eines Pfarrers, eines Sporttrainers oder von anderen Personen aus seinem Umfeld in sich. Diese Sätze wirken unterstützend und aufbauend oder einschränkend und destruktiv. Wobei es nicht ausschlaggebend ist, was der Mensch erlebt hat, sondern welche Schlüsse er daraus gezogen hat und in welcher Form seine Verarbeitung stattfand. Von daher arbeiten wir nur indirekt mit seiner Vergangenheit. Wir legen zwar eine Zeitschiene, mithilfe derer er rückwärts wandert. Bei dieser Arbeit tauchen aber hauptsächlich die Ereignisse auf, die hier und heute noch eine Macht über ihn haben. Das heißt, wir arbeiten mit gegenwärtig aktiven Mustern.

Ziel

Der Klient betrachtet seine gesamte Lebenslinie. Er begibt sich auf Spurensuche nach Erlebnissen, Prägungen, Glaubenssätzen und übernommenen Handlungsmustern. Diese Erkenntnisse dienen zum einen der Klärung und leiten schon in die nächste Phase der Entlastung über.

Material

Langes Seil, Moderationskarten, Schreibbrett und Stifte.

Übungsablauf

Der Klient trägt Erlebnisse zusammen, die ihn in seiner Entwicklung sowohl fördernd als auch einschränkend geprägt haben. Dies können Erfahrungen mit Mutter und Vater sein, Großeltern, Geschwistern, Lehrern, Mitschülern, Freunden, in der Dorfgemeinschaft, in der Kirche, im Sportverein und anderes mehr. Der Coach kann dieser Untersuchung einen bestimmten Fokus mitgeben, zum Beispiel: »Was hat dich geprägt zum Thema

- Kommunikation,
- Beziehung, Berührung,
- Konfliktlösung,
- Authentizität und Ehrlichkeit?«

Erster Schritt: Als Erstes sammelt der Klient alle seine Erinnerungen bunt gemischt auf einem Schreibbrett. Lassen Sie ihm dazu ein wenig Zeit; meistens tauchen tief vergrabene Erinnerungen auf.

Zweiter Schritt: Der Klient überträgt die wichtigsten Erinnerungen (es können 10–15 Stück sein) auf Moderationskarten und beschreibt sie mit

- einigen prägnanten Wörtern und
- einem Symbol.

Dritter Schritt: Der Klient nimmt das lange Seil und legt nun sein gesamtes Leben aus (Start vor der Geburt), mit allen Höhen und Tiefen, die seine persönliche Lebensgeschichte ausmachen. Mithilfe des Seils kann er bildhaft die Ausschläge nach oben und unten darstellen.

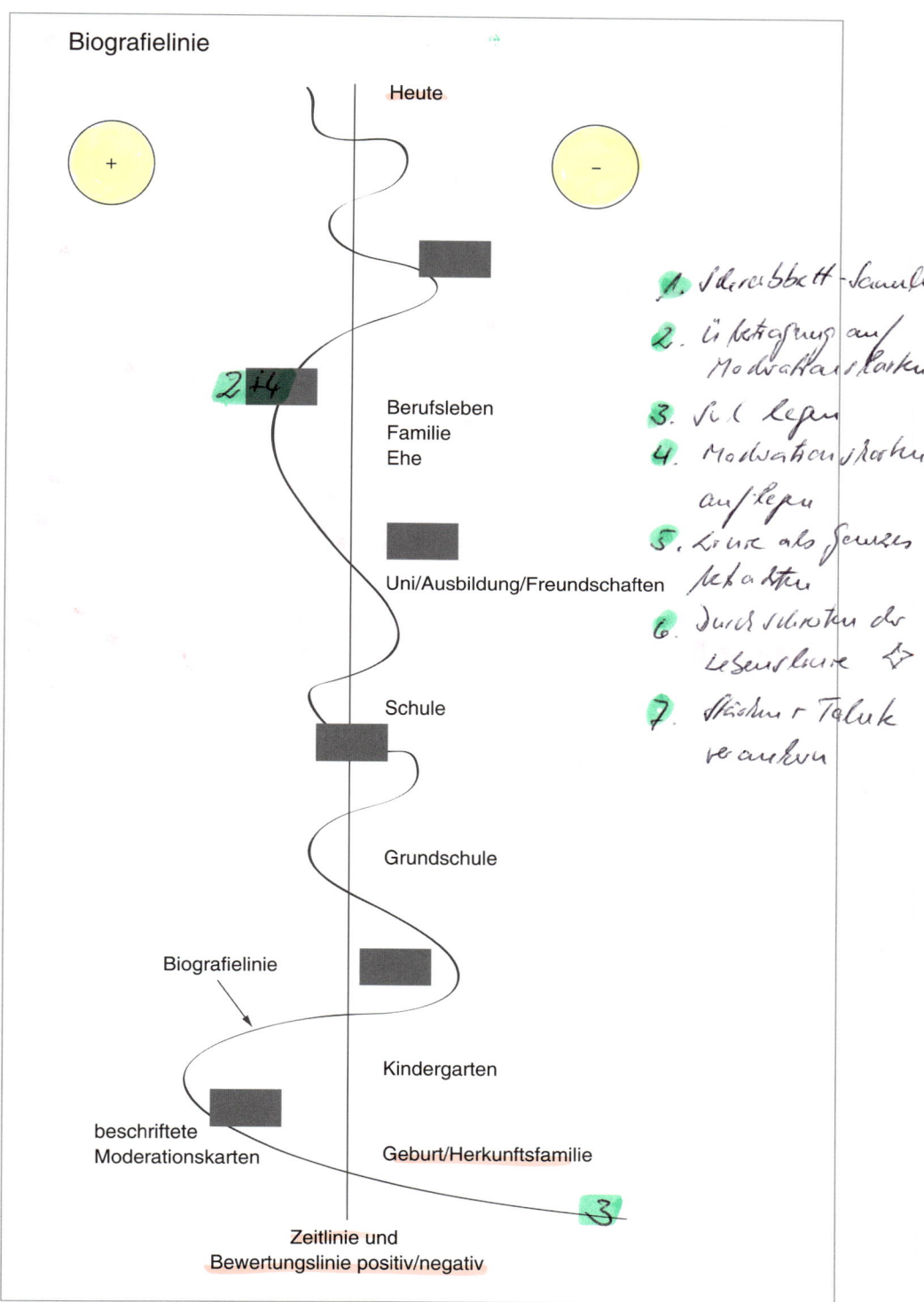

Biografielinie

Vierter Schritt: Dann legt er die Moderationskarten nach der zeitlichen Abfolge der Ereignisse in die Lebenslinie hinein.

Fünfter Schritt: Sobald das Schaubild liegt, treten Sie einen Schritt zurück und betrachten mit dem Klienten zusammen seine Lebenslinie als Ganzes. Fragen Sie ihn nach seinem Erleben in Körper, Gefühl, Verstand und Seele

Sechster Schritt: Gehen Sie nun Schritt für Schritt die Lebenslinie durch, lassen Sie ihn sich auf die Moderationskarten stellen und das Erlebnis mit »Haut und Haar« nachempfinden. Fragen Sie ihn dabei,

- was er erlebt hat und
- wie er die Erfahrungen verarbeitet hat.

Achten Sie dabei besonders auf Wortwahl, Mimik, Körpersprache und Atmung, und halten Sie den Klienten bei wesentlichen Erinnerungen an. Geben Sie den aufsteigenden Gefühlen Zeit und Raum, um sich auszudrücken. Alles, was sich zeigen mag, ist willkommen und kann sich frei artikulieren. Sie können die Linie als Ganzes durchwandern und die Erlebnisse insgesamt wirken lassen. Oder aber sie bleiben bei einem ihnen wesentlich erscheinenden Ereignis stehen und vertiefen die Wahrnehmung. An dieser Stelle greift die Arbeitsmethodik aus dem Bewusstseinstraining »Im Kontakt sein mit dem, was ist« (S. S. 132 f.). Sie gehen also direkt in einen Entlastungsprozess über.

Siebter Schritt: Lassen Sie zum Abschluss der Übung die Vielzahl der Erlebnisse ganz bewusst auf den Klienten wirken. Machen Sie ihm deutlich, was er im Leben schon alles gemeistert hat. Verankern Sie in ihm die Wahrnehmung seiner Fähigkeiten und Talente. Stärken Sie ganz gezielt sein Selbstvertrauen und den Stolz auf sich selbst.

Den inneren Richter zähmen

Willkommen im Gerichtssaal des Lebens

»Der Richter ist diejenige Kraft in Ihnen, die Ihren Wert
als menschliches Wesen unablässig berechnet,
abschätzt und damit Ihre Fähigkeiten einschränkt, im
gegenwärtigen Moment voll und ganz lebendig zu sein.«

Byron Brown (2002, S. 46)

»Wenn die Seele in starren Identifikationen mit anderen und der Welt gefangen ist, macht
sie das unzufrieden. Jede Seele besitzt einen Drang zur Wahrheit, eine innewohnende
Sehnsucht, sich erfüllt, echt und frei zu fühlen.«

A. H. Almaas (2000, S. 16)

Farnpflanzen im Wald

Während der Bearbeitung der Biografielinie wird dem Klienten eine Vielzahl von Erlebnissen in Erinnerung gerufen, die ihn in seiner persönlichen Entfaltung gestärkt
oder eingeschränkt haben. Wie ich es schon ausführlich auf den Seiten 23 ff. und
141 ff. beschrieben habe, schlagen sich die Erlebnisse der frühsten Kinderzeit besonders eindringlich auf unsere Entwicklung nieder. Gott sei Dank besitzen wir Menschen die Fähigkeit, beengende Prägungen zu erkennen und sie aus eigener Kraft heraus zu verwandeln. Um dem Klienten ein anschauliches Bild dieser Verkettung zu
geben, erzähle ich ihm ein Beispiel aus der Natur.

> Bei einem Spaziergang im Wald sieht man zwischen den hohen Bäumen niedrige
> Farnpflanzen wachsen. Gemäß ihrem Standort in dem Geflecht der Bäume be-
> kommen sie mal mehr und mal weniger Sonnenstrahlen zu spüren. Abhängig vom
> Lichteinfall entwickelt sich die Ausformung ihrer Blätter. Die Blätter, die zum Sonnen-
> einfall begünstigt positioniert sind, können sich ganz und gar entrollen, werden breit
> und fest und strahlen in einem satten Grün. Die anderen dagegen, die im Schatten
> wohnen und nur selten oder gar nie die direkte Zuwendung der Sonne erfahren,
> können ihr Potenzial nicht entfalten. Das diffuse Licht im Wald schenkt ihnen keinen
> ausreichenden Wachstumsimpuls. Sie bleiben braun und eingerollt am Stamm der
> Pflanze. So wächst der Farn ungleichmäßig heran. Auf der einen Seite sprießen ihm
> Blätter, die ihre ganze Schönheit und Vitalität entfalten können. Auf der anderen
> Seite wachsen ihm kleine, vertrocknete Stumpen, von denen man nur ahnen kann,
> wie prachtvoll sie sich hätten entwickeln können. Trotz aller Einschränkungen ist
> jede Pflanze schön genau so, wie sie ist, und mit einem ihr innewohnenden Gleich-
> gewicht ausgestattet.

Diese Farnpflanzen im Wald faszinieren mich. Sie erinnern mich an unsere menschliche Existenz hier auf Erden. Auch wir können als Babys, Kinder und Jugendliche unsere Talente und Befähigungen nur entfalten, wenn sich ihnen ein Erwachsener mit Aufmerksamkeit und Wertschätzung zuwendet. Sobald unsere Begabungen Beachtung und Förderung erfahren, können unsere Potenziale »aus dem Ei schlüpfen«. Bleibt diese Phase des »Brütens« aus, schlummern unsere Befähigungen und warten darauf, dass sie irgendwann wachgeküsst werden.

Legen wir von uns selbst ein Stärken- und Schwächenprofil an, ist es hochinteressant zu unterscheiden, welche Talente wir von Geburt an besitzen, aber bisher nicht aufmerksam fördern konnten. Und welche Befähigungen uns vielleicht nur rudimentär in die Wiege gelegt wurden. Um diese zur Entfaltung zu bringen, müssten wir sie mit großem Fleiß von der Wurzel her aufbauen. Diese differenzierte Selbsterkenntnis kann uns viel Zeit ersparen. Fähigkeiten, die wir als Grundveranlagung in uns tragen, können wir als Erwachsener, aus eigener Kraft heraus, schnell zum Erblühen bringen. Wir komplementieren dabei eine natürliche Ganzheit, zu der unser Organismus von selbst aus hindrängt. Schwerer fällt es uns, Begabungen herauszukristallisieren, von denen wir keine Samen in uns tragen.

Bei genauer Prüfung stellt sich aber heraus, dass viele Menschen ein sehr breites Spektrum von Veranlagungen in sich bergen, die sie selbst, durch liebevolle Achtsamkeit, zum Keimen, Reifen und Aufgehen bringen können.

Sich selbst Sonne schenken

Nach meiner Erkenntnis entwickeln wir Menschen uns ähnlich wie die Farnpflanze. Ein Teil unserer Kompetenzen entfaltet sich mithilfe der Zuwendung der uns umgebenden Erwachsenen. Weitere Anteile unserer Person befinden sich im Dornröschenschlaf und warten auf den Prinzen, der sie aus dem Schlummerzustand befreit. Als Teenager träumen wir oft vom Prinzen oder der Prinzessin, einem Lebenspartner, der uns mit bedingungsloser Liebe befreit und alle Versäumnisse der Eltern nachholt. Je älter wir werden, entdecken wir, dass auch unser Partner auf diese Traumgestalt wartet und wir uns mit den gegenseitigen Projektionen eher belasten als freisetzen.

Ein ganz wichtiger Schritt auf der Reise in ein erfülltes, glückliches Leben ist die Entscheidung, für unseren Reifeprozess selbst die Verantwortung zu übernehmen. Als Kind waren wir abhängig von der Zuwendung der Erwachsenen. Um unsere Bewegungsfähigkeit, unser Denken, unsere Sprache, unsere Kommunikation, unsere Beziehungsfähigkeit, unsere Kraft zur Abgrenzung konstituieren zu können, brauchten wir die Ansprache und das Vorbild eines Älteren. Heute, als herangewachsener Mensch, besitzen wir die große Freiheit, vernachlässigte Entwicklungsschritte selbstständig nachzuholen. Es steht uns offen, uns in der Form zu entfalten, wie es unserer innersten Sehnsucht und individuellen Anlage entspricht. Für manche Entwicklungssprünge brauchen wir weiterhin ein Gegenüber, das uns offen und anteilnehmend begleitet. Oder auch eine Gruppe, die uns facettenreich spiegelt und mit ihrer ganzen

Energie weiterträgt. Für viele Prozesse sind wir uns aber selbst genug. Da wir eine eigene innere Quelle ins uns tragen, mit der wir uns Wärme, Licht und Liebe schenken können, liegt es in unserer eigenen Hand, mögliche Potenziale zum Sprießen zu bringen.

Die Freundschaft zu sich selbst gehört genauso gehegt und gepflegt wie eine Beziehung zu einem anderen Menschen, einem Tier oder einer Pflanze. Um uns selbst kontinuierlich »Sonne« angedeihen zu lassen, sollten wir unsere inneren Gesprächspartner genau kennen. Hierfür unterstützt die Übung des Bewusstseinstrainings »Die Artusrunde«. Gerade unseren inneren Richter beziehungsweise Antreiber gilt es, präzise zu studieren, um dem Burschen klare Grenzen zu setzen, sobald er uns destruktiv einschränken möchte.

Das Gleichgewicht finden

Bei den meisten meiner Klienten kann sich der innere Richter aufführen wie ein ungebremstes, unerzogenes Kind. Diese Stimme des bewertenden, antreibenden Wächters dominiert ihr Denken und färbt machtvoll die Wahrnehmung ihrer selbst. Das ist weder sinnvoll noch nötig.

Von ihrer Grundfunktion ist diese Instanz in uns, die Sigmund Freud als Über-Ich titulierte, als Schutzfunktion gedacht. Sie soll uns helfen, uns innerhalb einer Gruppe zurechtzufinden. Biologisch gesehen sind wir Säugetiere und durch unsere Grundbedürfnisse extrem abhängig davon, unseren Platz innerhalb eines sozialen Systems zu finden. Unser Überleben, das von Nahrung, Schutz und Anerkennung abhängig ist, sichert sich durch ein gelungenes Zusammenspiel mit anderen. In unseren Zellen tickt also die Strategie der Anpassung und Einordnung in eine Gruppenhierarchie. Unsere Seele dagegen drängt nach Individuation, nach ureigener Entfaltung, nach persönlichem Ausdruck. Zwischen diesen zwei konkurrierenden Grundprinzipien, der Erde und dem Himmel in uns, müssen wir ein Gleichgewicht finden. Das ist nicht immer einfach. Es braucht im ersten Schritt Klarheit über Wechselwirkungen und im Weiteren ein beharrliches Training des Achtsamkeitsmuskels.

Für den Klienten ist es immens hilfreich, wenn er die Gedanken und Winkelzüge seines inneren Richters kennt. Sie drücken sich oft in Appellsätzen aus: »*Du musst …, du sollst …, du darfst nicht …*«. Bei genauerer Untersuchung haben sie meistens ihren Ursprung in Aussagen der Eltern, die entweder an das Kind direkt gerichtet waren oder von dem Kind kopiert wurden. Auch diffuse Stimmungen innerhalb der Familie veranlassten das Kind zu Interpretationen: »*Wenn ich mich so oder so verhalte, haben mich meine Eltern lieb*«. Neben dem Familiengefüge nimmt das Kind, der Jugendliche und auch Erwachsene in unterschiedlichen Kontexten vielfältige Prägungen auf. Meistens konzentriert sich sein inneres Gespräch aber auf einige Kernaussagen, mit denen er sich selbst in Schach hält. Diese Kernaussagen nennen sich auch »Glaubenssätze«, da der Mensch diese Aussagen für bare Münze nimmt. Er »glaubt« an sie, und zementiert mit ihnen sein Wirklichkeitskonstrukt.

Wie ich es schon auf Seite 137 betonte, ist die Instanz des inneren Richters an sich nicht böse. Dieser Antreiber bringt uns manches Mal auf Trab und hilft uns, Bequemlichkeiten und auch Ängste zu überwinden. Allerdings braucht er einen kräftigen Gegenspieler, damit er nicht in Maßlosigkeit verfällt und uns ständig unter Druck hält. Ein unkontrollierter Richter torpediert ungehindert unser natürliches Selbstwertgefühl. Mit den folgenden zwei Übungen können Sie Ihren Klienten mit der wichtigen Thematik vertraut machen. Die Identifizierung und der Ausgleich des inneren Richters sollten den Klienten sowohl im Coaching als auch in seinem Alltag als ständige Aufgabe präsent sein.

Übung   ## Dyade (nach Enlightenment Intensive)

Einführung

Enlightenment Intensive – auch »Sag mir, wer du bist« – ist eine kontemplative Form der Selbsterfahrung, die 1968 von Charles Berner, einem kalifornischen Kommunikationswissenschaftler, im Rahmen einer spirituellen Schule entwickelt wurde. Kern der Methode ist die dyadische Begegnung. Je zwei Teilnehmer sitzen sich gegenüber, meist in größeren Gruppen in einer langen Reihe. Einer fragt seinen Partner: »Sag mir, wer du bist«. Der Partner antwortet mit Sätzen, die stets mit den gleichen Worten beginnen: »Ich bin jemand, der ...« Er beendet diesen Satz mit einer Aussage über sich selbst. In pausenloser Folge spricht er immer neue Sätze mit immer neuen Aussagen und Erkenntnissen über das, was er glaubt zu sein. Der Fragende hört aufmerksam zu, ohne aber selbst etwas zu sagen. Nur wenn der Antwortende eine größere Pause macht, sozusagen nachdenklich in sich selbst versinkt und nicht mehr weiterspricht, holt er ihn aus dieser Versunkenheit durch die Wiederholung der Aufforderung: »Sag mir, wer du bist!«

Im Coaching können Sie diese Technik in der Form anwenden, dass Sie dem Klienten eine bestimmte Frage 10–15 Minuten lang wiederholt stellen. Diese schlichte, nach innen führende Methode wirkt sehr stark und erreicht eine natürliche Bewusstseinsveränderung. Die offene Frage erscheint wie ein Stein, der, in einen See geworfen, mit der Zeit immer tiefer sinkt. Der See ist in diesem Fall das Bewusstsein des Befragten. Seine ersten Antworten kommen meistens aus »oberen Schichten« seiner Wahrnehmung, auch Alltagsbewusstsein genannt. Diese ersten Antworten sind dem Klienten bekannt, da er sie schon oft formuliert hat. Beantwortet er die Frage mehrmals hintereinander, so sinkt er von alleine in andere Bewusstseinsfelder, und er antwortet aus einem unbewussten, intuitiven Raum.

In diesem Kontext können Sie auch unlogische Fragen stellen. Sollte ein Klient zum Beispiel schon lange unter einer bestimmten Situation leiden und behaupten, er habe sie schon oftmals verändern wollen, es aber nicht tut, dann fragen Sie: »Welchen Vorteil haben Sie davon, diese Situation aufrechtzuerhalten?« Die Frage muss auf alle Fälle klar verständlich und eindeutig formuliert sein.

Ziel

Offene Fragestellung zur gezielten Prozessvertiefung. Die ruhige Wiederholung der gleichen Frage öffnet die Wahrnehmung für neue Blickpunkte und tiefer liegende Antworten.

Übungsablauf

Erster Schritt: Durchlaufen Sie mit dem Klienten zwei Durchgänge mit jeweils 10–15 Minuten. Sie sind der Fragende, der Klient antwortet. Erforschen Sie als Erstes folgendes

Thema: »Mit welchen Sätzen und Bildern schränken Sie sich ein?« (oder: »… schränken Sie Ihr Potenzial ein?«)

Zweiter Schritt: Sie stellen die Frage in ruhiger Wiederholung. Sie hören der Antwort zu, bedanken sich und fragen erneut. Sie manipulieren Ihr Gegenüber weder durch Kommentare, Mimik noch durch Körpersprache. Sie bleiben ein neutraler Begleiter, der durch seine Präsenz die offene Selbsterforschung unterstützt.
Der Befragte lässt die Frage in sich wirken und spricht alles aus, was ihm einfällt. Seine Gedanken müssen nicht geordnet sein oder einer Logik entsprechen – alle Eindrücke sind willkommen, genau so, wie sie sich zeigen möchten. Sollte der Befragte keinen Impuls zum Sprechen haben, lassen Sie ihm Zeit zum Schweigen. Die Frage wird ihm weiterhin ruhig gestellt.

Dritter Schritt: In der nächsten Runde widmen Sie sich der diametralen Frage: »Mit welchen Sätzen und Bildern fördern Sie sich selbst?« (oder: »… fördern Sie Ihr Potenzial?«)

Vierter Schritt: Lassen Sie zwischen und nach den beiden Durchgängen dem Klienten ein wenig Zeit, um seine Gedanken und Empfindungen in sich reifen zu lassen!
Tauschen Sie sich mit dem Menschen über seine Erkenntnisse aus! Die identifizierten Glaubenssätze sollte er auf einem Blatt Papier notieren, auf einem anderen seine unterstützenden Formulierungen (damit erstellen Sie wieder ein Ressourcenblatt, das Sie im späteren Verlauf einsetzen können).

Die Übung schärft den Klienten in der Beobachtung seiner selbst und in der Differenzierung seiner inneren Stimmen. Durch die Aufgabenstellung wird ihm bewusst, wie oft am Tag er sich selbst in die Zange nimmt und abwertet. Er versteht die Dynamik, die er durch sein inneres Reden in die eine oder die andere Richtung in Gang setzt (Auswirkungen auf Verstand, Körper, Gefühl und Seele). Er begreift, welche Macht er seinem inneren Richter oft überlässt, und lernt, aktiv für seine Stimmungen Verantwortung zu übernehmen.

Übung

Identifizierung und Zuordnung von Glaubenssätzen

Einführung
Oft sind es nicht nur die Belastungen von außen, die uns unter Druck setzen. Wir selbst sind in vielen Fällen unsere ärgsten Antreiber und Kritiker. Jeder Mensch hat im Laufe seines Lebens Glaubenssätze und Überzeugungen übernommen, mit denen er sich unterstützen, aber auch bremsen kann. Die nächste Aufgabe möchte die Herkunft solcher Glaubenssätze transparent machen. Der Klient widmet sich dabei intensiv seiner Mutter, seinem Vater und anderen für ihn prägenden Personen. Er nähert sich diesen Menschen nicht nur in gedanklicher Form, sondern auch in Schrift- und Bildersprache. Das Medium »Malen« aktiviert neuronal andere Hirnregionen und bereichert das Forschungslabor mit neuen, frischen Impulsen.

Ziel
Bewusstmachung von eingeprägten Gefühls-, Denk- und Handlungsmustern. Zuordnung der Prägungen zu den verursachenden Personen, zum Beispiel Mutter, Vater, Großeltern. Unterscheidung von unterstützenden und einschränkenden Prägungen.

Material
DIN-A3-Papier, Bunt- und Wachsmalstifte, Schreibbrett, Stifte.

Übungsablauf
Erster Schritt: Lassen Sie Ihren Klienten in sich hineinhorchen und wahrnehmen, mit welchen kritischen Aussagen er sich selbst bewertet. Klassische Appellsätze, die immer wieder auftauchen, lauten beispielsweise:

- »Meine Erfolge sind nicht gut genug! Ich muss besser werden, perfekter!«
- »Erst die Arbeit, dann das Vergnügen!«
- »Ich muss gut sein, um Anerkennung zu erfahren!«
- »Nicht geschimpft ist genug gelobt!«
- »Ich darf nicht auffallen!«
- »Ich will niemandem zur Last fallen!

All die Sätze und Stimmungen, die in ihm auftauchen, schreibt er nieder (oder er übernimmt die Notizen von der vorherigen Übung).

Zweiter Schritt: Genauso wie er eine kritische, oftmals abwertende Stimme in sich trägt, begleitet ihn ein unterstützender Ratgeber. Diese Stimme kann sich wie ein Berg am Rücken anfühlen, der Schutz und Kraft verleiht.
Lassen Sie Ihren Klienten hier ebenfalls offen in sich hineinhorchen. Mit welchen Sätzen vermittelt er sich selbst Mut und Vertrauen?
Die Sätze können beispielsweise lauten:

- »Ich schenke mir selbst Respekt und Achtung.«
- »Ich weiß um meine Qualitäten und meine Kompetenz.«
- »Ich erlaube mir, ein glückliches Leben zu führen.«
- »Ich achte meine Bedürfnisse und sorge für mich selbst.«
- »Ich folge meiner Berufung und entfalte meine Potenziale.«

Dritter Schritt: Laden Sie den Klienten dazu ein, Bilder von den prägenden Personen seines Lebens anzulegen (zum Beispiel Mutter, Vater, Großeltern, Lehrer und andere wichtige Personen) Das Thema des jeweiligen Bildes ist Folgendes: »Wie habe ich diese Person erlebt, und was habe ich an kraftvollen, unterstützenden, aber auch hinderlichen, einschränkenden Überzeugungen von dem Menschen mitgenommen?« Dazu sollte er die Person skizzieren (zum Beispiel in einer typischen Köperhaltung, Mimik oder Bewegung oder symbolhaft als Tier, Pflanze oder anderes) und die jeweiligen Eigenschaften beziehungsweise Werte, Überzeugungen, Glaubenssätze, die den Menschen ausmachen, am Rand des Bildes vermerken. Die einzelnen Bilder erstellt er nacheinander, die Reihenfolge kann er sich frei auswählen.

Vierter Schritt: Mit den gleichen Inhalten legt er nun ein Bild von sich selbst an. Wie erlebt er sich in seinem Ausdruck und seiner Kraft? Welche Glaubenssätze und vielleicht unbewussten Überzeugungen vermittelt er anderen? Durch welche Brille betrachtet er die Welt, positiv oder negativ?

Fünfter Schritt: Der Klient legt alle Bilder auf dem Boden aus und wählt eine für ihn passende Zuordnung. Laden Sie den Klienten dazu ein, von seinen Bildern zu berichten. Lassen Sie seine Darstellung auf sich wirken, und schauen Sie mit ihm »hinter die Abbildungen«. In einem intuitiv entstandenen Bild verstecken sich durch die Symbolik, die Farbauswahl und Komposition viele kleine Botschaften, die dem Maler zu Anfang nicht bewusst sind. Durch die Bildbetrachtung können sich neue Aspekte ergeben, die durch ein reines Gespräch nicht sichtbar geworden wären.

Sechster Schritt: Sobald dem Klienten klar wird, welche unbewusst übernommenen Muster ihn bisher gesteuert haben, ist er in der Lage zu entscheiden: Welche der Prägungen möchte er in sein weiteres Leben übernehmen, und welche möchte er an die jeweilige Person dankend »zurückgeben«?

Finden Sie mit dem Klienten gemeinsam ein kraftvolles Ritual, in dem er belastende Glaubenssätze und Überzeugungen ablegen kann. Manchen Personen hilft es, wenn sie ihrer Mutter oder Vater einen Brief schreiben, um aus der Erwachsenenperspektive bestimmte Situationen noch einmal zu reflektieren und »geradezurücken«. Glaubenssätze können auch auf ein Blatt Papier geschrieben und dem Feuer, dem Wasser oder der Erde übergeben werden.

Achten Sie darauf, dass der Klient dieses Ritual mit der Übung »Training des Achtsamkeitsmuskels« verbindet! Machen Sie dem Menschen deutlich, welch große Auswirkung sein Selbstgespräch auf alle ihm widerfahrenden Situationen hat. Der Gebrauch der neuronal eingeschliffenen Gedankenautobahn sollte diszipliniert vermieden werden, um neue Verhaltensformen im Fühlen, Denken, Reden und Handeln systematisch aufzubauen. Zur Loslösung beziehungsweise Umschreibung von Glaubenssätzen wirkt auch die Übung »Der HASE« sehr unterstützend. Durch gezielte Arbeit an der Körperhaltung, Spannung, Atmung und Erdung können die physischen Reaktionen der kontinuierlich reproduzierten Gefühle und Gedanken aufgelöst werden. Dazu sollte sich der Klient bewusst werden, in welche Körperhaltung beziehungsweise Mimik er verfällt, sobald sein innerer Richter in Aktion tritt. Diesem Reflex kann er gezielt entgegenwirken. Je ausbalancierter er seinen Körper steuert, umso seltener kann ihn der innere Antreiber attackieren.

Gebundene Energien im Familiensystem lösen

Inspiration zu Versöhnung

Der Klient ist durch die Bearbeitung der Biografielinie und seiner Glaubenssätze in engen Kontakt mit seiner Herkunftsgeschichte getreten. Er hat sich sein Verhältnis zu seinen Eltern, Großeltern und gegebenenfalls zu seinen Geschwistern vor Augen geführt und ist an dieser Stelle emotional »wachgerüttelt« worden. Dabei können Gefühle zutage treten, die er vielleicht schon lange aus seiner täglichen Empfindungswelt verbannt hat. Für viele der Klienten gestaltete sich die Beziehung zu ihren Eltern nicht immer glücklich. Kaum einer hatte die Möglichkeit, dieses Verhältnis und seine Folgen aufmerksam zu durchleuchten, zu klären und sich damit zu versöhnen. Im Rahmen des Kernprozesses greife ich diese Thematik mithilfe einer Art Aufstellungsarbeit mit Stühlen auf. Sie ist eine Erweiterung der Methode des Bewusstseinstrainings »Blickpunktwechsel« und kann achtsam sowie dosiert gesteuert werden. Diese Übung kann für den Klienten eine Inspiration schaffen, um sich mit seinen familiären Wurzeln näher zu befassen und sich gegebenenfalls auch auf einen tiefer gehenden therapeutischen Prozess einzulassen.

Familienskulptur und Familienaufstellung

Familienaufstellung ist eine Form der Systemaufstellung. Es gibt verschiedene Ansätze von Systemaufstellungen, wie zum Beispiel Organisationsaufstellungen oder »Familienaufstellungen nach Hellinger«, die lange Zeit die bekannteste Methode waren. Bei Bert Hellingers Methode wurde unter anderem die Familienskulptur nach Virginia Satir weiterentwickelt, wie sie auch in der Familientherapie oder in der Systemischen Therapie bekannt ist.

Die »Familienskulptur« – auch »Familienrekonstruktion« genannt – wurde von der amerikanischen Familientherapeutin Virginia Satir (1916–1988) entwickelt. Dieses Verfahren betonte die Bedeutung der räumlichen Anordnung bei der Prozessarbeit. Um die Bedeutung der Position von Familienmitgliedern kenntlich zu machen, führte Satir das Auswählen von »Stellvertretern« unter dem Begriff »Familienskulptur« im Jahr 1969 in die Fachwelt ein. Diese Technik ermöglicht den Klienten, Familienbeziehungen nonverbal darzustellen und zu erkennen. Widersprüche oder Abweichungen zwischen dem, was körperlich gezeigt, und dem, was gesagt wird, können reflektiert werden. Da hinderliche Pflichtgefühle vergessen werden, kann so ein recht wirklichkeitsgetreues Abbild der Gefühlsbeziehungen innerhalb der Familie entstehen. Anhand der dargestellten Konstellation kann sich der Therapeut ein Bild von dem sozialen Gefüge machen, in dem der Klient lebt und von dem er beeinflusst wird. Gleichzeitig ist es dem Klienten möglich, innerhalb dieses nun für ihn auch in äußerlich sichtbarer Weise dargestellten Beziehungsgeflechtes gleich eine Reaktion auf sein Verhalten zu erfahren, die anschließend auf der verbalen und emotionalen Ebene befragt werden kann.

Krankmachende Verstrickungen werden nach Ansicht der Familienaufstellung durch die anschließend einsetzende Prozessarbeit unter Anleitung einer kundigen Person in heilsame Lösungen gewandelt. Mit Begleitung des Therapeuten sollen solche Einsichten für die Aufsteller erleichternde und lösende Haltungen und neue Positionen im weiteren Leben ermöglichen. Ich bin fest davon überzeugt, dass der Aufsteller die Lösung seiner Konflikte und Probleme bereits kennt und sie durch die Aufstellung aus dem Unterbewussten oder einem verdrängten Zustand an die Oberfläche des Bewusstseins bringen kann.

Neben dem Familienaufstellen in einer Gruppe von etwa 20 Menschen gibt es zudem die Möglichkeit, mit einem Therapeuten nur mit Symbolen für die einzelnen Familienmitglieder ein soziales Gefüge aufzustellen. Seriöse Aufsteller betonen die Wichtigkeit, sich mit Bedacht einen Familienaufsteller zu suchen. Professionelle Anbieter des Familienaufstellens bieten Nachsorge an und weisen nachdrücklich darauf hin, dass man sich an sie oder an einen Psychotherapeuten wenden solle, falls die Familienaufstellung Auswirkungen haben sollte, die als problematisch erlebt werden. Bestehen schon vorweg psychische Probleme, ist es sinnvoll und anzuraten, Familienaufstellungen nur eingebettet in eine professionell ausgeübte Psychotherapie durchzuführen.

Kollektive Grundmuster erkennen

Die Technik der Familienaufstellung wurde durch Bert Hellinger in ihrer positiven als auch negativen Resonanz einer breiteren Öffentlichkeit bekannt. Außer Frage ist, dass diese Methode eine höchst intensive Intervention erzeugt, die ausschließlich von einem umfassend geschulten Therapeuten ausgeführt werden sollte. Der Grundgedanke der Methodik entspringt dem Anliegen, den Klienten nicht nur als alleinstehendes Individuum zu betrachten, sondern in der Gesamtdynamik seines Familiengefüges zu erfassen. Diese Betrachtung halte ich für unerlässlich, um dem Klienten seine Beziehungen und Bindungen innerhalb seiner Herkunftsfamilie und auch gegenwärtigen Familie vor Augen zu halten. Coaching bietet dabei einen anderen Rahmen als eine Therapie; dies gilt es an dieser Stelle genau zu beachten. Dennoch sind meine Erfahrungen mit der folgenden Übung ausnehmend gut, und so ist sie ein fester Bestandteil des Kernprozesses geworden.

Mein Ziel ist es dabei, dem Klienten seine eigene, von ihm übernommene Rolle im Familienverbund zu verdeutlichen. Durch seine Positionierung hat er über viele Jahre ein spezifisches Rollenverhalten einstudiert, das er oftmals in seiner gegenwärtigen

Lebensgestaltung weiterhin verfolgt. Gleichzeitig möchte ich ihm das Lebensgefühl der anderen beteiligten Personen näherbringen. Je intensiver er ein Verständnis für die Lebensverhältnisse seiner Eltern und auch Großeltern erzeugen kann, umso eher kann er die schicksalhafte Verflechtung von Umständen anerkennen, denen sich keiner der Beteiligten entziehen konnte. An dieser Stelle erscheint die feste Verankerung im übergeordneten, weitblickenden Bewusstseinsraum besonders hilfreich, um Ereignisse aus einer größeren, existenzielleren Perspektive betrachten zu können.

Während des Übungsablaufs offenbaren sich die Lebensgeschichten der Eltern und Großeltern, die sich durch die geschichtlichen Ereignisse in Deutschland meistens unter dramatischen Umständen abgespielt haben. Krieg, Vertreibung, Gefangenschaft, die Erlebnisse der Bombardierungen, persönlich erfahrene Gewalt und Verletzung, eigene Schuld, Hunger, Kälte, dann die Zusammenfindung der auseinandergerissenen Familien, der Wiederaufbau Deutschlands, die 1968er-Jahre, … In unserer Geschichte haben sich unvorstellbare Dinge ereignet, deren psychische Auswirkungen durch die generationsübergreifende Weitergabe von Mustern und Prägungen uns kollektiv immer noch in den Knochen stecken.

Viele Menschen mussten während des Krieges ihr Herz und ihre Seele fest verschließen, um ihre schrecklichen Erfahrungen zu bewältigen. Durch die konsequente Abspaltung ihrer Emotionen fanden sie einen Weg, ihre traumatischen Erfahrungen und physischen wie psychischen Entbehrungen zu überleben. Durch diesen installierten Schutzmechanismus blieben sie allerdings ihr Leben lang im Ausdruck ihrer Gefühle gehandicapt. Dadurch gestaltete sich der Kontakt zu ihrem Partner und zu ihren Kindern oft funktional. Viele meiner Klienten erfuhren von ihren Eltern wenig direkte, offene, warmherzige Zuwendung. Ob in der körperlichen Berührung oder im kommunikativen Austausch – den Bedürfnissen des Kindes konnte nicht umfassend Rechnung getragen werden. Nach dem Resonanzprinzip generierte das Kind reaktive Verhaltensweisen, um seine Bedürfnisse nach Berührung, Liebe und Anerkennung von seinem Umfeld, dem es sich nicht entziehen konnte, so gut wie möglich erfüllt zu bekommen.

Diese tief verankerten Gefühls- und Handlungsmuster strahlen bis in die heutigen Beziehungen im privaten wie im beruflichen Leben hinein. Mit zahlreichen Führungskräften, die wegen Defiziten in ihrer Kommunikation zu mir kommen, verfolge ich die Wurzeln ihrer Verhaltensweise bis in die Generation ihrer Großeltern zurück. Je genauer wir die Lupe auf die biografischen Zusammenhänge legen, umso klarer kann der Mensch endlich begreifen, warum er sich quasi zwanghaft in der einen oder anderen Form verhält. In der Übung »Identifizierung von Glaubenssätzen« lernt er, die Unterscheidung zu treffen: Entsprechen die Strategien und Handlungsweisen, die er sich oft unbewusst angeeignet hat, seiner ureigenen Wesensart, oder sind es kopierte Eigenschaften, deren Ursprung in einem alten Lebensgefüge liegt, das heute für den Menschen keine Relevanz mehr besitzt?

Die folgende »Stuhlaufstellung« lässt komplexe Kettenreaktionen aus einem gesunden Menschenverstand heraus logisch aufschlüsseln. Dies schafft mentales Verständnis und hilft dem Geist, Konstellationen in einem anderen Licht zu begreifen.

Gleichzeitig wirkt sie tief emotional, da sie die alten Wunden des enttäuschten Kindes offenbart. Durch das emotionale Hineinversetzen in die gefühlte Realität der Eltern und Großeltern können sich im Klienten verhärtete Gefühle lösen und verwandeln. Ein Prozess der Versöhnung kann eingeleitet werden, der den Klienten gebundene Energien freisetzen lässt.

Sollte sich während der Übung offenbaren, dass der Klient mit schicksalhaften Lebenswegen seiner Verwandten intensiv verstrickt ist, wäre es ratsam, wenn er diesen aufdeckenden Prozess mithilfe eines geschulten Therapeuten fortsetzt.

Übung   ## Die Stuhlaufstellung

Einführung

Um die Konstellation eines Familiengefüges sichtbar und spürbar werden zu lassen, ist es hilfreich, mit Stühlen eine Aufstellung zu bilden. Der Klient beschäftigt sich dabei intensiv mit dem sozialen Gefüge, in dem er aufgewachsen ist und das ihm maßgebliche Muster und Rollenverhalten mitgegeben hat. Durch die Betrachtung dieses Netzwerkes im Gesamten und die differenzierte Untersuchung der einzelnen Personen kann der Klient ein facettenreiches Bild über seine Herkunft gewinnen.

Ziel

Sichtbarmachung von biografischen Entwicklungen und Verflechtungen im Zusammenspiel mit Eltern, Großeltern und Geschwistern. Verständnis für die einzelnen Lebenswege und Verhaltensweisen durch die Beachtung des gesellschaftlichen und geschichtlichen Kontextes.

Identifizierung von eingeschliffenem Rollenverhalten. Überprüfung dieser Muster und Strategien in ihrer Beeinflussung der gegenwärtigen Lebensgestaltung. Emotionale Versöhnung und Loslösung von alten Wunden aus der Kinderzeit.

Material

10–12 Stühle, wenn möglich 2–3 verschiedene Stuhltypen, die sich in Höhe und Breite unterscheiden.

Übungsablauf

Erster Schritt: Der Klient definiert die Personen seiner direkten Herkunftsfamilie (Mutter, Vater, Geschwister) und sucht sich für jeden Einzelnen stellvertretend einen Stuhl aus. Bei der Auswahl sollte er symbolisch die Größe und Breite des Stuhls beachten. Bei der Aufstellung wird allerdings nicht die Körpergröße oder das Gewicht einer Person abgebildet, sondern seine energetische Ausstrahlung. Wirkt ein Mensch dominant und bestimmend, wird für ihn ein größeres Sitzmöbel ausgewählt.

Lebten im Elternhaus enge Verwandte direkt mit der Familie zusammen (Tanten oder Großeltern) werden diese ebenfalls gleich definiert und mit aufgestellt.

Am Ende setzt der Klient zudem noch einen Stuhl für die Zeugenposition ein.

Zweiter Schritt: Hat der Klient alle Stühle ausgesucht, beginnt er sie intuitiv im Raum zu positionieren. Für die Platzierung sucht er sich einen Zeitrahmen aus, der das Familienleben typisch repräsentiert. Es sollten alle seine Geschwister schon geboren sein und er sich persönlich in einer Altersstufe befinden, an die er sich erinnern kann.

Als Erstes kann er den Stuhl für seine eigene Person platzieren und dann nacheinander die anderen dazustellen. Dabei achtet er auf den jeweiligen Abstand und die Zu- beziehungsweise Abwendung unter den stellvertretenden Objekten. Standen sich Personen innerhalb des Familiensystems nahe, wird diese Verbundenheit durch die Stellung und Drehung der Stühle ausgedrückt. Verstanden sich Familienmitglieder wenig oder gar nicht, wird diesem Umstand in gleicher Form Rechnung getragen.

Schenken Sie dem Klienten Mut, spontan ans Werk zu gehen. Jede Aufstellung ist ein Versuch, einer komplexen Wirklichkeit Ausdruck zu verleihen. Sie wird nie ein »perfektes« Abbild sein können – das braucht sie auch nicht!

Dritter Schritt: Sobald der Klient die Stühle intuitiv platziert hat, treten Sie gemeinsam einen Schritt zurück und betrachten sich das Lebensgefüge im Gesamten. Befragen Sie den Klienten nach den Botschaften von Körper, Verstand, Herz und Seele, und werten Sie diesen ersten Eindruck in Ruhe aus.

Vierter Schritt: Nacheinander nimmt der Klient auf den verschiedenen Stühlen Platz, die Reihenfolge kann er sich dabei frei aussuchen. Meistens setzt er sich als Erstes auf den Ich-Stuhl und schildert die Beziehung zu seinen Eltern und Geschwistern aus seiner Sicht. Fordern Sie ihn auf, dabei seinen wahren Gefühlen nachzugehen. Alles, was sich zeigen mag, ist willkommen, auch wenn es in diesem Moment vielleicht einseitig wirkt. Hinterfragen Sie Emotionen wie Wut, Aggression, Resignation in Ruhe, um auch tiefer liegenden Gefühlen die Möglichkeit für Ausdruck zu schenken.

Fünfter Schritt: Nach und nach nimmt der Klient auf jedem einzelnen Stuhl seiner Familienmitglieder Platz. Lassen Sie ihn zu Anfang aufmerksam in diese Person hineinspüren: *»Was für ein Lebensgefühl hatte dieser Mensch zu der Zeit ihres Zusammenlebens? Wie viel Selbstvertrauen besaß er? Welchen Belastungen hatte er standzuhalten, welche Bedürfnisse musste er erfüllen? Welche Visionen und Herzensanliegen verfolgte er? Konnte er seine Wünsche umsetzen? Wie war seine eigene Kindheit verlaufen? Wie verhielt er sich in Beziehungen?«* Dieses tiefe Hineinversetzen in das Lebensgefühl der anderen Person ist Grundlage des weiteren Prozesses. Lassen Sie dem Klienten an dieser Stelle Zeit und Muße, um in den anderen Menschen facettenreich hineinzufühlen. Am besten spricht der Klient in dieser Rolle in der Ich-Form seines Gegenübers. Erst wenn er in dieser ihm ungewohnten Wahrnehmungsperspektive intensiv angekommen ist, leiten Sie die Übung weiter an.

Nun schildert der Klient die Qualität der gemeinsamen Beziehung aus den Augen seines Gegenübers. Er erforscht dadurch, wie die Personen untereinander auf sich wirkten. Er sollte dabei besonders auf unterschwellige Signale achten, die ausgestrahlt wurden. Es geht also nicht nur um das gesprochene Wort, sondern im Besonderen ebenso um Ausstrahlung, Mimik, Gestik. An dieser Stelle können Sie das Prinzip HASE mit in die Untersuchung einfließen lassen. Welche Doppelbotschaften entstanden womöglich, was sagte der Verstand, was sprachen der Körper, das Herz und die Seele der einzelnen Personen?

Sechster Schritt: Hat der Klient seine direkte Herkunftsfamilie untersucht, kann er den Kreis auch auf die Großeltern erweitern. Er stellt nun Stühle für sie auf und erforscht ihr damaliges Lebensgefühl. Dadurch zeigt sich die Verkettung der weitergegebenen Erfahrungen von einer Generation auf die nächste.

Siebter Schritt: Der Klient setzt sich auf den Stuhl des Zeugen und inspiziert die ganze Situation von außen. Er beschreibt die Beziehungskonstellation aus dem Blickwinkel eines Außenstehenden. Aus dieser Position kann er die Verbindungen und reaktiven Verkettungen leichter durchdringen.

Achter Schritt: Lassen Sie die einzelnen Wahrnehmungen und Erkenntnisse in Ruhe auf den Menschen wirken. In den meisten Fällen bringt dies im Klienten einen tiefen Verarbeitungsprozess in Gang. Er durchschaut vergangene Ereignisse aus einer komplett anderen Perspektive – nämlich aus der eines Erwachsenen, der selbst schon das Leben mit all seinen schönen und schwierigen Facetten respektieren gelernt hat.

Bisher hatte er das Verhältnis zu seinen Eltern vielleicht noch aus der Kinderperspektive abgespeichert. Schon in frühen Jahren bildet sich, gespeist durch persönliches Erleben, eine Überzeugung aus: »Meine Eltern lieben mich genau so, wie ich bin« oder »Mein Bruder wird bevorzugt, weil er bessere Noten nach Hause bringt« oder: »Ich bin meinem Vater nichts wert, da er sich nie Zeit für mich nimmt«. Das Kind interpretiert die Ereignisse aus seinem ihm möglichen Verständnis. Es erzählt sich selbst eine Geschichte, die es in seinem Gehirn verankert. Diese Auslegung, die sich in ihm als Gewissheit manifestiert, fungiert wie eine Brille, durch die es dann die Welt betrachtet: »Ich werde geliebt« oder »Ich werde abgelehnt«. Diese Vorannahme hat nach dem Resonanzprinzip ungeheure Folgen auf die gesamte Lebensentwicklung. Durch die Übung kann der Klient seine »Kindergeschichte« beiseitelegen und zu einem reiferen Verständnis der Wechselbeziehungen gelangen.

Sollte der Klient durch besonders schicksalhafte Umstände in seiner Kindheit eine starke Ablehnung gegenüber seinen Eltern beziehungsweise einem Elternteil verspüren, dann bitte ich Sie um eine besonders achtsame, sensible Prozesssteuerung. Setzen Sie den Klienten auf keinen Fall unter Druck, dass er eine vorschnelle Versöhnung anzusteuern hätte. Die Seele wünscht sich sowieso nicht anderes, als Ausgleich und Harmonie zu finden. Aber sie weiß um die wahre Geschwindigkeit, in der sie heilen kann. Vertrauen Sie dieser authentischen Bewegung der Seele – sie kennt den rechten Weg. Ihr Klient wird es Ihnen vielmals danken, wenn Sie ihn durch diesen berührenden Prozess geduldig begleiten. Die nun folgende Methodik schenkt Ihnen ein wunderbar wirksames Handwerkszeug, um mit dem inneren Kind des Klienten weiterzuarbeiten.

Kostbare Arbeit mit dem inneren Kind

»Frau, ich weiß, du verstehst das … das kleine Kind im Mann.«
Woman I know you understand … the little child inside the man.

John Lennon (aus dem Lied »Woman«)

Die bezaubernde Offenheit des Babys

Durch die Übung »Die Stuhlaufstellung« hat sich der Klient intensiv in die Zeit seiner Kindheit zurückversetzt. Er ist in die Haut seiner Kinderpersönlichkeit geschlüpft und hat nachempfunden, in welcher Art er seine Familie und die ihn umgebende Welt erfahren hat. Er ist in Kontakt mit seinem »inneren Kind« getreten, dass heute noch in ihm wohnt und von all seinen erlebten Freuden, aber auch von den Zeiten der Einsamkeit Zeugnis ablegt.

Der Begriff das »innere Kind« wurde in verschiedenen Schulen der Psychotherapie geprägt. Roberto Assagioli spricht in seiner Psychosynthese von Subpersönlichkeiten. Fritz Perls machte in der Gestalttherapie die Erfahrung, dass verschiedene Teile einen Dialog miteinander führen. In der Transaktionsanalyse entwickelte Eric Berne nicht nur das innere Kind, sondern auch den inneren Erwachsenen und die inneren Eltern. Auch der Psychologe Stephen Wolinsky, Begründer der Quantenpsychologie, beschäftigte sich intensiv mit den verwundeten Seiten des inneren Kindes.

Im Kontext des H.B.T. Human Balance Training verwende ich den Begriff als eine Umschreibung für einen sehr einflussreichen Gesprächspartner in uns. Durch die Übung des Bewusstseinstrainings »Innere Gesprächspartner auseinanderhalten« und durch die intensive Beschäftigung mit dem inneren Richter ist der Klient damit vertraut, sich einzelnen Anteilen seiner selbst zuzuwenden.

Ich wähle folgende Beschreibung: Ein Baby kommt in völliger Offenheit zur Welt. Es wendet sich jedem Erwachsenen mit unvoreingenommenem Interesse zu, betrachtet ihn und sucht den direkten Kontakt. Gemäß dem Resonanzprinzip kann sich ein Erwachsener dieser entwaffnenden Offenheit kaum erwehren. Sobald er ein Baby auf dem Arm trägt, beginnt er zu lachen und zu flirten. Das innere Strahlen des Kindes überträgt sich auf sein Gegenüber – so finden Babys schnell und unvermittelt den Weg ins Herz des Menschen. Sie wirken wie himmlische Boten, aus einer Welt der uneingeschränkten Liebe und Verbundenheit.

Innerhalb eines Familiensystems zeigt sich das Baby und Kleinkind zu Anfang in dieser ungeschützten Offenherzigkeit. Mit den Jahren, im Laufe der Verarbeitung seiner glücklichen wie enttäuschenden Erfahrungen, moduliert das Kind seine spontane Mitteilsamkeit und baut Strategien auf, um unangenehme Erlebnisse zu meistern. Diese angepassten Verhaltensweisen helfen dem Kind, innerhalb einer Gruppe kompatibel aufzutreten, und schenken ihm dadurch Stärke sowie Selbstsicherheit. Gleichzeitig legt sich auf seine Seele, die sich authentisch und unverstellt ausdrücken möchte, ein grauer Schleier. Die Zeit der Anpassung gibt Kraft und nimmt Kraft zugleich. Abhängig von seiner psychischen Struktur bleibt dieser kleine Mensch im offenen Kontakt zu seinen Eltern, Geschwistern, Lehrern, Verwandten … oder er kapselt sich zunehmend ab und konstruiert sich in seinen Träumen eine Parallelwelt, in der es sich weiterhin frei bewegen kann.

Durch Fantasie und Träume kann sich die Kinderseele nähren

Ein Kind kann mit Pflanzen, Tieren und Steinen sprechen. Das Flüstern des Windes in den Baumwipfeln ist ihm vertraut und wirkt tröstlich genauso wie das Schnauben von Pferden im Stall, eine warme, stupsende Hundenase oder die Geschichte von Peterchens Mondfahrt. In seinem fantasievollen Innenleben kreiert sich das Kind Brücken über seinen Seelenschmerz. Da es als kleiner Mensch gegenüber den großen Erwachsenen keine Handhabe besitzt, die Erfüllung seiner Bedürfnisse aktiv einzufordern oder Konflikte direkt anzusprechen, gewöhnt es sich daran, sein äußeres Verhalten von seiner inneren Gefühlswelt abzuspalten. Während es im Äußeren oftmals mit unzureichender Beachtung und Zuwendung über die Runden kommen muss, kann es in seiner Traumwelt Verständnis, Liebe und Wärme erfahren. Besonders extrem perfektionieren Kinder die Abspaltung ihrer wahren Gefühle, die mit innerer und äußerer Gewalt konfrontiert sind. Sie sind den Erwachsenen mit deren Übergriffen ausgeliefert und innerhalb ihrer Rolle im Familiensystem das Opfer der anderen.

Die große Gefahr besteht dabei, dass sie im nächsten Entwicklungsschritt selbst zu Tätern werden und ihre angestauten Emotionen abreagieren. Dieser leicht zu identifizierende Mechanismus spielt sich allerorts ab. »*Heutzutage sterben mehr Mitarbeiter durch den schrecklichen Führungsstil ihres Vorgesetzen als durch Arbeitsunfälle*«, hörte ich letztlich einen Ministerialrat des Bundesministeriums für Arbeit und Soziales sagen. Ob privat oder beruflich, wir befinden uns immer wieder in einer unseligen Verkettung von Enttäuschung und innerem Notstand, die mit dem Verstand zwar beschrieben, aber nicht gelöst werden kann. Hierfür braucht es die Entscheidung jedes Einzelnen, aus dem Rad der gegenseitigen Verletzungen auszusteigen und Verantwortung für seine eigene innerste Erfüllung zu übernehmen.

Konsequent die Verantwortung für die eigenen Bedürfnisse übernehmen

> »Es ist eine solche Erleichterung, wenn man weiß, wem man die Schuld geben kann. Wenn Sie leiden, muss irgendwer dafür verantwortlich sein ... Bei Schuldzuweisungen tritt man häufig die Verantwortung für Entscheidungen und Beschlüsse, für die man in Wirklichkeit selbst verantwortlich ist, an jemand anderen ab. In den Systemen der Schuldzuweisung wird einem ständig von jemand anderem etwas angetan, und man selbst hat keine Verantwortung, wenn es darum geht, die eigenen Bedürfnisse einzuschätzen, nein zu sagen oder sich das, was man will, anderswo zu holen.«
>
> *Stephen Wolinsky* (1995, S. 42)

Ein Kind kann nicht anders agieren, als sich anzupassen und das Beste aus seiner Situation zu ziehen. Als Erwachsene können wir differenziertere Perspektiven kultivieren und entdecken neben unserem Sinn für Gerechtigkeit und Fairness noch weit größere Bewusstseinskapazitäten. Durch eine Verankerung in unserem inneren, heilen Wesenskern können wir biografische Umstände aus einem weitsichtigen Blickwinkel betrachten. Jedes Kind hat das Recht auf die Liebe und Wärme seiner Eltern. Doch wenn ihm diese Grundqualitäten des menschlichen Zusammenlebens versagt blieben und er vielleicht unter erschreckenden Verhältnissen aufwachsen musste, hat er dennoch die Chance, diese Defizite in seiner Entwicklungsgeschichte nachzuholen. »Emotionale Speicher«, die durch die eigene Herkunftsfamilie nicht gefüllt wurden, kann der Klient heute wirksam bearbeiten. Dabei gilt es, sein inneres Kind an dem Platz abzuholen, an dem es sich im Laufe seiner Erfahrungen hin verzogen hat. Die folgende Übung setzt einen wundersamen Impuls für einen tiefgehenden Heilungsprozess.

Übung   **Das innere Kind umsorgen**

Einführung
Lädt der Klient sein inneres Kind zu einer Begegnung ein, zeigt sich ein Wesen, das seiner eigenen Person in einer bestimmten Altersstufe entspricht. Dieser Junge oder dieses Mädchen hat sich in frühen Jahren Strategien angeeignet, um mit seinen unerfüllten Wünschen, seinen Entbehrungen und seinem Kummer in irgendeiner Form zurechtzukommen. Ein ernstes Kind lässt auch den herangewachsenen Erwachsenen herb erscheinen. Ein kleiner Clown lernt, Belastungen zu überspielen, und dies kann in Folge in routinierten Verdrängungsmechanismen resultieren. Die Herkunft vieler Charakterzüge hat ihre Wurzel in der Erlebniswelt des Kindes. Wer fundiert an seiner Person arbeiten möchte, sollte mit dem kleinen Kameraden in sich Kontakt aufnehmen. Er kann das innere Kind heute imaginär mit Fürsorge umhegen und pflegen, wie es seine Eltern früher nicht erfüllen konnten. Sobald sich dieses kleine Wesen in ihm entspannt und zu einem glücklichen Kinderlachen zurückfindet, gewinnt auch der Erwachsene authentische Gelassenheit und Heiterkeit.

Ziel
Prozessarbeit mit dem inneren Kind. Spielerischer Umgang mit verhärteten Gefühlen. Verarbeitung von Verletzungen und Kränkungen der Kinderseele. Handwerkszeug zur Veränderung neuronaler Verschaltungen.

Übungsanordnung

Der Klient kann für die Prozessarbeit auf einem Stuhl sitzen. Achten Sie darauf, dass er stabil und sicher platziert ist, da er für die Übung die Augen schließen sollte. Hat der Klient zu Ihrer Person und Ihrer Arbeitsmethode Vertrauen gefasst, macht es ihm vielleicht Freude, sich für die nächste Sequenz hinzulegen. Hierfür habe ich ein großes Liegekissen (Sitzsack), in das er sich gemütlich hineinkuscheln kann. Das Füllmaterial schmiegt sich eng um den Körper und vermittelt Sicherheit sowie Stabilität. Bei Bedarf decke ich den Klienten auch zu, damit ihm warm und gemütlich ist und er sich rundum wohlfühlen kann.

Übungsablauf (Direkte Anleitung für den Klienten – die Moderation bezieht sich auf die liegende Position, wählen Sie ein langsames Sprechtempo, modulieren Sie die Sprache einfühlsam.)

»Spüren Sie in Ihren Körper hinein, und entspannen Sie all Ihre Muskeln.

Atmen Sie tief ein und aus; kommen Sie innerlich zur Ruhe.

Lassen Sie Ihren Körper schwer werden und tief in das Kissen hineinsinken.

Stellen Sie sich vor, Sie treten eine Zeitreise in Ihre Kindheit an.

Wandern Sie in Ihrem gesamten Selbsterleben und Körpergefühl in die Vergangenheit. Fühlen Sie sich im Alter von 30 Jahren ... 20 Jahren … 15 … 10 …

Wandern Sie zurück bis in Ihre Kleinkindzeit. Lassen Sie in Ihrer Erinnerung ein Erlebnis mit Ihrer Mutter oder Ihrem Vater auftauchen, das Ihr damaliges Verhältnis widerspiegelt.«

(Lassen Sie dem Klienten an dieser Stelle Zeit, bis eine prägnante Erinnerung in ihm auftaucht. Vertrauen Sie darauf, dass die Seele immer das »richtige Bild, die passende Geschichte« zur Verfügung stellt, die an dieser Stelle bearbeitet gehört. Nach einer Weile kristallisiert sich ein klares Bild heraus, das ich den Klienten detailliert beschreiben lasse. Ich wähle an dieser Stelle die Erinnerung eines Mannes: Er sieht sich als kleinen Jungen mit etwa sieben Jahren mit seiner Mutter in der Küche sitzen.)

»Beschreiben Sie Situation ganz genau: Wie schauen Sie als kleiner Junge aus? Welche Kleidung tragen Sie? Wie schaut Ihre Mutter aus? Welche Frisur trägt Sie? Hat Sie ein Kleid an? Welche Möbel stehen in der Küche? Wie riecht es in dem Raum? Ist es kalt oder warm?«

(Fragen Sie so lange nach, bis Sie den Eindruck haben, dass der Klient in dieser Situation mit Haut und Haar angekommen ist. Dann wenden Sie den Fokus auf das innere Erleben. Da sich der Klient in diesem Moment in seinen gesamten Gedanken und Empfindungen als Bub erlebt, sollten Sie Ihre Sprache und Ihren Satzbau an dieses kindhafte Erleben anpassen. Sollten Sie dabei ins »Du« rutschen, wirkt das in diesem Moment sehr natürlich.)

»Was fühlst du im Kontakt mit deiner Mutter? Was passiert zwischen euch beiden? Sprecht ihr miteinander? Schaut dich deine Mutter an? Berührt sie dich?«

(Der Klient beschreibt die Situation aus seiner Perspektive. In diesem Beispiel fühlt sich das Kind von der Mutter distanziert behandelt. Es hat Angst vor ihr. Außer einem Gespräch über die Schule und die Hausaufgaben findet kein herzlicher, offener Austausch statt. Weder weiß das Kind, warum es so ist, noch was es daran verändern kann. Es fühlt sich latent schuldig. Nun befrage ich den Klienten nach seinem authentischen Impuls.)

»Was möchtest du gerne machen? Was wünschst du dir von deiner Mutter?«

(Der kleine Junge möchte am liebsten bei seiner Mutter auf den Schoß klettern und von ihr gehalten werden. Der Klient verspürt diesen Impuls sehr stark, möchte ihm anfänglich aber nicht folgen, da er eigentlich richtig sauer ist. Nach einer Weile, in der ich ihn seinen Unmut ausdrücken lasse, verwandelt sich seine Abwehr, und er wagt das Experiment.)

»Gehe langsam auf deine Mutter zu, und klettere auf ihren Schoß! Wie reagiert sie auf dich? Umarmt sie dich? Streichelt sie dich? Fühlst du ihre Liebe?«

In diesem Beispiel offenbarte sich dem Klienten ein wunderbares Bild. Er saß in aller Ruhe auf dem Schoß seiner Mutter. Sie öffnete sich inniglich für ihren Sohn und zeigte ihm ihre

> ganze Liebe. Der Junge genoss diesen Moment in vollen Zügen. Endlich war die Welt für ihn in Ordnung – und damit war er selbst in Ordnung. Ich ließ den Klienten dieses Erleben ganz und gar in seine Zellen einsaugen und verankern.
> Nach einer ganzen Weile des Kuschelns und Kosens hatte das Kind von sich alleine den Impuls aufzustehen und nach draußen zum Spielen zu gehen. Die Mutter stellte sich ans Fenster und passte von dort aus auf ihn auf. Das war das letzte innere Bild dieses Prozesses, danach geleitete ich den Klienten wieder in seine gegenwärtige Realität und hieß ihn langsam aufzustehen. Wir machten Pause, und er ließ das Geschehen ruhig in sich wirken. Im weiteren Prozess benutzte ich wieder das »Sie« als Ansprache.

Die mögliche Wirkung dieser Übung gleicht für mich einem Wunder. Gelingt es dem Klienten, sich in der imaginären Reise mit seiner Mutter oder seinem Vater spontan und einfach zu verbinden, drückt sich dieses Erleben in erlösender Form in ihm aus. Sein ganzer Organismus holt nach, wie es sich eigentlich hätte anfühlen können, wenn das Leben ein wenig anders gespielt hätte. Die allermeisten Eltern möchten ihren Kindern ja gerne ihre ganze Liebe schenken – sie können es aber nicht. Sie selbst sind Gefangene innerhalb ihrer Schutzmauern, auch wenn dies das Kind nicht sehen kann. Die tiefe körperliche, emotionale und seelische Erfahrung der direkten Zuwendung ist für den Klienten mehr als eine Vorstellung – sie ist in diesem Moment Realität und verändert auf der Stelle seine neuronalen Verschaltungen.

Der erwachsene Mensch beginnt sich tief innen zu entspannen. Er strahlt, als hätte sich in seinem Inneren ein existenzielles Bedürfnis endlich erfüllen können. Wiederholt er für sich diese Übung regelmäßig, und erweitert er sie nach seiner Inspiration, stabilisiert sich dieses intensive Gefühl des emotionalen »Sattwerdens«. Dieser Prozess schlägt sich durchdringend auf sein gesamtes Lebensgefühl nieder. Ich kenne keine Übung, die trotz ihrer Schlichtheit einen Menschen so einprägsam aus dem »seelischen Gefängnis seiner Kindheit« befreien kann.

Sollte der Klient mit seinen Eltern schlimme Erfahrungen gemacht haben (physische und psychische Prügel oder Vergewaltigung), ist das Kind meistens so tief verstört, dass es zu seinen Eltern keinerlei Vertrauen findet. In diesem Fall lassen Sie den Menschen selbst als Erwachsenen ins Bild treten, der mit dem Kind einen respektvollen Kontakt aufbaut. Das Kind steuert das Geschehen – es kann sich jede Nähe oder Distanz wünschen, die für es erträglich und schön sind. Mit der Zeit fasst es Vertrauen und schließt mit der eigenen Erwachsenengestalt Freundschaft. Sobald sich eine erste, behutsame Berührung ergibt und sich das Kind sicher und stabil fühlen kann, ereignet sich das gleiche Phänomen wie in der Begegnung mit dem Elternbild. Es versteht sich von selbst, dass dieser Prozess äußerst einfühlsam und respektvoll angeleitet gehört.

Bildet sich in dem Klienten das Vertrauen, dass er die Kompetenz besitzt, für seine persönlichen Bedürfnisse zu sorgen, bietet ihm die nächste Übung eine weitere Unterstützung. Sie greift das Thema »Grenzen setzen, Grenzen wahren, Grenzen öffnen« auf und beleuchtet die ausgeglichene Selbststeuerung des Menschen in Beziehung zu anderen.

Grenzen setzen – Grenzen wahren – Grenzen öffnen

Genaues Hinschauen ist gefragt

Ein wichtiges Thema, das sich bei den meisten Klienten zur Bearbeitung aufdrängt, ist der Umgang mit Grenzen. Dabei handelt es sich um Grenzen anderen Personen gegenüber genauso wie um Grenzen sich selbst gegenüber. Gerade in einer Zeit, in der viele Menschen verschiedenen Anspruchsgruppen gegenüber verpflichtet sind, ist es immens wichtig, sich selbst an dieser Stelle gut zu kennen und ausgeglichen steuern zu können. Die Untersuchungsfragen lauten hierfür:

- Kann ich mir selbst und anderen angemessene Grenzen setzen?
- Wahre ich in gleicher Form die Grenzen anderer Personen?
- Kann ich einmal gesetzte Grenzen auch wieder öffnen?

An dieser Stelle ist die Übung »Blickpunktwechsel« aus dem Bewusstseinstraining extrem augenöffnend. Denn viele Personen halten sich selbst für zu gutmütig und behaupten, dass sie sich schnell über den Tisch ziehen und ausnutzen lassen. Meistens ist das aber nur die halbe Wahrheit. Dass sie selbst dieses Prinzip der Grenzüberschreitung ebenfalls anwenden, ist ihnen weniger bewusst. An dieser Stelle ist genaues Hinschauen gefragt, um auch subtile Verhaltensweisen aufzudecken. Ein kooperatives, konstruktives Zusammenleben mit sich selbst und anderen ergibt sich aus dem Resonanzprinzip *»Was du nicht willst, das man dir tu, das füg auch keinem andern zu!«*. Genauso gilt: *»Was du anderen gestattest und angedeihen lässt, solltest du dir selbst ebenso zugestehen.«* Regen Sie den Klienten dazu an, sein Verhaltensrepertoire differenziert zu beobachten und zu überprüfen, ob er sich klar abgrenzen und »Nein« sagen kann. Besitzt er das Selbstvertrauen und die Eigenverantwortung, um Begegnungen für alle Beteiligten angemessen zu gestalten?

In ihrer Biografielinie stoßen viele Menschen auf die Erkenntnis, dass sie zu dieser ganzen Thematik kaum ein brauchbares Vorbild hatten. Sie haben die unterschiedlichsten Prägungen erfahren, aber die wenigsten sind mit einer klaren, reflektierten Strategie ausgestattet. Auffallend ist, dass der innere Antreiber in ihren Köpfen schier ungehindert schalten und walten darf. Er suggeriert, dass man möglichst perfekt sein soll, sich nicht hängen lassen darf, immer eine gute Figur abgeben muss, bloß nicht als Weichei gelten darf etc. Diese innere Stimme gilt es, deutlich im Zaum zu halten und sie mit anderen wohlmeinenden inneren Gesprächspartnern auszugleichen. Dieser Akt der eigenen Wertschätzung ist das Kernstück der Arbeit. Denn wenn ich mir selbst Respekt und Achtung schenke, werde ich darauf achten, dass mich auch andere Personen angemessen behandeln. Wer mit sich selbst in Freundschaft lebt, hat auch Verständnis und Offenheit für die Anliegen anderer und wahrt ihre Grenzen.

Von Einzellern lernen

An dieser Stelle verwende ich gerne das Bild von Einzellern – die meisten kennen diese kleinen Tiere mit Zellhaut und Zellkern aus dem Biologieunterricht. Sie liegen eng aneinander und sobald eines der Lebewesen seinen Körper einzieht, fließt sein Nachbar hinterher und schließt automatisch die entstandene Lücke. In unserem täglichen Umgang wirkt das gleiche Prinzip. Den Raum, den ich nicht besetze, nimmt ein anderer ein. So simpel ist das Spiel. Das heißt, dass ich selbst dafür verantwortlich bin, meine persönlichen Bedürfnisse zunächst einmal wahrzunehmen und sie im nächsten Schritt klar und deutlich zu formulieren. Nur wenn ich eindeutige Aussagen treffe und meinem Gegenüber unmissverständlich erkläre, was ich möchte oder auch nicht, hat er die Chance, sich an einer greifbaren Grenze auszurichten.

Leider trauen sich viele Menschen nicht zu, Klartext zu sprechen. Oft passiert dies aus falsch verstandener Höflichkeit. Gerade aufmerksame, werteorientierte Menschen sind in ihrem Auftreten eher zurückhaltend und geben den lauteren Typen die Bühne frei. Letzen Endes entdecken viele, dass es absolute Klarheit und eindeutiges Auftreten erfordert, um Werte auch tatsächlich umzusetzen. Darauf zu warten, dass der andere sich aus Anstand maßvoll verhält, ist manches Mal eine Entschuldigung, sich selbst nicht eindeutig zu positionieren und mögliche Konflikte aktiv anzugehen. Je früher ein klares Profil gezeigt wird, umso freundlicher und diplomatischer kann der Tonfall dabei bleiben.

Dabei geht es nicht um ein egozentrisches, selbstbezogenes Verhalten – ganz im Gegenteil. Ein ausgewogenes, gesundes Selbstvertrauen agiert immer maßvoll. Gehen Sie achtsam ans Werk, und finden Sie Ihre persönliche Stimmigkeit und Balance: Ich bin Ich. Nicht mehr und nicht weniger. Ich fülle meinen Raum. Ich achte den Raum des anderen. Ich öffne meine Grenzen, da ich mich jederzeit schützen kann. Ich erlaube es mir, Grenzen auszuprobieren und zu spielen.

Wer Verantwortung für seine persönliche Lebensgestaltung übernimmt, sollte bei dieser Thematik mutig vorangehen und mithilfe des Achtsamkeitsmuskels eingefahrene Denk- und Verhaltensweisen identifizieren und Schritt für Schritt verändern.

Übung   **Grenzen setzen – Grenzen achten – Grenzen öffnen**

Einführung

Im täglichen Leben haben wir es ständig mit Grenzen zu tun, die mir ein anderer setzt oder ich meinem Gegenüber aufzeige – oder auch nicht. Je konkreter und eindeutiger dieser Austausch passiert, umso einfacher kann sich ein Zusammenleben gestalten. Viele Konflikte entwickeln sich, da die beteiligten Personen ihre authentischen Gefühle und Gedanken hinterm Berg halten und »herumdrucksen«. Diese verschleierten Wahrheiten können zu schwelenden Konflikten führen, die reine Energiefresser sind.

Interessant ist dabei zu beobachten, dass die Thematik wie eine Waage aufgehängt ist: Ein Mensch, der an einer Stelle zu wenig Grenzen setzt und Überforderungen sowie Kränkungen in sich hineinschluckt, schafft sich an anderer Stelle Gegengewichte, mit deren Hilfe er diesen Druck an andere weitergibt. Wer schluckt, fängt irgendwo das Spucken an – ob in lauter und aggressiver Form oder subtil und leise. Je differenzierter man sich in seinen Verhaltensweisen beobachtet, umso angemessener kann man sich selbst an dieser Stelle steuern. Dabei gilt es, tiefsitzende Glaubenssätze, die immer wieder ihre Attacken ausfahren, freundlich, aber konsequent in ihre Schranken zu weisen. Um uns seelisch, körperlich, geistig und emotional gesund zu halten, müssen wir lernen, unsere persönlichen Bedürfnisse wahrzunehmen und sie klar und eindeutig zu kommunizieren.

Ziel
Genaue Aufschlüsselung des Verhaltens zum Thema »Grenzen«. Transparente Darstellung von subtilen Beziehungsgeflechten. Ausrichtung auf Klarheit und Konsequenz.

Material
Schreibbrett, Stifte.

Übungsablauf
Erster Schritt: Lassen Sie Ihren Klienten auf einem Blatt Papier eine Dreiteilung vornehmen:

Bereich 1: Wem gegenüber muss ich klare Grenzen setzen?
Bereich 2: Wessen Grenzen muss ich respektvoller achten?
Bereich 3: In welchen Situationen sollte ich Grenzen öffnen?

Diesen Fragen stellt sich der Klient in aller Ruhe. Während er das Blatt ausfüllt, ziehen Sie sich zurück, bleiben aber jederzeit ansprechbar.

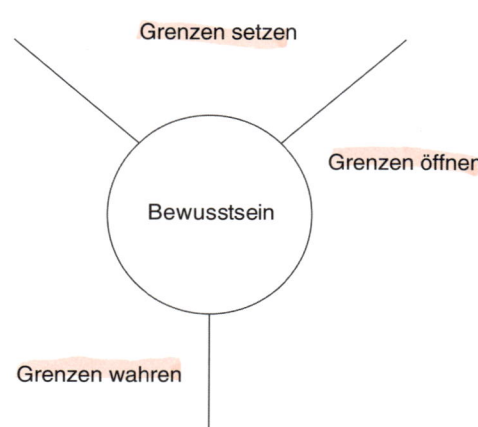

Grenzen
Grenzen setzen
Grenzen öffnen
Bewusstsein
Grenzen wahren

Zweiter Schritt: Gehen Sie mit Ihrem Klienten im Detail seine Erkenntnisse durch. Es ist wichtig, dass er erkennt, dass er nicht nur Opfer, sondern auch Täter ist. Vielleicht agiert er an einer Stelle zu devot, an einer anderen zu dominant. Diese voneinander abhängigen Verhaltensweisen gilt es, Schritt für Schritt neu zu ordnen.

Dritter Schritt: Der Klient legt einen genauen Maßnahmenplan an, in welcher Form er die Thematik anpacken und in kleinen, realistischen Schritten für sich Veränderungen voranbringen möchte. Dabei sollte er das Verhalten sich selbst gegenüber genauso betrachten wie sein Auftreten bei anderen Personen.

Besonders achtsamer Umgang mit Traumatisierung

Was ist ein Trauma?

Als psychisches Trauma (griech. »Wunde«) wird die Erinnerung eines Menschen an ein seelisch einschneidendes Erlebnis bezeichnet und der Eindruck, der es in ihm hinterlassen hat. Wie ich es schon beschrieben habe (s. S. 179), ist die Wucht dieses Ereignisses so stark, dass der Mensch sie mit seinen natürlichen Verarbeitungsmechanismen nicht bewältigen kann. Er muss die physische wie auch psychische Übererregung in sich abschneiden, um lebensfähig zu bleiben. Dieser Vorgang wird auch Dissoziation genannt.

Dieser Terminus bezeichnet eine Störung innerhalb der normalen Integration von Erinnerungen, des eigenen Identitätsbewusstseins, der unmittelbaren Empfindungen sowie der Kontrolle von Körperbewegungen. In der Neuropsychologie umschreibt Dissoziation die Trennung von neuronalen Prozessen. Man kann sich vorstellen, welche bedeutsamen Folgen ein erschütterndes Erlebnis oder eine dauerhafte Bedrohung auf die feinverwobene Gehirnstruktur haben. In Wikipedia (2009) wird folgendermaßen beschrieben, wie es zu einer Traumatisierung kommen kann:

> »Zu einer psychischen Traumatisierung kommt es, wenn das Ereignis die psychischen Belastungsgrenzen des Individuums übersteigt und nicht adäquat verarbeitet werden kann. Beispiele für Erlebnisse, die Traumata auslösen können, sind Gewalt, Krieg, Mord, Folter, Vergewaltigung, sexueller Missbrauch, körperliche und seelische Misshandlung, Unfälle, Katastrophen oder Krankheiten. Auch emotionale Vernachlässigung, Verwahrlosung, soziale Ausgrenzung, Zwangsräumung, Obdachlosigkeit oder Mobbing können zu einer Traumatisierung führen. Mitunter kann die bloße Zeugenschaft eines solchen Ereignisses auf die beobachtende Person traumatisierend wirken.
>
> Das traumatisierende Erlebnis muss in seiner Wirkung von einer Stärke gewesen sein, dass es einen bleibenden, nachhaltigen Eindruck bei der betroffenen Person hinterlassen hat. Allerdings muss diese Stärke der Person weder im Zeitpunkt des Erlebens noch später bewusst sein, sie kann das Erlebnis insbesondere dauerhaft oder über lange Zeit gänzlich vergessen/verdrängen. Ein Trauma kann sowohl durch ein körperliches als auch durch ein seelisches Erleben der betroffenen Person oder beides verursacht werden, relevant für das psychologische Trauma sind jedoch nur die seelischen Auswirkungen des Erlebens. Allerdings können die körperlichen Erlebnisse zusätzlich zum seelischen ein körperliches Trauma verursacht haben.
>
> Ein psychisches Trauma hat oft schwerwiegende Folgen für die traumatisierte Person, die von Leid- und Angstgefühlen bis hin zu schwerwiegenden psychischen Störungen reichen. In der medizinischen Diagnose wird unterschieden:

- Akute Belastungsreaktionen, die unmittelbar auf das belastende Ereignis folgen und kurzfristig andauern.
- Posttraumatische Belastungsstörungen die erst mit größerem zeitlichen Abstand eintreten und oftmals chronische Formen annehmen können.
- Intrusionen mit ihrer Extremform, den Flashbacks, die – durch bestimmte Schlüsselreize ausgelöst – die Erinnerung an das zurückliegende Trauma erneut wachrufen.
- Komplexe posttraumatische Belastungsstörungen, die im Zusammenhang von Mehrfachtraumatisierungen oder länger andauernden traumatischen Situationen auftreten.

Durch sogenannte Trigger ausgelöste Reaktionen können sich bis ins hohe Alter zeigen. Ein Trigger ist ein Ereignis, das den Traumatisierten hauptsächlich emotional an sein Trauma erinnert (meist in Form von Ängsten). Zum Beispiel kann das Geräusch eines Silvesterknallers bei einem Menschen, der einen Bombenangriff miterlebt hat, panische Angst auslösen. An das eigentliche traumatische Ereignis erinnert er sich jedoch in vielen Fällen nicht, besonders wenn es sich im Kleinkindalter ereignet hat. Maßgeblich für die Folgewirkungen des Traumas ist nicht die äußere (objektive) Intensität des erlebten Ereignisses, sondern die innere (subjektive) Wahrnehmung der eigenen, zwangsläufig verdrängten schweren Kränkung beziehungsweise Verletzung.

Nicht jedes Ereignis, welches hier als Trauma definiert ist, muss eine psychische Störung auslösen. Manchmal gelingt es Personen, die traumatischen Ereignisse auch ohne professionelle Hilfe zu bewältigen. Hierbei sind die Schwere des Traumas und die Unterstützung durch das soziale Umfeld entscheidend.«

Im Rahmen von Coaching und Seminaren werden Ihnen sehr unterschiedliche Menschen Ihre Lebensgeschichte anvertrauen. Da Sie im Voraus nicht wissen können, welchen Schicksalsweg Ihr Klient durchwanderte, sollten Sie sich zumindest theoretisch mit den Symptomen einer Traumatisierung auseinandersetzen. Diese Vorbereitung wird Ihnen helfen, auch mit bedrückenden Biografien angemessen umzugehen.

Unsere Gesellschaft ist leider durchzogen von psychischer Gewalt

In den langen Jahren meiner Begleitung von Menschen musste ich leider feststellen, dass viele meiner Klienten unter extremen Bedingungen aufwuchsen. Gerade die Personen, die mir zu Anfang beteuerten, sie hätten eine völlig normale Kindheit genossen, offenbaren kurze Zeit später eindrückliche Entbehrungen, Ängste oder Bedrohungen, die ihre Kinderseele stark belasteten. Das Spektrum reichte von geringer Anteilnahme dem Kind gegenüber bis hin zu täglicher Gewalt, Verwahrlosung oder gar Missbrauch. Diese Tätlichkeiten wurden nicht nur von den Eltern ausgeführt, sondern auch von Verwandten, Freunden, Lehrern, Pfarrern oder Sporttrainern. Besonders tragisch erlebte es das Kind, wenn es sich von den Eltern gegenüber Dritten nicht geschützt und verteidigt fühlte. Manche Kinder wurden auch in ihrer Arbeitskraft regelrecht ausgebeutet. Gerade wenn die Eltern im Handwerk, der Landwirtschaft oder Gastronomie einer selbstständigen Tätigkeit nachgingen, mussten die Kinder in vielen Fällen schon in frühem Alter tragende Rollen im Familiensystem übernehmen. Im extremsten Fall wurden sie eher als Knecht oder Hausangestellte behandelt denn als Familienmitglied.

Durch die Vielzahl der Biografien, die ich schon nachvollzogen habe, gewann ich hautnah einen facettenreichen Einblick in die deutsche Geschichte. Viele Berichte haben mich zutiefst erschüttert. Hinter jeder unbegreiflichen Tat eines Erwachsenen ließ sich dessen eigene entbehrungsreiche Kindheit rekonstruieren. Dies gilt nicht als Entschuldigung, bezeugt aber die ohnmächtige Verkettung von Familiengeschichten. Mir scheint, als würde unsere Generation in besonderer Weise die zwanghafte Weitergabe bitterer Erfahrungen von Eltern zu Kindern durchbrechen können. Es berührt und fasziniert mich, mit welch geistiger und emotionaler Kraft sich viele, viele Menschen ihren eingebrannten Mustern entsagen und sich einer komplett anderen Lebensgestaltung verschreiben. Wie viele Eltern schenken heute ihren Kindern all die Liebe und Aufmerksamkeit, die sie selbst nicht erfahren konnten? Dass diese Zuwendung oftmals noch einen Ausgleich mit klaren Grenzen vertragen würde, ist verständlich. Wir brauchen kollektiv mehr Übung, um einen angemessenen, ausbalancierten Erziehungs- und Führungsstil zu entwickeln, familiär und beruflich.

Auf alle Fälle ist der Mensch mit einer ungeheuren Kraft zur Heilung, Versöhnung und Weiterentwicklung ausgestattet. Das ist mein Fazit nach unzähligen Prozessen mit psychisch angeschlagenen Personen. Neben der Betroffenheit, wie viel Gewalt, oft unbemerkt, in Familien ausgelebt wird, erwuchs in mir eine Ehrfurcht vor der Kraft des Lebens. Gerade innerhalb des Coachings sind mir beeindruckende Persönlichkeiten begegnet, die aus eigener Widerstandskraft und Seelenstärke mit ihrem Lebensschicksal einen überaus konstruktiven Umgang fanden. Diese innerste Wesenskraft, auch Resilienz genannt, hat enormen Einfluss auf den persönlichen Verarbeitungsprozess. Viele Menschen werden durch ihre erschütternde Lebensgeschichte mit einer besonderen Haltung ausgestattet, mit der sie sich von nichts und niemandem im Leben kleinkriegen lassen. Neben den menschlichen Beziehungsabgründen waren es auch Krankheiten, Unfälle oder Todesfälle, die sie fast aus ihrer Lebensbahn gekippt hätten.

Aber eben nur fast. Statt zugrundezugehen, entwickelten sie besondere Fähigkeiten, um Widrigkeiten zu überwinden.

Möglichkeiten und Grenzen des integralen Coachings

Im Vorgespräch oder spätestens im Laufe der Klärungsphase des Kernprozesses werden Sie als Coach schnell zu spüren bekommen, mit welcher Vorgeschichte und Resilienz Ihr Klient ausgestattet ist. Ich kann nur appellieren, an dieser Stelle extrem verantwortungsbewusst zu agieren (s. S. 67 f.). Sollten Sie den Eindruck gewinnen, dass die Person in ihrer psychischen Stabilität erschüttert ist, sollten Sie keine Übung einleiten, die eine emotionale Betroffenheit auslöst. Sie können durch simple Aufgaben eine Lawine der affektiven Erregung lostreten, die sie nicht mehr steuern können. Ein sich öffnendes Trauma bedarf einer kompetenten Begleitung, um durch eine sensible, komplexe Bearbeitung langsam abheilen zu können. Wird in diesem Moment der Klient unangemessen behandelt, kann es zu einer Retraumatisierung kommen, die die eigentliche Verletzung noch verstärken kann. Diese schreckliche Erfahrung sollten Sie keinem Ihrer Klienten oder sich selbst zufügen!

Sprechen Sie mit Ihrem Klienten die Situation offen an, und empfehlen Sie ihm die Zusammenarbeit mit einem umfassend geschulten Psychotherapeuten. Informieren Sie sich im Vorfeld, welche Personen beziehungsweise Einrichtungen Sie empfehlen können.

Dieses Vorgehen bezieht sich natürlich nicht nur auf Traumatisierungen, sondern auch auf andere psychische Beeinträchtigungen wie Angststörungen, Depressionen, Essstörungen, Borderlinesyndrom oder anderen Störungen.

Nach meinem Verständnis sollte jeder Coach sich der Ausbildung und Überprüfung des Heilpraktikers für Psychotherapie unterziehen, in der er die Grundkenntnisse der psychischen Gesundheit und Krankheit erlernt und nachweist. Nur mit diesem Fachwissen ausgestattet und mithilfe einer regelmäßigen Supervisionsgruppe kann er die vielfältigen Regungen seines Klienten umsichtig einschätzen. Zusatzausbildungen in vertiefenden Richtungen werden ihm die Sicherheit schenken, auch mit diesen Personen umfassend arbeiten zu können.

Gerade das H.B.T. Human Balance Training bietet einen reichen Methodenschatz, um mit einem Menschen tief gehende, komplexe Prozesse sicher und stabil zu durchwandern. Die Arbeitsweise entstand durch die vielfältigsten Anliegen, mit denen meine Klienten und Seminarteilnehmer auf mich zukamen. Durch den integralen Ansatz hat »die ganze Welt mit all ihren überraschenden Aspekten« in ihr Platz. Ob es sich um eine klar definierte, gezielte Verbesserung einer Verhaltensweise handelt oder es um die Begleitung eines ernst gemeinten, leicht gestalteten Entfaltungsweges geht, all diese Anliegen können mithilfe der Methodik fundiert beantwortet werden.

Selbstwert und Selbstachtung als Basis von Lebensfreude

»Ich setzte meinen Schritt in die Luft, und sie trug.«

Hilde Domin

Den Rücken stärken

Der Klient ist nun schon durch viele verschiedene Schritte der Selbsterkenntnis gewandert:

- Mithilfe des Lebenskompasses und der Rollenklärung hat er seine gesamte Lebensgestaltung betrachtet.
- Er ist sich seiner Ressourcen bewusst geworden.
- Durch die Biografielinie studierte er seine Prägungen und Muster.
- Glaubenssätze und im Speziellen die Aussagen des inneren Richters/Antreibers wurden von ihm identifiziert.
- Mithilfe von Aufstellungstechnik wurden systemische Verstrickungen in der Herkunftsfamilie und der gegenwärtigen Partnerschaft/Familie sichtbar gemacht.
- Die Arbeit mit dem inneren Kind hat ihn intensiv nach innen geführt und tiefe Schichten seiner selbst berührt.
- Er deckte das Zusammenspiel von »Grenzen setzen, Grenzen wahren und Grenzen öffnen« auf.
- Diese Übungen der Klärung und Entlastung haben sein gesamtes System in Bewegung gesetzt – einige seiner alten neuronalen Verschaltungen lösen sich und bauen sich neu zusammen.
- Mögliche Traumatisierungen oder andere psychische Einschränkungen konnten sich zeigen und sollten mit einem geschulten Therapeuten weiterbearbeitet werden.
- Das begleitende Bewusstseinstraining hat den Klienten mit umfassendem Handwerkszeug ausgestattet, um die gewünschten Veränderungsprozesse selbstverantwortlich angehen zu können.

Bevor wir uns nun fokussiert mit seiner Ausrichtung und Umsetzung beschäftigen, möchte ich dem Klienten intensiv den Rücken stärken und ihm all seine Fähigkeiten und Potenziale ins Bewusstsein rufen. Hierfür wenden wir uns noch einmal explizit dem Thema »Selbstvertrauen« zu.

Selbstvertrauen ist der Schlüssel für Erfolg und Erfüllung

Welch ungeheuren Einfluss das Selbstvertrauen auf die Kraft und Wirksamkeit einer Person hat, lässt sich besonders gut im Leistungssport beobachten. Heutzutage liegt in fast allen Disziplinen die Weltspitze der Athleten eng beisammen. Zwischen ihrer Technik, ihrer Kondition und dem Material gibt es kaum mehr Unterschiede. Was letztendlich den Ausschlag gibt, ist ihre innere Stärke und Ausgeglichenheit just in dem Augenblick, in dem ihre Höchstleistung abgerufen wird. Sportler sagen dazu: »Über Sieg und Niederlage entscheidet der Kopf, die mentale Stärke.« Und sie differenzieren dabei oft zwischen ihrer Konzentration und Fokussierung sowie der Kunst des Loslassens. Gerade Biathleten berichten oft nach einer unbefriedigenden Schießleistung im Interview: »*Ich habe zu viel gewollt, und das hat nicht funktioniert.*«

Vor Jahren las ich eine Befragung von Top-Sportlern über ihre innere Befindlichkeit bei großen Erfolgen. Sie alle berichteten von einer erstaunlichen Mischung aus allerhöchster Wachheit und innerer Gelöstheit. Sie waren sich in diesem Moment ihrer selbst total sicher und hatten Freude an dem, was sie taten. Einige berichteten, dass sie im Vorfeld auch von ihren Angehörigen das Gefühl vermittelt bekamen: »*Es ist nicht wichtig, ob du gewinnst. Hab einfach Spaß beim Wettkampf!*« Wie schön, wenn ein Mensch von seinen Liebsten diese absichtslose, freundliche Zuneigung und Unterstützung erfährt. Liebe ohne Leistungsdruck entspannt den inneren Antreiber – das Selbstgespräch verändert sich und in sofortiger Wirkung auch das Körperempfinden, die Gefühlswelt und die Präsenz der Seele.

Dieses kostbare Selbsterleben von eigener Kraft, Stimmigkeit, Leichtigkeit, Erfolg und Erfüllung hat der amerikanische Psychologe und führende Glücksforscher Mihaly Csikszentmihalyi als »Flow« bezeichnet und umfassend beschrieben. Seiner Erkenntnis nach ist Glück keine Stimmung, die von Zufällen abhängt, sondern eine innere Haltung, die wir uns selbstständig erschaffen können.

Kluge Strategien entwickeln

Diese Beobachtung mache ich beim Thema »Selbstvertrauen« genauso. Auch dieser kostbare Zustand steht in direkter Abhängigkeit zu Gefühls-, Denk- und Handlungsweisen. Wer sich Ziele steckt, die einfach unrealistisch und absehbar nicht zu erreichen sind, steuert »mit Ansage« auf ein niederschmetterndes Erlebnis zu. Mit dieser Verhaltensweise verunsichern und demotivieren viele Führungskräfte beziehungsweise Geschäftsführer ihre Mitarbeiter. Viel zu oft wird in der Wirtschaft ein Achttausender angesteuert, obwohl die Belegschaft und die Ressourcen eher für einen Zweitausender oder vielleicht Viertausender gebaut sind. Was ist der Erfolg? Die Menschen werden kleiner statt größer. Durch Misserfolge werden ihre Nerven angesägt und ihre innere Stärke und ihr Durchsetzungsvermögen durchlöchert.

Andersherum geht es Hans Kammerlander. Der bekannte Extremkletterer und Expeditionsleiter, mit dem ich zusammen Seminare leite, berichtete Folgendes:

> »Mit den Jahren habe ich verstanden, dass ich große Herausforderungen in viele kleine Etappen zerlegen muss. Mit meinen Teams habe ich mir angewöhnt, kleine Erfolge zu feiern. Wir schenken uns in jedem Lager, das wir auf dem langen Weg zum Gipfel erreichen, Wertschätzung und Anerkennung für die bisher erreichte Leistung.« Dies ist nur ein kleines Beispiel, das aber extrem starke Wirkung zeigt. Der ganze Organismus regeneriert auf andere Weise, sobald der Kopf auf Freude, Entspannung und Stolz umschaltet.

Ein wesentlicher Einflussfaktor auf das Selbstvertrauen sind auch die Menschen, mit denen man sich umgibt. Hat man einen Partner an der Seite, der einem seine Liebe zeigt und einen aktiv in seinen Zielen unterstützt, fühlt man sich ganz anders, als wenn man ständig unter Beschuss steht und seine Kompetenz und Integrität unter Beweis stellen muss. Das Gleiche gilt natürlich ebenso für das Berufsleben.

Im nächsten Schritt möchte ich dem Klienten seine bisherigen Strategien aufzeigen, die er zu dieser spannenden und bedeutungsvollen Materie entwickelt hat. Dazu eignet sich besonders gut die Übung »Die Selbstwert-Waage«.

Übung   ## Die Selbstwert-Waage

Einführung
Diese Übung knüpft an das Thema »Ressourcen« an und unterstützt den Klienten darin, sein Selbstvertrauen zu stärken. Für die kraftvolle Umsetzung all seiner im Coaching gewonnenen Erkenntnisse ist das natürliche Selbstverständnis eine Grundvoraussetzung. Selbstvertrauen ist wie der Schlussstein, der in die Mitte eines Bogens gesetzt wird. Alle anderen Steine können plötzlich ihre tragende Funktion übernehmen, da die mittlere, alles verbindende Position ausgefüllt ist. Genauso geht es uns Menschen auch: Sobald wir uns in unserer Wesensmitte fest, rund und erfüllt verankert haben, können wir all unsere Talente und Befähigungen zum Strahlen bringen.

Die meisten Menschen können viel, viel mehr, als sie sich selbst eigentlich zutrauen. Dieses mangelnde Vertrauen in sich selbst ist wie ein blinder Fleck, der die liebevolle Unterstützung einer anderen Person braucht, um ans Licht gehoben zu werden. So ist es die Aufgabe des Coachs, dem Klienten seine wahren Stärken ins Bewusstsein zu rufen, damit er seine sogenannten Schwächen gleichermaßen freundschaftlich integrieren kann.

Ziel
Bewusstmachung von Situationen im Leben, die den Selbstwert schwächen und stärken. Aktive Verankerung im Selbstvertrauen.

Material
Seil, Moderationskarten, Stifte.

Übungsablauf
Erster Schritt: Der Klient legt mit dem Seil auf dem Boden eine Waage aus. Die zwei Waagschalen symbolisieren die zwei Seiten von selbstwertstärkenden und -schwächenden Situationen.

Zweiter Schritt: Nun notiert er auf den Moderationskarten Situationen und Stimmungsbilder aus seinem Leben, die er den zwei Waagschalen zuordnet (stärkend/schwächend).

Selbstwertwaage

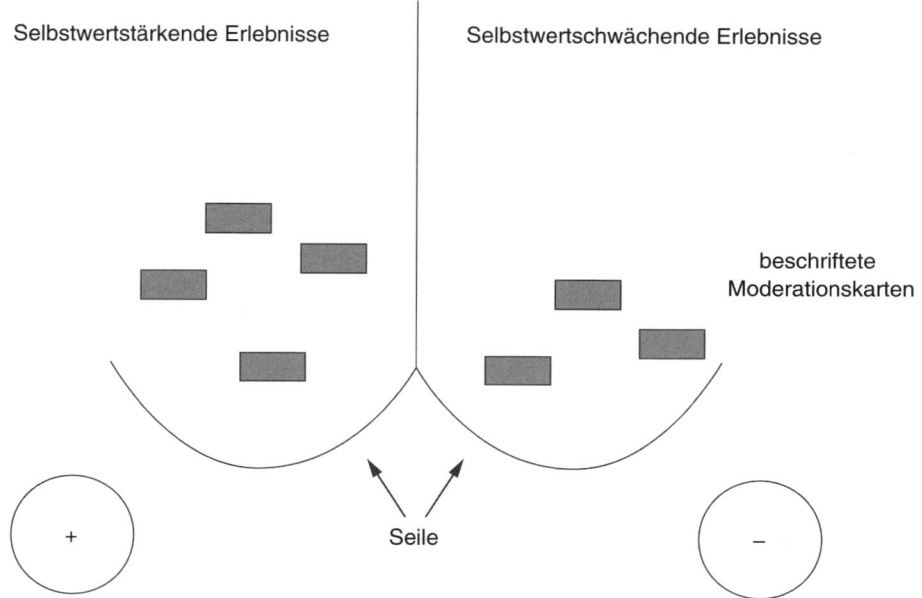

Selbstwertstärkende Erlebnisse

Selbstwertschwächende Erlebnisse

beschriftete
Moderationskarten

+

−

Seile

Dritter Schritt: Sobald der Klient mit seiner Sammlung fertig ist, lassen Sie ihn einen Schritt zurücktreten und das Schaubild als Ganzes anvisieren. Fragen Sie ihn nach seinen Wahrnehmungen in Körper, Gefühl, Verstand und Seele!

Vierter Schritt: Bringen Sie gemeinsam Transparenz in die Macht der negativen und positiven Erfahrungen:
● Welche Prägungen führen zu welchen Verhaltensweisen?
● Welche Strategien im Umgang mit sich selbst und anderen haben sich daraus entwickelt?

Überprüfen Sie zusammen mit dem Klienten diese auf Vor- und Nachteile. Strategien werden nur aufgegeben, solange Grundbedürfnisse weiterhin oder besser befriedigt werden. Beziehen Sie bei der Untersuchung auch Glaubenssätze und die Botschaften des inneren Richters ein.

Fünfter Schritt: Der Klient differenziert genau zwischen selbstwertstärkenden und selbstwertschwächenden Fühl-, Denk- und Handlungsweisen. Aus der Zeugenposition kann er bestens beobachten, wie er sich selbst »groß oder klein« sein lässt.
Lassen Sie ihn neue Handlungsmuster andenken und entwickeln Sie mithilfe dieser, wie er sich Wertschätzung und Respekt zukommen lassen kann. Legen Sie konkrete Maßnahmen fest, die er sofort im Alltag umsetzen kann. Widmen Sie sich intensiv den eingefahrenen neuronalen Programmen, und erforschen Sie die Möglichkeiten einer nachhaltigen Auflösung beziehungsweise Umschreibung dieser Installationen.

Sechster Schritt: Zerlegen Sie diesen Prozess der Programmauflösung und Überschreibung in einzelne Schritte! Benutzen Sie dazu die Übung »Training des Achtsamkeitsmuskels« (s. S. 142 ff.). Das bedeutet für Ihren Klienten (direkte Anleitung):

- »Nehmen Sie wahr, wie ein klassisches Handlungsmuster bei Ihnen funktioniert.
- Beobachten Sie, wie ein bestimmter Reiz (zum Beispiel in einer Gesprächssituation eine für Sie kränkende Aussage) eine bestimmte Reaktion in Gang setzt (zum Beispiel Wut, Angriff, Rückzug, Trotz).
- Beim nächsten Reiz treten Sie innerlich einen Schritt zurück, atmen ein paarmal tief durch, verankern sich in Ihrer inneren Kraft (Ressource) und probieren statt der automatischen Reaktion eine bewusst gewählte Aktion aus.
- Nehmen Sie ganz genau die Wirkung wahr, wie die Veränderung Ihres Handlungsrepertoires auf Sie und Ihr Gegenüber wirkt und welche Folgen es auf den Fortgang Ihres Gesprächs hat.
- Wenn Ihnen die Wirkung gefällt, dann fangen Sie an zu spielen: Treten Sie immer wieder einen Schritt zurück, und treffen Sie eine bewusste Entscheidung: Gedankenautobahn oder Trampelpfad.
- Nehmen Sie es sportlich und trainieren Sie Schritt für Schritt Ihren Achtsamkeitsmuskel.
- Üben Sie in einfachem Terrain, und steigern Sie langsam den Schwierigkeitsgrad.
- Freuen Sie sich an kleinen Erfolgen, und schenken Sie sich selbst Schmunzeln und Geduld.
- Übung macht den Meister. Mit der Zeit wird sich Ihre neurobiologische Festplatte umgestalten, und Sie werden authentisch anders agieren.«

Siebter Schritt: Reflektieren Sie mit Ihrem Klienten regelmäßig seine Erfolge – auch wenn sie am Anfang noch unbedeutend scheinen. Gerade diese fast unmerklichen Veränderungen führen in der Summe zu kraftvollen, glaubwürdigen Veränderungen.

Ziele, Visionen, Herzensanliegen

»Unsere tiefste Angst ist nicht, dass wir unzulänglich sind,
unsere tiefste Angst ist, dass wir unermesslich machtvoll sind.
Es ist unser Licht, das wir fürchten, nicht unsere Dunkelheit.
Wir fragen uns: ›Wer bin ich eigentlich, dass ich leuchtend, hinreißend, begnadet und fantastisch sein darf?‹
Wer bist du denn, es nicht zu sein?
Du bist ein Kind Gottes.
Wenn du dich klein machst, dient das der Welt nicht.
Es hat nichts mit Erleuchtung zu tun, wenn du schrumpfst,
damit andere um dich herum sich nicht verunsichert fühlen.
Wir wurden geboren, um die Herrlichkeit Gottes zu verwirklichen,
die in uns ist.
Sie ist nicht nur in einigen von uns: Sie ist in jedem Menschen.
Und wenn wir unser eigenes Licht erstrahlen lassen wollen,
geben wir unbewusst anderen Menschen die Erlaubnis, dasselbe zu tun.
Wenn wir uns von unserer eigenen Angst befreit haben,
wird unsere Gegenwart ohne unser Zutun andere befreien.«
Nelson Mandela (aus seiner Antrittsrede zum Präsidenten Südafrikas,1994)

Klare Ausrichtung lässt Fahrt aufnehmen

Im Laufe der vorherigen Übungen hat der Klient schon einige Male nach vorne geschaut, seine Veränderungswünsche formuliert und realistische Schritte hierfür abgeleitet. Im nächsten Schritt bündeln wir diese bisherigen Erkenntnisse, überprüfen sie auf ihre Tauglichkeit und fassen sie noch einmal kraftvoll zusammen.

Ich stelle Ihnen im Folgenden drei Übungen vor, die sich alle mit dem Thema »Ausrichtung« beschäftigen, dabei aber einen unterschiedlichen Fokus aufgreifen. Abhängig von den individuellen Bedürfnissen des Klienten baue ich sie in den Kernprozess ein.

Die erste Übung ist »Das Visionsbild«(s. S. 236 ff.). Wie der Name es schon verrät, lade ich den Klienten dazu ein, ein Bild seiner persönlichen Lebensvision zu malen. Erkläre ich die Übung genauer, drücken viele Menschen ihre Unsicherheit zum Thema aus. Zum einen, weil sie sich für unbegabte Zeichner halten. Darum verdeutliche ich ihnen sofort, dass es bei der Aufgabenstellung nicht darum geht, einen kleinen »Picasso« zu kreieren, sondern um ein natürliches, authentisches Abbild ihrer inneren Impressionen. Zum anderen irritiert sie die Vorstellung, eine Vision entwickeln zu sollen. Sie denken, dass sie das nicht können, und winden sich bei der Vorstellung, sich selbst Schönheit und Größe zuzugestehen. Wie Nelson Mandela es so fantastisch beschreibt: Es ist das Licht in uns, vor dem wir uns fürchten. Die eigene Strahlkraft, mit der wir andere Menschen anstecken können, selbst zu leuchten.

All diese Gedanken sind natürlich Paradebeispiele für die Wirkweise des inneren Richters. Lassen Sie den Klienten mit all seinen Verunsicherungen ins Forschungslabor gehen, die Zeugenposition einnehmen und differenziert studieren, was genau sich gerade in ihm ereignet. Diese Situation schenkt Ihnen eine herrliche Überprüfungsmöglichkeit der bisher gelernten Inhalte. In den meisten Fällen durchschaut der Klient sehr rasch seine ausgefeilte Strategie, sich selbst immer wieder »das Wasser abzugraben«. Er trainiert in diesem Moment seinen Achtsamkeitsmuskel, verankert sich in seinem Innenraum der Ruhe und Kraft und richtet sich auf seine wahren Potenziale aus. Ich habe bisher noch keinen Klienten erlebt, der zu Anfang nicht gejammert hat: »*Oh, das kann ich nicht! Das ist aber schwer!*« und einige Minuten später ein ausführliches Bild seiner Vision erschaffen hat. Diese Darstellung drückt seine tiefen Herzensanliegen aus, wohin seine Lebensreise sich entwickeln möge. Es schildert die Sehnsucht und Einsicht der Seele, die um Berufung, wahre Potenziale und innere Erfüllung weiß. Es ist Ausdruck eines tiefen Schöpfungsimpulses, der uns zu steter Weiterentwicklung und Verfeinerung unser selbst inspiriert.

Die Übung »Zukunftsplanung« (s. S. 238 f.) beschäftigt sich hingegen mit ganz konkreten Zielen und möglichen Entwicklungswegen, die der Klient mithilfe der Aufgabenstruktur systematisch unter die Lupe nehmen kann.

»Die Lebensskulptur« (s. S. 240 f.) ist eine Weiterführung des »Lebenskompasses« und lässt den Klienten seine gesamten Lebensaspekte zusammentragen und für ihn sinnhaft ordnen.

Alle drei Übungen beziehen wieder den gesamten Menschen in seinen Dimensionen von Körper, Gefühl, Verstand, Seele und Bewusstsein ein. Je authentischer sich der Klient diesen Übungen anvertraut, umso größer ist die Kraft und der Aufbruchsgeist, die sich in ihm freisetzen. Spürt der Mensch, dass sich sein Leben in genau die Richtung entwickelt, die ihm Übereinstimmung mit sich selbst schenkt, blüht er auf und sprüht vor Lebendigkeit. Diese Vitalität, die den Klienten von innen heraus erfüllt und trägt, ist das schönste Ergebnis eines Coachingprozesses.

Übung   ## Das Visionsbild

Einführung
Eine Vision ist ein weiter, freier Blick in die Zukunft. Sie lässt Möglichkeiten und Optionen ins Leben treten, die bisher undenkbar waren. In einer Vision kann sich ein Mensch kreativ ausdrücken. Er kann weite Bögen erzeugen, sich selbst Flügel verleihen und in Höhen schwingen, die für ihn im normalen Alltagstrott gar nicht auszumalen wären. Dabei ist eine Vision nicht unrealistisch – ganz im Gegenteil. Sie wendet ihren Fokus auf das Große und Schöne im Menschen, das durch diese »energetische Zuwendung« wachsen und gedeihen kann. Es ist eine Grundregel des Lebens: Die Dinge, denen wir unsere ganze Aufmerksamkeit schenken, wachsen und werden an Macht gewinnen. Das können unsere Ängste sein genauso wie unser Mut, unser Vertrauen und unsere Lebensfreude.

»I have a dream« – diese wohl bekannteste Vision des letzten Jahrhunderts von Martin Luther King hat eine geistige Brücke gespannt, auf der unendlich viele Menschen wandern und ihre Kraft, ihren Mut und ihre Fähigkeiten bündeln konnten. Mit dem Visionsbild baut sich der Klient auch eine Brücke in seine Zukunft. Ich nenne diese Brücke »Lichtspur«. Sie ist für mich eine große Spur der Möglichkeiten, die ich der Existenz und Schöpferkraft gegenüber formuliere. Wobei es mir in meinen Visionen weniger darum geht, was genau im Äußeren passieren soll, mich interessiert vielmehr das innere Ergebnis. Auf diese Essenz bin ich fest ausgerichtet. Wie und in welcher Weise sie sich umsetzen mag und kann, möchte ich der Weisheit des Lebens überlassen.

Ziel
Sichtbarmachung von Lebensträumen, Sehnsüchten und Herzensanliegen. Der Klient kristallisiert heraus, wie er sich eine erfüllte Lebensgestaltung erträumt. Klärung, welche innere Haltung, welche Entscheidungen und Handlungen die Umsetzung der Lebensvision begünstigen werden.

Material
DIN-A3-Papier oder Malblock, Buntstifte, Wachsmalkreiden.

Übungsablauf
Erster Schritt: Machen Sie den Klienten in aller Ruhe mit der Thematik vertraut (s. S. 236)! Stellen Sie ihm die Frage: »Wie soll Ihr Leben in fünf oder zehn Jahren ausschauen?« Und fahren Sie fort: »Berücksichtigen Sie in Ihrer Vorstellung alle Lebensaspekte, die Sie auch schon im ›Lebenskompass‹ bearbeitet haben. Lassen Sie Ihren Gedanken und Gefühlen freien Lauf. Gestalten Sie das Bild intuitiv. Es kann Dinge realistisch, symbolisch oder abstrakt darstellen. Schenken Sie Ihren tiefen Wünschen und Herzensanliegen Raum, um sich auszudrücken.«

Zweiter Schritt: Lassen Sie dem Klienten Zeit, um sich in die Übung einzufinden. Sie können ihm eine schöne Musik dazu vorspielen, die seine Gedanken und Gefühle frei fließen lässt. Ziehen Sie sich zurück, bleiben Sie aber jederzeit ansprechbar.

Dritter Schritt: Hat der Klient das Bild fertiggestellt, dann betrachten Sie es zunächst gemeinsam mit Abstand und befragen ihn nach seinen Eindrücken und Empfindungen in Körper, Gefühl, Verstand und Seele.

Vierter Schritt: Laden Sie den Klienten dazu ein, von seinem Bild zu berichten. Lassen Sie seine Darstellung auf sich wirken, und schauen Sie mit ihm »hinter die Abbildung«. In einem intuitiv entstandenen Bild verstecken sich durch die Symbolik, die Farbauswahl und Komposition viele kleine Botschaften, die dem Maler zu Anfang nicht bewusst sind. Durch die Technik des künstlerischen Ausdrucks bereichert sich das Forschungslabor um eine weitere, spannende Facette.

Fünfter Schritt: Der Klient überprüft, welche Entwicklungsschritte in seiner inneren Haltung, in seinem Fühlen, Denken, Reden und Handeln die Realisierung seiner Anliegen begünstigen werden. Dabei kann er alle bisherigen Übungen des Coachings miteinbeziehen. Er erstellt sich eine Art Trainingsplan, der langfristig angelegt und mit kontinuierlichen Meilensteinen versehen ist. Achten Sie darauf, dass sich der Klient dabei nicht überfordert (Achtung vor den subtilen Manipulationen des inneren Antreibers!) und klar formulierte, messbare Teilziele formuliert.

Erinnern Sie ihn auch an die tiefe Lebensweisheit: Der Weg ist das Ziel. Jedes Morgen entsteht durch das Heute. Alles, was ich im Hier und Jetzt in mir kläre, versammle und ausrichte, wird nach dem Gesetz des Resonanzprinzips ein äquivalentes Geschehen anziehen. Je intensiver ich mich auf den jetzigen Augenblick einlasse und unvoreingenommen genieße, was ich bin und habe, wird sich ein nächster erfüllter Moment daraus ergeben.

Die Übung der Visionssuche soll in eine starke, glückliche Verankerung im Augenblick münden und gleichzeitig unserem tiefen Drängen nach Fortentwicklung eine konstruktive Ausrichtung schenken.

Übung   ## Zukunftsplanung

Einführung
Viele Menschen suchen das Coaching als Unterstützung für Entscheidungsprozesse. Befindet sich ein Mensch in solch einer Phase, ist diese Übung ein hilfreicher Forschungsaufbau. Zur Einführung wähle ich folgendes Bild: »Stellen Sie sich vor, Sie befinden sich auf einer Wanderung und kommen zu einem Wegkreuz. Sie stehen in der Mitte der verschiedenen Möglichkeiten und müssen sich entscheiden, in welche Richtung Ihr Weg weitergehen soll. Jede der Optionen wird sich auf Ihr gesamtes Leben in vielerlei Hinsicht auswirken. In der Untersuchung setzen Sie auf jedem der denkbaren Wege einige Schritte, im übertragenen Sinne versetzen Sie sich Monate beziehungsweise Jahre in die Zukunft und studieren die möglichen Folgen und Auswirkungen Ihrer Entscheidung.«

Ziel
Definition und Überprüfung verschiedener Entscheidungsmöglichkeiten. Herausarbeitung der Auswirkung auf alle Lebensfelder unter Einbeziehung der Botschaften von Körper, Gefühl, Verstand und Seele.

Material
Schreibbrett, DIN-A4-Papier, Moderationskarten, Stifte, Seile (oder Klebeband).

Übungsablauf
Erster Schritt: Der Klient überlegt sich mögliche Optionen seiner Zukunftsgestaltung. Beim Coaching von Führungskräften dreht sich der Entscheidungsprozess sehr häufig um eine berufliche Neuorientierung, wie zum Beispiel:
- Anstellung in einem Konzern,
- Anstellung bei einem mittelständischen Unternehmen oder
- Selbstständigkeit.

Der Klient beschreibt diese Möglichkeiten so konkret wie möglich auf einem Papier.

Zweiter Schritt: Der Klient legt ein Schaubild aus: Ein Blatt für seinen Standort, dann die Blätter der verschiedenen Optionen in einem Abstand von drei bis fünf Metern. Seinen Standort und die möglichen Optionen verbindet er jeweils mit einem Seil, das den Weg dorthin symbolisiert. Die Seile dienen als Sinnbild für ein bis drei Jahre seines Lebensweges.

Dritter Schritt: Der Klient beschriftet vier Moderationskarten mit
- Beziehung zu sich selbst,
- Familie, Freunde,
- Beruf, Karriere, Finanzen sowie
- Sinn, Werte.

Diese Moderationskarten legt er mit in das Schaubild, um diese vier Lebensbereiche in seiner Untersuchung fest im Auge zu behalten.

Zukunftsplanung

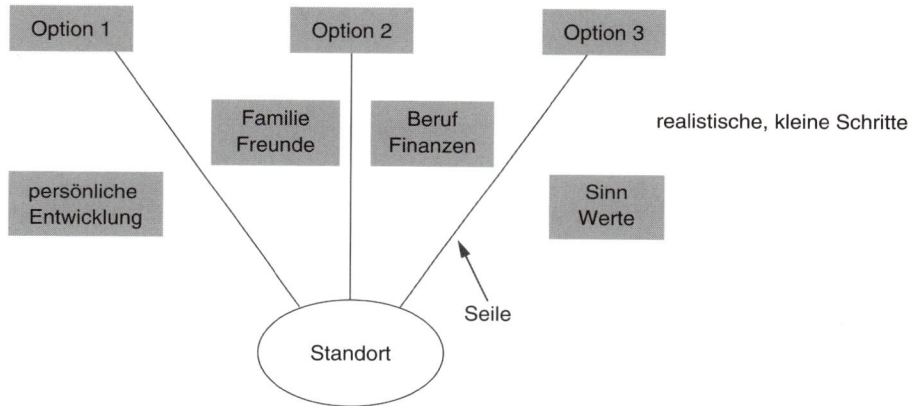

Vierter Schritt: Der Klient stellt sich auf das Blatt als Standort – Sinnbild für seine heutige Situation. Aus dieser Position betrachtet er die verschiedenen Optionen und achtet darauf, welche der Möglichkeiten ihn am meisten anspricht. Nacheinander beschreitet er die verschiedenen Wege – das Laufen auf dem Seil symbolisiert dabei, dass er sich gedanklich eine Zeitspanne nach vorne versetzt.

Fünfter Schritt: Der Klient spürt nacheinander in die verschiedenen Alternativen hinein. Dabei legt er die vier Moderationskarten vor sich auf den Boden und überprüft die Wirkung der jeweiligen Entscheidung auf die verschiedenen Lebensfelder. Als Coach begleiten Sie den Klienten durch diesen Prozess und stellen vertiefende Fragen. Achten Sie ganz besonders auf Körpersprache, Mimik und Wortwahl. Fragen Sie sehr genau die Botschaften der Körperwahrnehmung, die Gefühle, die Gedanken und die authentische Bewegung der Seele ab. Diese Befragung können Sie noch erweitern mit der Übung »Das Kaleidoskop« (s. S. 161 ff.). Beziehen Sie das tiefe Körperwissen, die Intuition und die Zeugenkraft mit ein. Der Klient notiert sich seine Eindrücke auf einem Schreibbrett.

Sechster Schritt: Am Ende fassen Sie mit dem Klienten alle Für und Wider der möglichen Entscheidungen zusammen und überprüfen die Erkenntnisse anhand seiner langfristigen Lebensplanung. Haben Sie den Klienten vorab schon ein Visionsbild erstellen lassen, können Sie nun sehr genau seine kurzfristigen Ziele mit dem größeren Bogen seiner Herzensanliegen abgleichen.

Viele meiner Klienten befinden sich in der Lebensmitte und möchten die nächsten Jahre beziehungsweise Jahrzehnte ihrer Lebensplanung sehr genau unter die Lupe nehmen. Sie tragen unterschiedlichste Erfahrungen in sich und wissen wohl um die weitreichenden Konsequenzen einer Entscheidung. Die Aspekte der Familie und Freunde, der persönlichen Gesundheit, geistigen Entwicklung und die Frage nach Sinn und Werten gewinnen für sie an Gewicht. Sie haben Karriere gemacht – könnten diese vielleicht noch toppen, aber sie wissen genau um den Preis, den sie hierfür zahlen müssen. Ihre nächsten Entscheidungen werden einen wesentlichen Ausschlag dafür geben, ob sich die Erfolge in ihrer Biografie auch mit tiefer Erfüllung paaren können. Gehen Sie also mit dem Klienten an dieser Stelle in die Tiefe, und schenken Sie ihm Mut, um die Reflexionen des gesunden Menschenverstands mit den Impulsen von Herz und Seele zu vereinen!

Übung   ## Die Lebensskulptur

Einführung
Diese Übung eignet sich besonders für kreative, schöpferische Menschen, denen es Freude macht, mit Symbolen und Bildern spielerisch umzugehen. Sie ist eine Fortsetzung der Übung »Der Lebenskompass« (s. S. 187 ff.) und lässt den Klienten seine Wünsche nach Weiterentwicklung und Veränderung abbilden, wobei die gegenseitige Abhängigkeit der Themen eine besondere Aufmerksamkeit erfährt.

Ziel
Kreativer Entwurf einer neuen Lebensgestaltung durch Sichtbarmachung der einzelnen Lebensaspekte. Ableitung von konkreten Schritten und Maßnahmen, die durch Arbeit an der inneren Haltung und Veränderung von äußeren Handlungen zu dieser Lebensumwandlung führen.

Material
Rundes Kissen (zum Beispiel Meditationskissen), Papier, Moderationskarten, bunte Stifte, Seile, Gegenstände, die symbolhaft verwandt werden können (dazu können alltägliche Gegenstände im Raum dienen wie eine Blumenvase, Kaffeedose, Bücher, Teetassen, ein Wasserkrug, Papierkorb oder auch spezielle Gegenstände wie kleine Skulpturen, Postkarten).

Übungsablauf
Erster Schritt: Der Klient studiert seine Arbeitspapiere zur Übung »Der Lebenskompass« und ruft sich alle Facetten seiner bisherigen Lebensführung in Erinnerung. Zudem geht er alle Arbeitspapiere durch, die er im Laufe der verschiedenen Aufgaben erstellt hat.

Zweiter Schritt: Er legt das runde Kissen als Symbol seines Wesenskerns auf den Boden und beginnt nun mithilfe von
- Gegenständen,
- Bildern,
- Seilen und
- beschrifteten Papieren

eine Skulptur aufzubauen, die ein Sinnbild seiner angestrebten Lebensgestaltung darstellt.

Lassen Sie dem Klienten Zeit und Raum, sich in diesen kreativen, spielerischen Prozess einzufinden! Sie können ihm dabei eine inspirierende Musik vorspielen. Ziehen Sie sich zurück, aber bleiben Sie auch bei dieser Übung jederzeit ansprechbar.

Dritter Schritt: Während er diese Skulptur aufbaut, überlegt sich der Klient haargenau, was er konkret in seinem täglichen Fühlen, Denken, Reden und Handeln umstellen muss, damit er zu dieser neuen Lebensordnung finden kann. Geben Sie ihm für diesen Prozess folgende Fragen mit:

- »In welcher Form sollten Sie die Beziehung zu sich selbst verändern?
- Welches Gleichgewicht möchten Sie zwischen Ihren inneren Gesprächspartnern entwickeln, durch Stärkung beziehungsweise Schwächung der verschiedenen Ratgeber?
- Welche Fühl-, Denk- und Handlungsweisen möchten Sie verändern, und welche Techniken werden Sie darin unterstützen?
- Welche stabilisierenden Rituale können Sie in Ihrem Alltag einbauen?
- Welche Menschen können Sie in Ihren Plänen unterstützen?
- Mit welchen Personen sollten Sie klärende Gespräche führen?
- Wo gilt es für Sie, klare Grenzen zu setzen, zu wahren oder zu öffnen?
- Welche Entscheidungen gilt es für Sie zu treffen und konsequent umzusetzen?«

Der Klient hat jeden Spielraum, um verschiedene Dimensionen in ihm und um ihn herum schöpferisch auszudrücken. Beispielsweise entdeckt er Symbole für seine Gesundheit, seinen inneren Antreiber, seine innere Quelle genauso wie für seinen Partner, seine Kinder, seine Eltern, seinen Beruf, seine Hobbys und Liebhabereien. Intuitiv kreiert er dabei ein Bild, das all die Dinge zum Ausdruck bringt, die ihn betreffen und bewegen.
Diese Übung regt Fantasie, Intuition und Freude an. Der Klient krempelt im übertragenen Sinne die Ärmel hoch und gestaltet mit Hand und Herz. Dadurch können sich noch einmal neue, überraschende Türen zu tiefer liegenden Ressourcen und Lösungsmöglichkeiten öffnen.

Vierter Schritt: Lassen Sie den Klienten so lange seinem inneren Erleben nachgehen, bis er sich aktiv an Sie wendet. Betrachten Sie die gesamte Lebensskulptur mit Abstand, und tauchen Sie danach in die einzelnen Facetten ein! Da die Übung spielerisch aufgebaut ist, besteht die Chance, dass der Klient aus seinem normalen, logischen Denken herausgelockt wird und in eine fantasievolle Erfahrungswelt eintritt. Dies wird wiederum Spuren in seiner Neurobiologie hinterlassen.

Fünfter Schritt: Der Klient fasst alle für ihn wesentlichen Maßnahmen und Schritte auf einem Blatt zusammen und erstellt sich hiermit seinen eigenen Trainingsplan.

Die Übung ist in ihrem gesamten Ablauf sehr lebendig und durch die Verwendung der Symbole äußerst plakativ. Manchem Klient macht es Freude, die Lebensskulptur mit dem Fotoapparat festzuhalten. Dieses Foto dient ihm dann zur alltäglichen Erinnerung.

Raus aus dem Hamsterrad

Veränderungsprozesse genau unter die Lupe nehmen

Nach all diesen Übungen hat der Klient ein klares Bild, in welche Richtung er sich und sein Leben weiterentwickeln möchte und zugleich eine Liste von eindeutig definierten Themen, die er sich hierfür vorknöpfen muss. Um manche dieser Inhalte wusste er schon vorher und hatte sich vielleicht schon öfters ihre Veränderung vorgenommen. Immer wieder zerbröselten seine guten Vorsätze im kräftezehrenden Alltagsgeschehen.

Um diesem unproduktiven Negativerlebnis vorzubeugen, nehme ich mir mit dem Klienten eine für ihn wichtige Thematik exemplarisch vor, die wir systematisch in einzelne Schritte zerlegen. Damit werden hinderliche wie unterstützende Einflussfaktoren sichtbar gemacht.

Übung   **Raus aus dem Hamsterrad**

Einführung

Um eine tatsächliche Neuerung in der eigenen Gefühls-, Denk- und Handlungswelt hervorzurufen, gilt es, mit einem mutigen Schritt aus der persönlichen Komfortzone herauszutreten. Sobald wir Menschen aus einem eingefahrenen Muster ausbrechen und unsere wohlbekannte Gedankenautobahn verlassen, werden unterschiedliche Gefühle und Gedankenketten in Bewegung gesetzt (s. S. 143 ff.). Dabei können so unterschiedliche Emotionen wie Angst, Bequemlichkeit, Freude oder Neugierde geboten sein. Unser Organismus hält gerne am Bekannten fest, weil dieser Zustand Sicherheit und Stabilität suggeriert. Genauso wie unser eigenes System hat sich auch unser Umfeld an bestimmte Eigenarten und Verhaltensweisen von uns gewöhnt. So sind Personen in unserer nächsten Umgebung vielleicht gar nicht begeistert, wenn wir plötzlich unser altbekanntes, einschätzbares Profil verändern. Meist fühlen sie sich durch unsere Positionsveränderung genötigt, auch ihre Verhaltensweisen auf den Prüfstand zu legen – das kann Konflikte hervorrufen. All diese inneren und äußeren Widerstände gilt es, im Vorfeld zu bedenken und aktiv in den Wandel miteinzubeziehen.

Um eine tief eingeschliffene Handlungsweise oder Situation wirklich zu überwinden, muss man sehr klar und konsequent ans Werk gehen. Zunächst gilt es, ein kraftvolles Ziel beziehungsweise eine Vision zu schaffen, die mit einer hohen Motivation und Leidenschaft ausgestattet ist. Als Nächstes müssen alle unbewussten Glaubenssätze und Überzeugungen identifiziert werden, damit der Umgestaltungsprozess nicht ungewollt aus alter Gewohnheit untergraben werden kann. Wichtig ist außerdem die eindeutige Definition kleiner, realistischer Teilschritte, die für den Klienten machbar sind. Mit dieser Übung können die einzelnen Stufen plastisch ausgelegt und Schritt für Schritt durchlaufen sowie überprüft werden.

Ziel
Genaue Prozessaufschlüsselung einer fundierten, nachhaltigen Verhaltensänderung.

Material
Langes Seil, große, runde Moderationskarte, kleine Moderationskarten, Stifte.

Übungsablauf
Erster Schritt: Der Klient definiert ein Ziel oder eine Vision, die ihm fest am Herzen liegen und die er unbedingt erreichen möchte. Er schreibt diese in einer klaren, knappen Formulierung auf eine große, runde Moderationskarte nieder. Dann definiert er seine bisherige »Komfortzone«, bildhaft gesprochen sein »Hamsterrad«, in dem er sich befindet. Er schildert diesen Zustand auch auf einer Moderationskarte. Um sein Lebensgefühl noch plastischer auszudrücken, legt er mithilfe eines Seils diese Komfortzone beziehungsweise das Hamsterrad aus.

Hamsterrad

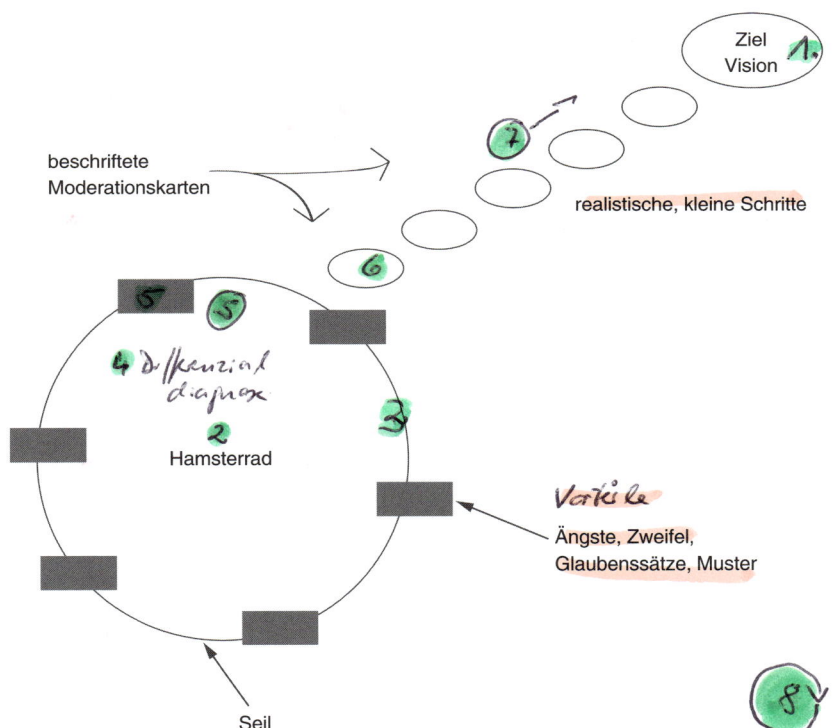

Zweiter Schritt: Der Klient tritt auf seine Visionskarte und stellt sich durch und durch vor, dass er dieses Ziel erreicht hat. Der Coach befragt ihn dabei nach seinen Botschaften des Körpers, der Gefühle, des Verstandes und der Seele – und kontrolliert, ob ihn dieses Ziel auch wirklich glücklich stimmt. Sollte in seinem System eine Irritation auftreten, kann der Klient seine Zielsetzung so lange testen und umdefinieren, bis er seine Ausrichtung als stimmig erlebt.

Dritter Schritt: Nun tritt er in sein Hamsterrad und spürt genau dem Unterschied nach: Wie fühlt er sich in seiner altbekannten Situation im Gegensatz zu dem Zustand des realisierten Ziels/der Vision? Lassen Sie den Klienten in Ruhe erforschen, welche Vorteile ihm sein bisheriger Zustand gebracht hat! Im Weiteren studiert er, welche tief verankerten Glaubenssätze, Überzeugungen, Muster und Prägungen ihn ins Hamsterrad gebracht haben und nun darin verweilen lassen. Die Glaubenssätze und andere wichtige Erkenntnisse werden auf Moderationskarten niedergeschrieben und in oder um das Seilbild ausgelegt.

Vierter Schritt: Prüfen Sie, ob der Klient bereit ist, aus seiner altbekannten Lebenssituation herauszutreten und etwas Neues zu wagen. Sobald es für ihn stimmig ist, verlässt der Klient sein Hamsterrad und bewegt sich auf sein Ziel zu. Er definiert klare, realistische Teilschritte auf Sach- und Beziehungsebene, die ihn sein Vorhaben systematisch gelingen lassen. Schlüsseln Sie gemeinsam jeden bisherigen Widerstand beziehungsweise Ausrede und Entschuldigung auf. Lassen Sie den Klienten sein persönliches Entwicklungspotenzial sichtbar machen. Er muss Mut fassen und verstehen, dass ihn nichts und niemand an seiner Erfüllung hindern kann, wenn er konsequent an seinen Entscheidungen dranbleibt. Die Teilschritte werden auf Moderationskarten geschrieben – sie werden vom Klienten mitgenommen und sind seine tägliche Hausaufgabe.

Sollten Sie spüren, dass der Klient noch nicht bereit ist, sein Hamsterrad zu verlassen und ihn innerliche oder äußere Umstände dazu zwingen, in dieser Lebenskonstellation zu verharren, dann setzen Sie ihn auf keinen Fall unter Druck! Erarbeiten Sie Perspektiven, mit denen er Schritt für Schritt an seiner inneren Haltung arbeiten kann. Mit Geduld werden sich für den Klienten weitere Möglichkeiten auftun (s. S. 119 f.).

Fünfter Schritt: Zum Schluss durchwandert der Klient noch einmal den gesamten Prozess und inspiziert die Ergebnisse.

Mit diesem Übungsaufbau mache ich sowohl im Einzelcoaching als auch in Seminaren hervorragende Erfahrungen, da den Klienten beziehungsweise den Seminarteilnehmern auf einen Blick die subtile Verzahnung verschiedener Aspekte bewusst wird. Je genauer sie den ineinandergreifenden Ablauf seiner psychischen Mechanismen erkennen, umso präziser können sie mit dem Handwerkszeug der inneren Achtsamkeit ansetzen.

Sorgfältige Pflege des persönlichen Energiehaushalts

Gesundheit ist die Basis von Leistungsfähigkeit und Lebensfreude

Langsam nähert sich der Kernprozess dem Ende zu. In dieser Schlussphase möchte ich mit dem Klienten noch ein extrem wichtiges Thema bearbeiten. Ich platziere diesen Inhalt gerne ans Ende der ersten zwei- oder dreitägigen Arbeitsrunde, damit sich die Thematik fest in seiner Erinnerung einprägt.

Die folgende Übung beschäftigt sich mit der persönlichen Gesundheit, derer sich die meisten meiner Klienten dringend annehmen sollten. Viele haben im Laufe der Jahre zu viel Gewicht zugelegt, bewegen sich zu wenig, trinken abends zu viel Alkohol und fühlen sich berufsbedingt oft unter Stress. Ihre körperlichen Belastungen ergeben sich aus einer Mischung von vernachlässigter, inkonsequenter Selbststeuerung (Essen, Trinken, Schlafen, Bewegung, Regenerationspausen) und emotionalen Konflikten, die ihnen auf der Seele beziehungsweise auf dem Körper lasten. Die meisten dieser Belastungen wurden im Laufe des Coachings schon angesprochen und bearbeitet. Nun wird nochmals die Lupe ausgepackt und mithilfe eines simplen Bildes der persönliche Energiehaushalt auf den Prüfstand gelegt.

Ein Mensch, der sich selbst liebt und sich Freundschaft schenkt, wird ganz von alleine wertschätzend und respektvoll mit seinem Körper umgehen. »Das Energiefass« hilft dabei, die Thematik klar aufzuschlüsseln und schnell sowie direkt Verbesserungen einzuleiten.

Übung   **Das Energiefass**

Einführung

Um im Berufs- und Privatleben kraftvoll und gesund agieren zu können, gilt es, den eigenen Energiehaushalt genau zu studieren. Auf Dauer können wir unserem Energiesystem nur so viel entnehmen, wie wir auch zuverlässig wieder nachfüllen können. Das Bild des Energiefasses (Sie können ebenso das Sinnbild einer Energiebatterie wählen) soll unterstreichen, dass sich in unserem Organismus ein Kraftspeicher befindet, der sich an vielen Tagen unseres Lebens von alleine auflädt. Zu Belastungszeiten benötigt er aber unsere aktive Unterstützung, um sein Level halten beziehungsweise wieder nachfüllen zu können.

Ziel

Der Klient wird sich darüber bewusst, wie es um seinen aktuellen Energiehaushalt bestellt ist und definiert Maßnahmen, um ihn bewusst anzuheben.

Material
Flipchart, Schreibbrett, Stifte.

Übungsablauf
Erster Schritt: Der Klient malt intuitiv auf das Flipchart ein Energiefass (Energiebatterie) als Sinnbild seines persönlichen Energiehaushalts. Dieser kann nach Tagesform stark schwanken, deswegen sollte er einen Mittelwert der letzten Monate aufzeichnen. Das Fass kann rund und prall sein oder auch klein und schmal – diese Abbildung sollte ein authentischer Spiegel der »gefühlten Wirklichkeit« sein.

Zweiter Schritt: Als Erstes stellt der Klient sich die Frage: Zu wie viel Prozent ist mein Fass gefüllt? – Er sollte ohne groß nachzudenken, eine Prozentzahl definieren, zum Beispiel: »*Im Moment geht es mir sehr gut, mein Energiefass fühlt sich zu 90 Prozent gefüllt an.*« Oder aber: »*Ich bewege mich schon seit längerer Zeit am Rande meiner Kräfte. Die Füllung meines Energiefasses schwankt zwischen 20 bis 40 Prozent.*«
Diese spontan geäußerte Zahl ist meistens ein recht guter Spiegel der tatsächlichen Verfassung des Menschen. Die Zahl schafft Betroffenheit und weckt Selbstverantwortung.

Dritter Schritt: Nun bearbeitet der Klient nacheinander die nächsten Fragen:
- Durch welche Aktivitäten/Situationen/Begebenheiten … füllen Sie Ihr Fass?
- Durch welche Aktivitäten/Situationen/Begebenheiten … leeren Sie Ihr Fass?
- Mit welchen Maßnahmen können Sie Ihren Energiehaushalt langfristig und dauerhaft stärken?

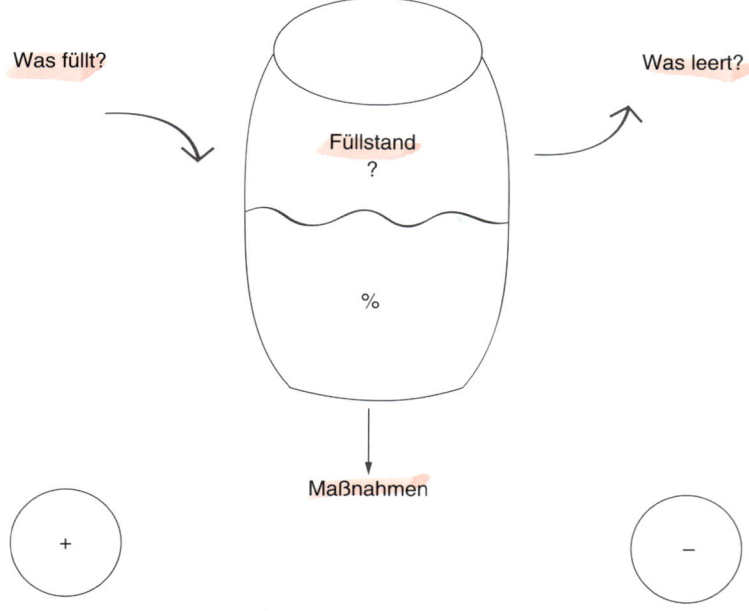

Energiefass

Was füllt?

Was leert?

Füllstand
?

%

Maßnahmen

+

−

Auf dem Flipchart notiert er alles, was ihm zu der Thematik einfällt.

Vierter Schritt: Danach kommt es zwischen Coach und Klient zu einem genauen Austausch. Dabei sollte detailliert herausgefiltert werden, welchen direkten Einfluss die Person auf ihren persönlichen Energiehaushalt nehmen kann. Wichtig dabei erscheint es, Zusammenhänge aufzudecken und dementsprechend passende, realistische Maßnahmen zu definieren.

»Das Energiefass« ist für mich ein Klassiker, den ich in den unterschiedlichsten Kontexten einsetzen kann. Der Übungsaufbau ist schlicht und ergreifend und für jeden leicht nachvollziehbar. Er führt in kürzester Zeit zu tiefen Erkenntnissen und direkter Umsetzung.

Innere und äußere Welt gezielt verbinden

Fest und gesund auf zwei Beinen stehen

Sobald es um konkrete Maßnahmen im privaten Bereich geht, kassiere ich von Klienten öfter die Aussage: »*Im Beruf arbeite ich die ganze Zeit mit Zielen und Zeitplänen, im Privaten hatte ich dazu bisher keine Lust.*« Aus genau diesem Grund konnten sie einige ihrer Vorhaben nicht wirklich umsetzen. In vielen Fällen verlangen private Anliegen genauso viel Sachlichkeit und verbindliche Ausrichtung wie geschäftliche Inhalte. Im Gegenzug benötigen fachliche Themen oftmals die Verknüpfung mit menschlichen Blickpunkten.

Um die nahtlose Verzahnung dieser beiden Ebenen dem Klienten einprägsam vor Augen zu führen, verwende ich wieder das Bild: Ein Mensch steht auf zwei Beinen, dem sachlichen und dem menschlichen. Damit er sich ausgeglichen und geschmeidig voranbewegen kann, sollten diese Beine gleich stark ausgeprägt sein. In allen Entwicklungsprozessen gilt es, beide Aspekte zu betrachten und in einer gemeinsamen Ausrichtung und Umsetzung zu verbinden.

Das Bewusstseinstraining vermittelt dem Klienten ein umfangreiches Handwerkszeug, um kontinuierlich und systematisch an seiner inneren Haltung zu feilen. Er achtet dabei auf unterschiedliche Aspekte, die die Beziehung zu sich selbst und anderen ausmachen. Durch den Kernprozess gewinnt er Klarheit über sein gesamtes Lebensgefüge. Er tritt mit allen Facetten seines Lebens in Kontakt. Verdrängte Gefühle kommen dabei an die Oberfläche, denen er achtsam und möglichst unvoreingenommen seine Zuwendung schenkt. Dadurch können sich gebundene Energien lösen. Der starke Einfluss des inneren Richters wird offenbar und mit anderen inneren Kräften ausgeglichen. Verstrickungen werden sorgfältig aufgeknüpft und transparent geordnet. Das innere Kind wird liebevoll an die Hand genommen und emotional aufgepäppelt. Das Thema »Grenzen setzen, Grenzen wahren, Grenzen achten« findet starke Berücksichtigung. Durch all diese Übungsschritte stärkt sich der Klient in seinem Selbstvertrauen und richtet zunehmend seinen Blick auf die praktische Umsetzung seiner gewonnenen Erkenntnisse und Erfahrungen.

Behutsame, gründliche Lebensumgestaltung

Mit der gleichen Akribie und gewissenhaften Aufmerksamkeit, mit der der Mensch seine inneren Welten erforscht, geordnet und gestärkt hat, gilt es, sich nun der äußeren Welt zuzuwenden. Kein Detail ist dabei zu gering, als dass es nicht Beachtung finden könnte. In welcher Form ein Mensch Verantwortung für all seine Beziehungen, Aufgaben, Verpflichtungen und seinen Besitz übernimmt, ist ein direkter Ausdruck seiner inneren Reife und Integrität. Bei tiefgreifenden Veränderungsprozessen sollte eine besondere Achtsamkeit auf die Kommunikation mit anderen, involvierten Personen gelenkt werden.

Ein Klient, der hoch motiviert nach Hause stürmt und seine Familie oder seine Arbeitskollegen mit seinen neusten Plänen überrennt, tut sich selbst und den anderen nichts Gutes an. So ist die Arbeit mit dem Coach nur ein Auftakt zu einer behutsamen, gründlichen Lebensumgestaltung, bei der die Anliegen und Aspekte möglichst aller Personen berücksichtigt werden.

Lassen Sie den Klienten zum Abschluss des Kernprozesses einen umfassenden Maßnahmenkatalog erstellen, in dem sich all seine konkreten Ziele abbilden! Seine einzelnen Trainingschritte sollen klar bezeichnet und überprüfbar sein sowie mit einem festen Zeitplan versehen werden. Die Abstimmung mit seiner Familie, seinen Freunden, Mitarbeitern oder anderen betroffenen Personen sollte in diesem Plan vermerkt sein.

Vielleicht möchte der Klient den Coachingprozess mit einem ihm nahestehenden Menschen, wie zum Beispiel seinem Lebenspartner, gemeinsam fortsetzen. In diesem Fall sollten Sie mit der anderen Person zunächst eine Einzelarbeit durchführen, bevor Sie danach zu dritt ans Werk gehen.

Im nächsten Buchteil stelle ich Ihnen eine Grundsystematik vor, um mit der Vielzahl der auftauchenden Lebensthemen kompetent umgehen zu können. Diese vertiefenden Themen können Sie nahtlos mit dem Bewusstseinstraining und dem Kernprozess verknüpfen.

Teil IV
Vertiefende Themen

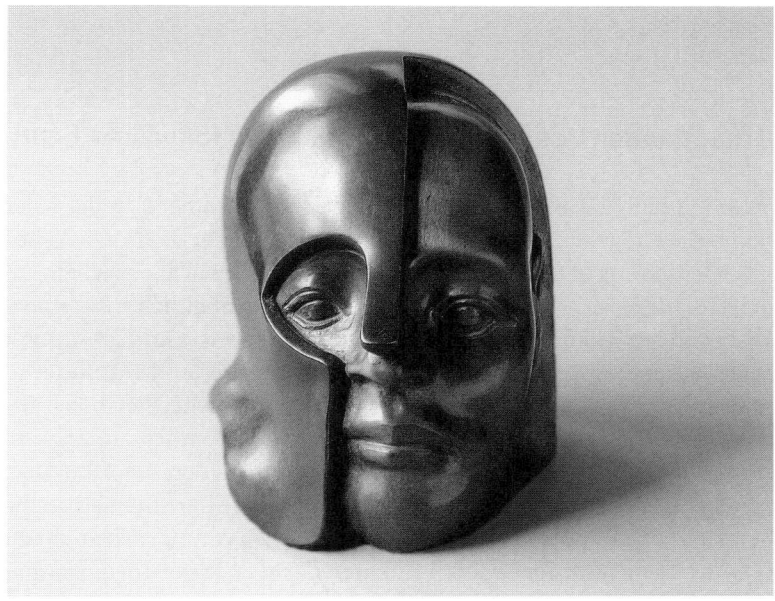

Ursula Corleis: Vulnerabile, 1997

»Das Ende der Anstrengung

Angenommensein hängt nicht davon ab, ob uns ein anderer annimmt oder nicht. Auch nicht davon, ob wir uns selbst annehmen oder nicht.

Für Angenommensein gibt es absolut nichts zu tun. Wir sind es bereits. Wenn wir wirklich erkennen, dass wir immer schon richtig waren, werden wir aufhören, uns anzustrengen, und das bedeutet nichts anderes, als die Verkrampfung unserer fühlenden Aufmerksamkeit aufzugeben.«

Richard Stiegler (2005)

Grundsätzliche Möglichkeiten des Übungsaufbaus

Grundthemen des Klienten erkennen und fokussiert bearbeiten

Schon in der Klärungsphase des Kernprozesses widmet sich der Klient nicht nur seinem vorgetragenen Hauptanliegen, sondern seinen gesamten Lebensinhalten. Mithilfe der Übung »Der Lebenskompass« verschaffen sich der Klient und der Coach einen Gesamteindruck über Themengruppen, die inhaltlich zusammenhängen können. Während der Klient sein Leben bildhaft dokumentiert und im Anschluss über die einzelnen Aspekte berichtet, liegt es an der Erfahrung und Intuition des Coachs, »zwischen den Zeilen« zu lauschen. Wie ich es schon beschrieben habe, gestaltet es sich äußerst gewinnbringend, Ursache und Wirkung klar voneinander zu trennen. Der Klient berichtet zu Anfang meistens von Symptomen, deren tieferer Ursprung ihm nicht bewusst ist. Je zügiger der Coach darunterliegende Kernthemen an die Oberfläche heben kann, umso effizienter kann die gesamte Zusammenarbeit ablaufen. Dabei sollte er Mittel und Wege finden, den Klienten darin zu unterstützen, aus sich selbst heraus auf diese Erkenntnis einer tiefer liegenden Wurzel seiner Probleme zu stoßen. Alles, was der Klient aus eigener Selbstreflexion erkennt, bearbeitet er im weiteren Prozessverlauf offen und ehrlich. Nur im »Notfall« helfe ich der Selbsterkenntnis des Klienten »auf die Sprünge«, indem ich ihm zusätzliche Blickwinkel vorschlage.

Der Kernprozess ist an sich schon so angelegt, dass wesentliche Aspekte der menschlichen Psyche und ihrer Entwicklung und Reifung darin abgedeckt sind. Manche Themen gilt es jedoch, individuell zu vertiefen, da sie mit den bisher vorgestellten Methoden noch nicht profund genug bearbeitet werden konnten. In den folgenden Kapiteln werde ich häufig auftretende Inhalte aufgreifen. Neben diesen konkreten Fallbeispielen möchte ich aber die prinzipiellen Möglichkeiten von Methodik und Übungsaufbau darlegen. Alle bisher angesprochenen Übungen habe ich aus den Grundsätzen des H.B.T. Human Balance Trainings in Abgleich mit den jeweiligen Bedürfnissen der Klienten heraus abgeleitet. Ich besitze einen festen Methodenkoffer, den ich maßgeschneidert zum Einsatz bringe. Wenn nötig, kreiere ich neue Übungsabläufe, die sich möglichst genau an die individuelle Situation und Struktur des Klienten anpassen. Bei der Gestaltung dieser Aufgaben berücksichtige ich klare Prinzipien, die mir helfen, einen Menschen ganzheitlich – in all seinen Dimensionen – wahrnehmen und begleiten zu können.

Ob ein Coach in der Lage ist, ein tiefer liegendes Thema seines Klienten zu identifizieren und detailliert herauszufiltern, hat allerdings nicht nur mit seiner fachlichen Erfahrung und seinem Spürsinn zu tun. Eine wesentliche Grundlage seines Arbeitsspektrums befindet sich in seiner persönlichen Reife und Verarbeitung eigener biografischer Themen. Meiner Erfahrung nach wird ein Coach hauptsächlich die Inhalte aufgreifen, die er in sich selbst schon reflektiert hat. Seine eigenen blinden Flecken kann er meistens auch beim Gegenüber nur mit Mühe aufdecken. Aus diesem Grund sollte er kontinuierlich an sich selbst weiterarbeiten und eine zuverlässige Supervision in Anspruch nehmen.

Im Folgenden beleuchte ich verschiedene Systematiken in der Übungsstruktur. Diese Ansätze spiegeln die verschiedenen Optionen wider, auf der reichen Klaviatur der menschlichen Sinne zu spielen. Das alles verbindende Element dieser variablen Möglichkeiten ist die Achtsamkeit, die aufmerksame Prozesssteuerung, die Vertiefung und Verdichtung gestattet. Wie ich es schon im Kernprozess verdeutlichte, lassen sich alle Schritte des Bewusstseinstrainings mit der Systematik der vertiefenden Themen nahtlos verbinden.

Nutzen Sie folgende Beispiele als Anregung, um eigene Aufgabenstellungen durchaus auch wieder neu zu kreieren! Achten Sie dabei auf Einfachheit und Transparenz im Aufbau – das sich in der Übung spiegelnde Innenleben des Klienten ist komplex genug.

Prinzip »Dreidimensionalität«

Wegen meines Grundanliegens, einen Menschen in seinen gesamten Dimensionen von Körper, Gefühl, Verstand und Seele anzusprechen, wähle ich häufig dreidimensionale Übungsaufbauten, wie beispielsweise »Der Lebenskompass«, »Die Biografielinie«, »Die Selbstwert-Waage«, »Raus aus dem Hamsterrad«, »Zukunftsperspektive«. Die Aufgaben beginnen zumeist damit, dass sich der Klient auf einem Schreibbrett erste Gedanken und Assoziationen notiert. Danach überträgt er essenzielle Aspekte seiner Erforschung auf Moderationskarten und beginnt diese Facetten in einem größeren Schaubild auf dem Boden zu vernetzen. Für diese Darstellungen benutze ich Materialien wie Seile in verschiedenen Längen und Breiten, Klebebänder, Papier in verschiedenen Größen, symbolhafte Gegenstände. Der Klient muss sich zur Durchführung dieser Aufgaben im wahrsten Sinne des Wortes in Bewegung setzen – er verlässt seine ihm vertraute sitzende, denkende Position und beginnt sich »fühlend« im Raum zu bewegen.

Daraus ergeben sich folgende Vorteile:

- Seine kompletten Sinne werden aktiviert. Spielerisch kann ich ihn dazu einladen, neben seinen Gedanken zudem die Botschaften seines Körpers, seines Herzens und seiner Seele wahrzunehmen und miteinzubeziehen.
- All seine Gedanken, Gefühle und Empfindungen können in einem Gesamtbild zum Ausdruck gelangen. Dieser Überblick schafft systemisches Verständnis und lässt komplexe Zusammenhänge schnell begreifen.

- Ein Bild sagt oft mehr als tausend Worte. Darstellungen lösen meistens größere Betroffenheit im Klienten aus als reine Gedanken. Bilder prägen sich schnell und tief ein – sie schenken Ausrichtung, Kraft und Motivation.
- Der Klient kann einen Übungsaufbau am Boden durchwandern und in Teilaspekte mit »Haut und Haar« hineinspüren. Dies ist in der Analysephase sehr wichtig, genauso wie für die Entlastung und Ausrichtung.

Dem Coach bieten sich durch das Prinzip »Dreidimensionalität« vielfache Alternativen, um einen ganzheitlichen Prozess stabil und umfassend aufzubauen. Auch in der Gruppenarbeit sind diese Übungen sehr hilfreich. Neben den schon dargestellten Möglichkeiten kann der Coach auch tiefer gehende Interventionen durchführen. Eine davon schildere ich in dem Kapitel »Die niemals endende Beziehung zu den Eltern« (s. S. 260 ff.).

Spiegelzellen aktivieren

Beim nächsten Übungsaufbau geht es darum, dass der Klient nicht nur in Kontakt mit seinen eigenen Wahrnehmungen und Empfindungen tritt, sondern sich zusätzlich in die Erlebniswelt eines anderen Menschen hineinversetzt. Die Aktivierung seiner Empathie, (neurobiologisch gesprochen: seiner Spiegelzellen) ist die Grundbasis der Übungen »Blickpunktwechsel« oder »Stuhlaufstellung«. Für viele Menschen ist es zunächst sehr ungewohnt, sich nicht nur oberflächlich, sondern tiefer gehend in eine andere Person hineinzufühlen. Diese Mühe lohnt sich:

- Der Klient trainiert seine emotionale Intelligenz und lernt, seine eigenen, einseitigen Blickpunkte zu erweitern. Das Hineinspüren in eine andere Person ermöglicht es ihm, sein Selbstbild zu überprüfen und seine Wirkung auf andere zu hinterfragen.
- Das Resonanzprinzip von Ursache und Wirkung lässt sich detailliert aufschlüsseln. Der Klient kann erkennen, dass er nicht das »Opfer« oder der »Spielball« anderer ist, sondern ungeahnte Handlungsspielräume besitzt, um Beziehungen aktiv zu gestalten.
- Das tiefe Verständnis für die Lebenssituation und das Lebensgefühl eines für den Klienten bedeutsamen Menschen öffnet den Weg zu Versöhnung und dauerhafter Entlastung.

Die Methode ermöglicht Klärung von Verstrickung und innere Reifung. Je offener sich ein Mensch in andere Personen und Lebewesen hineinversetzt, umso stärker kann die uns Menschen alle verbindende Kraft der Schöpfung hervortreten und heilsam agieren. Diese Wirkung veranschauliche ich in dem Kapitel »Abenteuer Partnerschaft« (s. S. 263 ff.).

Beschreibung und bildhafte Darstellung von komplexen Umständen

Um komplexe Themen mit vielfältigen Facetten zu durchdenken und abzubilden, lasse ich den Klienten auf einem DIN-A3-Schreibbrett oder einem Flipchart arbeiten. Dabei stelle ich ihm verschiedene Stifte und Farben zur Verfügung, die er sich intuitiv aussuchen kann. Ich bitte ihn, seine Gedanken zudem in Symbolen auszudrücken. Oftmals verknüpfe ich die schriftliche Aufgabenstellung mit einem Bild, wie zum Beispiel »Das Energiefass«, oder mit einer Aufteilung von verschiedenen Untersuchungsfeldern, zum Beispiel »Grenzen setzen, Grenzen wahren, Grenzen öffnen«. Auch bei dieser Aufgabenstellung geht es mir darum, die verschiedenen Gesichter eines Themas gleichzeitig abzubilden und in ihrer Abhängigkeit zu betrachten. Beim Energiefass definiert der Klient Situationen in seinem Leben, die ihm Kraft rauben. Gleichzeitig trägt er auf dem Blatt Ressourcen zusammen, die ihm bei der Bewältigung seiner Überbelastungen helfen können. Beim Thema »Grenzen« ist gerade die Kombination der Fragestellung sehr erhellend. Der Klient kann sich nicht nur hinter einem Blickpunkt verschanzen, sondern ist aufgefordert, sich selbst genau auf die Finger zu schauen: Mutet er anderen Menschen nicht ebenso Verhaltensweisen zu, unter denen er selbst leidet?

Bei dieser Methodik kommt es also besonders auf eine clevere Fragestellung an. Unser Denken kann die Gleichzeitigkeit von gegensätzlichen Geschehnissen oder Empfindungen schwer ertragen. Unser Verstand formt zum Beispiel den Gedanken: *»Ich liebe meinen Partner.«* Einen Moment später taucht eine andere Wirklichkeit auf: *»Er macht mich rasend, da er mich nicht ausreichend wertschätzt.«* Im Kopf rattern dann diese polaren Wahrnehmungen hintereinander im Kreis – denn unser Verstand ist nicht in der Lage, dieses gegensätzliche Geschehen zu durchdringen, geschweige denn, es zu lösen. Herz und Seele haben dagegen eine ganz andere Verarbeitungsfähigkeit. Ihnen scheinen unlogische Umstände vertraut. Sie können Widersprüchlichkeiten ertragen, zulassen und durch dieses emotionale Annehmen zu Lösungswegen finden.

So bieten sich folgende Aspekte:

- Durch das Schreiben und bildhafte Darstellen kann sich der Klient mit komplexen, zum Teil paradoxen Gegebenheiten Schritt für Schritt vertraut machen.
- Sobald er ein Blatt erstellt hat, kann er einen Schritt zurücktreten und seine gesammelten Eindrücke mit Abstand begutachten.
- Mithilfe dieser Gesamtschau kann der Coach wieder alle Dimensionen des Klienten aktivieren und in die Bearbeitung einbeziehen.

Im Kapitel »Beziehungsgeflechte im Beruf« (s. S. 266 ff.) präzisiere ich diese Methodik noch einmal exemplarisch.

Den Körper, Bewegung und Natur mit einbeziehen

Wie ich schon mehrfach erwähnte, liegt es mir besonders am Herzen, immer wieder den Körper mit all seinen spontanen Regungen und Empfindungen in das Coaching zu integrieren. Wir alle kennen das Phänomen, dass wir uns besonders gut Erfahrungen merken können, die wir im eigenen Körper gespürt oder sogar bewusst verankert haben. Natürlich gilt es bei dieser Methodik, sehr genau auf den Klienten zu achten. Es gibt Personen, die wenig Bezug zu ihrem Körper haben, da sie sehr verstandesgesteuert und mental kontrolliert sind. Bei ihnen gilt es, genau auf die Dosierung zu achten – denn Körperübungen sollen Spaß machen und keine Widerstände auslösen.

Besondere Vorsicht ist bei Klienten geboten, bei denen der Coach eine Traumatisierung vermutet. In diesem Fall können schon kleine Körperbewegungen tiefe Emotionen auslösen, die mit der gegenwärtigen Situation nur ganz am Rande etwas zu tun haben. Von daher sollten bei diesen Menschen emotional erregende Übungen vermieden werden, um die Kompetenzen des Coachs nicht zu überschreiten.

Im Normalfall wirkt Körperarbeit

- immens erfrischend und führt oft zu spontanen Aha-Erlebnissen, die sich leicht und heiter ereignen.
- Der Klient prägt sich seine Erkenntnisse auf mehreren Sinneskanälen ein und speichert sie so »in all seinen Zellen«.
- Besonders in der Gruppenarbeit initiiert diese Methodik Bewegung, Begegnung, Lachen und Vertrauen.

In dem Kapitel »Gelungene Kommunikation lässt Potenziale erblühen« (s. S. 273 ff.) präsentiere ich eine Körperübung, mit der ich beeindruckende Erfahrungen sammle.

Neben dieser Körperarbeit binde ich gezielt Bewegung in der Natur in den Coachingprozess mit ein. Sobald ich das Gefühl habe, dass der Klient eine Pause braucht oder eine intensive Erfahrung erst verarbeiten sollte, bevor es inhaltlich weitergeht, lade ich ihn zu einem Spaziergang ein.

Jeder, der joggt, öfters spazieren geht oder Bergtouren macht, kennt das Phänomen: Sobald sich der Körper in Bewegung setzt, beginnt das ganze System mit der Verarbeitung von Eindrücken. Während der körperlichen Bewegung können Gedanken und Gefühle die Richtung wechseln. Oft erfrischt eine Pause an der Luft Geist und Seele, und der Prozess kann danach leicht und natürlich fortgesetzt werden.

Bei der Wahl meiner Arbeitsräume achte ich stets auf die direkte Anbindung an die Natur. Passt es vom Wetter und vom Übungsaufbau, können der Klient oder die Gruppenteilnehmer gerne draußen arbeiten. Das Licht, die Luft, die Gerüche, der Himmel, die Erde, Pflanzen, Farben – all das dringt auf geheimnisvolle Weise positiv auf unser Gesamtsystem ein. Nutzen Sie daher unbedingt die natürliche Ressource »Natur«.

Dabei sind der Fantasie keine Grenzen gesetzt. Ein Coaching, verbunden mit einer Wanderung oder einer Bergtour, bietet einen aufregenden Erlebnisraum und kann für manchen Klienten besonders geeignet sein. Achten Sie jedoch auf jeden Fall auf eine hoch professionelle Durchführung – die Natur hält viele Überraschungen auf Lager. Ein kleiner Wetterumschwung kann manche entspannte Unternehmung blitzschnell unter Druck setzen. Wer darauf vorbereitet ist, erlebt gerade dadurch eine Fülle von intensiven Eindrücken.

Innere Reisen

Um tiefer gehende Entlastungsprozesse zu konkretisieren, wähle ich oft die Arbeitsweise der inneren Reise. In den Beispielen »Emotionen in Bildsprache verwandeln« (s. S. 132 f.) und »Das innere Kind umsorgen« (s. S. 220 ff.) habe ich diese Technik schon angesprochen, die vom Coach eine hohe Sensibilität und klare Vorgehensweise verlangt.

Durch die intuitive Arbeit mit den inneren Bildern erschließen sich im Klienten tiefe Ressourcen der eigenen Heilkraft. Der Coach dient in diesem inneren Prozess als eine Art Reiseleiter. Wie genau der Weg verläuft, kann er von vornherein nicht sagen – da die Gestaltung dem Unterbewusstsein des Klienten obliegt. Um diese Methodik sicher anzuwenden, sollte der Coach eine Fortbildung in Hypnotherapie oder Focussing machen. Ich persönlich halte diese Arbeitsweisen für besonders kraftvoll und unterstützend,

- da sie auf sehr schlichte Art und Weise tiefe Wahrheiten und Ressourcen freilegen,
- da sie in der Neurobiologie des Klienten sofortige Umbauarbeiten auslösen,
- da sie dem Klienten wunderbar stärkende und tragende Bilder schenken, mit denen er selbst kreativ weiterarbeiten kann.

Für eine profunde Einzelarbeit sehe ich diese Methode als unerlässlich an – ich habe mir ein Grundverständnis der Arbeitsweise durch Schulung angeeignet und sie durch eigene Erfahrung weiterentwickelt. Im Kapitel »Gesundheit und Krankheit – die Seele spricht durch den Körper« (s. S. 270 ff.) exemplifiziere ich eine weitere Facette ihrer Anwendung.

Kreatives Assoziieren

Eine andere, einfachere Technik, die auch das Unterbewusstsein und die Intuition des Klienten anzapft, ist der kreative Ausdruck, den ich schon in zwei verschiedenen Varianten angesprochen habe. In den Übungen »Identifizierung und Zuordnung von Glaubenssätzen« (s. S. 209 ff.) und »Das Visionsbild« (s. S. 236 ff.) wendet sich der Klient dem freien Malen zu. Die meisten Klienten äußern zu Anfang die Befürchtung, dass sie weder kreativ noch malerisch begabt seien. Diese Angst gilt es, aufmerksam und humorvoll abzubauen; sie ist ein wunderbares Beispiel für uralte Glaubenssätze, die sich meistens im Kunstunterricht in der Schulzeit ausgebildet haben.

In der Übung »Die Lebensskulptur« (s. S. 240 f.) arbeitet der Klient mit Symbolen und sucht sich für konkrete Themen stellvertretende Figuren. In beiden Fällen werden neben dem rationalen Verstand auch noch intuitivere Ebenen angesprochen und in die Reflektion und den Ausdruck involviert.

- Durch diese Methode werden verschiedene Regionen im Gehirn angesprochen, der Klient schöpft seine Ideen und Impressionen also aus mehreren Speichern.
- In der Bilder- oder Symbolsprache treten manche Dinge an die Oberfläche, die der Klient unter anderen Umständen nicht artikuliert hätte.
- Nach anfänglicher Scheu finden manche Klienten große Freude an dieser spielerischen Art sich auszudrücken. Viele jüngere Menschen arbeiten gerne und unkompliziert mit diesem Medium.
- Emotional belastende Themen, die nur schwer anzusprechen sind, finden mithilfe dieser Technik einen einfühlsamen, sorgfältigen Umgang. Der Klient kann seinen Gefühlen zunächst in aller Stille nachgehen und ihnen einen ureigenen Ausdruck verleihen, bevor er sich mit dem Coach darüber austauscht.

Hierfür gebe ich in dem Kapitel »Ein geliebter Mensch ist gestorben« (s. S. 276 f.) eine ausführliche Anleitung.

Die kreative Ausdrucksarbeit kann natürlich in vielerlei Formen passieren. Der Klient kann Collagen erstellen, plastisch mit Ton arbeiten, über das Medium »Musik« seinen Empfindungen Ausdruck verleihen – der Fantasie sind keine Grenzen gesetzt.

Offene Fragen

> »… und ich möchte Sie, so gut ich es kann, bitten, Geduld zu haben gegen alles Ungelöste in Ihrem Herzen und zu versuchen, die Fragen selbst liebzuhaben, wie verschlossene Stuben und wie Bücher, die in einer fremden Sprache geschrieben sind.
> Forschen Sie jetzt nicht nach Antworten, die Ihnen nicht gegeben werden können, weil Sie sie nicht leben können. Und es handelt sich darum, alles zu leben. Leben Sie jetzt die Fragen. Vielleicht leben Sie dann allmählich, ohne es zu merken, eines fernen Tages in die Antwort hinein.«
>
> *Rainer Maria Rilke*

Eine ganz besonders wertvolle Technik möchte ich zum Schluss nochmals hervorheben. Es ist weniger eine Methode als vielmehr eine geistige Haltung: Offene Fragen stellen und sie in Ruhe wirken lassen.

Mit meiner Einladung an den Klienten, in ein möglichst wertfreies Forschungslabor einzutreten, mache ich ihn von Anfang an damit vertraut, sich für all seine Gedanken und Untersuchungen Zeit und Raum zu schenken. Diese innere Haltung kann ich mit der schon vorgestellten Übung »Dyade« (s. S. 208 f.) explizit schulen.

Durch den vorgegebenen Übungsablauf der sich ständig wiederholenden gleichen Frage lernt der Klient, an einer bestimmten Thematik intensiv dranzubleiben. Im Alltag hüpft er gedanklich vielleicht oft hin und her – hier lernt er die geistige Disziplin der Fokussierung.

Für den Coach bedeutet das, in der Fragestellung sehr genau vorzugehen. Letztlich ereignete sich in einem meiner Kurse die Situation, dass sich eine der Teilnehmerinnen verhörte und die gestellte Frage für sich abwandelte. Statt mit dem Satz »*Wie treibst du dich an?*« zu arbeiten, konzentrierte sie sich auf die Aussage »*Was treibt dich an?*«. Es war beeindruckend zu sehen, wie eine kleine Wortverschiebung ungeheure Auswirkungen auf die gesamte Selbsterforschung haben kann. Während die übrigen Teilnehmer sich durch die eigentliche Fragestellung fokussiert mit ihren eigenen Fühl-, Denk- und Verhaltensweisen beschäftigten (und ihnen dadurch im Rückschluss viele Handlungsspielräume bewusst wurden), blieb die Frau in einem bestimmten Blickpunkt verhaftet: »*Oh Schreck, wie viele Personen und Situationen treiben mich von außen an!*« Während die einen schon Möglichkeiten einer aktiven Lebensumgestaltung entdeckten, erlebte sie sich noch eher als Opfer der Umstände.

Eine Frage kann so scharf wie ein geschliffenes Küchenmesser sein, mit dem Sie akkurat eine Orange filettieren. Eine saubere innere Arbeit verlangt große Klarheit und immer wieder den Mut, genau hinzuschauen. Mit dieser simplen Fragetechnik

- kann der Klient mit allen nur denkbaren Themen in die Tiefe gehen.
- können verschachtelte Themen nach und nach transparent werden.
- können Sie zunächst auf der Verstandesebene einsetzen. Wer eine gut formulierte Frage länger auf sich wirken lässt, stößt ganz von alleine auf die Empfindungen seines Herzens und seiner Seele.

Offene Fragen sind ein machtvolles Instrument, die der Coach sehr bewusst einsetzen sollte. Im Kapitel »Sinn und Werte setzen Kraft frei« (s. S. 278 f.) schildere ich ein Beispiel aus einer Seminarsituation.

Neben dem Übungsaufbau mit einem Gegenüber kann der Klient natürlich zudem für sich selbst einem bestimmten Thema nachgehen. Entweder mithilfe eines Schreibbretts oder eines Aufnahmegeräts im Rahmen des Coachings oder ebenso zu Hause. Einer Frage über einen längeren Zeitraum täglich nachzugehen, zeigt große Wirkung.

All die verschiedenen Systematiken in Methodik und Übungsaufbau werde ich nun anhand von praktischen Beispielen detailliert darlegen.

Die niemals endende Beziehung zu den Eltern

> **Fallbeispiel: Ich habe Angst davor, Entscheidungen zu treffen (s. S. 161)**
>
> Im Buchteil II »Gezieltes Bewusstseinstraining« hatte ich Ihnen die Geschichte des jungen Geschäftsführers vorgestellt, der wegen seiner offensichtlichen Entscheidungsschwäche zu mir kam. In der ersten Coachingsitzung zeigte ich ihm, wie er mithilfe der Übung »Das Kaleidoskop« den Prozess einer Entscheidungsfindung systematisch aufbauen kann.
> In einer folgenden Übung widmeten wir uns einer tieferliegenden Thematik: dem Verhältnis zu seinem Vater. Wie ich schon berichtete, hatte sich der über viele Jahrzehnte erfolgreiche Firmenlenker weitgehend aus den täglichen Geschäften zurückgezogen. Er blieb im Hintergrund aber weiterhin präsent, und mein Klient verglich seine Leistungen andauernd mit den Fähigkeiten des Vaters. Der Vater hatte seinem Sohn große Verantwortung übertragen. Dem jungen Mann fehlte aber offensichtlich das Selbstvertrauen, um seine Nachfolgerrolle entspannt ausfüllen zu können.

Um diesen Umstand näher zu untersuchen, starteten wir mit der »Biografielinie«, an die sich die »Stuhlaufstellung« anschloss. Im Verlauf dieser Übungen zeigte sich deutlich, dass sich der junge Mann nichts sehnlicher wünschte, als seinen Vater stärkend in seinem Rücken zu spüren. Dieses Gefühl hatte er in seiner Kinder- und Jugendzeit vermisst, und nun fehlte es ihm umso mehr.

Im Grunde war sein Verhältnis zum Vater gar nicht so schlecht. Der Mann war nur, ähnlich wie der Großvater, ein sehr disziplinierter, fleißiger Mensch, der seine Gefühle eher spärlich zum Ausdruck brachte. Das verunsicherte meinen Klienten immer wieder aufs Neue – er hätte die Liebe und Achtung seines Vaters so gerne direkt erfahren. Diese Empfindung der achtungsvollen Liebe wollte ich ihn spüren lassen. Dazu erweiterte ich die Übung »Die Stuhlaufstellung« um eine kraftvolle Sequenz.

Übung	**Familienkraft in den Rücken stellen**

Einleitung
In vielen Familien drücken die Eltern ihre wahren Gefühle dem Kind gegenüber viel zu wenig aus. Sie selbst haben diese emotionale Verbundenheit in ihrer eigenen Kindheit meist ebenfalls nicht erfahren – so konnten sie es nicht lernen, Liebe und Wärme offen und direkt auszudrücken. Unter diesem eingeschränkten Austausch der Gefühle leiden beide Seiten: sowohl die Eltern als auch die Kinder, denn die menschliche Seele möchte ihre tiefen Empfindungen dem andern mitteilen. So handelt es sich bei nicht erfahrener Liebe in vielen Fällen um ein Missverständnis: Das Kind interpretiert die Sprachlosigkeit der Eltern als Desinteresse und mangelnde Beteiligung. Der Erwachsene meint es aber gar nicht so – er kann nur nicht anders.

Wie ich es schon ausführlich an anderer Stelle betont habe, spielt das Selbstvertrauen bei der persönlichen Potenzialentfaltung eine unglaublich wichtige Rolle. Kinder, die sich von ihren Eltern geliebt fühlen und deren Kraft und Zuwendung fest und sicher im Rücken spüren, gehen bildlich gesprochen mit einem gestärkten Rückgrat ins Leben hinaus. Wem diese innere wie äußere Anlehnung fehlt, der muss diesen Mangel durch eigene Kraft ersetzen. Das ist ein anstrengendes Spiel, das nur zum Teil gelingt. Damit sich ein Mensch rundum entspannt und glücklich in seiner eigenen Mitte verankern kann, muss er die Beziehung zu seinen Eltern in irgendeiner Form geklärt haben. Wenn die Erfahrung von Zuneigung und Vertrauen im direkten Kontakt mit seinen Eltern nicht möglich ist, schenkt die folgende Übung eine Chance, dass der Mensch dieses Erleben in seinem Inneren nachvollziehen kann.

Ziel
Der Klient spürt die Liebe und Achtung seiner Eltern im Rücken und gewinnt dadurch an Stärke und Selbstvertrauen. Darüber hinaus kann er die Kraft seiner gesamten Familienlinie hinter sich versammeln und sich fest sowie stabil in seiner Herkunft verankern.

Material
Verschiedene Stuhltypen, Paravent.

Übungsaufbau
Die Arbeit knüpft direkt an die »Stuhlaufstellung« an. Der Klient hat seine Eltern, Geschwister und Großeltern mithilfe verschiedener Stuhltypen aufgestellt. Er hat sich in die Situation jedes Einzelnen hineinversetzt und dessen Lebensgeschichte nachempfunden. Er hat die Verkettung von persönlichen und gesellschaftlichen Umständen aufgeschlüsselt. Dadurch hat er schon viel Verständnis für die Verhaltensweisen seiner Eltern gewonnen. Nun gehen wir im Coachingprozess noch weiter.

Übungsablauf
Erster Schritt: Ich bitte den Klienten, sich auf den Stuhl eines Elternteils zu setzen. (Der junge Geschäftsführer setzte sich auf den Stuhl seines Vaters – ich beschreibe den weiteren Ablauf anhand dieses Beispiels.)
Der Klient hatte das Verhältnis von seinem Vater zu dessen Eltern eher distanziert abgebildet. Die stellvertretenden Stühle der Großeltern standen ein ganzes Stück von dem Stuhl des Vaters, auf dem der junge Mann saß, entfernt. Ich fragte ihn, ob ich etwas ausprobieren dürfte und innerhalb seiner Stuhlskulptur eine Veränderung vornehmen könnte. Er bejahte es.

Zweiter Schritt: Ich nahm die Stühle der Großeltern und platzierte sie direkt hinter dem Stuhl des Vaters. Ich sagte dem Klienten: »Sie wissen, dass das Verhältnis von dem Kind zu den Eltern leider nicht offen und vertrauensvoll war. Stellen Sie sich aber dennoch im Inneren vor, dass die Großeltern in anderen Verhältnissen aufgewachsen *wären* und gelernt *hätten*, ihre Gefühle auszudrücken: Liebevoll, klar und herzlich stehen sie hinter ihrem Sohn und schenken ihm Vertrauen und Achtung. Wie fühlt sich das Kind? Zu welchem Erwachsenen wächst es heran? In welcher Art wird es seine Gefühle zum Ausdruck bringen?«

Dritter Schritt: Schon im gleichen Moment, in dem die Stühle hinter der Person aufgestellt werden, kann ein starker Wandel in deren Empfindungen eintreten. Bei dem Klienten war der Wechsel eindeutig zu sehen, da sich seine gesamte Körpersprache und Mimik verwandelte. Seine eher steife, zurückhaltende Position auf dem Stuhl seines Vaters veränderte sich schlagartig. Er wirkte viel lebendiger und offener. Die wahrgenommene Herzenswärme und Kraft in seinem Rücken drückten sich direkt in seinem Lebensgefühl aus. Ich fragte ihn: »*Wenn Sie aus diesem Lebensgefühl heraus Ihren Sohn betrachten, wie nah möchten Sie ihm sein?*« Der Klient positionierte sofort seinen Stuhl schräg hinter dem Kind, um es von hinten zu stützen und auch gut sehen und ansprechen zu können.

Vierter Schritt: Der Klient setzte sich auf seinen eigenen Stuhl zurück und spürte nun in seine momentane Empfindung hinein. Sein Vater saß dicht bei ihm. Direkt hinter dem Vater standen die Großeltern. Der Effekt war enorm. Ein Ruck ging durch seinen ganzen Körper. Der Geschäftsführer richtete sich zu seiner vollen Größe auf und atmete auf. Ein Lachen wanderte durch sein Gesicht, und er sagte: »*Jetzt fühlt sich alles richtig an!*« Zur Verstärkung dieses Erlebens stellte ich neben den Vater noch die Mutter und hinter die Stühle einen Paravent, der die Reihe seiner Ahnen symbolisieren sollte. Der Klient hatte somit seine gesamte Familie direkt im Rücken.

Fünfter Schritt: Ich ließ den Klienten dieses Erleben tief in sich aufnehmen und fest in seinen Zellen verankern. Die Wirkung ist ähnlich wie bei der Arbeit mit dem inneren Kind. Der Erwachsene holt nach, wie es sich eigentlich hätte anfühlen können, wenn das Leben ein wenig anders gespielt hätte. Die allermeisten Eltern möchten ihren Kindern ja gerne ihre ganze Liebe schenken – sie können es aber nicht. Sie selbst wiederholen Prägungen und Verhaltensmuster, die ihnen kaum bewusst sind. Die emotionale und seelische Erfahrung der direkten Zuwendung, Unterstützung und Rückendeckung der Eltern und gesamten Familie ist für den Klienten mehr als eine Vorstellung – sie ist in diesem Moment Realität und verändert auf der Stelle seine neuronalen Verschaltungen.
Der erwachsene Mensch beginnt, sich tief innen zu entspannen, da sich in seinem Inneren ein existenzielles Bedürfnis endlich erfüllen kann.

So erging es auch meinem Klienten. Es war wundersam zu beobachten, wie viel Stärke und Lebensfreude er aus dieser Übung mitnahm. Das Thema »Entscheidungsfindung« betrachtete er nun aus einer völlig anderen Perspektive.

Abenteuer Partnerschaft

Fallbeispiel: Wir reden ständig aneinander vorbei!?

Eine erfolgreiche Geschäftsfrau kommt ins Coaching, da sie zunehmend Probleme mit ihrem Freund hat. Beide waren vor ihrer aktuellen Beziehung schon einmal verheiratet und haben sich vor ungefähr fünf Jahren kennengelernt. Die Frau war zum Zeitpunkt der Bekanntschaft schon geschieden und lebte bereits längere Zeit alleine. Er dagegen war noch verheiratet, hat aus dieser Ehe auch zwei Kinder. In der Ehe kriselte es schon lange – die Freundschaft zu meiner Klientin war letztendlich der Auslöser für die Trennung und Scheidung.
Die Beziehung war von Anfang an schwierig. Meine Klientin hatte sich eigentlich vorgenommen, niemals etwas mit einem verheirateten Mann anzufangen. Aber als sie ihn sah, war es um sie geschehen. Für diese Liebe nahm sie vieles in Kauf. Die Zeit seiner Scheidung war für sie extrem belastend. Kurz danach zog er in ihr großes Haus mit ein, seine beiden Kinder kamen sie jedes zweite Wochenende besuchen. Die Geschwister waren im besten Teenageralter und fanden die ganze Situation überhaupt nicht witzig. Zwischen ihnen und ihrem Vater gab es oft Streit, die neue Partnerin versuchte, zwischen den Dreien zu schlichten.
Auch finanziell war die ganze Situation wenig erfreulich. Ihr Freund war beruflich zwar gut aufgestellt. Durch die Trennung war er mit seinen Finanzen aber in Schieflage geraten. Die Frau half ihm ständig aus, dieser Umstand ging ihr aber zunehmend auf die Nerven. Schon mehrfach hatte sie mit ihrem Freund das Gespräch gesucht, um die verschiedenen für sie belastenden Faktoren anzusprechen. Aber es war wie verhext: Entweder konnte sie sich schlecht ausdrücken. Oder er wollte einfach nicht verstehen, was sie sagte. All ihre Bemühungen, ihm zu verdeutlichen, welche seiner Verhaltensweisen sie unglücklich stimmten, scheiterten kläglich. Im Moment machte sie sich schon Vorwürfe, dass sie sich überhaupt auf dieses Abenteuer einer neuen Partnerschaft eingelassen hatte.

| Übung | **Was trennt uns – was bindet uns?** |

Einleitung

Viele Menschen leben heute in komplexen Patchworkfamilien. Sie haben sich von ihren vorherigen Partnern getrennt und bringen in die neuen Beziehungen mannigfache Altlasten mit ein. Da geht es zum einen um menschliche Themen, wie zum Beispiel die Angst vor einem neuerlichen Scheitern, Misstrauen bei bestimmten Verhaltensweisen, Aufmerksamkeit, die nicht dem neuen Partner, sondern den Kindern zuteil wird und vieles mehr. Zum anderen handelt es sich um ganz praktische Angelegenheiten wie beispielsweise Finanzen, Besuchszeiten, rechtliche Auseinandersetzungen mit dem alten Partner, Wohnverhältnisse. Das Gesamtpaket, das auf einer neuen, frisch erblühenden Liebe lastet, kann so groß sein, dass es erdrückend wirkt. Bei der

Konstellation meiner Klientin verdichteten sich auch verschiedene Belastungspunkte: Zu Anfang ihrer Beziehung hatte sie quasi »in zweiter Reihe« die Scheidung ihres jetzigen Partners miterlebt. Sie schuf in ihrem Haus Raum für ein gemeinsames Leben, an dem auch die pubertierenden Kinder Anteil hatten. Sie ertrug die belastenden Streitigkeiten und nahm viel Ärger auf sich, mit dem sie eigentlich nichts zu tun hatte. Zudem leistete sie finanzielle Unterstützung, für die sie kaum Dank empfing.

Für solch eine oder ähnliche Konstellationen ist die folgende Übung extrem hilfreich. Im Gegensatz zum vorhergehenden Ansatz lässt sie die Biografien der beteiligten Akteure außer Acht, sondern konzentriert sich ganz und gar auf die gegenwärtigen Themen.

Ziel
Der Klient schafft Transparenz über die Themen und Einflussfaktoren, die auf eine Beziehung einwirken. Er verschafft sich einen Überblick und kann für klar abgegrenzte Themen gezielte Lösungswege ansteuern.

Material
Zwei Stühle, Moderationskarten in den Farben gelb, orange, rot, Stifte, Seile.

Übungsablauf
Erster Schritt: Der Klient positioniert die Stühle als Platzhalter für ihn und die andere Person. Er achtet dabei auf Abstand, Ausrichtung, Höhenverhältnisse der Sitzmöbel als Sinnbild der erlebten Beziehung – die nähere Erklärung hierfür finden Sie im Beispiel »Stuhlaufstellung« (s. S. 215 ff.).

Was trennt uns – Was bindet uns?

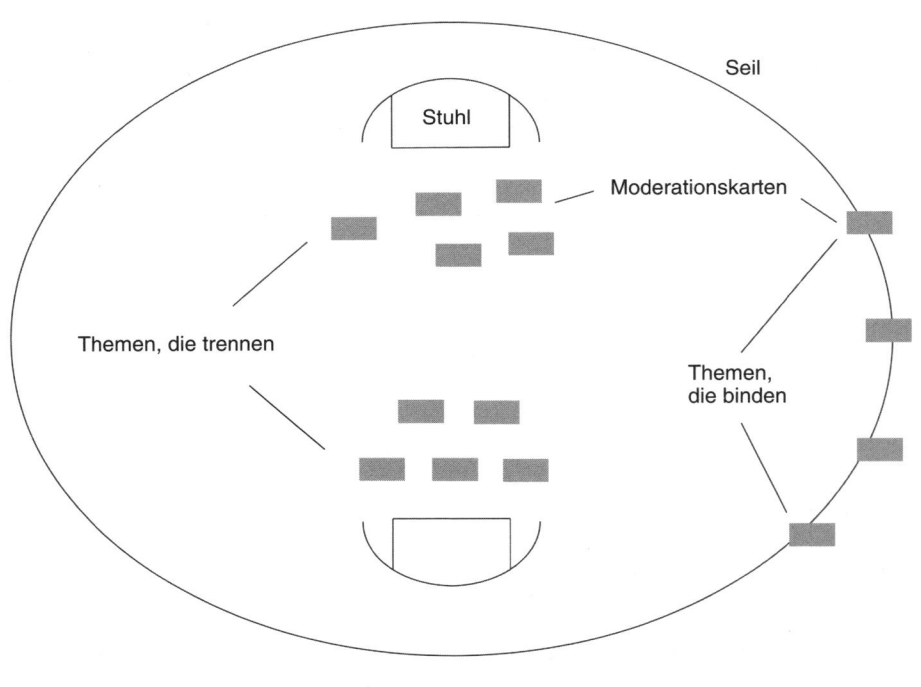

Zweiter Schritt: Nacheinander setzt er sich auf die beiden Stühle und spürt in die Position von sich selbst und dem Partner ganz genau hinein. Er widmet sich dabei folgenden Fragen: Welche Themen stehen zwischen uns? Er beschriftet dabei die Moderationskarten:

- Rot = brandheiße Themen, die emotional hoch aufgeladen sind und viel Gewicht innerhalb der Beziehung haben.
- Orange = mittelheiße Themen, die auch wichtig sind.
- Gelb = nicht so wesentliche Themen, dennoch erwähnenswert.

Pro Thema beschriftet er eine Karte – einmal aus seinem Blickwinkel heraus, dann aus der Position seines Gegenübers. Die Karten legt er auf den Boden und ordnet sie seinem Empfinden nach den Stühlen (Personen) zu.

Dritter Schritt: Mithilfe der Seile und Karten symbolisiert er die Frage: Was verbindet uns? Oder auch: Auf welche Art sind wir verbunden?
Dadurch wird sichtbar, wie stark die Bindung beziehungsweise Abhängigkeit zwischen den beiden Personen ist (Ressource?).

Vierter Schritt: Der Klient geht die einzelnen Karten durch und sortiert:

- Welche Themen gehören innerhalb der Beziehung geklärt und bearbeitet?
- Welche der Themen sollten mit anderen Personen bearbeitet werden (zum Beispiel mit den eigentlich betroffenen Personen: Rechtsanwalt, Finanzberater, Arzt, Ernährungsberater, Coach)?

Fünfter Schritt: Der Klient erstellt einen Plan für eine realistische Vorgehensweise, um die gesamte Konstellation inklusive der brisanten Themen konstruktiv anzusprechen und verbessern zu können. Der Coach respektiert dabei mögliche Ängste und Widerstände und bleibt dennoch so lange am Thema dran, bis sich eine authentische Lösung abzeichnet (verfolgen Sie das Thema über so viele Sitzungen, bis es Ihnen gelöst erscheint).

Dieser Übungsaufbau eröffnet verschiedene Blickpunkte gleichzeitig:

- Er zeigt dem Klienten die Gefühle und Themenbereiche auf, in denen er sich mit seinem Partner verbunden fühlt. Neben den Problemstellungen wird der Blick auch auf das Kraftvolle und Schöne der Beziehung gelenkt.
- Offene Themen und Streitpunkte werden klar definiert und übersichtlich dargestellt.
- Der Klient hat dabei nicht nur seinen eigenen Blickpunkt im Fokus, sondern versetzt sich in das Lebensgefühl seines Partners. Allein diese Wahrnehmungsverschiebung weckt Verständnis und öffnet den Blick für neue Lösungsmöglichkeiten.
- Ineinander verstrickte Themen werden auseinanderdividiert und für sich allein betrachtet. Nacheinander wird überprüft, wer für die Lösung zuständig und kompetent erscheint, und dementsprechend ein Maßnahmenkatalog entwickelt.

Die nüchterne, facettenreiche Betrachtung schafft Klarheit. Emotionale und sachliche Themen werden voneinander getrennt – dadurch kann sich die Beziehung entlasten und durch kleine, realistische Schritte zu einer gesunden Basis finden.

Beziehungsgeflechte im Beruf

Fallbeispiel: Beziehungsstress durch zu hohen Druck

Ein technischer Betriebsleiter wird von seinem Geschäftsführer zum Coaching geschickt, da er in den letzten Monaten extrem angespannt wirkt. Er arbeitet schon seit vielen Jahren in diesem mittelständischen Betrieb, den er mit viel Engagement und Herzblut mitaufgebaut hat. Die Atmosphäre in der Firma ist freundschaftlich und locker, da sich die meisten der Mitarbeiter bereits lange kennen. Früher ging man nach der Arbeit noch zusammen weg oder traf sich am Wochenende zum gemeinsamen Sport. Doch diese Zeiten sind lange vorbei.

Da sich die Firma sehr erfolgreich entwickelte, vergrößerte sie sich schnell. In kurzer Zeit wurde die Produktpalette stark erweitert, es wurden neue Abteilungen gegründet und mehr und mehr Personal eingestellt. Dieser Umstand erfreute und motivierte alle, da sie ihre hochgesteckten Ziele noch weit übertrafen. Mit der Zeit wurde aber klar, dass die Medaille des Erfolgs eine nicht zu unterschätzende Kehrseite in sich trug.

Die Arbeitsbelastung erhöhte sich stetig, und gerade mein Klient stand unter einem besonders hohen Druck. Er hatte zu vielen Abteilungen und Projekten Schnittstellen und wurde daher ständig zu Meetings und Telefonkonferenzen eingeladen.

Früher genoss er den Ruf, ein humorvoller und hilfsbereiter Kollege zu sein. Doch das hatte sich verändert. Im Moment hatte er mit einigen seiner Kollegen richtigen Stress, da er sie wiederholt dazu ermahnen musste, Absprachen einzuhalten. Durch seine verantwortungsvolle Position sah er sich in der Pflicht, sich dahinschleppende Projekte auf Trab zu bringen, und schlug dazu einen zunehmend schärferen Ton an. Das fand er selbst nicht gut, aber er fühlte sich durch die Gesamtsituation in eine Zwickmühle gebracht.

Nach seiner Beschreibung überlegte ich mir eine Weile, mit welcher Übung ich einen guten Einstieg in den Coachingprozess finden könnte. Verschiedene Details auf menschlicher und organisatorischer beziehungsweise auf der Prozessebene sprangen ins Auge, ihre gegenseitige Abhängigkeit war nicht zu übersehen. Auch wollte ich sein Rollenverhalten in der Unternehmenshierarchie hinterfragen. Ich wählte die folgende Aufgabenstellung, um mir einen Überblick über das Zusammenspiel der einzelnen Faktoren zu verschaffen.

Das Beziehungsdiagramm

Einleitung

In vielen Unternehmen lastet auf den einzelnen Mitarbeitern ein hoher Arbeitsdruck. Oftmals muss mehr Arbeit von immer weniger Menschen gemeistert werden. Diese Konstellation hinterlässt auf organisatorischer und struktureller Ebene ihre Spuren. Festgelegte Prozessketten können durch die veränderten Begleitumstände nicht mehr eingehalten werden. Mitarbeiter sollten flexibel reagieren können, werden aber durch eingefahrene Strukturen daran gehindert. Neben diesen fachlichen Hindernissen gilt es, auch auf menschlicher Ebene manche Hürde zu überspringen. Gerade in der Kommunikation kann positiver Rückenwind, aber auch lästiger Gegenwind für die Aufgabenbewältigung erzeugt werden. Mit dem Beziehungsdiagramm besteht die Möglichkeit, die fachliche und menschliche Ebene gemeinsam zu erfassen und zu durchleuchten.

Ziel

Der Klient beschäftigt sich mit dem Anlass, den Inhalten und der Qualität seiner einzelnen Beziehungen. Die Übung kann sowohl für die Untersuchung des beruflichen Kontextes als auch des privaten Umfelds genutzt werden. Durch die Gesamtschau kann das Verhalten auf eine bestimmte Rollenpräferenz überprüft werden.

Material

Schreibbrett oder Flipchart, bunte Stifte.

Übungsablauf

Erster Schritt: Leiten Sie Ihren Klienten dazu an, sein gesamtes berufliches Beziehungsgeflecht in einem Schaubild zu visualisieren. Dafür verwendet er ein DIN-A3-Blatt oder ein Flipchart und einige bunte Stifte. In der Mitte des Blattes markiert er mithilfe eines Symbols sich selbst und listet Schritt für Schritt alle wichtigen Personen auf, mit denen er beruflich in Verbindung steht. Er bezeichnet den Anlass und die Inhalte der Begegnung. Für die Qualität der einzelnen Beziehungen findet er Symbole, und auch dafür, ob ihn die einzelnen Begegnungen belasten, unter Stress setzen, verärgern, resignieren oder erfreuen, entlasten und motivieren.

Das Beziehungsdiagramm

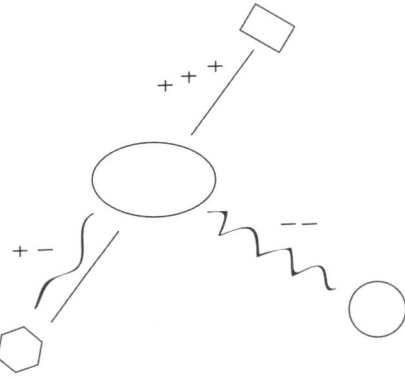

Zweiter Schritt: Sobald er sein Beziehungsdiagramm fertiggestellt hat, können Sie ihm die Darstellung wie einen Spiegel vor Augen halten und auf ihn wirken lassen. Befragen Sie ihn nach den direkten, authentischen Impulsen seines Körpers, seiner Gefühle, seines Verstandes und seiner Seele.

Dritter Schritt: Betrachten Sie die einzelnen Beziehungen im Überblick. Wo tauchen Irritationen und Störungen innerhalb des Netzwerks auf? Haben sie einen organisatorischen/fachlichen Hintergrund oder geht es um die Chemie zwischen den zwei Personen? Wie funktioniert die Kommunikationsstrategie des Klienten? Mit welchen Menschen fühlt er sich wohl? In welcher Konstellation fruchtet seine Art und Weise, auf Menschen zuzugehen?

Betrachten Sie die einzelnen Beziehungen auch unter dem Aspekt der gegenseitigen Abhängigkeit. Innerhalb eines Unternehmens gilt es immer, die Mikropolitik zu beachten und diplomatisch auszugleichen.

Suchen Sie sich für eine vertiefende Analyse einige Beziehungskonstellationen heraus, mit denen Sie im nächsten Schritt weiterarbeiten möchten.

Vierter Schritt: Anhand verschiedener Beispiele untersucht der Klient seine persönliche Art, wie er Beziehungen aufbaut und gestaltet. Achten Sie dabei auf vier Hauptaspekte:

- *Hierarchie (vertikale Bewegung)*
- Dominant
- Auf Augenhöhe
- Devot
- *Nähe (horizontale Bewegung)*
- Distanziert
- Ausgeglichen
- Übergriffig
- *Wertschätzung*
- Zu stark
- Angemessen
- Zu schwach
- *Grenzen*
- Rigide
- Balanciert
- Schwammig

Fünfter Schritt: Betrachten Sie mit dem Klienten seine verschiedenen Beziehungsrollen. Kristallisieren Sie Rollenpräferenzen heraus. Gehen Sie der Frage nach, was der Klient mit seiner Verhaltensweise bezweckt, und überprüfen Sie, ob seine Handlungen im gewünschten Ergebnis resultieren. Achten Sie auf eine möglichst bewertungsfreie Haltung, das Thema »Beziehung« ist »heiß« und kann starke Betroffenheit auslösen. Gehen Sie in langsamen Schritten voran, und nehmen Sie die feinen Emotionen Ihres Klienten wahr.

Im geschilderten Fall offenbarte das Beziehungsdiagramm eine herbe Wahrheit. Durch das schnelle Wachstum geriet die Firma in einen völlig chaotischen Organisationsaufbau. Der technische Betriebsleiter musste an vielen Ecken und Enden die kreative Unordnung ausbaden – und geriet dadurch immens ins Schwimmen. Sein an sich freundliches Wesen veränderte sich unter Druck: In seinem sprachlichen Ausdruck wurde er scharf und ungehalten. Es galt also, an vier verschiedenen Punkten gleichzeitig zu arbeiten:

- an der Selbststeuerung und Stressbewältigung des Klienten,
- an seiner Sprache, seinem Auftreten, seinem diplomatischen Geschick, seiner Beziehungsfähigkeit,
- an seinem Selbstvertrauen, Belastungsgrenzen frühzeitig aufzuzeigen und strukturelle Mängel konstruktiv anzusprechen sowie
- den Organisationsaufbau der Firma zu überprüfen.

Ich arbeitete erst mit dem Betriebsleiter an all den Themen, die in seinem Handlungsspielraum lagen. Danach bat ich den Geschäftsführer um ein Gespräch über seine Firmenentwicklung. Da er sich der gesamten Thematik interessiert und offen zuwandte, wurde aus dem Einzelcoaching ein längerer Prozess, in den letztendlich viele Personen der Firma involviert waren. Auslöser hierfür war die schlichte Übung »Das Beziehungsdiagramm«.

Gesundheit und Krankheit – die Seele spricht durch den Körper

Fallbeispiel: Der Bandscheibenvorfall

Ein befreundeter Orthopäde hatte mich einem seiner Patienten weiterempfohlen. Der Mann kam zu ihm wegen eines Bandscheibenvorfalls. Dies war allerdings nicht der erste, sondern insgesamt, über zehn Jahre verteilt, schon der dritte. Der Arzt hatte ihm empfohlen, dieses sich wiederholende Krankheitsbild psychosomatisch zu hinterfragen. Was könnte ihm denn die Seele durch den Körper für eine Botschaft senden?

Der Mann hatte sich vorher noch nie mit Coaching, geschweige denn Psychotherapie beschäftigt. Da er aber sehr ambitioniert Sport trieb, kannte er vom Leistungssport her den Ansatz der mentalen Stärke. Er verfolgte, dass Sportler herausragende Erfolge durch mentales Training erreichten – das faszinierte ihn. Auch er hatte schon sein Leben lang stets ambitionierte Ziele angestrebt, die er meistens auch erreicht hatte. Seine Schule und sein Studium schloss er mit hervorragenden Noten ab. Beruflich hatte er sich Stufe für Stufe die Karriereleiter hochgearbeitet. Manches Mal musste er einiges einstecken, aber er hatte gelernt, die Zähne zusammenzubeißen. Seinen beiden Kindern hatte er diese »kämpferische Haltung« mitgegeben. Schulisch und sportlich waren sie gut unterwegs – er war auf beide sehr stolz und berichtete ausführlich von ihren Begabungen und Fähigkeiten. Seiner Frau, die schon seit etlichen Jahren wieder berufstätig war, ging es allerdings nicht so gut. In den letzten Jahren hatte sie zunehmend Migräneattacken und igelte sich immer mehr zu Hause ein. Das fand er sehr schade, da sie früher viele sportliche Aktivitäten teilten.

Übung	**Das Organ befragen**

Einleitung

Es werden öfter Klienten zu Ihnen kommen, die neben ihren psychischen Belastungen auch von körperlichen Beschwerden berichten. Hinter einigen (vielleicht vielen?) dieser physischen Symptome können seelische Auslöser stehen. Gerade die Stressforschung hat in den letzten Jahren vielfache Zusammenhänge zwischen klassischen Krankheitsbildern und psychischer Belastung dargelegt. Aus meiner Perspektive erscheint es hilfreich, ein auf Körperebene manifestiertes Symptom auf verschiedenen Ebenen zu betrachten. Unsere heutige Medizin kann in vielen Fällen immens hilfreich wirken, genauso wie ein Heilpraktiker oder ein Homöopath wesentliche Blickpunkte hinzufügen kann. Energiearbeit wie Akupunktur oder Akupressur ist für manchen Patienten ein Segen, genauso wie eine der unzähligen Körperarbeiten dienlich sein kann. Auch die innere Arbeit sollte nicht fehlen. Wie meine Aufzählung schon verdeutlicht, braucht der menschliche Organismus zu seiner Heilung ganzheitliche Unterstützung. Durch die Spezialisierung und Expertbildung der einzelnen Wissenschaften muss ein kranker beziehungsweise angeschlagener Mensch von Arzt zu Arzt pilgern – das kostet viel Kraft, Zeit und Geld. Auch hier wäre ein integrales Verständnis des Menschen zukunftsweisend. Auf diese Erweiterung unseres Krankensystems werden wir wohl noch eine Weile warten.

Kommt ein Klient mit körperlichen Beschwerden zu mir, ist es mein Anliegen

- zu überprüfen, ob er auf medizinischer Seite schon alle Möglichkeiten ausgeschöpft hat,
- mit ihm die psychische Komponente der Krankheit zu untersuchen.

Am heilsamsten scheint oftmals die Kombination verschiedener Therapieansätze zu sein. Wenn es der Klient wünscht und initiiert, kann ich mich, unter Berücksichtigung meiner Schweigepflicht, mit seinen anderen Ärzten beziehungsweise Therapeuten austauschen. Diese Übung zeigt eine Möglichkeit im Rahmen des H.B.T. Human Balance Trainings, Symptome näher kennenzulernen und ihrer Botschaft genau zuzuhören.

Ziel

Der Klient geht in direkten Kontakt mit seinen körperlichen Beschwerden. Er nimmt sich Zeit für seine Schmerzen beziehungsweise Behinderungen. Er will sie nicht einfach nur »weg haben«, sondern setzt sich mit den tieferen Inhalten der Krankheit auseinander. Dieser Blickwinkel schenkt eine gänzlich neue Perspektive und kann Entlastung initiieren.

Übungsanordnung

Der Klient kann für die Prozessarbeit auf einem Stuhl sitzen. Achten Sie darauf, dass er stabil und sicher platziert ist, da er für die Übung die Augen schließen sollte.

Wenn es ihm angenehm ist, kann er sich natürlich auch hinlegen. Hierfür habe ich ein großes Liegekissen (Sitzsack). Das Füllmaterial schmiegt sich eng um den Körper und vermittelt Sicherheit sowie Stabilität. Bei Bedarf decke ich den Klienten zu, damit ihm warm und gemütlich ist und er sich rundum wohlfühlen kann.

Übungsablauf (direkte Anleitung für den Klienten – die Moderation bezieht sich auf die sitzende Position, wählen Sie ein langsames Sprechtempo, modulieren Sie die Sprache einfühlsam!)

»Spüren Sie in Ihren Körper hinein und entspannen Sie all Ihre Muskeln, die Sie für Ihre sitzende Position nicht anzuspannen brauchen.

Atmen Sie tief ein und aus; kommen Sie innerlich zur Ruhe.

Lassen Sie Ihren Körper schwer werden! Stellen Sie Ihre Fußsohlen gerade und fest auf den Boden. Lassen Sie Ihre Sitzhöcker stabil auf der Stuhlunterlage aufliegen.

Spüren Sie in das Organ oder den Körperbereich Ihrer Beschwerden hinein (meinen Klienten forderte ich auf, in den Wirbelzwischenraum hineinzuspüren, in dem sich der letzte Bandscheibenvorfall ereignet hatte.).

Stellen Sie sich vor, Sie seien ein kleines Wesen und könnten in Ihren eigenen Körper hineinschlüpfen. Wählen Sie einen Eingang, der Ihnen entspricht.

Sobald Sie sich in Ihrem Körper wahrnehmen, bewegen Sie sich langsam auf den Bereich zu, in dem sie die physische Einschränkung erfahren (der Klient wandte sich seiner unteren Wirbelsäule im Bereich L4/L5 zu).

Bleiben Sie in einem respektvollen Abstand zu dem Organ oder Körperbereich stehen, und nehmen Sie mit dieser Stelle Kontakt auf.

Fragen Sie diesen Körperbereich, wie er sich fühlt, wie es ihm geht (an dieser Stelle kann es länger dauern, bis sich das »Gegenüber« dazu bereit erklärt, in ein Gespräch zu treten. Es sagt in vielen Fällen: »*Du hast mich so lange nicht gefragt, wie es mir geht, was willst du jetzt von mir?*«).

Lassen Sie sich Zeit. Setzen Sie sich bildlich hin, machen Sie es sich gemütlich, und halten Sie das Gesprächsangebot aufrecht (nach einer Weile wird das Gegenüber durchlässiger und öffnet sich zu einem Austausch):
- Was fehlt dir?
- Was brauchst du, damit es dir besser geht?
- Was kann ich für dich tun?«

Es ist erstaunlich, wie einfach und direkt sich so ein inneres Gespräch entwickeln kann. Der Körper und das jeweilige Organ »wissen« ganz genau, was sie durch die Krankheit zum Ausdruck bringen. Im Verlauf dieser Übung habe ich schon die präzisesten Anweisungen gehört, die das Organ dem Menschen zu einer Verbesserung seiner Gesamtkonstitution vorschlägt.

Im Falle meines Klienten verlief das innere Gespräch klar und eindeutig. Er befragte seinen Bandscheibenvorfall nach Befinden und Bedürfnis. Die Antworten zielten alle in die gleiche Richtung: Der Körper wünschte sich Ruhe und viel weniger Druck. Er brachte zum Ausdruck, dass er über viele Jahre immer »Gewehr bei Fuß« stand, dass er dieses »Funktionieren« aber nicht länger zur Verfügung stellen konnte und wollte. Er sagte wortwörtlich: »Gib endlich Ruhe! Nimm dir Zeit für dich selbst, für deine Frau und für die Kinder! Hör ihnen zu, genauso wie du mir jetzt zuhörst!«

Als der Mann aus dieser Trancesequenz wieder zurücktrat in sein Alltagsbewusstsein, war er über die Aussagen sehr erstaunt. Er verstand, dass sein Körper eine tiefe Wahrheit aussprach, die er schon lange verdrängte. Hätte ich ihn zu mehr Lebensruhe ermahnt – wie es vielleicht auch schon seine Frau probiert hatte –, hätte er den Rat wahrscheinlich ausgeschlagen. Die Feststellung seines eigenen Körpers konnte er aber nicht einfach vom Tisch wischen. Langsam wandte er sich diesem neuen Gesichtspunkt zu – die innere Reise war also ein hervorragender »Türöffner«, um sich tieferen Zusammenhängen zuwenden zu können. Als Nächstes arbeiteten wir mit seinen Glaubenssätzen und dem gewaltigen Einfluss des inneren Antreibers.

Gelungene Kommunikation lässt Potenziale erblühen

Fallbeispiel: Warum mag keiner was mit mir zu tun haben?

Eine Frau, Mitte vierzig, kam total frustriert zu mir. Im Moment hatte sie an allen
Fronten ihres Lebens nur Ärger. Sie leitete ein kleines Team von fünf Mitarbeitern,
und seit einiger Zeit kriselte es zwischen ihr und ihrer Mannschaft. Auch das Verhältnis zu ihrem direkten Vorgesetzten war nicht das beste.

Privat konnte sie ebenfalls kaum Erfreuliches berichten. Die Beziehung zu ihrer Mutter war noch nie besonders herzlich und warm gewesen. Nun, im Alter, wurde ihre
Mutter immer dominanter, was in starken Auseinandersetzungen gipfelte. Mit ihrem
Bruder und seiner Frau pflegte sie ebenfalls kein gutes Verhältnis. Im letzten Jahr
zerbrach auch noch die Freundschaft zu ihrem langjährigen Partner. Er hatte sie wegen einer anderen Frau verlassen.

Ihre gesamte Lebenssituation klang sehr deprimierend. Ich machte zunächst die
Übung »Der Lebenskompass« mit ihr, um ihre gesamte Konstellation systematisch
zu betrachten. Vor allem auch, um auf Ressourcen zu stoßen, in denen ich sie stärken könnte. Das Schaubild offenbarte drei starke Bereiche:

- Sie besaß einige gute Freunde, mit denen sie sich gerne traf.
- Sie fühlte sich in ihrem Körper wohl und trieb viel und gerne Sport.
- Und sie war sehr kreativ, liebte das Malen und Bildhauern und verfügte
  über ein eigenes Atelier.

Je mehr sie von sich erzählte, bekam ich das Gefühl, dass sie auf vielen Gebieten
große Potenziale hatte. Nur kamen diese nie richtig zum Tragen, da ein grundle-
gendes Thema brachlag. Viele ihrer Beziehungen liefen nicht gut. Bei näherer Befragung kristallisierte heraus, dass sie in vielen Fällen das Feedback erhalten hatte, sie
würde in ihrer Kommunikation mit der Tür ins Haus fallen. Obwohl sie in ihrem Auftreten eher sensibel wirkte, hatte sie vermutlich schon viele Menschen vor den Kopf
gestoßen.

Da sie mit ihrem Körper wohlvertraut war, wählte ich nach dem »Lebenskompass«
eine Übung, die ohne große Worte die komplexen Themenfelder von Beziehung,
Kommunikation, Selbstbild und Fremdbild wunderbar auf den Punkt bringt. Es ist
eine tief gehende Methodik, die gleichzeitig viel Lebenshumor in sich birgt.

Der Körpersprachespiegel

Einleitung
Die Beziehung zu sich selbst und anderen ist ein riesengroßes Arbeitsfeld, das sich über verschiedene Zugänge betreten lässt. Ein Verständnis darüber zu gewinnen, wie man auf andere Menschen wirkt, ist ein wesentlicher Baustein, um gezielt an seiner Beziehungsfähigkeit arbeiten zu können. Neben dem sprachlichen Austausch spielen in einer Begegnung viele andere Komponenten eine große Rolle: die persönliche Ausstrahlung, die Körperhaltung, die Mimik, die Wortwahl, der Sprachfluss, die Stimme, die vom Atemrhythmus abhängt, die physische Positionierung von zwei Personen, die Art der Berührung und vieles mehr.
Selbstbild und Fremdbild liegen oft kilometerweit auseinander. Sich darüber mit einem Klienten zu unterhalten, hilft nur bedingt, da es sich ja um einen blinden Fleck von ihm handelt. Die meisten Menschen haben zu ihrem Auftreten schon eindeutige Feedbacks erhalten, konnten sie aber nicht wirklich verarbeiten. Am schnellsten fördert es die Selbsterkenntnis, wenn der Klient bildhaft und unmissverständlich vor Augen geführt bekommt, wie er sich in der Begegnung mit anderen Menschen verhält. Bei dieser Bildersprache mit dem ganzen Körper zu arbeiten, hat sich als sehr einprägsam erwiesen. Gehen Sie mit dem Klienten spielerisch an die Übung heran! Sollte er Angst vor Körpersprache haben oder sich unsicher fühlen, dann beginnen Sie mit kleinen Gesten, so lange, bis er Mut fasst und Spaß gewinnt.

Ziel
Der Klient soll bildhaft verstehen, wie er auf andere Menschen wirkt beziehungsweise auf sein Gegenüber reagiert.

Material
Papier, Stifte.

Übungsablauf
Erster Schritt: Klären Sie mit dem Klienten, welche Beziehungskonstellation er untersuchen möchte! Er beschriftet zwei Blätter: Das eine mit seinem eigenen Namen und das andere mit dem der anderen Person. Diese beiden Blätter positioniert der Klient im Raum, dabei achtet er auf Abstand und Ausrichtung der Blätter als Ausdruck der von ihm wahrgenommenen Beziehungsqualität.

Zweiter Schritt: Der Klient stellt sich als Erstes auf das Blatt seines Gegenübers und drückt über Gestik, Mimik und Körpersprache aus, wie diese Person auf ihn wirkt (zum Beispiel selbstbewusst, unsicher, schüchtern, kommunikativ, offen, verschlossen, immer in Eile).

Dritter Schritt: Als Nächstes stellt sich der Klient auf sein eigenes Blatt und symbolisiert dabei seine Haltung innerhalb dieser Beziehung. Der Coach platziert sich dabei auf das Blatt des Gegenübers und imitiert dessen Ausdruck.

Vierter Schritt: Nun wechseln Sie wieder. Der Klient stellt sich auf das Blatt seines Gegenübers, schlüpft ganz und gar in die Position des anderen und verbildlicht dessen Körpersprache. Der Coach übernimmt die Position des Klienten und mimt dessen Haltung nach. Nun kann der Klient aus den Augen seines Beziehungspartners untersuchen, spüren, nachempfinden, wie er auf ihn wirkt. Der Coach unterstützt diesen Prozess spielerisch durch Worte und Bildersprache.

Fünfter Schritt: Nutzen Sie die emotionale Betroffenheit Ihres Klienten und arbeiten Sie seine Erkenntnisse sehr genau aus. Decken Sie mit ihm die Reiz-Reaktions-Kette auf. Üben Sie mit ihm über den Körper, die Mimik, die Gestik, wie er sich in weiteren Situationen verhalten möchte beziehungsweise aus welcher inneren Haltung heraus er auf die Person zugehen möchte.

Fassen Sie so lange nach, bis Sie spüren, dass der Klient wirklich verstanden hat, wie er auf den anderen wirkt. Machen Sie ihm seinen Handlungsspielraum und seine Verantwortung für die Beziehungsgestaltung bewusst. Wecken Sie in ihm die Kraft der Versöhnung und Liebe.

Für manchen Menschen ist es erschreckend zu sehen, mit welchen Verhaltensweisen er offene Möglichkeiten einer Begegnung im Keim erstickt. Helfen Sie Ihrem Klienten, diese Erkenntnis zu ertragen und Schritt für Schritt sein Verhalten zu verstehen und zu verändern! Es braucht diesen Mut zum genauen Hinschauen, um dann kraftvoll mit der inneren Arbeit ansetzen zu können.

Ein geliebter Mensch ist gestorben

Fallbeispiel: Plötzlicher Kummer

Eine Studentin kam zu mir, da sie – aus ihr unerfindlichen Gründen – mit ihrem Freund nicht wirklich glücklich wurde. Die beiden hatten sich vor zwei Jahren an der Uni kennengelernt und schnell ineinander verliebt. Sie verstanden sich sehr gut, teilten viele gemeinsame Interessen und hatten einen großen Freundeskreis. »Eigentlich«, sagte sie, »könnte unser Zusammenleben so einfach und glücklich sein. In mir existiert aber eine Blockade. Ich weiß nicht warum, aber obwohl ich meinen Freund so liebhabe, lasse ich mich nicht wirklich auf ihn ein. Das tut mir und ihm sehr weh.« Nach einem längeren Vorgespräch bat ich sie, ihre Biografielinie zu legen. Ich gab ihr den Fokus mit: »Welche Beziehungen haben Sie in Ihrem Leben bisher erlebt – erfüllende, wie auch unbefriedigende?« Sie machte sich an die Arbeit: Erst sammelte sie ihre Eindrücke auf dem Schreibbrett und übertrug die für sie wesentlichen Erinnerungen auf Moderationskarten. Dann legte sie mithilfe eines langen Seils ihre Lebenslinie. Ihre bisherige Biografie schien sehr positiv verlaufen zu sein, denn ihre Linie zeigte kaum Ausschläge in den unteren Bereich. Ein Ausreißer befand sich allerdings schon zu Anfang des Schaubilds, ungefähr in der Höhe ihrer Vorschulzeit. Das Seil wölbte sich kurz und steil nach unten. Interessanterweise positionierte sie an dieser Stelle keine Karte.

Während sie ihre Linie von Anfang an durchwanderte, stockte ihr Schritt bei diesem offensichtlichen Lebenseinschnitt. Auf meine Nachfrage antwortete sie: »Ach, das ist eine ganz traurige Erinnerung. Mein aller-, allerliebster Kinderfreund ist ertrunken …« In diesem Moment brach ein Sturzbach von Tränen aus ihr hervor, und ein tief vergrabener, verdrängter Kummer trat ans Tageslicht. Ich ließ der Klientin Zeit und Raum, ihren starken Emotionen Ausdruck zu verleihen. Nachdem sie sich ein wenig beruhigt hatte, lud ich sie zur folgenden Übung ein.

Übung **Schmerzhaften Gefühlen Ausdruck verleihen**

Einleitung
Im Laufe eines Coachingprozesses kann ein Mensch auf tief bewegende Gefühle stoßen. Auslöser hierfür können Erinnerungen an schicksalhafte Ereignisse sein, die ihm als Kind, als Jugendlicher oder auch als Erwachsener widerfahren sind. Diese Emotionen können völlig unvermittelt und massiv auftauchen und beim Klienten sowie auch beim Coach starke Ergriffenheit auslösen. Ein Gespräch ist in diesem Moment meistens nicht möglich, auch nicht sinnvoll. Der Klient braucht einen stabilen, geschützten Rahmen, in dem er zunächst für sich alleine seinen starken Emotionen nachgehen kann. So lade ich ihn ein, ein Bild zu malen, das all seinen Gefühlen, Gedanken, Erinnerungen und Wünschen Ausdruck verleiht. Dieses Bild kann, in einem weiteren Schritt, Bestandteil eines kleinen Rituals werden.

Ziel
Der Klient kann in aller Ruhe seinen tiefen Empfindungen nachsinnen. Sein Inneres sucht sich einen eigenen Weg, um Eindrücke zu verarbeiten. Der Coach kann sich ab einem gewissen Zeitpunkt in den Verarbeitungs- und Heilungsprozess einfühlsam einklinken.

Material
Malblock, Buntstifte, Wachsmalkreiden, bunte Schreibstifte. Für das Ritual: Kerzen, symbolhafte Gegenstände.

Übungsablauf
Erster Schritt: Der Klient sucht sich im Raum einen Platz, an dem er sich wohlfühlt – er kann an einem Tisch, gegebenenfalls am Boden arbeiten. Er kann eines oder mehrere Bilder malen. Für den Inhalt des Bildes soll er ganz seiner eigenen Intuition folgen. Er kann zum Beispiel seinen eigenen Schmerz und seine Trauer über den Verlust des Geliebten malen oder eine Darstellung des verlorenen Menschen. Oder ein Bild für diesen Menschen gestalten. Unterstützen Sie den Klienten in seiner Themenauswahl mit einfühlsamen Worten – und ziehen Sie sich dann zurück! Bleiben Sie im Hintergrund, aber jederzeit ansprechbar. Viele Klienten empfinden es als angenehm, wenn als Begleitung eine ruhige Musik läuft.

Zweiter Schritt: Lassen Sie dem Klienten Zeit und Raum, um seinen Kummer »auszuweinen«. Oft kommen in diesem Moment jahrelang zurückgehaltene Tränen heraus. Verschüttete Erinnerungen steigen auf, der Mensch wird weich und durchlässig. Manch einer muss diesen Gefühlsausbruch erst einmal verkraften und möchte, nachdem er sein Bild gemalt hat, einen Spaziergang machen. Ein anderer ist mitteilsam und wünscht sich, sich auszutauschen. Begleiten Sie den Klienten in diesen authentischen Regungen! Mit der Zeit besänftigen sich die starken Emotionen, und Sie können mit dem Klienten ruhig sprechen. Durch Schicksalsschläge ergeben sich Prägungen, die Denken und Handeln über viele Jahre unbewusst steuern können. Durch die »Sichtbarmachung« dieser Zusammenhänge besteht eine große Chance, dass der Mensch gebundene Energien lösen kann.

Dritter Schritt: Wenn es angebracht ist, können Sie diese Übung mit einem Ritual abschließen, das dem Klienten hilft, seine Trauer in einem achtungsvollen Rahmen auszuleben. Finden Sie mit dem Klienten gemeinsam einen würdigen Ablauf, und vollziehen Sie ihn!

Im Fall der Studentin trat im zweiten Schritt eine uralte Geschichte an die Oberfläche. Sie hatte als Kind ihren geliebten Spielkameraden verloren, dem sie damals »ewige Treue« versprochen hatte. Sie hatte diesen Verlust nie richtig betrauert – ganz im Gegenteil. Da ihre Eltern unsicher waren, mit der Thematik offen umzugehen, wurde der Tod des Jungen ausgegrenzt. Das Herz und die Seele der jungen Frau waren weiterhin mit diesem Menschen innig verbunden, das heißt, ihre Energien waren an dieser Stelle regelrecht gefesselt. Das Malen half ihr, diese Empfindungen »laufen zu lassen«. Nach anfänglicher großer Trauer wandelte sich ihre Gefühlslage in eine tiefe Ruhe.

Die Studentin wünschte sich als Ritual, mit mir ans Wasser zu gehen. Wir bauten am Ufer eines Sees für ihren Spielkameraden eine Steinskulptur auf, in die wir ihr Bild integrierten. Sie konnte sich in aller Ruhe und Bewusstheit von diesem Menschen verabschieden. Ihre Trauer hatte eine Zuordnung, einen Platz gefunden – so konnten ihr Herz und ihre Seele frei werden für die Begegnung mit ihrem gegenwärtige Freund.

Sinn und Werte setzen Kraft frei

Fallbeispiel: Was schenkt mir im Leben Erfüllung?

Eine Runde von Geschäftsführern hatte sich für zwei Tage zurückgezogen, um in einem lockeren Rahmen eine Standortbestimmung ihrer beruflichen und privaten Situation vorzunehmen. Im Laufe der ersten Gesprächsrunde zeichnete sich ab, dass sie alle ein ähnliches Thema beschäftigte: Neben den vielen beruflichen Herausforderungen, die sie täglich zu bewältigen hatten, fragten sie sich zunehmend, was denn ihr Leben sonst noch ausmachen würde. Sie beschrieben starke Unausgewogenheiten zwischen Beruf und Familie – die jeweiligen Partner und Kinder verlangten nach mehr Zeit für gemeinsamen Austausch und Unternehmungen. Bei einigen vermeldete auch schon der Körper, dass er mit dem ständigen Druck auf Dauer nicht mehr zurechtkommen würde.

Zum Einstieg ins Forschungslabor lud ich sie ein, zunächst ihre gesamte Situation mithilfe des »Lebenskompasses« zu inspizieren. Ich bat sie dabei, ganz besonders auf die Verflechtung von Ursache und Wirkung zu achten. Sie sollten zwischen Symptom und Wurzel unterscheiden lernen – diese Aufgabe reizte sie sofort!

Ich erklärte ihnen den Übungsaufbau und entließ sie, mit dem nötigen Material ausgestattet, in Zweiergruppen. Die einzelnen Arbeitsgruppen unterstütze ich reihum in ihrer Untersuchung – alle Beteiligten stiegen offen und ehrlich in die Übung ein. Nach dieser genauen Standortbestimmung kamen viele von ihnen zu einem interessanten Schluss: Im Grunde ihres Herzens sahen sie im Moment keinen übergeordneten Sinn in all dem, was sie täglich leisteten. In puncto Erfolg hatten sie ihre Lebensziele zum Teil schon übertroffen, darunter hatte ihr Privatleben aber stark gelitten. Die allgemeine Entwicklung in Politik und Wirtschaft entsprach nicht ihrem persönlichen Wertekatalog. Auch der Ausblick in die Zukunft erschien nicht gerade rosig. Einer von ihnen stellte die Frage: »*Woher nehme ich eigentlich meine Kraft und Leidenschaft, wenn ich in eine Zukunft blicke, die für mich mit großen Sorgen und Zweifeln behaftet ist: Welche Welt übergeben wir eigentlich unseren Kindern?*« Nach dieser Aussage wurde es sehr still im Raum. Ich entschied mich, den Teilnehmern eine offene Frage zu stellen, die sie diesmal in einer Dreiergruppe auf einem Spaziergang bearbeiteten. Die Frage lautete: »*Was macht für mich ein sinnvolles Leben aus?*«

Übung	**Die offene Frage**

Einleitung

Den Hintergrund dieser Technik habe ich bei der Übung »Die Dyade« schon vorgestellt. Die folgende Methode ist eine Abwandlung. Diesmal sind drei statt zwei Personen zusammen in einer Gruppe. Sie beschäftigen sich hintereinander mit der gleichen Thematik. In diesem Fall wird die Frage aber nicht ständig wiederholt, sondern nur zu Anfang einmal klar und deutlich ausgesprochen.

Ziel

Die offene Fragestellung dient der gezielten Prozessvertiefung. Die reflektierende Person dreht sich in Gedanken immer tiefer in die Thematik hinein. Da sie kein direktes Gegenüber hat, zu dem sie spricht beziehungsweise dem sie antwortet oder von dem sie Impulse erfährt, kann sie ihrem eigenen Gedankenstrom in aller Konzentration folgen. Diese ruhige Fokussierung auf eine bestimmte Fragestellung öffnet die Wahrnehmung für facettenreiche Blickpunkte und tiefer liegende Gefühle, Empfindungen und Wahrheiten. Körper, Herz und Seele haben Zeit und Raum, sich auszudrücken.

Übungsablauf

Erster Schritt: Formulieren Sie eine den Prozessverlauf vertiefende Frage. Schreiben Sie den genauen Wortlaut an ein Flipchart, und prüfen Sie nach, ob jeder der Beteiligten die Frage richtig versteht. Sollte sich ein Teilnehmer persönlich eine andere Fragestellung wünschen, dann kann er sie in Absprache mit Ihnen individuell modulieren.

Zweiter Schritt: Erklären Sie den Übungsablauf. Eine der drei Personen beginnt zu sprechen – die anderen fungieren rein als Zuhörer. Dabei bewahren sie eine möglichst neutrale Körperhaltung sowie Mimik und verkneifen sich bitte jeden Kommentar. Sie stützen die Selbsterforschung der reflektierenden Person durch ihre wache Präsenz.

Die sprechende Person hält also einen Monolog. Dazu hat sie ein klar definiertes Zeitfenster von zum Beispiel 15 Minuten. Dieses Zeitfenster passen Sie der jeweiligen Personengruppe flexibel an. Sie können es auf zehn Minuten verkürzen oder auf 30 Minuten ausdehnen – das hat zum einen mit der Thematik, zum anderen mit der Offenheit und Vertrautheit der Teilnehmer zu tun.

Die Zuhörer sind gleichzeitig auch Zeitwächter. Zwei Minuten vor Ablauf geben die dem Sprechenden ein Zeichen. Sobald er zu Ende gekommen ist, beginnt der Nächste zu reflektieren. Nach Ablauf der drei Monologe haben drei Personen in der Kleingruppe die Möglichkeit, sich gemeinsam auszutauschen.

Diese Übung kann in einem Raum in sitzender Position vollzogen werden, aber auch draußen in Verknüpfung mit einem Spaziergang.

Dritter Schritt: Zum Abschluss der Übung treffen sich alle im großen Kreis und sprechen über alle Eindrücke und Erkenntnisse. Zu Anfang befrage ich die Teilnehmer, wie sie mit dem Übungsaufbau an sich zurechtgekommen sind, dann konzentrieren wir uns auf die eigentlichen Inhalte.

Für die Geschäftsführer war die Methodik zunächst sehr gewöhnungsbedürftig, sie fanden aber großen Gefallen an ihr. Es tat ihnen sehr gut, in aller Ruhe ihren Gedanken nachzugehen und sie anderen Personen gegenüber zu artikulieren. Da sie es gewohnt waren, ständig Kommentare auf ihre Aussagen zu erhalten, war diese Situation ein völlig neues Erleben. Sie bemerkten, dass sich ihre Gedanken immens verdichteten und sie ganz von alleine ein tieferes Wissen in ihnen anzapften. So gewann unsere Diskussion eine völlig neue Qualität, in der sich die weite, für uns Menschen schwer greifbare Dimension unserer Schöpfung widerspiegelte. Das Thema »Sinn und Werte« wurde in einem erweiterten Kontext verstanden – dadurch konnten andere, authentische Kraftquellen erschlossen werden.

Teil V
Transformation

Ursula Corleis: La Danza, 2001

»Jeder hat im Leben seine eigene spezifische Mission oder Berufung.
Weder ist er in dieser zu ersetzen, noch lässt sich sein Leben wiederholen. Daher ist die
Aufgabe eines jeden so einzigartig wie seine spezifische Möglichkeit, sie zu erfüllen.«

Viktor Frankl

Erst integrieren, dann transformieren

Der Prozess der inneren Entfaltung hört nie auf

Sich selbst besser kennenzulernen und dadurch seine ureigenen Potenziale mehr und mehr zu erschließen und umzusetzen, ist ein kontinuierlicher Weg der Arbeit an sich selbst. Michelangelo, dieser großartige Universalkünstler der italienischen Hochrenaissance, betrachtete seine bildhauerische Arbeit als eine Kunst, »die man kraft des Herausholens tut«. In einem Sonett für Vittoria Colonna dichtete er:

> »Kein Bild kann selbst der beste Künstler nicht ersinnen,
> das nicht der Marmor schon umschlossen,
> in sich birgt, und nur zu dem dringt vor
> die Hand, die willig folgt der Schöpferkraft.«
>
> (zit. nach: Valerio Guazzoni 1990, 134 f.)

Michelangelo ging somit als Künstler einen eigenwilligen Weg. Er entwarf keine seiner Figuren auf dem Reißbrett, die er im Anschluss, seiner Zeichnung folgend, umsetzte. Nein, er spürte in das Geheimnis der mächtigen Marmorblöcke hinein, die er im Steinbruch von Carrara fand. Er war auf der Suche nach der im Stein schon angelegten Figur. Er vertraute sich in der Erschaffung seiner fantastischen Skulpturen einer höheren Schöpferkraft an, aus der heraus er höchste Inspirationen empfing.

Professor Wilfried Belschner greift dieses Beispiel in seinem Buch »Der Sprung in die Transzendenz« auf und verwendet dabei die Metapher der »Freilegung des Wesens«(2007, S. 45 f.). Diesem wunderbaren Bild möchte ich mich gedanklich anschließen. Denn genau in dieser freilegenden Vorgehensweise erlebe ich meinen eigenen Entwicklungsprozess und den meiner Klienten.

Wir Menschen kommen alle mit einem ureigenen Wesenskern zur Welt, der danach drängt, sich zu entfalten und sich seiner eigenen Bestimmung nach auszudrücken. Neben dem biologischen Erbgut unserer Eltern tragen wir etwas wundersam Ursprüngliches, Ureigenes in uns. Kein Baby, das zur Welt kommt, gleicht dem anderen, und das hat nicht nur mit seinen Genen zu tun. Wie in dem Marmorblock, in dem Michelangelo die vollkommene Form eines Davids entdeckte, verbirgt sich auch in unserem Wesen eine einmalige, einzigartige Form menschlichen Seins.

Ein Mensch, der zu sich selbst gefunden hat, schwingt in seiner eigenen, außergewöhnlichen Schönheit. Jede Seele ist mit einer außerordentlichen Melodie versehen, und wer sein inneres Lied entdeckt und freigelegt hat, berührt andere durch seine besondere Ausstrahlung. Es ist deutlich zu spüren, nicht zu übersehen, wenn eine Person

»deckungsgleich« mit ihrem innersten Code lebt. Ihr Denken, Reden und Handeln sind authentisch, ihre Ausstrahlung ist eindeutig und klar, ihr Tun wirkt beseelt.

Wer mit sich selbst im Reinen ist und das lebt, was er ist, nicht mehr und nicht weniger – dieser Mensch ist glücklich. Er hat große Chancen, seinen Alltag gesund und leistungsfähig zu durchleben – denn positive Gefühle stärken das Immunsystem, da ist die Wissenschaft nun auch schon drauf gestoßen. Manchen Personen ist dieses Lebensglück der Übereinstimmung mit sich selbst in die Wiege gelegt worden. Solche Glückspilze sind aber leider die Ausnahme. Die meisten Erdenbürger müssen sich den Zugang zu sich selbst hart erringen – das ist die Heldenreise unserer menschlichen Existenz.

Der Weg zu sich selbst kann mit einem Coachingprozess beginnen, wird sich aber aus vielen weiteren Schritten zusammensetzen. Diese innere Reise ist eine Entscheidung, sich täglich neu zu vertiefen, zu klären, präsenter zu werden, aufmerksamer, achtsamer … Die Selbsterforschung führt zu einer zunehmenden Ankunft im Hier und Jetzt. Bei diesem Weg kann das H.B.T. Human Balance Training weiterhin unterstützend wirken. Die einzelnen Übungen und Arbeitsweisen können immer verfeinerter angewendet und in ihrer Intensität moduliert werden. Gerade die Kombination von Psycho- und Körpertherapie, spiritueller Arbeit und Achtsamkeitspraxis, gepaart mit Arbeitsweisen aus dem Coaching, erfasst einen Menschen in vielfältiger Form. Das umfassende Bewusstseinstraining befindet sich im Mittelpunkt der verschiedenen Arbeitsmethoden. In dieser kontinuierlichen Bewusstseinsentwicklung liegt ein machtvoller Schlüssel zu einem erfüllten, glücklichen Leben.

Verstrickungen lösen – die innere Kraft stärken

Das eigene Wesen nach und nach zu entschlüsseln ist eine Arbeit mit vielschichtigem Verlauf. Unsere Psyche kann sich wie ein verwirrendes Spiegelkabinett präsentieren – man denkt, man sieht an einer Stelle klar, und schon öffnet sich die nächste Widersprüchlichkeit. Doch auch auf diesem Terrain, wie so oft beim Erlernen einer Fertigkeit, zeigen Ausdauer und Beharrlichkeit ihre Wirkung. Wichtig erscheint es mir, von verschiedenen Seiten gleichzeitig heranzugehen.

Unser natürliches, ursprüngliches Wesen wird durch soziale Einflüsse zum einen gestärkt und gefördert, zum anderen aber auch zu Anpassung und Ein- beziehungsweise Unterordnung gedrängt. Durch eine Vielzahl von prägenden Erfahrungen legt sich über unser unverfälschtes Sein ein Geflecht von Verhaltensweisen, die weniger mit uns selbst als mit den Erwartungen anderer zu tun haben. Dieses Geflecht spiegelt unsere Abhängigkeit und Verstrickung zu anderen Personen wider. Dabei befinden wir uns in einer Zwickmühle. Zum einen drängt unser Innerstes danach, seinen individuellen Ausdruck zu finden und reifen zu lassen. Zum anderen sind wir zutiefst soziale Wesen: Wir brauchen unsere Eltern, um groß werden zu können, wir sehnen uns nach einem Lebenspartner und nach Kindern, wir suchen die Nähe und den Abrieb in Gruppen, ob im privaten oder im beruflichen Umfeld. Sobald zwei Menschen aufeinandertreffen, entsteht Verstrickung, Prägung, Beeinflussung. Ohne Begegnung können wir uns nicht entwickeln – doch die Folgen dieser Beziehungen können uns leider auch schmerzhaft einschränken und fesseln.

Jede Beziehung hinterlässt ihre Spur. Begegnungen können uns zum Strahlen bringen und uns größer sowie stärker machen. Oder sie verletzen uns, schlagen Wunden bis hin zu Traumatisierungen. Mit diesen Abdrücken in unserem Herzen und in unserer Seele sollten wir uns aufmerksam beschäftigen und genau unterscheiden lernen: Welcher Einfluss fördert die Entfaltung meines ureigenen Wesens, welcher behindert eher? Im Gegenzug gilt es zu fragen, inwieweit auch wir die authentische Entwicklung eines uns nahestehenden Menschen stärken oder einschränken. Mit den vielfältigen Methoden der Psycho- und Körpertherapie lässt sich dieser klärende und heilende Prozess zu einem großen Teil vollziehen. Die Methoden ermöglichen die Integration verschiedener Erfahrungen, Prägungen, Verletzungen, Spaltungen, Potenziale in einer bewussten, balanciert gesteuerten Persönlichkeitsstruktur. Ich persönlich bevorzuge die Arbeitsweisen der humanistischen und transpersonalen Psychotherapie, da sie grundsätzlich von einem gesunden, positiven, heilen Menschenbild ausgehen.

Neben diesem Prozess der Lösung von Verstrickungen und Heilung alter Wunden können wir gleichzeitig den heilen Kern in uns stärken, der von all diesen Themen nicht berührt wird. Hierfür eignet sich die spirituelle Arbeit mit ihrer konsequenten Ausrichtung auf den unversehrten und ungeprägten Anteil unserer Person. Fundierte innere Arbeit bedingt tägliche Praxis, in der wir üben, in Kontakt mit dieser tiefen, weiten Dimension unser selbst zu treten. Ein lieber Freund von mir, ein erfolgreicher Geschäftsmann, der während einer beruflichen Reise in Japan auf Zen gestoßen ist, meditiert schon seit 20 Jahren jeden Morgen eine halbe Stunde. Unser regelmäßiger Gedankenaustausch ist mir jedes Mal eine große Wonne. Ruhig und lakonisch berichtet er mir von seinen Erkenntnissen, die er im Verlaufe seiner stetigen Innenschau gewinnt.

> Er sagt: »Wenn du wirklich regelmäßig dranbleibst und dich ruhig und präzise bewertungsfrei wahrnimmst, setzt sich ein unumkehrbarer Prozess in Gang. Du kommst gar nicht umhin, deine ständigen Gefühlsschwankungen und kuriosen Verhaltensweisen zu hinterfragen. Irgendwann beginnt von alleine eine De-Identifikation einzusetzen. Du spürst, dass du nicht nur deine auf- und absteigenden Emotionen, Gedanken und Körperempfindungen bist, sondern viel, viel mehr. Ob ich mich mit meinen bedürftigen, aufgeregten, leidenden Anteilen meiner Person identifiziere oder mit dem immanent ruhigen, weisen, erfüllten Kern meiner selbst – das hat oft mit meiner Tagesform zu tun.«

Reife Loslösung versus Abspaltung

Diese beiden hilfreichen Ansätze gilt es, sorgfältig miteinander auszugleichen. Die Beschäftigung mit verwundeten, verstrickten Teilen seiner selbst bewirkt Klärung und Integration verdrängter Gefühle, Empfindungen und Gedanken. Die therapeutische

Arbeit kann allerdings die Gefahr in sich bergen, dass sich ein Mensch zu stark an seine schmerzhafte Vergangenheit und seine psychischen Einschränkungen bindet. Darüber kann er seine ihm innewohnende Kraft und Unverletzlichkeit vergessen sowie seine Stärken und Potenziale brachliegen lassen.

Die spirituelle Arbeit konzentriert sich ganz und gar auf das Erleben des Hier und Jetzt. Der Geist wird gezielt darin geschult, Erinnerungen an die Vergangenheit und Vorstellungen an die Zukunft loszulassen. Der Mensch hinterfragt seine Identifikation mit dem niemals endenden Strom dualer Empfindungen, Gefühlen, Gedanken und den sich daraus ergebenden Wirklichkeitskonstrukten. Dieser Prozess der De-Identifikation führt zu einer immensen Erweiterung des persönlichen Selbsterlebens. Neben der gewohnten Selbstwahrnehmung als Mann, Frau, Partner, Alleinstehender, Mutter, Vater, Berufstätiger, Arbeitsloser, Gesunder, Kranker und vielen anderen Rollen erfährt sich der Mensch in einer völlig anderen Dimension. Losgelöst von all diesen Rollen, Zuordnungen und Bewertungen erlebt er sich in seinem reinen Sein.

Die Erweiterung des dualen Alltagbewusstseins hin zu einem non-dualen Einheitserleben transformiert die Wahrnehmung der eigenen Person in eine ungeahnte Dimension. Die Empfindung und Betrachtung der individuellen Persönlichkeit weitet sich aus zu einem Gefühl der Verbundenheit und der Liebe zu anderen Menschen, Tieren und Pflanzen und mündet in eine Verschmelzung mit der dynamischen Schöpfungskraft an sich. Dieses Erleben kann sich viel undramatischer ereignen, als es klingen mag. Das Wissen um Einheit und Verbundenheit ist uns angeboren, es ist ein natürlicher Bestandteil unseres Wesens. Die Erfahrung dieser Dimension kann zu einem ganz normalen Bestandteil des täglichen Lebens werden und den Alltag von innen heraus durchstrahlen. Weder müssen wir dafür in einer Höhle sitzen und täglich meditieren. Noch bedeutet das Erleben dieser universalen Weite, dass wir in unserem täglichen Leben nicht konkret und zielorientiert agieren können. Ganz im Gegenteil. Die Verbindung zu diesem Seinsgrund schenkt uns immense kreative, schöpferische Impulse, die uns mit Dynamik und Lebensfreude ausfüllen.

Ein Mensch, der tief in sich erfahren hat, dass er neben seinen Verletzungen und Einengungen auch unversehrt, groß und leuchtend ist, wird auf Dauer seine individuellen Einschränkungen abwerfen, besser gesagt, umwandeln, transformieren können. Gerade in der Begleitung von traumatisierten Menschen habe ich unglaubliche Verwandlungsprozesse registrieren dürfen, die mich an das Geheimnis der Alchemie erinnern. Wenn ein Mensch reif dafür ist, kann er sich mithilfe von Bewusstseinsarbeit von jeder inneren Begrenzung lösen.

Eine fundierte, präzise spirituelle Arbeit kann ungeheure innere Freiheit schenken. Gleichzeitig besteht die Gefahr, dass sich ein Mensch mithilfe der De-Identifikation von unangenehmen, unverarbeiteten Anteilen seiner selbst trennen möchte. Dabei wird er seine Wunden aber nicht schließen können, sondern eher weiter aufreißen. In diesem Fall wird die Spaltung seiner Persönlichkeit gefördert – sein Einheitserleben führt zu keinem wirklichen inneren Frieden, sondern verbleibt eine Illusion, in der er keine tatsächliche Erfüllung finden kann.

Erfreulicherweise gibt es immer mehr Arbeitsansätze, die Psychotherapie und Spiritualität profund miteinander verbinden. Wobei die Qualität der Methodik stets in Abhängigkeit zu der Lebenserfahrung und Integrität des Therapeuten oder Lehrers steht.

Die eigene Biografie sorgfältig von gebundenen Energien zu erlösen, ist auf dem Weg zu sich selbst unerlässlich. Irgendwann ist aber ein Punkt erreicht, an dem die Aufarbeitung der persönlichen Geschichte nichts Wesentliches mehr hinzufügt. Ein gewisses »Holzbein« werden wir wohl alle mit uns herumtragen. Das Wichtige ist dabei, was wir aus unserem Leben tatsächlich machen.

Der innere Entfaltungsweg braucht viel Feingefühl für die Wahl der richtigen Methode – es ist wie ein Spiel mit Gas und Bremse. Vor allem benötigt er einen ausgeprägten gesunden Menschenverstand und eine dem Leben zugewandte Bodenständigkeit. An dieser Stelle greifen die Arbeitsweisen des Coachings, die den Menschen darin fördern, realistisch, zügig und lösungsorientiert die alltäglichen Herausforderungen seines Lebens anzupacken. Denn nicht nur die Innenwelt bedarf der Aufmerksamkeit und Balance – das äußere Leben fordert die gleiche Präsenz und Zuwendung.

Heilung durch Leben

Dankbarkeit für das Leben

Betrachte ich die verschlungenen Wege meines eigenen Entwicklungsweges, erkenne ich viele verschiedene Aspekte, die mir Stärkung, Heilung und Erkenntnis schenkten. Neben all den Erfahrungen und Eindrücken, die ich im spirituellen, therapeutischen und Coachingkontext sammeln durfte, war und ist für mich das Leben an sich der größte Nährboden und Katalysator zur Freilegung meines authentischen Wesens.

Zum Leben gehört so viel: Familie, Freunde, Geborgenheit, Schutz, Mangel, Liebeskummer, Geduld …, Schule, Ausbildung, leidige Prüfungen, peinigende Lehrer, mitreißende Mentoren …, Erfolg und Niederlagen, Glück und Pech …, Disziplin, Fleiß, Beharrlichkeit als auch Leichtsinn, Faulheit und Inkonsequenz …, Tiefgang und Oberflächlichkeit …, Partys, Alkohol, Exzesse, Stille, Versunkenheit, Zurückhaltung, das Extrem und das Gleichgewicht …, Ökobewusstsein und schnelle Autos …, Besonnenheit und Abenteuergeist …, Ordnung und Chaos …, Mut, Angst, Feigheit, Unbeugsamkeit …, Liebe, Glück, Schmerz, Ohnmacht, Verbundenheit, Einsamkeit, Verlust, Auferstehung …, Macht, Verantwortung, Überforderung, Gier, Neid, Versöhnung …

Mir wird beim Schreiben schon schwindlig vor Aufregung: all das und noch viel, viel mehr ist das Leben. Es ist ein überbordendes Füllhorn, das sich über uns ergießt sowie uns Glück und Erfüllung gibt und nimmt. Es beschenkt uns immens – besonders durch die vielen Kleinigkeiten des Alltags, die uns oftmals kaum mehr auffallen: gesundes Essen, frisches Wasser, gute Luft, ein Naturraum, in dem wir regenerieren können. All diese Grundkomponenten unseres Alltags sorgen für eine große Lebensqualität, die für viele Erdenbürger nicht erreichbar ist. Dafür sollten wir täglich dankbar sein und uns freuen!

Das Leben kann nur finden, wer sich traut, hineinzuspringen und zu leben. Nichts auslassen, aber auch nichts übertreiben – wie immer geht es um die Kunst des Gleichgewichts. Wer etwas Ungewöhnliches ausprobiert, riskiert stets die Möglichkeit des Scheiterns. Was soll's – nur durch Erfahrung wächst Lebensreife und Verschmitztheit, das Blitzen in den Augen.

Bisher kann ich feststellen: Wann immer sich meine Pläne nicht erfüllten und mir ein Ziel scheinbar entglitt, machte mir das Leben ein großes Geschenk. Wachstum ereignet sich oftmals durch Reibung, durch Widerstand.

»Der rote Faden
Stur den Regeln zu folgen,
zeugt Esel;
Widerspruch macht den Menschen.
Regeln, Regeln, unzählbar
Wie Sand an den Flüssen,
Narren den Geist.
Von Geburt an sicher,
Richtungsweisend,
Ist allein der rote Faden.
Blüten öffnen sich
Mit jedem Frühling,
Um wieder zu vergehen.«

Ikkuyu Sojun

Diesen wunderbaren Aufruf zum kreativen Ungehorsam verfasste Ikkyu Sojun, ein Zen-Meister mit dem Namen »Verrückte Wolke«. Er galt als schlagfertiger, lebenslustiger, nonkonformistischer Mönch und exzentrischer, widerspruchsvoller Dichter. Die schönsten Gedichte aus der lästerlich-erotischen Sammlung »Gedichte von der Verrückten Wolke« (2007) dokumentieren seine innere Zerrissenheit. Dieser Mann hat es sich nicht leicht gemacht, seinen roten Faden freizulegen und ihm zu folgen. Dennoch versprühen all seine Worte solch eine Lebensintensität, Klugheit, Wucht und Zärtlichkeit – das steckt an!

Unter Einbeziehung des gesunden Menschenverstands habe ich schon viele meiner Klienten »angesteckt«, um ihre festgelegten Lebensbahnen zu überprüfen. In jedem Alltag verbergen sich kleine Freiräume – meistens fehlt nur der Mut, seinen Träumen und Sehnsüchten nachzugehen. Es lohnt sich, an dieser Stelle Kraft und Abenteuerfreude zu wecken.

Manche Wunde braucht den Schutzraum eines Coachings, einer therapeutischen Sitzung oder einer Begegnung mit einem spirituellen Lehrer, um heilen zu können. Viele Brüche und Sprünge innerhalb der Person können aber nur durch das Leben selbst zu ihrer vollkommenen Form zusammenwachsen. Wie immer diese »Vollkommenheit« ausschauen mag, sie wird Widersprüchlichkeiten, Ecken und Kanten in sich vereinen.

Leben heißt in Beziehung sein. Beziehung zu sich selbst, zu anderen Menschen und Lebewesen, Beziehung zur Schöpfung, die unser Leben ermöglicht. Wer in Beziehung tritt und sich öffnet, wird durchlässig, verletzbar – das ist das Risiko. Nehmen wir dieses scheinbare Wagnis mit ins Forschungslabor, und legen wir es unter die Lupe!

Im Kontakt sein und gleichzeitig losgelöst

Unbequeme Fragen führen zu unbequemen Antworten

Es scheint ein Widerspruch in sich zu sein, und mit Unlogik tut sich unser Verstand bekannterweise schwer. Und dennoch kann ich keine profundere innere Haltung empfehlen, als die der gleichzeitigen Nähe und des Abstands.

Zum Verständnis erinnere ich noch mal an den Aufbau des Bewusstseinstrainings: Durch das regelmäßige Innehalten kommt ein Mensch immer intensiver in Kontakt mit seinen authentischen Sinneseindrücken. Diese Regungen, Empfindungen und Gefühle können angenehmer Natur sein oder auch unangenehmer. Glücklichen, heiteren Emotionen öffnet sich der Mensch natürlich lieber, doch auch Angst und Schmerz wollen anerkannt und umarmt sein.

> »Man überwindet niemals etwas, indem man sich widersetzt.
> Man kann etwas nur überwinden, indem man tiefer geht.«
>
> *Claudio Naranjo* (1996)

Der automatisierte Verdrängungsmechanismus der menschlichen Psyche schafft es locker, unangenehme Gedanken und Eindrücke auszublenden. Doch mit dieser Schutzfunktion wird nicht nur die Berührung mit erschreckenden oder leidvollen Themen vermieden, auch die Offenheit gegenüber den schönen und erfüllenden Momenten des Lebens wird eingeschränkt. Die Lebensintensität wird an sich heruntergefahren, der Mensch fühlt in seinem Inneren dadurch weniger und braucht als Ersatz hierfür starke äußere Eindrücke, um sich spüren zu können.

In einem meiner Seminare mit dem Titel »Vom Hamster im Rad zum Fels in der Brandung« verordnete sich ein Teilnehmer selbst die Hausaufgabe, dreimal am Tag innezuhalten und sich zu fragen, wie es ihm tatsächlich geht. Nach einigen Tagen schickte er mir eine aufregende E-Mail: *»Die Frage geht gar nicht! Ich stelle fest, dass es mir oft nicht gut geht! Welche Konsequenzen hat das für meine berufliche und private Situation?«* In diesem kleinen Beispiel offenbart sich der Sprengstoff, der in der Ausübung von Achtsamkeit und »In Kontakt sein mit sich selbst« schlummert. Der Mann stieß in seiner Offenheit auf eine tiefere Wirklichkeit seiner Selbst: nämlich, dass die von ihm kreierte Lebenssituation in ihrer Zusammensetzung von beruflichen und privaten Komponenten nicht den wirklichen Bedürfnissen seines Wesenskerns entsprach.

Au weia – was nun? Wer unbequeme Fragen stellt, erhält unbequeme Antworten … – Vielleicht sollte man das Fragen von vornherein lassen?!

Immer wieder den Fuß wechseln

Letztendlich muss diese Entscheidung jeder Mensch für sich selbst treffen. Wobei ich von mir nicht behaupten könnte, an dieser Stelle bewusst entschieden zu haben. Etwas in mir hat in frühster Jugend beschlossen, nicht eher Ruhe zu geben, bis ich mir ein glückliches, meinem Wesen entsprechendes Leben gestaltet habe. Für mich bedeutete die Umsetzung dieses tiefen Herzenswunsches, einem ewig langen Weg beharrlich zu folgen, der sich mir in immer verfeinerter Form präsentiert. Von daher kann ich den »Aufschrei« meines Seminarteilnehmers nur allzu gut nachempfinden. In Berührung sein mit dem, was ist, kann absolute Angst auslösen, weil sich Konsequenzen offenbaren, die man gar nicht wissen, geschweige denn anpacken möchte.

Und dennoch ist diese »Liebe zur Wahrheit« die stärkste Kraft, die uns immer wieder dazu auffordert, genau hineinzuspüren und dieser gefühlten Wahrheit Beachtung und Respekt zu schenken. Nur wenn ich klar hinschaue, kann ich mich und mein Leben meinen Wünschen und Sehnsüchten entsprechend weiterentwickeln. Dieser Fortschritt wird sich am ehesten durch kleine, realistische Schritte initiieren und verwirklichen lassen.

Genauso wie es die Bereitschaft braucht, mich von meinen Gefühlen und Wahrnehmungen berühren und leiten zu lassen, benötigt es gleichzeitig die Kraft des Zeugen. Um in meinen Emotionen nicht unterzugehen und mich von ihnen zu voreiligen Schlüssen und Entscheidungen verleiten zu lassen, gilt es nun, »den Fuß zu wechseln«. Ich verlasse meine Haltung des »Berührt-Seins« und trete einige Schritte zurück. Ich bleibe mit meinen Gefühlen identifiziert – gleichzeitig löse ich mich aber von ihnen ab und betrachte meine gesamte Lebenssituation aus dem offenen, ruhigen Gewahrsein.

Durch diese weite, gelöste Betrachtungsperspektive kann ich Situationen in ihrem Zusammenhang und ihrer Entwicklung inspizieren. Lebensumstände haben meistens eine lange, verflochtene, subtile Vorgeschichte, deren Dynamik zu beachten ist. Unterschiedliche Ebenen gilt es, gleichzeitig zu berücksichtigen und miteinander auszugleichen. Sein Leben von einem Tag zum anderen auf den Kopf zu stellen und »alles ganz anders zu machen«, nur weil die Gefühle dazu raten – dies gelingt nur einzelnen Personen mit einem besonders widerstandsfähigen Charakter. Sich komplett durch mentale Zweifel und Beunruhigung davon abhalten zu lassen, in eine neue, erfüllende Lebensqualität aufzubrechen, dazu kann ich keinesfalls raten. Wie in vielen Fällen erscheint es auch hier ratsam, den Weg der Mitte zu wahren. Die verschiedenen Übungen des Bewusstseinstrainings bieten Unterstützung, Schritt für Schritt eine innere Haltung zu kultivieren, die verschiedenste Perspektiven miteinander verbindet.

Kraft durch Selbstbewusstsein

Können wir etwas vor anderen verbergen?

Jeder Mensch trägt Anteile in sich, die er vor anderen schützen oder verbergen möchte. Unsicherheit, Hilflosigkeit, Ohnmacht – all diese Gefühle finden in unserer Gesellschaft keinen Platz. Von einer offensiven Fehlerkultur oder gar Kultur des Scheiterns können wir in unseren Breitengraden nur träumen. Bei uns ist alles auf Leistung getrimmt, auf Durchhalten, auf »gut dastehen«. Oder mit den Worten der Biathletin Magdalena Neuner gesprochen: »Es ist schade, dass bei uns immer nur Gold zählt.« Diese Aussage traf sie kurz nach ihrem Olympiasieg – wir können nur ahnen, welch hohen Preis Leistungssportler für ihre Erfolge zahlen müssen. Denn knapp daneben ist bei unserem Leistungsanspruch einfach nichts wert.

Genauso wie in den Medien bekannte, berühmte Personen »gejagt« und für jeden Fehltritt abgestraft werden, halten sich viele Menschen in ihrem ganz normalen Alltag gegenseitig auf Trab. Gerade in Organisationen, in denen Mitarbeiter und Führungskräfte in Teams eng miteinander arbeiten und viele Stunden des Tages gemeinsam verbringen, wird immense Energie verschwendet, um persönliche Schwächen und Fehlleistungen zu verbergen. Wobei die Frage verbleibt, ob dieses Vorhaben überhaupt gelingt.

»*Geh an die Orte, die du fürchtest.*« So rät es die buddhistische Lehrerin Pema Chödrön, die ein Buch mit diesem Titel veröffentlicht hat (2002). Ich habe ihre Ausführungen zu dem Thema nicht weiterverfolgt, da mich allein dieser eine Satz schon außerordentlich fasziniert. Ich habe ihn mir zum ständigen Begleiter gemacht, denn oft am Tag ertappe ich mich bei subtilen Ausweichmanövern, um unangenehm scheinende Themen auszuklammern. Da ich in Seminaren und Coachings wie auf einem Präsentierteller agiere, bemerken meine Teilnehmer diese Unsicherheiten natürlich sofort. Mein Inneres gaukelt sich zwar vor, sich verbergen zu können. Wie ein Kind bildet es sich ein, sich nur die Augen zuhalten zu brauchen, um nicht gesehen zu werden. Diese Annahme ist leider falsch!

Der Umstand, dass ich meine vermeintlichen Defizite und Schwächen nicht betrachten möchte, hindert andere Personen keineswegs daran, sie zu bemerken. Denn auch ohne ausgefeilte Menschenkenntnis besitzen wir die Gabe, uns untereinander zu »lesen«. Spätestens in der abendlichen Abschlussrunde oder den Feedbackbögen kann ich direkt erfahren, welche meiner Verhaltensweisen positiv oder negativ ins Auge sprangen. Einem Coach und Trainer bietet sich also ein hervorragendes Spielfeld, um mit der eigenen Fehlerkultur und Wahrheitsliebe im ständigem Training zu bleiben.

Aus der inneren Quelle schöpfen

Ankunft bei mir selbst bedeutet für mich, immer ruhiger und selbstbewusster mit meinen Stärken und Schwächen umzugehen. Natürlich finden es meine Seminarteilnehmer viel spannender, wenn ich ihnen von meinen eigenen Unsicherheiten und Minderwertigkeitsgefühlen berichte, als sie ungeschickt übertünchen zu wollen. In Vorträgen wachen sogar die verschlafensten Zuhörer wieder auf, sobald ich von einem Missgeschick oder einer nur knapp bewältigten Krise berichte. Warum – weil kaum einer es wagt, von dem zu erzählen, was uns ständig beschäftigt: »*Wie schaffe ich es nur, die kleine Nussschale des Selbstvertrauens immer wieder neu durch die hohen Wellenberge der täglichen Herausforderungen zu steuern?*«

»Selbst-Bewusstsein« trägt diese wunderbare Doppelbedeutung in sich: Sich selbst besser zu kennen schenkt innere Kraft und Souveränität. Dieses innere Zutrauen kann ich aktiv stärken durch Übungen wie zum Beispiel »Die innere Quelle«. Je öfter ich mich in Verbindung mit meinem unversehrten, lichten Wesensgrund setze, umso heller und klarer leuchtet er auf. Ich kenne keine größere Geborgenheit, als in diesem inneren Strahlen auszuruhen. Von tief innen heraus kann mich dieses Licht, das manche Menschen auch als Tonstrom wahrnehmen, umgeben und schützen. Die eigene Ausstrahlung ist sicher die stärkste »Rüstung«, in der wir uns behütet fühlen können. Sie ist stark und wehrhaft und zugleich transparent und durchlässig. Trauen wir uns also, »Krieger des Lichts« zu sein, wie die Gruppe Silbermond es so trefflich besingt. Es ist ein bezauberndes Bild, eine starke Vision: Menschen, die sich mit klarem, geradem Blick begegnen. Die mit offenen Händen wandern und keine Waffe für ihre Verteidigung benötigen. Die sich aus sich selbst heraus schützen.

Freundschaft zu sich selbst

Den inneren Antreiber befrieden

Diese Gelassenheit und Souveränität, die sich durch zunehmendes Selbstbewusstsein einstellt, ist ein gewichtiger Gegenspieler zum inneren Richter. Im Buchteil III »Kernprozess« habe ich mich dieser psychischen Instanz schon ausführlich gewidmet und möchte sie im Kontext einer tiefer gehenden inneren Arbeit nochmals aufgreifen. Denn dieser Bursche ist in unserem innersten Denken und Fühlen fest verwurzelt und spuckt uns ständig in die Suppe.

Ich erinnere mich an einen hochinteressanten Gedankenaustausch während eines Seminars. Im Laufe einer längeren Übungssequenz rutschte die Fragestellung »*Wann bin ich mit mir selbst zufrieden und genieße meine Erfolge?*« in den Fokus. Die Gruppe war bunt gemischt, sie subsumierte sich aus Führungskräften aus dem oberen Management, selbstständigen Unternehmern und auch Ärzten und Juristen.

> Ein Mann, der neben seinem Job noch ambitionierter Triathlet war, gestand: »Ich bin jedes Mal wieder verblüfft, wie kurz ich mich an einem Sieg erfreuen kann. Monate bereite ich mich auf einen Wettkampf vor und richte meine ganze Lebensgestaltung auf diesen einen Tag aus. Selbst wenn ich Höchstleistung abliefere und die Ausscheidung gewinne, ist meine Freude darüber von kurzer Dauer. Spätestens am nächsten Morgen gehe ich zur Tagesordnung über und schaue schon wieder nach weiteren, schwierigeren Herausforderungen. Ich beschäftige mich viel öfters mit Dingen, die ich noch nicht besitze und erreichen möchte, anstatt mich an all dem zu erfreuen, das ich mir durch harten Einsatz schon errungen habe.«

Diese Aussage konnten alle im Raum aus ihrem eigenen Erleben nachvollziehen. Gleich, ob es sich um berufliche oder private Herausforderungen und Ziele drehte – kaum war das heiß ersehnte Ergebnis erreicht, war es im nächsten Moment schon abgehakt. Viele berichteten von einem immerwährenden Gefühl der Hetze: »*Nie ist etwas genug! Zu meinem Glück fehlt immer etwas!*« Die Reflexion der Gruppe wurde immer subtiler. Es offenbarte sich, dass diese ständig wahrgenommene Anspannung sich bis in die abgelegensten Zellen des Körpers, des Fühlens und Denkens verästelte. Es schien paradox, aber selbst für die Entspannung, für innere Ruhe und Kontemplation strengten sich die meisten noch gewaltig an. Im Vordergrund stand, es recht zu machen, sich richtig zu verhalten. Richtig – für wen eigentlich?

Für wen hetzen wir durch den Tag? Für was rennen wir durchs Leben und verpassen dadurch das Rendezvous mit dem jetzigen Augenblick?

Können wir uns selbst so lieben, dass wir es uns wert sind, stehen zu bleiben?

Die Entdeckung der Gelassenheit

> In diesem Moment spüre ich sie hautnah.
> Schier lautlos breitet sie sich in mir aus.
> Sie ist kein bloßer Gedanke mehr, keine Vorstellung, wie es sich wohl anfühlen würde,
> wenn …
> Die Gelassenheit umarmt mich und gibt mir einen Kuss.
> Ich träume einen Augenblick an ihrer Seite.
> Lasse mich sein.
> Atme Stille ein und aus.
> Die Zeit schwebt.
> Nichts muss geschehen.

Die Liebe zu sich selbst, können Sie sich nicht verordnen. Aber es ist schade, wenn Sie sie nicht erfahren. Sich selbst ein Freund zu sein, ist ein wunderschönes Lebensgefühl. Sie eilen weiterhin durch den Tag und gehen all Ihren Aufgaben und Pflichten nach. Doch Sie sind in Berührung mit sich selbst – und das verändert die Welt. So wie Sie Ihre Liebsten verwöhnen und beschenken möchten, suchen Sie auch für sich selbst Freiräume, um das Leben zu genießen.

Letztendlich zählt der Augenblick. Das Jetzt. Der Moment, den Sie ganz und gar in sich aufnehmen können. Eine Berührung, ein Blick, ein Lachen. Der Frühlingswind, der Sie an der Nase kitzelt. Das erste Vogelzwitschern nach dem Schnee.

Es gibt keinen Grund, das Leben im Laufschritt zu absolvieren. Am Ende zählen nur die guten Momente, die wir erlebt haben.

»Offene Weite – nichts von heilig«

Auf dem Weg der Selbsterkenntnis geht es zunehmend um Einfachheit, um Schlichtheit. Bedeutsamkeiten legen sich ab, Spaltungen mildern sich, Trennungen heben sich auf.

Im Alltag steckt genauso viel Heiligkeit, wie sich an einem heiligen Ort Profanes verbirgt. Ob Sie morgens in ihr aufgeregtes, nerviges Büro marschieren oder sich an einem besonders stillen Platz der geistigen Versenkung befinden – in Ihrem Inneren herrscht immer die gleiche ruhige, stille, strahlende Kraft.

Ich habe so lange Jahre nach dem Göttlichen gesucht, nach dem Erhabenen, Reinen, Schönen, Gerechten. Bis ich verstanden habe, dass gerade diese Sehnsucht mich vom Leben in seiner Ganzheit abtrennt. Die Welt ist immer beides zugleich: schön und hässlich, erhaben und kleinlich, faszinierend und erschreckend. Das Zulassen dieser Gleichzeitigkeit hat mich um Lichtjahre meinem inneren Selbstverständnis nähergebracht.

Einfach da sein. Möglichst aufmerksam. Mit mir. Mit anderen Menschen. Mit der Welt. – Das Leben ist so reich.

»Ich habe die ganze Welt
auf der Suche nach Gott durchwandert
und ihn nirgendswo gefunden.
Als ich wieder nach Hause kam,
sah ich ihn an der Türe meines Herzens stehen,
und er sprach:
›Hier warte ich auf Dich seit Ewigkeiten‹.
Da bin ich mit ihm ins Haus gegangen.«

Dschelaleddin Rumi

Diese Ankunft im eigenen Haus wünsche ich Ihnen von ganzem Herzen.

Ausblick

Liebe Leserin, lieber Leser,

sollten Sie durch die Lektüre dieses Buches auf den Geschmack gekommen sein, wartet auf Sie noch eine weitere Möglichkeit, die dargestellten Inhalte zu vertiefen.

Ausbildung zum Integralen Business Coach und Trainer: H.B.T. Human Balance Training ist eine innovative, klar strukturierte Arbeitsmethode die Menschen in Unternehmen und Organisationen schult, Kompetenzen für die globalisierte Welt zu entwickeln. Es versteht sich als ein praxisnahes Arbeitskonzept, das Einzelpersonen, Teams und Unternehmen darin unterstützt, Erfolgs- und Leistungssteigerung mit Werteorientierung, Ausgeglichenheit und Mitarbeiterzufriedenheit zu verknüpfen. Es berücksichtigt die Bedürfnisse und Anliegen einzelner Personen und gleichzeitig die kraftvolle Entwicklung der gesamten Organisation.

Ausbildungskonzept: Die Ausbildung zum H.B.T. Integralen Business Coach und Trainer ist ein ganzheitliches Schulungskonzept, das Erkenntnisse und Methoden des Coachings und des Kommunikationstrainings, der Psychotherapie und der Körpertherapie, der Achtsamkeitspraxis, der Neurobiologie und der aktuellen Stressforschung verbindet. Es befähigt Sie, Menschen in Einzelcoaching und Gruppentraining durch komplexe Entwicklungsprozesse zu begleiten. Die konsequente Verbindung von Köper, Emotion, Verstand und Seele steht im Mittelpunkt der Arbeit, die sich als Bewusstseins-Training versteht.

Die Ausbildung wendet sich an: Coaches, Trainer, Berater, Therapeuten, Personaler und Führungskräfte, die ihr bisheriges Methodenspektrum mit einem integralen, ganzheitlichen Konzept erweitern möchten. Die ausgereifte Arbeitsmethode unterstützt Sie darin, komplexe, tiefgehende Aspekte einer fundierten Persönlichkeitsentwicklung ins Business-Coaching und Training einfließen zu lassen.

Die Ausbildung vermittelt: umfassende Theorie der Menschenkunde, die Erkenntnisse und Methoden des Coachings, der humanistischen und transpersonalen Psychotherapie, der Körpertherapie, der west-östlichen Weisheitslehren, der Neurobiologie und der Stressforschung. Sie verbindet

- klar strukturiertes Handwerkszeug für Einzelcoachings und Gruppenarbeit,
- klar gegliederte Handlungsstränge zur Durchführung von Einzelcoachings und Gruppenarbeit,
- Marketing und Marktpositionierung für einen Integralen Business Coach sowie
- Netzwerkarbeit für integrale Themen.

Ablauf der Ausbildung und Inhalte:

Modul I und II (jeweils 5 Tage)

Die Grundlagen des integralen Coachings – Den Menschen in seiner vielschichtigen Dimension von Körper, Gefühl, Verstand, Geist/Seele wahrnehmen und begleiten – Handwerkszeug des H.B.T. Bewusstseinstraining – Gebundene Potenziale des Klienten erkennen und freisetzen – Kernprozess und vertiefende Themen.

Modul III und IV (jeweils 3 Tage)

Integrales Coaching von Menschen mit Führungsverantwortung – Die vielfältigen Herausforderungen einer Führungskraft in der globalisierten Arbeitswelt – Die Beziehung zwischen Führungskraft, einzelnen Mitarbeitern und seinem Team.

Modul V (3 Tage)

Integrales Teamtraining – Potenziale der einzelnen Teammitglieder erkennen, er schließen und in ein optimales Zusammenspiel bringen – Entwicklung von fruchtbarer Zusammenarbeit und Teamspirit.

Modul VI (3 Tage)

Kompetenzen, Marketing und Marktpositionierung eines Integralen Business Coaches und Trainers – Auftreten und Gesprächsführung bei verschiedenen Ansprechpartnern – Kundenorientierung und Kundenbindung.

Nähere Infos zu der Ausbildung finden Sie unter www.whtraining.de

Die Gastautoren

Gerald Hüther

Prof. Dr. Gerald Hüther ist Leiter der Zentralstelle für Neurobiologische Präventionsforschung der Universitäten Göttingen und Mannheim/Heidelberg und gilt als einer der derzeit renommiertesten Hirnforscher in Deutschland. Schwerpunkte der bisherigen wissenschaftlichen Tätigkeit: Hirnentwicklungsstörungen, Beeinflussung von Hirnfunktionen durch nutritive Faktoren, Rolle von Serotonin als morphogenetischer Faktor und als Immunmodulator, physiologische Regulation und Bedeutung von Melatonin, langfristige Modulation monoaminerger Systeme, Wirkmechanismen von Psychopharmaka, Auswirkungen psychischer Belastungen, Entwicklungspsychopharmakologie.

Kontaktadresse:
Prof. Dr. Gerald Hüther
Psychiatrische Klinik, Leiter der Zentralstelle für Neurobiologische Präventionsforschung
der Univ. Göttingen und Mannheim/Heidelberg
Von-Siebold-Straße 5, 37075 Göttingen
Homepage: www.gerald-huether.de

Wilfried Belschner

Prof. Dr. phil., Dipl.-Psych. Wilfried Belschner, lehrte über 30 Jahre an der Universität Oldenburg am Lehrstuhl für Psychologie. Forschungsschwerpunkte: Bewusstseinsforschung, Gesundheits- und Klinische Psychologie. Er entdeckte für sich die Vision, Psychologie und Qigong als Erkundung des individuell erfahrbaren Bewusstseins in seinen kulturellen Gestaltungen zu begreifen, als Psychologie des Bewusstseins zu erforschen und als Transzendenz-Training zu vermitteln.

Kontaktadresse:
Univ.-Prof. Dr. Wilfried Belschner
Universität Oldenburg, Institut für Psychologie, PF 2503, D-26111 Oldenburg, Germany
E-Mail: wilfried.belschner@uni-oldenburg.de,
Homepage: www.psychologie.uni-oldenburg.de/21615.html

Literaturverzeichnis

Almaas, A. H. (2000): The Point of Existence. Shambhala: Diamond Mind Series.

Arrien, Angeles: Der vierfache Weg. Den inneren Krieger, Heiler, Seher und Lehrer entwickeln. Bielefeld: Lüchow.

Artz, Kerstin (2008): Augenblick mal! In: Focus, Ausgabe Nr. 20/10.5.2008.

Belschner, Wilfried (2007): Der Sprung in die Transzendenz. Hamburg: LIT.

Blech, Jörg (2008): Die Heilkraft der Mönche. In: Spiegel, Ausgabe Nr.48/24.11.2008.

Chödrön , Pema (2002): Geh an die Orte , die Du fürchtest. Freiburg: Arbor.

Galuska, Joachim: Grundprinzipien der transpersonal orientierten Psychotherapie. Im Internet abrufbar unter: www.heiligenfeld.org/kliniken/Fachvortraege. Stand Dezember 2009.

Galuska, Joachim: Die erwachte Seele und ihre transpersonale Struktur. Im Internet abrufbar unter: www.heiligenfeld.org/kliniken/Fachvortraege. Stand Dezember 2009.

Gottwald, Christian: Neurobiologische Aspekte einer bewusstseinszentrierten Psychotherapie. Im Internet abrufbar unter: www.gehirnundkoerper.de/artikel/IV-Gottwald.pdf. Stand Dezember 2009.

Guazzoni, Valerio (1990): Non-finito und Bozetto – Michelangelo. In: Lehrbuch Kunst 2. Hannover: Schroedel. S. 134–137.

Haas, Michaela (2009): Der Feind in mir. In: Süddeutsche Zeitung Magazin, Ausgabe Nr. 31/2009.

Hüther, Gerald (2009): Bedienungsanleitung für ein menschliches Gehirn. 9. Auflage. Göttingen: Vandenhoeck & Ruprecht.

Liedloff, Jean (1984): Auf der Suche nach dem verlorenen Glück. München: C.H. Beck.

Naranjo, Claudio (1996): Gestalt: Präsenz, Gewahrsein, Verantwortung. Freiburg: Arbor.

Needlemann, Jacob (1993): Vom Sinn des Kosmos. Moderne Wissenschaften und alte Wahrheiten. Frankfurt am Main: Insel.

Nelson Mandela (2009): Ein guter Kopf und eine gute Hand sind eine ideale Verbindung. In: Andrew Zuckermann (2009): Weisheit. München: Knesebeck.

Poraj, Alexander(2005): Das abendländische Ich und sein Erfahrungsraum. In: Quarch, Christoph/ Kohtes, Paul J. (Hrsg.) (2005): Die eigene Tiefe erspüren. Bielefeld: J. Kamphausen.

Praschl, Peter (2009): Mittsommertag. In: Süddeutsche Zeitung Magazin, Ausgabe 32/2009.

Rilke, Rainer Maria (1972): Das Stundenbuch. Frankfurt am Main: Insel Taschenbuch.

Rumi, Dschalaloddin (1994): Das offene Geheimnis. München: Droemer Knaur.

Singer, Wolf/Ricard, Matthieu (2008): Hirnforschung und Meditation. Ein Dialog. Frankfurt am Main: Suhrkamp.

Sojun, Ikkyu (2007): Gedichte von der verrückten Wolke. Große ZEN-Meister/Band 4. Frankfurt am Main: Angkor.

Sojun, Ikkyu (Neuausgabe 1990): Im Garten der schönen Shin. München: Diederichs.

Stiegler, Richard (2005): Kein Pfad. Bielefeld: J. Kamphausen.

Storch, Maja/Krause, Frank (2009): Selbstmanagement – ressourcenorientiert. 4. Auflage. Bern: Hans Huber.

Thimm, Katja (2009): Das starke Ich. In: Spiegel, Ausgabe Nr. 15/6.4.2009.

Wolinsky, Stephen (2001): Die dunkle Seite des inneren Kindes. 3. Auflage. Freiburg i. Br.: Lüchow.

Buchempfehlungen

Folgende Bücher sind mir ans Herz gewachsen und ich möchte Sie gerne weiterempfehlen. Ich habe Sie inhaltlich den einzelnen Buchteilen zugeordnet.

Teil I: Die Grundlagen des integralen Coachings

Covey, Stephen R. (2006): Der 8. Weg. Offenbach: Gabal.
Fromm, Barbara/Fromm, Michael (2006): Führen aus der Mitte. 2. Auflage. Bielefeld: J. Kamphausen.
Klein, Susanne (2001): Trainingstools. Offenbach: Gabal.
Migge, Björn (2007): Handbuch Coaching und Beratung. 2. Auflage. Weinheim und Basel: Beltz.
Secretan, Lance (2006): Inspirieren statt motivieren! 2. Auflage. Bielefeld: J. Kamphausen.

Teil II: Gezieltes Bewusstseinstraining

Galuska, Joachim/Pietzko, Albert (Hrsg.)(2005): Psychotherapie und Bewusstsein. Bielefeld: J. Kamphausen.
Hanna, Thomas (2000): Beweglich sein – ein Leben lang. 6. Auflage. München: Kösel.
Kabat-Zinn, Jon (2006): Zur Besinnung kommen. Freiburg: Arbor.
Kabat-Zinn, Myla/Kabatz-Zinn, Jon (2006): Mit Kindern wachsen. 6. Auflage. Freiburg: Arbor.
Singer, Wolf/Ricard, Matthieu (2008): Hirnforschung und Meditation. Ein Dialog. Frankfurt am Main: Suhrkamp.
Storch, Maja/Cantieni, Benita/Hüther, Gerald/Tschacher, Wolfgang (2006): Embodiment. Bern: Hans Huber.
Trager, Milton (1996): Meditation und Bewegung. München: Hugendubel – Irisiana.

Teil III: Der Kernprozess und Teil IV: Vertiefende Themen

Csikszentmihalyi, Mihaly (1992): Flow. Stuttgart: Klett-Cotta.
Kothes, Paul J./Rosmann, Nadja (2006): Hören Sie auf zu rennen. Bielefeld: J. Kamphausen.
Levine, Peter A. (1998): Trauma-Heilung. Essen: Synthesis.
Mettler-von Meibom, Barbara (2006): Wertschätzung. München: Kösel.
Rosenberg, Marshall B. (2003): Gewaltfreie Kommunikation. 4. Auflage. Paderborn: Junfermann.
Satir, Virgina (2001): Meine vielen Gesichter. 5. Auflage. München: Kösel.
Thomann, Christoph/Prior, Christian (2007): Klärungshilfe. 3. Auflage. Reinbek bei Hamburg: Rowohlt.
Tillmetz, Eva (2000): Familienaufstellung. Zürich: Kreuz.

Teil V Transformation

Packer, Toni (1996): Der Moment der Erfahrung ist unendlich. Berlin: Theseus.
Santorelli, Saki (2000): Zerbrochen und doch ganz. Freiburg: Arbor.
Tolle, Eckhart (2002): Jetzt! 5. Auflage. Bielefeld: J. Kamphausen.